中国社会科学院国情调研丛书

CASS Series of National Conditions Investigation & Research

中国社会科学院创新工程学术出版资助项目

中国社会科学院国情调研丛书
CASS Series of National Conditions Investigation & Research

# 湘江流域绿色发展研究

Research on Green Development of
Xiangjiang River Basin

李平 刘建武 张友国 方向新 等著

中国社会科学出版社

**图书在版编目（CIP）数据**

湘江流域绿色发展研究/李平等著．—北京：中国社会科学出版社，2017.6

ISBN 978 - 7 - 5203 - 0509 - 9

Ⅰ.①湘…　Ⅱ.①李…　Ⅲ.①湘江—流域经济—绿色经济—区域经济发展—研究　Ⅳ.①F127.64

中国版本图书馆 CIP 数据核字（2017）第 126497 号

| | | |
|---|---|---|
| 出 版 人 | 赵剑英 |
| 责任编辑 | 卢小生 |
| 责任校对 | 韩天炜 |
| 责任印制 | 王　超 |

| | | |
|---|---|---|
| 出　　版 | 中国社会科学出版社 |
| 社　　址 | 北京鼓楼西大街甲 158 号 |
| 邮　　编 | 100720 |
| 网　　址 | http：//www.csspw.cn |
| 发 行 部 | 010 - 84083685 |
| 门 市 部 | 010 - 84029450 |
| 经　　销 | 新华书店及其他书店 |

| | | |
|---|---|---|
| 印　　刷 | 北京明恒达印务有限公司 |
| 装　　订 | 廊坊市广阳区广增装订厂 |
| 版　　次 | 2017 年 6 月第 1 版 |
| 印　　次 | 2017 年 6 月第 1 次印刷 |

| | | |
|---|---|---|
| 开　　本 | 710×1000　1/16 |
| 印　　张 | 22 |
| 插　　页 | 2 |
| 字　　数 | 368 千字 |
| 定　　价 | 85.00 元 |

凡购买中国社会科学出版社图书，如有质量问题请与本社营销中心联系调换

电话：010 - 84083683

中国社会科学院国情调研丛书
CASS Series of National Conditions Investigation & Research

# 编选委员会

# 前　　言

## 一　关于绿色发展的内涵与外延的界定

绿色发展是以习近平同志为核心的党中央从当前国际国内形势出发提出的一项重大发展战略，是马克思主义中国化的最新理论成果之一。同时，绿色发展也是 2012 年联合国环发大会提出的可持续发展新思维与新思路。改革开放以来，我国经济增速迅猛，但是，由于发展方式粗放，造成了十分严重的生态环境问题。针对这一状况，党的十八大提出了包括生态文明建设在内的中国特色社会主义"五位一体"总布局，强调要"着力推进绿色发展、循环发展、低碳发展，形成节约资源和保护环境的空间格局、产业结构、生产方式、生活方式，从源头上扭转生态环境恶化趋势，为人民创造良好生产生活环境，为全球生态安全做出贡献。"十八届五中全会进一步将绿色发展确定为指导我国未来发展及制定相关战略规划的五大理念之一。

概括地说，绿色发展的内涵可以理解为：在经济发展水平不断提高的同时，生态环境质量也不断改善的发展模式。显然，绿色发展是针对传统经济发展模式提出来的一种新型发展模式，它要求经济发展必须以生态环境承载力为约束条件，尊重、顺应和保护自然，朝着节约自然资源和保护环境的方式转变。

从绿色发展的内涵出发，凡是有利于同时改善经济发展水平和生态环境质量的发展行为，都可以称为绿色发展。具体来说，绿色发展可区分为两大方面。一是所有围绕资源、环境效率的改善而采取的生产方式和生活方式的变革行为，包括生产技术、工艺和相关设备革新或更新、产业结构优化调整、区域经济格局总体协调、生活用品和相关设备使用以及生活习惯的转变等。理论上说，循环发展和低碳发展应属于上述类型的绿色发展。二是直接为保护和改善生态环境质量所采取的行动，如设立生态保护区、植树造林、治理水土流失、土地沙化等各种生态问题、降低或消除各种环境污染物。

## 二 本次调研的目的与意义

作为中国特色社会主义理论的重要内容、指导我国未来发展的重大理念，绿色发展的理论意义不言而喻，但全面实施绿色发展的战略部署和相关政策措施的设计亟待具体化、明晰化。与大力推进绿色发展密切相关的一系列问题还有待于从实践中去观察、提炼，包括当前我国绿色发展面临着怎样的困难和挑战，有哪些问题亟待解决，关键领域有哪些，需要突破哪些技术"瓶颈"，应建立怎样的体制、机制，有哪些制度需要改革、创新等。与此同时，虽然绿色发展理念被正式提出的时间不长，但在实践层面，一些地区早已在这方面开展了大量先行先试的工作。及时总结我国绿色发展实践中的经验教训，有助于我国未来进一步推进绿色发展，继而推动我国生态文明建设乃至整个特色社会主义事业的全面发展。因此，针对绿色发展的国情调研具有十分重大的现实意义，同时也十分有助于推动绿色发展的理论研究。

课题组调研的目的在于深入理解我国绿色发展的实践基础，及时把握绿色发展进展状况及其演化态势，总结、提炼绿色发展实践中的经验教训，评估绿色发展相关战略和政策的效果及影响，洞察进一步推进绿色发展面临的困难和挑战，为我国绿色发展总体战略和政策的完善提供参考意见，同时，为调研地区的绿色发展提出具体思路和建议。

之所以选取湖南省湘江流域作为调研地区，是因为湖南省是我国较早探索绿色发展的地区，其湘江流域长株潭城市群"两型"社会试验区早在2007年12月14日就获得国务院批准；2010年8月2日，湖南省委、省政府决定将"两型"社会建设由长株潭城市群推向全省；2012年4月20日，湖南省委、省政府出台《绿色湖南建设纲要》，强调将绿色发展理念贯穿到新型工业化、新型城镇化、农业现代化和信息化建设全过程，实现绿色崛起。因而，作为绿色发展的调研地点，湖南省湘江流域具有十分突出的典型性。

## 三 本次调研实施过程

为了做好本次调研活动，中国社会科学院数量经济与技术经济研究所联合湖南省社会科学院，组织绿色发展领域的骨干科研人员成立课题组，以"湖南省湘江流域绿色发展现状与对策研究"为题，申请了中国社会科学院国情调研基地项目。课题组负责人为中国社会科学院数量经济与技术经济研究所所长李平和湖南省社会科学院院长刘建武。课题组成员包括中国社会科学院数量经济与技术经济研究所的韩胜军、张杰、张友国、李玉红、彭绪庶、吴滨、蒋金荷、陈金晓、胡安俊和刘建翠；湖南省社会科学院的李晖、罗黎平、刘险峰和杨顺顺。本书即为该项目的结题报告。

本课题于2016年5月上旬正式启动。在半年多的时间里，课题组通过收集和梳理相关政策文献，把握湘江流域绿色发展的总体战略和思路，并据此确定调研提纲。通过跟踪调研，对湘江流域的绿色规划及其实施状况进行了评估；通过相关数据的收集、整理，并通过构建绿色发展指标体系，定量评估了湘江流域绿色发展进程；对其中存在的问题和不足进行了深入分析；继而提出湘江流域整体的绿色发展政策建议。

为了更深入地了解湘江流域的绿色发展状况，课题组选取湘江流域源头的江永县、湘江流域中段、同时也是湖南省经济社会发展核心区域的长株潭城市群、湘江流域末端岳阳市所辖的临湘市作为案例，对这三个地区绿色发展的现状、经验及面临的挑战进行了深入调研分析。先后与湖南省当地绿色发展领域的专家学者、临湘市委市政府及相关部门负责人、江永县委县政府及相关部门负责人、有关乡镇、村负责人及工业园区企业负责人进行了座谈。实地考察了相关企业及农户生产基地。获取了大量一手资料，并在上述访谈过程中有针对性地考察了相关政策的实施状况。通过半年多的努力，课题组达到了预期的调研目的，按预定计划形成了调研报告。

**四　调研报告内容概述**

本书分为上、下两篇。上篇以整个湘江流域为对象展开论述，包括整个湘江流域经济社会及生态环境的基本状况的分析、湘江流域绿色发展规划及实施情况、湘江流域8个地市绿色发展进展态势的定量测评、进一步推进绿色发展面临的困难和挑战以及关于整个湘江流域绿色发展的对策建议。下篇对湘江流域绿色发展三个典型案例进行重点分析。课题组选取的典型案例包括湖南省经济社会发展核心区域——长株潭城市群的"两型"社会发展、江永县以及临湘市的绿色发展。

第一章　湘江流域经济社会和生态环境的基本情况。分析表明，近十年来，湖南经济实力迈上了新台阶。全社会固定资产投资、消费、外贸、旅游收入都增长迅速；经济结构不断优化；2015年城市化率已达到

56.1%；城乡居民收入和居住条件不断改善，科技卫生事业迅速发展。同时，湖南省水资源及矿产资源丰富；用水效率、能源效率不断改善，但仍低于全国平均水平；水环境质量稳中有升；顺利实现主要污染物减排目标。湘江流域的8个地市的常住人口占湖南常住人口的60.82%，地区GDP占湖南省GDP的78.35%。8个地市在经济总量、人均GDP、经济增长速度、产业结构、居民收入、居住条件、城市化率、生态环境状况等方面存在明显差异。

第二章　湘江流域绿色发展规划与实施情况。湖南已经在湘江流域绿色发展的总体规划与制度建设方面取得了较大进展。早在2013年2月，湖南省就出台了《湘江流域科学发展总体规划》，并于2012年9月底正式颁布了我国首部关于江河流域保护的综合性地方法规——《湖南省湘江保护条例》。一系列关于生态环保的专项规划措施也已出台并实施，如《湘江流域水污染综合整治实施方案》《贯彻落实〈大气污染防治行动计划〉实施细则》《湖南省土壤环境保护规划（2011—2020年)》。这些规划的实施及相关保障机制的建立和完善，使湘江流域在绿色发展的各主要方面都取得了显著成效。例如，湘江水质已整体为优，空气质量有了大幅度改善，一些地区的土壤重金属污染得到有效治理。

第三章　湘江流域沿江各市绿色发展水平测评。课题组根据绿色发展的内涵建立了一个有关绿色发展的评价指标体系，采用层次分析法和专家咨询法对指标权重做了设定，继而对2007—2014年湘江流域8个地市的绿色发展水平予以评分。结果表明，8个地市的绿色发展综合指数都存在不同程度的波动性，没有形成逐年稳步提高的趋势；8个地市的绿色发展水平差异大，东部地区城市的绿色发展水平高于西部地区城市。

第四章　湘江流域进一步推进绿色发展战略面临的困难和挑战。首先，湘江流域在经济绿色化过程中面临着发展阶段、以重化工业为主的产业结构、城镇化需求快速上升、产业链上的低附加值地位等方面的制约和挑战。其次，在资源节约与环境保护过程中面临的困难和挑战，包括能源资源禀赋和消费结构、沿线工矿区过度开发导致环境保护与恢复治理历史遗留问题、流域河道底泥重金属污染累积性问题等生态治理难题、湘江源头区推进绿色发展面临的经济发展与生态环境保护的矛盾等。再次，湘江流域的绿色发展面临着资金、技术以及人才等多方面的要素供给困难和挑战。最后，在绿色发展制度建设和文化、理念转变方面，湘江流域也面临着诸多困难。

第五章　湘江流域推进绿色发展战略的对策建议。在环境治理方面，本章专门针对水污染治理、大气污染治理、土壤修复、生活/餐厨垃圾处置以及海绵城市建设提出了一系列政策建议。在绿色产业发展方面，提出了一系列关于农业、工业以及服务业绿色化的对策。在绿色技术创新方面，提出了搭建绿色技术创新平台、提升绿色技术自主创新能力以及强化绿色人才引进培育机制的建议。提出的绿色消费发展政策体系涉及政府绿色采购政策、如何落实国家各项绿色消费政策、强化农产品安全保障的财税扶持机制、实施各项绿色消费战略行动以及增强绿色消费发展的体制保障。关于绿色金融发展的政策建议，主要包括推动湘江流域绿色金融工具创新、绿色金融产品创新和绿色金融发展支持政策创新。

第六章　长株潭城市群"两型"社会建设调研。长株潭属于湖南省中心地区，该地区的发展思路历经了"长株潭经济一体化"—争取"国家老工业基地"政策—"两型"社会建设的演化过程。其"两型"社会建设共有三个规划阶段，目前正处于第三阶段开局时期。长株潭城市群"两型"社会改革试验的主要做法，包括通过出台《长株潭城市群资源节约型和环境友好型社会建设综合配套改革试验总体方案》《长株潭城市群区域规划（2008—2020年）》等重大规划方案，加强对"两型"社会建设的引领和顶层设计；积极推进传统产业改造、战略新兴产业发展和创新驱动，推动经济转型；大力推进相关改革，为"两型"社会建设提供体制机制保障；率先构建了"两型"社会标准体系，强化引导和监督、考核；同时，强化社会参与，营造文化氛围。长株潭"两型"社会建设进一步提升了该地区的经济发展动能，优化其经济发展模式，改善了民生，促进了社会全面发展和生态环境的显著改善。本章建议通过拓展改革先行先试范围，深化加大要素市场改革以及加大"两型"社会重大项目的建设力度等措施进一步促进长株潭"两型"社会建设。

第七章　江永县绿色发展的实践、经验与进一步深化。江永县属于湘江源头地区，拥有一些独特的自然和人文资源优势。由于缺乏发展传统产业的优势且资源环境约束日益趋紧，江永县迫切希望向绿色发展转型。为此，江永县采取的措施，包括通过存量工业产业的绿色化改造以及推进农业生态转型发展措施来推进产业的绿色化转型；通过大力发展电商产业文化旅游业以及新能源和清洁能源产业来培育绿色增长点；持续强化生态环境保护和污染治理。显然，政府的积极作为、绿色经济的不断发展壮大以及努力探索本地模式有力地推进了江永县的绿色发展。不过，江永县的绿色发展仍然面临着基础设施滞后、经济增长冲动、资金不足等一系列困难和挑战。因此，在江永县自身努力的同时，湖南省以及国家层面也需提供相应的政策扶持，促进江永县进一步的绿色发展。

第八章 临湘市县域经济绿色发展的机遇与挑战。临湘市是湖南省的北大门，该市区位优势独特，交通便捷，自然资源和人力资源都很丰富。该市经济处于工业化中期阶段，工业以矿产资源和农产品加工业为主；城镇化水平低于全国平均水平。近年来，临湘市积极拓展农业绿色发展途径（如积极发展生态农业），稳步实施工业绿色发展战略（如重点开展工业园区绿色建设），以节能减排为绿色发展的重要抓手（强化政府责任），取得了良好的成效。不过，临湘市在林业绿色发展、水务与水资源保护、环境污染治理方面面临的问题也很严峻。总体来看，临湘市的绿色发展经验，主要包括合理制定绿色发展的总体规划及政策，加大农业污染治理力度，加快推进工业绿色转型，夯实林业发展保障机制，强化水资源保护以及兼顾城乡环境保护。

通过本次调研，课题组认为，湘江流域绿色发展的一些宝贵经验，对我国其他地区的绿色发展有重大的启示意义。

第一，绿色发展离不开地方党委和政府的积极倡导与引领：（1）党委和政府的顶层设计与科学规划是绿色发展的第一推动力；（2）绿色发展的长效激励机制需要党委和政府来建立与完善；（3）顺民心、重民生，启动绿色治理"攻坚战"。

第二，坚持以科技创新支撑绿色发展：（1）以"两型"社会先进技术推动产业绿色转型；（2）以循环利用技术，提升资源利用效率；（3）以综合治污技术，美化城乡环境。

第三，中西部地区要突出县域绿色发展的战略地位：（1）通过"调结构、转方式"以及体制机制改革为绿色发展提供外部和内部新动力；（2）要通过绿色技术创新为绿色发展提供新的技术支撑。

第四，大力推进农村环保能力建设，解决环境保护中长期存在的"重城镇、轻农村"问题。湖南省探索出了"分户减量、分散处理"和"以县为主、市级补贴、镇村分担、农民自治"农村环保模式。

第五，通过进一步强化规划的协调机制，进一步完善环保监管体制机制来化解绿色冲突。湖南省对区域绿色发展进行整体谋划和统一要求，成立了由省长任组长的绿色湖南建设领导小组，定期对重点地区、重点行业、重点企业、重点项目执行情况开展专项检查和跟踪督查。

李　平　刘建武

2017 年 3 月

# 目　录

## 上篇　湖南省湘江流域绿色发展总体状况及政策建议

# 上篇　湖南省湘江流域绿色发展总体状况及政策建议

# 第一章　湘江流域经济社会和
# 生态环境的基本情况

## 第一节　湖南省经济社会和环境概况<sup>*</sup>

湖南省地处中国中部、长江中游，因大部分区域处于洞庭湖以南而得名"湖南"，又因省内最大的河流湘江流贯穿全境而简称"湘"，省会驻长沙市。湖南东邻江西，西接重庆、贵州，南毗广东、广西，北与湖北相连。湖南自古盛植木芙蓉，五代时期就有"秋风万里芙蓉国"之说，因此又有"芙蓉国"之称。湖南东西直线距离最宽 667 千米，南北直线距离最长 774 千米，总面积 21.18 万平方千米，占全国国土面积的 2.2%，居全国各省（市、区）第 10 位、中部第 1 位。全省辖 13 个市、1 个自治州，下辖 122 个县（市、区）。湖南自古有"惟楚有材，于斯为盛"之誉。

湖南自然生态环境条件优越。全省天然水资源总量为南方九省之冠。湖南属亚热带常绿阔叶林带，植被丰茂，四季常青，有森林和野生动物类型自然保护区 120 个，森林公园 113 个，国家级湿地公园 27 个；森林覆盖率达 57.5%，远高于世界 31.7% 和全国 21.6% 的平均水平。湖南是全国重要的粮食生产基地，主要农副产品如粮食、棉花、油料、苎麻、烤烟以及猪肉等产量均位居全国前列，其中，稻谷产量多年为全国之冠，苎麻、茶叶产量分别居全国第 1 位和第 2 位。

近年来，湖南经济发展保持了良好的势头，是我国中部崛起的重要

---

<sup>*</sup> 本节 2015 年的数据来自《统计公报》，其余均来自《湖南统计年鉴》和《中国城市统计年鉴》。

组成部分。2015 年年末，湖南常住人口 6783 万，实现国内生产总值 29047.2 亿元，分别占全国总人口的 4.93% 和全国 GDP 的 4.29%①，湖南省的人均 GDP（4.28 万元）低于全国人均 GDP 平均值（4.93 万元）。显然，湖南省的经济发展水平处于全国中低水平，亟待提升。

**一　湖南省经济发展概况**

**（一）近十年来湖南经济实力迈上新台阶，经济结构不断优化**

第一，湖南经济发展快速。图 1 - 1 显示，"十一五"期间，湖南省经济增长速度在两位数以上，经济迅速发展，从 2005 年的 6596 亿元增长到 2010 年的 16038 亿元，年均实际增长 14%。随着经济新常态的到来，"十二五"期间，经济增长速度有所下降，2015 年，经济实际增长速度只有 8.6%，GDP 是 29047 亿元，在此期间经济实际增长为 10.45%。

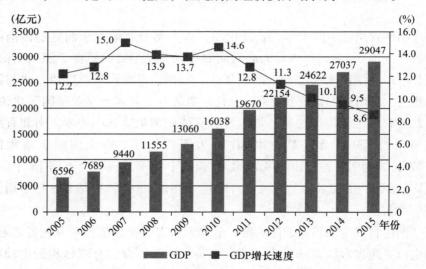

**图 1 - 1　2005—2015 年湖南省 GDP 及增长速度**

"十一五"和"十二五"期间，湖南省经济增长速度超过全国平均水平，经济实力不断增强。2005 年，湖南省 GDP 总量是 6596.1 亿元，全国排名是第 13 位；2008 年，湖南省 GDP 是 11555 亿元，全国排名是第 10 位。此后，湖南省 GDP 排名一直是第 10 位。图 1 - 2 是 2014 年全国 31 个省（市、区）的 GDP 排名。

---

① 《统计公报》，国家统计局网站，http://www.stats.gov.cn/。

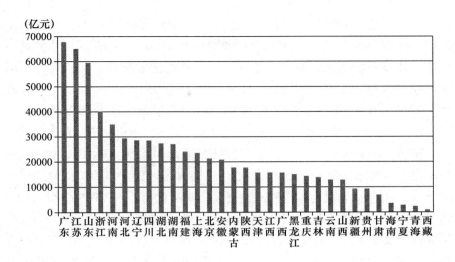

**图 1 - 2　2014 年全国 31 个省（市、区）的 GDP 排名**

同时，湖南省的人均 GDP 也快速增长。按常住人口计算，2010 年人均 GDP 是 24719 元，在 31 个省（市、区）排名是第 20 位；2013 年人均 GDP 是 36943 元，在 31 个省（市、区）排名是第 19 位；2014 年人均 GDP 为 40271 元，在 31 个省（市、区）排名是第 17 位。4 年间，人均 GDP 排名上升了 3 位（见图 1 - 3）。

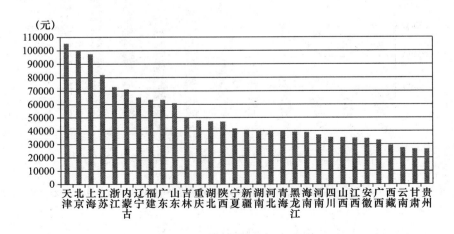

**图 1 - 3　2014 年全国 31 个省（市、区）人均 GDP 排名**

　　第二，湖南省的产业结构不断优化。2005 年，湖南省三次产业结构是 16.69：39.61：43.71，2015 年三次产业结构是 11.47：44.60：43.93，第一产业的比重不断下降，第二产业和第三产业的比重有所上升，第二、第三产业比重接近，说明湖南省这两个产业发展比较平衡，同时也说明，2005—2015 年，第三产业的发展速度低于第二产业的发展速度。

　　（二）全社会固定资产投资飞速发展，占 GDP 的比重迅速提高

　　2005 年，湖南省全社会固定资产投资是 2564 亿元，占 GDP 的 39%；2010 年，湖南省全社会固定资产投资是 9821 亿元，占 GDP 的 61.24%；2015 年，湖南省全社会固定资产投资是 25954 亿元，占 GDP 的 89.35%。10 年间，全社会固定资产投资总额增加了 9.12 倍，GDP 增加了 3.4 倍，固定资产投资增长的速度远远高于 GDP 的增长速度，全社会固定资产投资占 GDP 比重增加了 50.35 个百分点。图 1-4 显示，从 2009 年开始全社会固定资产投资占 GDP 比重超过 50%，并且持续增加，到 2015 年已接近 90%，从这一方面看，湖南省的经济是投资驱动型的。

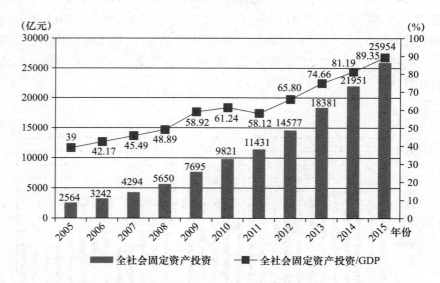

**图 1-4　2005—2015 年湖南省全社会固定资产投资及其占 GDP 比重**

　　（三）社会消费品零售总额增加迅速

　　2005 年，湖南省社会消费品零售总额是 2459 亿元，人均社会消费品零售总额是 3653 元（见图 1-5）；2010 年，社会消费品零售总额增加到

5840 亿元，人均社会消费品零售总额增长到 8237 元；2015 年，社会消费品零售总额增加到 12024 亿元，人均社会消费品零售总额增长到 17727 元。"十一五"期间，社会消费品零售总额增长 2.37 倍，人均社会消费品零售总额增长 2.25 倍；"十二五"期间，社会消费品零售总额增长 2.06 倍，人均社会消费品零售总额增长 2.15 倍，"十一五"期间，社会消费品零售总额和人均社会消费品零售总额增长速度高于"十二五"期间的社会消费品零售总额和人均社会消费品零售总额的增长速度，并且无论哪个时期，人均社会消费品零售总额的增长速度都低于社会消费品零售总额的增长速度。人均社会消费品零售总额的增加说明居民生活水平有了提高。

图 1-5　2005—2015 年湖南省社会消费品零售情况

（四）对外贸易发展良好

2005 年，外贸进出口总额 60.05 亿美元，其中，出口 37.47 亿美元。从贸易方式看，一般贸易进出口总额 52.82 亿美元，加工贸易进出口总额 5.83 亿美元。2010 年，进出口总额 146.89 亿美元，其中，出口 79.55 亿美元，进口 67.34 亿美元。从贸易方式看，一般贸易出口 65.80 亿美元，加工贸易出口 11.64 亿美元。2014 年，进出口总额 310.27 亿美元，其中，出口 200.23 亿美元，进口 110.04 亿美元。从贸易方式看，一般贸易出口 140. 97 亿美元，加工贸易出口 52. 30 亿美元。进出口均有较快的发展。

（五）外商直接投资（FDI）迅速增长

2005 年，实际利用外商直接投资是 20. 72 亿美元；2010 年，实际利用外商直接投资是 51. 84 亿美元；2015 年，实际利用外商直接投资是 115. 6 亿美元；2010 年实际利用外商直接投资是 2005 年实际利用外商直接投资的 2. 5 倍；2015 年实际利用外商直接投资是 2010 年的 2. 23 倍；2015 年实际利用外商直接投资是 2005 年的 5. 58 倍，"十一五"期间实际利用外商直接投资增长速度高于"十二五"期间的实际利用外商直接投资增长速度。

（六）旅游收入增长迅速

2005 年，湖南省旅游收入是 453. 62 亿元；2010 年，旅游收入是 1425. 8 亿元；2015 年，旅游收入是 3712. 9 亿元；2010 年，旅游收入是 2005 年的 3. 14 倍；2015 年的旅游收入是 2010 年的 2. 6 倍；2015 年的旅游收入是 2005 年的 8. 19 倍。"十一五"期间，湖南的旅游收入增长速度高于"十二五"期间的旅游收入增长速度。

**二　湖南省社会发展概况**

湖南省在经济迅速发展的同时，就业结构变化较大，居民人均收入和人均住房面积有了较大提高，科教卫生事业有了快速发展。

第一产业就业人数减少，第二、第三产业就业人数增加。2005 年，湖南省就业人数是 3801 万人，三次产业就业结构为 48. 58∶21. 52∶29. 90；2010 年，就业人员有 3983 万人，就业结构为 42. 43∶22. 98∶34. 58；2014 年，就业人员有 4044 人，就业结构为 40. 83∶23. 68∶35. 48（见图 1－6）。9 年间，就业人员增加了 6. 38%，第一产业就业人员下降了 10. 59%，第二产业就业人员增加了 17. 07%，第三产业就业增加了 26. 67%。就业结构与产业结构的变化基本吻合。

城乡居民收入稳定增长，收入差距在缩小。2005 年，湖南省城镇居民人均可支配收入达 9524 元，农村居民人均纯收入 3118 元；2010 年，城镇居民人均可支配收入 16566 元，农村居民人均纯收入 5622 元；2015 年，城镇居民人均可支配收入 28838 元，低于全国平均水平的 31195 元；农村居民人均纯收入 10993 元，高于全国平均水平的 10772 元。9 年间，城镇居民人均可支配收入年均增长 11. 72%，农村居民人均纯收入年均增

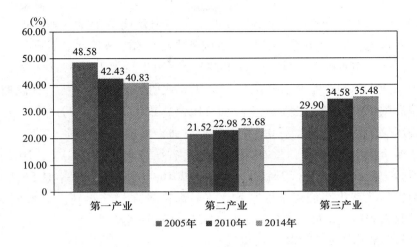

图 1-6 湖南省就业结构

长 13.43%。2005 年，城镇居民人均可支配收入/农村居民人均纯收入的值是 3.05，2015 年，此比值是 2.62，城乡收入差距在缩小。2014 年，湖南农村居民人均纯收入在 31 个省市区中位列第十五，城镇居民人均可支配收入位列第十一，均高于人均 GDP 在全国的排位。

城乡居民住房面积有了较大提高。2005 年，湖南省农村人均住房面积 38.38 平方米，2014 年达到 54.25 平方米，增加了 15.87 平方米。2005 年，城镇居民人均住房面积是 22.03 平方米，2014 年是 39.52 平方米，增加了 17.49 平方米。居民居住条件有了较大改善。

科教卫生事业发展迅速。2015 年，湖南省普通高校有 109 所，比 2005 年增加 16 所。2015 年年末，全省有国家工程（技术）研究中心 18 个，省级工程（技术）研究中心 282 个；国家级重点实验室 15 个，省级重点实验室 141 个；国家（与地方联合）工程研究中心 14 个，国家（与地方联合）工程实验室 26 个；国家认定企业技术中心 39 个。签订技术合同 3710 项，技术合同成交金额 105.4 亿元。登记科技成果 777 项。获得国家科技进步奖励成果 14 项，国家技术发明奖励 4 项。专利申请量 54501 件，其中，发明专利申请量 19499 件，专利授权量 34075 件，其中，发明专利授权量 6776 件。2015 年，湖南省群众艺术馆、文化馆 143 个，公共图书馆 136 个，博物馆、纪念馆 115 个，分别比 2005 年增加 18 个、43 个和 16 个。2015 年，全省共有卫生机构 62646 个。其中，医院

1173 个，妇幼保健院（所、站）139 个，专科疾病防治院（所、站）88 个，乡镇卫生院 2296 个，社区卫生服务中心（站）674 个，诊所、卫生所、医务室 10405 个，村卫生室 44822 个。卫生技术人员 37.1 万人，其中，执业医师和执业助理医师 15.1 万人，注册护士 14.9 万人。医院拥有床位总数 27.6 万张，乡镇卫生院拥有床位总数 9.3 万张。2014 年，万人拥有床位数是 52.8 张，2005 年只有 22.6 张，增加了 30.2 张。

城市化率不断提高。[①] 2010 年，湖南省城市化率是 43.3%；2015 年是 50.89%，增长了 7.59 个百分点，但 2015 年全国平均水平是 56.1%，湖南省的城市化率低于全国平均水平。湖南省在经济迅速发展的同时，居民收入和居住条件不断提高，科教卫生事业迅速发展。

### 三 湖南省生态环境发展概况[②③]

湖南省属于长江中游地区，分属长江流域（占总面积的 97.6%）和珠江流域（占总面积的 2.4%）。北以滨湖平原与湖北接壤，东为桂东县黄连坪，西至新晃侗族自治县韭菜塘，南起江华瑶族自治县姑婆山，北至达石门县壶瓶山。东西宽 667 千米，南北长 774 千米。湖南地势属于云贵高原向江南丘陵和南岭山地向江汉平原的过渡地带。

（一）资源生态基本状况

2015 年，全省平均降水量 1609.7 毫米，比多年均值偏多 11.0%，较上年偏多 7.1%；全省水资源总量 1919 亿立方米，比多年均值偏多 13.6%，属平水偏丰年份。全省年降水量地域分布差别较大，呈三高二低态势，湘南、湘中、湘东为高值区，湘北洞庭湖区和衡邵丘陵区属于低值区。年内降水主要集中在汛期，全省汛期（4—9 月）降水量占年降水量的 63.0% 左右。

2015 年，全省总用水量 330.41 亿立方米，水资源利用率为 19.6%，其中，湘江、资水、沅江、澧水四大河流分别为 24.3%、16.8%、10.1%、11.4%。四大河流中，湘江的利用率最高，沅江的利用率最低。14 个市（州）中，湘潭市的利用率最高，长沙市次之，张家界市的利用

---

① 按照常住人口计算。

② 湖南省水利厅：《2015 年湖南省水资源公报》，2016 年 7 月，http：//www.hnsw.com.cn/tabid/3502/Default.aspx。

③ 湖南省环境保护厅：《湖南省 2015 年环境保护工作年度报告》，2016 年 1 月 27 日，http：//www.hunan.gov.cn/2015xxgk/szfzcbm/tjbm_ 7205/hydt/201601/t20160127_ 2912392.html。

率最低（见表 1-1）。

表 1-1　　　　　2015 年湖南省分区水资源开发利用情况

| 地区 | 多年平均水资源量（亿立方米） | 用水量（亿立方米） | 开发利用率（%） |
|---|---|---|---|
| 长沙市 | 96.19 | 37.37 | 38.8 |
| 株洲市 | 102.3 | 22.33 | 21.7 |
| 湘潭市 | 37.66 | 19.88 | 52.8 |
| 衡阳市 | 109.4 | 32.63 | 29.3 |
| 邵阳市 | 160.6 | 26.97 | 16.8 |
| 岳阳市 | 105.3 | 35.88 | 34.1 |
| 常德市 | 134.2 | 37.71 | 28.1 |
| 张家界市 | 86.21 | 5.11 | 5.9 |
| 益阳市 | 101.6 | 20.68 | 20.4 |
| 郴州市 | 164.4 | 24.31 | 14.8 |
| 永州市 | 193.7 | 25.22 | 13.0 |
| 怀化市 | 202.9 | 17.61 | 8.7 |
| 娄底市 | 68.98 | 15.65 | 22.7 |
| 湘西自治州 | 125.3 | 9.16 | 7.3 |

资料来源：《2015 年湖南省水资源公报》。

从人均水资源拥有量比较分析看，2014 年，湖南省人均拥有水资源 2672 立方米，相当于同期全国平均水平 1993 立方米的 1.34 倍。[①]

截至 2015 年年底，已批准建设自然保护区 191 个，面积 137 万公顷。其中，现有国家级自然保护区 23 个，国家地质公园 12 个，地质遗迹保护区 4 个，省级自然保护区 30 个，较上年增加 1 个。全年完成造林面积 37.6 万公顷，年末实有封山（沙）育林面积 133 万公顷，活立木蓄积 5.0 亿立方米，全省森林覆盖率 59.57%，湿地面积 1530 万亩（不含农田）。

全省已发现矿种 143 种，探明资源储量矿种 108 种。其中，能源矿产 7 种，金属矿产 38 种，非金属矿产 61 种，水气矿产 2 种。实施地质勘查

---

① 水利部：《2014 年中国水资源公报》，http：//www.mwr.gov.cn/zwzc/hygb/szygb/qg-szygb/。

项目（含续作项目）233 个，实施老矿山边深部找矿项目 4 个，新发现大中型矿产地 7 处。完成资源整合的重点矿区 17 个，完成资源整合的重要矿种 8 种。

2014 年，湖南能源消费总量 1.53 亿吨标准煤，比上年增长 2.67%，其中，煤品燃料合计消费占 58.1%，电力消费占 15.4%。全社会用电量 1514 亿千瓦时，比上年增长 0.88%。

（二）用水效率：万元 GDP 用水量比上年降低 7.1%

2015 年，全省用水总量 330.4 亿立方米，比上年减少 2 亿立方米；用水消耗量 134.4 亿立方米，耗水率为 40.7%，本年度耗水率较上年略有降低。全省人均综合用水量 487 立方米，比 2014 年（493 立方米）略有下降，与全国同期相比，2014 年，湖南人均用水量高于全国平均用水量 446 立方米。

2015 年，万元 GDP 和万元工业增加值用水量分别为 114 立方米和 81 立方米（均为当年价）；按 2010 年可比价计算，万元 GDP 用水量为 130 立方米，比上年降低 7.1%，比 2010 年降低 36.3%，万元工业增加值用水量为 82 立方米，比上年降低 3.5%，比 2010 年降低 42.7%；水田实灌亩均用水量 537 立方米，比上年减少 14 立方米；城镇居民生活（不含公共用水）日用水量 156 升，与上年持平，农村居民生活（不含牲畜用水）日用水量 92 升，较上年略有增加。

（三）水环境质量总体保持稳定，湘江等主要河流干流水质有所提升

2015 年，全省水环境质量总体保持稳定，Ⅱ类至Ⅲ类水质河长占总评价河长的 98%，其中，澧水、赣江上犹江、珠江流域河流在全年期、汛期和非汛期水质均达到Ⅱ类至Ⅲ类标准，水质较好。2015 年，全省共监测评价省级水功能区 202 个，达标 179 个，达标率为 88.6%。其中，资水流域和珠江流域监测评价达标率为 100%。全省最严格水资源管理制度考核的省级水功能区共 188 个，达标 172 个，达标率为 91.5%。全省设市城市污水处理率 92.5%，设市城市生活垃圾无害化处理率 99.4%。实际监测的地表水断面中，达到Ⅲ类标准的比重为 87.2%。

（四）主要污染物排放情况

2015 年，全省规模工业综合能源消费量 6060.1 万吨标准煤，比上年下降 5.9%。其中，六大高耗能行业综合能源消费量 4806.6 万吨标准煤，下降 5.7%。万元规模工业增加值能耗 0.58 吨标准煤/万元，下降

12.7%。全省废水、废气主要污染物排放完成国家下达的年度减排任务，全面完成了"十二五"总量减排任务。主要污染物中，废水化学需氧量排放总量为121.05万吨，较2014年下降1.5%；二氧化硫排放总量为61.13万吨，较2014年下降2%；氮氧化物排放总量为53.62万吨，较2014年下降3%。

# 第二节 湘江流域经济社会发展概况[①]

湖南省湘江流域包括长沙市、株洲市、湘潭市、衡阳市、岳阳市、郴州市、永州市和娄底市8个地市。2015年，8个地市的常住人口占湖南常住人口的60.82%，GDP占湖南省GDP的78.35%。所以，这8个地市的经济社会发展情况可以代表湖南地市的发展情况。

## 一 8个地市的经济发展概况

8个地市在"十一五"期间经济增长速度存在差异，"十二五"期间趋于一致。"十一五"期间，郴州市的经济增长速度波动较大，最大值（2009年）和最小值（2008年）之间差距9.5个百分点，其余7个地市的差距较小。"十二五"期间，8个地市的经济增长速度趋于一致，除了娄底市稍低（2015年是7.6%）。2005—2015年，长沙市的经济发展最快，年均实际增长13.64%；其次是湘潭，年均实际增长12.91%；再次是株洲，年均实际增长12.73%，郴州市的经济增长最慢，年均实际增长只有11.54%（见表1-2和图1-7）。

表1-2         8个地市经济增长速度         单位:%

| 年份 | 长沙市 | 株洲市 | 湘潭市 | 衡阳市 | 岳阳市 | 郴州市 | 永州市 | 娄底市 |
|------|--------|--------|--------|--------|--------|--------|--------|--------|
| 2006 | 15.3 | 12.3 | 13.2 | 12.3 | 12.4 | 8.3 | 11.8 | 12.5 |
| 2007 | 15.7 | 15.3 | 15.4 | 15.3 | 15.2 | 11.6 | 14 | 14.4 |
| 2008 | 15.5 | 13.4 | 13.8 | 12 | 14 | 7 | 13.3 | 11 |
| 2009 | 14.7 | 14.5 | 13.7 | 14.7 | 14 | 16.5 | 14 | 12.8 |

---

[①] 本节2015年数据来自统计公报，其余均来自历年《湖南统计年鉴》和《中国城市统计年鉴》。

续表

| 年份 | 长沙市 | 株洲市 | 湘潭市 | 衡阳市 | 岳阳市 | 郴州市 | 永州市 | 娄底市 |
|---|---|---|---|---|---|---|---|---|
| 2010 | 15.5 | 15.4 | 15.2 | 15.1 | 14.8 | 15.2 | 14.4 | 14.3 |
| 2011 | 14.5 | 14.1 | 14.4 | 14.2 | 14.2 | 14.3 | 13 | 13.1 |
| 2012 | 13 | 12 | 12.3 | 11.8 | 12.2 | 12.4 | 11 | 11.9 |
| 2013 | 12 | 10.5 | 11.0 | 10.2 | 10.2 | 11.1 | 9.5 | 10.6 |
| 2014 | 10.5 | 10.5 | 10.7 | 9.9 | 9.3 | 10.9 | 9.9 | 8.1 |
| 2015 | 9.9 | 9.5 | 9.6 | 8.7 | 8.7 | 8.5 | 9 | 7.6 |
| 年均 | 13.64 | 12.73 | 12.91 | 12.40 | 12.48 | 11.54 | 11.97 | 11.61 |

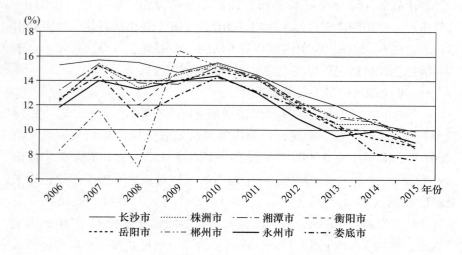

图1-7 2006—2015年8个地市经济增长速度

（一）地区之间经济发展不平衡

无论哪个年度，长沙市的 GDP 总量都是最高的，娄底市的 GDP 总量总是最低的。2005 年，长沙市的 GDP 是 1783 亿元，是娄底市（311 亿元）的 5.73 倍；2015 年，长沙市的 GDP 是 8510 亿元，是娄底市（1291 亿元）的 6.59 倍（见表 1-3 和图 1-8），两者的差距越来越大，因为长沙市的经济增长速度高于娄底市的经济增长速度。长沙市作为湖南省的省会，是湖南省的政治、经济、文化、科教和商贸中心，经济发展居于湖南首位并不例外。除了长沙市，其余 7 个城市中，岳阳市是经济比较发达的地市，2005 年，GDP 是 635 亿元，是娄底市的 2.04 倍；2015 年，

GDP是2886亿元，是娄底市的2.24倍。岳阳市既是湖南省唯一的临江口岸城市，也是中部地区的交通枢纽之一，是中南地区重要的石化、造纸、电力能源基地和再生资源产业基地、农产品加工基地。比其他6个地市交通发达，工业先进，故经济发达于其他6个城市。

表1-3　　　　　　　　8个地市经济生产总值　　　　单位：亿元（现价）

| 年份 | 长沙市 | 株洲市 | 湘潭市 | 衡阳市 | 岳阳市 | 郴州市 | 永州市 | 娄底市 |
|------|------|------|------|------|------|------|------|------|
| 2005 | 1783 | 524 | 367 | 591 | 635 | 478 | 361 | 311 |
| 2006 | 2120 | 605 | 422 | 672 | 733 | 546 | 415 | 359 |
| 2007 | 2581 | 751 | 527 | 821 | 916 | 642 | 506 | 447 |
| 2008 | 3301 | 910 | 668 | 1000 | 1106 | 734 | 593 | 528 |
| 2009 | 3745 | 1025 | 739 | 1168 | 1272 | 843 | 640 | 568 |
| 2010 | 4547 | 1275 | 894 | 1420 | 1539 | 1082 | 767 | 679 |
| 2011 | 5619 | 1564 | 1124 | 1734 | 1899 | 1346 | 945 | 847 |
| 2012 | 6400 | 1761 | 1282 | 1958 | 2200 | 1517 | 1060 | 1003 |
| 2013 | 7153 | 1949 | 1443 | 2169 | 2436 | 1686 | 1175 | 1118 |
| 2014 | 7825 | 2161 | 1571 | 2397 | 2669 | 1873 | 1301 | 1211 |
| 2015 | 8510 | 2335 | 1703 | 2602 | 2886 | 2012 | 1418 | 1291 |

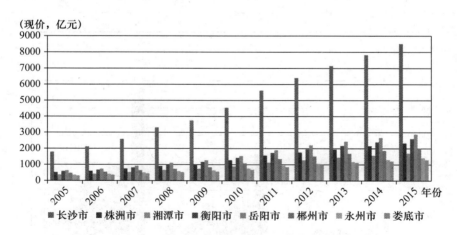

图1-8　2005—2015年8个地市GDP

（二）城市之间人均GDP差距呈扩大—缩小态势

按照常住人口计算，2005年，人均GDP最高的是长沙市，是23968元，最低的是永州市，只有7139元，长沙市是永州市的3.36倍；2010

年，人均 GDP 最高和最低的仍然是长沙市和永州市，两者的倍数是 4.47
倍，差距在扩大；2015 年，人均 GDP 最高和最低的仍然是长沙市和永州
市，两者的倍数是 4.40 倍。与 2005 年相比，差距在扩大；与 2010 相比
差距在缩小（见表 1-4 和图 1-9）。从各个地市人均 GDP 增长情况看，
2015 年与 2005 年相比，长沙市的人均 GDP 增长最快，名义增长 4.82 倍，
其次是湘潭市，经济名义增长 4.44 倍；再次是岳阳市，经济名义增长
4.1 倍；永州市的经济增长最慢，经济名义增长只有 3.67 倍。

表 1-4　　　　　　2005 年、2010 年和 2015 年 8 个地市人均 GDP

单位：元（现价）

| 年份 | 2005 | 2010 | 2015 |
|---|---|---|---|
| 长沙市 | 23968 | 66464 | 115443 |
| 株洲市 | 14497 | 33604 | 58657 |
| 湘潭市 | 13604 | 32305 | 60430 |
| 衡阳市 | 8899 | 20419 | 35538 |
| 岳阳市 | 12532 | 28849 | 51429 |
| 郴州市 | 11073 | 24015 | 42682 |
| 永州市 | 7139 | 14853 | 26222 |
| 娄底市 | 8193 | 17569 | 33436 |

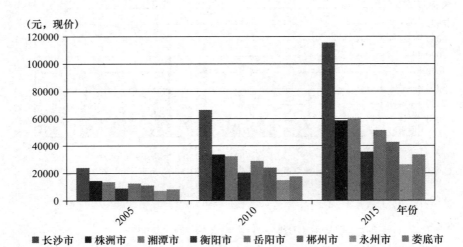

图 1-9　2005 年、2010 年和 2015 年 8 个地市人均 GDP

（三）地市之间产业结构差距较大

首先，第一产业的比重差距较大，永州市第一产业的比重一直是最高的，长沙市是最低的。2005 年，永州市第一产业的比重高达 30.61%，而长沙市第一产业的比重只有 6.39%，两者相差 24.22 个百分点；2010 年，永州市和长沙市第一产业比重的差距在缩小，两者相差 20.4 个百分点；2015 年，永州市和长沙市第一产业比重的差距继续缩小，两者仍相差 17.74 个百分点（见表 1－5）。

表 1－5　　　　　　2005 年、2010 年和 2015 年 8 个地市产业结构　　　　单位：%

| 年份 | 2005 | 2010 | 2015 |
|---|---|---|---|
| 长沙市 | 6.39:44.05:49.56 | 4.44:53.6:41.96 | 4.02:52.62:43.36 |
| 株洲市 | 13.45:50.48:36.07 | 9.71:57.77:32.56 | 7.69:57.26:35.05 |
| 湘潭市 | 15.43:43.33:41.24 | 10.74:55.86:33.40 | 8.27:54.83:36.90 |
| 衡阳市 | 25.47:37.97:36.56 | 18.62:45.46:35.92 | 15.20:44.63:40.16 |
| 岳阳市 | 19.97:50.13:33.67 | 14.00:54.19:31.81 | 10.99:50.13:38.88 |
| 郴州市 | 17.62:47.44:34.95 | 11.72:54.95:33.33 | 9.80:56.65:35.55 |
| 永州市 | 30.61:26.18:43.21 | 24.84:36.33:38.83 | 21.76:36.53:41.72 |
| 娄底市 | 18.71:46.16:35.13 | 14.70:53.76:31.54 | 14.65:51.36:34.00 |

其次，第二产业的比重差距也较大，永州市第二产业的比重一直是最低的，而株洲市是最高的，2005 年、2010 年和 2015 年，两者之间的差距依次是 24.3 个、21.44 个和 20.73 个百分点（见表 1－5），虽然差距在减小，但缩小的速度远远低于第一产业的速度。

最后，各地市第三产业比重的变化规律与第一、第二产业比重的变化不同。第一产业比重一直在下降，第二产业比重是先上升后下降，第三产业比重是先下降后上升，并且只有衡阳市、岳阳市和郴州市 2015 年第三产业比重高于 2005 年第三产业的比重（见表 1－5），说明在 "十一五" 和 "十二五" 期间，其余 5 个地市第三产业的增长速度低于第二产业的增长速度。从各个地市的自身产业结构变化看，产业结构不断优化，第一产业比重下降，第二产业比重上升。

（四）全社会固定资产投资飞速发展

表 1－6 显示，"十一五" 和 "十二五" 期间，8 个城市的固定资产

投资飞速发展。因经济发展程度不同，各个城市的固定资产投资有较大的差距，长沙市的固定资产投资远远高于其他 7 个城市。从投资额来说，2005 年，株洲市、湘潭市、衡阳市、岳阳市、郴州市、永州市和娄底市的固定资产投资差距较小，属于一个层次；2010 年，因株洲市、岳阳市和郴州市固定资产投资的提高，这三个城市属于一个层次，湘潭市、衡阳市、永州市和娄底市属于一个层次；2015 年，株洲市、衡阳市、岳阳市和郴州市属于一个层次，湘潭市、永州市和娄底市属于一个层次。2015 年与 2005 年相比，株洲市、湘潭市、衡阳市、岳阳市、郴州市和永州市固定资产投资名义增长 10 倍以上，只有娄底市和长沙市增长在 10 倍以下。

表 1-6　2005 年、2010 年和 2015 年 8 个地市全社会固定资产投资情况

单位：亿元、%

| 地市 | 2005 年 | | 2010 年 | | 2015 年 | |
|---|---|---|---|---|---|---|
| | 固定资产投资 | 固定资产投资/GDP | 固定资产投资 | 固定资产投资/GDP | 固定资产投资 | 固定资产投资/GDP |
| 长沙市 | 871 | 48.84 | 3067 | 67.44 | 6363 | 74.77 |
| 株洲市 | 154 | 29.35 | 808 | 63.39 | 2181 | 93.42 |
| 湘潭市 | 169 | 46.13 | 637 | 71.22 | 1805 | 106.01 |
| 衡阳市 | 159 | 26.86 | 641 | 45.14 | 2126 | 81.72 |
| 岳阳市 | 193 | 30.42 | 827 | 53.72 | 2155 | 74.65 |
| 郴州市 | 188 | 39.28 | 811 | 75.00 | 2169 | 107.80 |
| 永州市 | 123 | 34.11 | 642 | 83.72 | 1541 | 108.69 |
| 娄底市 | 118 | 37.80 | 400 | 58.98 | 1108 | 85.83 |

（五）固定资产投资占 GDP 的比重迅速提高

2005 年，各地市固定资产投资占 GDP 的比重均在 50% 以下；2010 年，只有衡阳市的固定资产投资占 GDP 的比重低于 50%，永州市已高达 83.72%；2015 年，湘潭市、郴州市和永州市的固定资产投资占 GDP 的比重已超过 100%，其余 5 个城市也超过 70%，8 个城市的经济均是投资驱动发展的。

（六）社会消费品零售总额迅速增长，人均社会消费品零售总额存在较大差距

长沙市作为 8 个地市中经济最发达的地区，社会消费品零售总额无

疑也是最高的，如表 1-7 所示。株洲市、湘潭市、衡阳市、岳阳市、郴州市、永州市和娄底市的社会消费品零售总额在 2005 年差距较小，随着经济的发展，2010 年和 2015 年，湘潭市、永州市和娄底市的社会消费品零售总额远低于其余地区。人均社会消费品零售总额最高的一直是长沙市，最低的一直是娄底市，2005 年、2010 年和 2015 年，前者分别是后者的 6.53 倍、5.68 倍和 5.11 倍。2015 年，衡阳市、郴州市、永州市和娄底市的人均社会消费品零售总额低于湖南平均水平。

表 1-7　　2005 年、2010 年和 2015 年 8 个地市社会消费品零售情况

单位：亿元、元

| 地市 | 2005 年 | | 2010 年 | | 2015 年 | |
|---|---|---|---|---|---|---|
| | 社会消费品零售总额 | 人均社会消费品零售总额 | 社会消费品零售总额 | 人均社会消费品零售总额 | 社会消费品零售总额 | 人均社会消费品零售总额 |
| 长沙市 | 743 | 11629 | 1865 | 26482 | 3691 | 49659 |
| 株洲市 | 182 | 4816 | 427 | 11064 | 840 | 20987 |
| 湘潭市 | 113 | 3992 | 257 | 9326 | 521 | 18437 |
| 衡阳市 | 203 | 2803 | 472 | 6605 | 1009 | 13753 |
| 岳阳市 | 215 | 4008 | 507 | 9263 | 1021 | 18131 |
| 郴州市 | 178 | 3857 | 408 | 8910 | 810 | 17116 |
| 永州市 | 102 | 1780 | 242 | 4666 | 528 | 9721 |
| 娄底市 | 96 | 2366 | 219 | 5787 | 434 | 11205 |

（七）对外贸易差距较大

2005 年，株洲市的进出口总额最多，是 6.88 亿美元，永州市最少，只有 0.66 亿美元，前者是后者的 10 倍多；2015 年，长沙市的进出口总额最多，达到 129.53 亿美元，永州市仍然最少，只有 8.96 亿美元，前者是后者的 14 倍多。从进口和出口情况看，2005 年，岳阳市、永州市和娄底市是进口额大于出口额，2015 年只有娄底市是进口额大于出口额（见表 1-8）。2005—2015 年，各地市的进出口总额有了快速发展。长沙市的进出口总额名义增长了 37.71 倍；其次是永州市，名义增长了 13.54 倍；再次是郴州市，名义增长了 10.76 倍，娄底市的进出口总额名义增长

最慢，只有 2.02 倍。

表 1 - 8　　　　　　　2005 年和 2015 年 8 个地市对外贸易情况

单位：亿美元（现价）

| 地市 | 2005 年 | | | 2015 年 | | |
|---|---|---|---|---|---|---|
| | 进出口总额 | 出口 | 进口 | 进出口总额 | 出口 | 进口 |
| 长沙市 | 3.44 | 15.95 | 10.88 | 129.53 | 86.41 | 43.12 |
| 株洲市 | 6.88 | 5.44 | 1.44 | 24.90 | 17.00 | 7.90 |
| 湘潭市 | 6.68 | 4.22 | 2.46 | 22.00 | 11.20 | 10.80 |
| 衡阳市* | 3.44 | 2.43 | 1.01 | 29.43 | 19.56 | 9.88 |
| 岳阳市 | 2.77 | 0.45 | 2.32 | 11.34 | 8.62 | 2.71 |
| 郴州市 | 2.62 | 2.47 | 0.16 | 28.20 | 14.70 | 13.50 |
| 永州市 | 0.66 | 0.20 | 0.46 | 8.96 | 7.69 | 1.26 |
| 娄底市 | 4.85 | 1.68 | 3.17 | 9.78 | 2.35 | 7.43 |

注：＊表示 2014 年数据。

（八）实际利用外商直接投资（FDI）差距较大

表 1 - 9 和图 1 - 10 显示，长沙市实际利用外商直接投资远远高于其余 7 个地市。2005 年，长沙市实际利用 FDI 是 9.02 亿美元，娄底市只有 0.41 亿美元，两者相差 8.61 亿美元；2010 年，长沙市实际利用 FDI 是 22.38 亿美元，娄底市只有 1.21 亿美元，两者相差 21.17 亿美元；2015 年，长沙市实际利用 FDI 是 44.06 亿美元，娄底市只有 3.69 亿美元，两者相差 40.37 亿美元，差距越来越大。2015 年与 2005 年相比，长沙市实际利用 FDI 增加最多，是 35.04 亿美元；其次是郴州市，实际利用 FDI 增加 11.06 亿美元；再次是衡阳市，实际利用 FDI 增加 8.58 亿美元，娄底市实际利用 FDI 只增加 3.28 亿美元。[①]

表 1 - 9　　　　　　2005 年、2010 年和 2015 年 8 个地市 FDI　　　　单位：亿美元

| 年份 | 2005 | 2010 | 2015 |
|---|---|---|---|
| 长沙市 | 9.02 | 22.38 | 44.06 |
| 株洲市 | 1.61 | 4.02 | 8.24* |

---

① 没有考虑价格因素。

续表

| 年份 | 2005 | 2010 | 2015 |
|------|------|------|------|
| 湘潭市 | 1.56 | 4.03 | 9.2 |
| 衡阳市 | 1.72 | 4.06 | 10.3 |
| 岳阳市 | 0.45 | 1.57 | 3.29* |
| 郴州市 | 2.44 | 5.29 | 13.5 |
| 永州市 | 1.21 | 3.93 | 8.32 |
| 娄底市 | 0.41 | 1.21 | 3.69 |

注：＊表示为 2014 年数据。

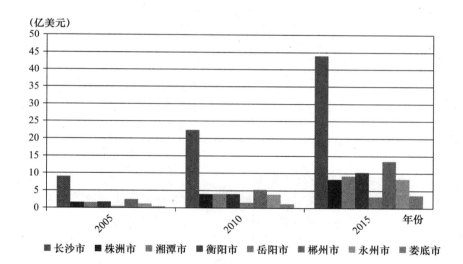

图 1 – 10  2005 年、2010 年和 2015 年 8 个地市实际利用外商直接投资

（九）旅游收入迅速增长，地区之间差距较大

随着经济的迅速发展和居民收入的提高，长沙等 8 个地市的旅游收入也迅速提高。因为受旅游资源和交通等限制，各个地区的旅游收入有较大差距，无论哪个年度，长沙市的旅游收入总是最高的，娄底市的旅游收入总是最低的。2005 年，长沙市旅游收入比娄底市旅游收入多 182.7 亿元；2010 年，长沙市旅游收入比娄底市旅游收入多 347.92 亿元；2015 年，长沙市旅游收入比娄底市旅游收入多 1187.63 亿元，差距越来越大（见表 1 – 10）。从各个地区看，2005 年，长沙市的旅游收入只有 191.2

亿元，2015 年增加到 1351.5 亿元，增加了 1160.3 亿元，增长了 6.07 倍；其次，岳阳市从 2005 年的 31.91 亿元增加到 2015 年的 332.68 亿元，增加了 300.77 亿元，增长了 9.43 倍；再次，衡阳市从 2005 年的 17.75 亿元增加到 2015 年的 301.7 亿元，增加了 283.95 元，增长了 16 倍。因增长速度不同，各个地区间旅游收入差距越来越大。①

表 1-10　　　　2005 年、2010 年和 2015 年 8 个地市旅游收入　　单位：亿元

| 年份 | 2005 | 2010 | 2015 |
|---|---|---|---|
| 长沙市 | 191.20 | 401.89 | 1351.50 |
| 株洲市 | 22.17 | 72.27 | 233.30 |
| 湘潭市 | 26.72 | 89.97 | 245.90 |
| 衡阳市 | 17.75 | 84.29 | 301.70 |
| 岳阳市 | 31.91 | 102.35 | 332.68 |
| 郴州市 | 41.00 | 111.45 | 281.65 |
| 永州市 | 12.10 | 56.94 | 190.50 |
| 娄底市 | 8.50 | 53.97 | 163.87 |

## 二　8 个地市的社会发展概况

在经济迅速发展的同时，8 个地市的社会也有了迅速发展，居民收入快速提高，居住条件有所改善，科教卫生事业有了快速发展。

（一）就业状况

8 个地市就业人口均有增长，但增长有较大差别。2005 年、2010 年和 2014 年，8 个地市就业人数最多的都是衡阳市，分别有 384.83 万人、458.31 万人和 476.45 万人，最少的是湘潭市，分别只有 170.43 万人、172.72 万人和 180.3 万人，前者是后者的 2.26 倍、2.65 倍和 2.64 倍，差距越来越大。2014 年与 2005 年相比，就业人口增加最多的是长沙市，增加了 101.65 万人；其次是岳阳市，增加了 100.84 万人；再次是衡阳市，增加了 91.62 万人；湘潭市只增加了 9.87 万人，在 8 个城市中就业人口最少（见表 1-11 和图 1-11）。

① 没有考虑价格因素。

| 表1-11 | \ \ \ \ 2005年、2010年和2014年8个地市就业人数 | | 单位：万人 |
|---|---|---|---|
| 年份 | 2005 | 2010 | 2014 |
| 长沙市 | 358.92 | 424.07 | 460.57 |
| 株洲市 | 213.20 | 230.57 | 246.37 |
| 湘潭市 | 170.43 | 172.72 | 180.30 |
| 衡阳市 | 384.83 | 458.31 | 476.45 |
| 岳阳市 | 259.92 | 315.01 | 360.76 |
| 郴州市 | 274.36 | 299.06 | 326.61 |
| 永州市 | 326.76 | 336.48 | 342.07 |
| 娄底市 | 225.53 | 249.4 | 251.54 |

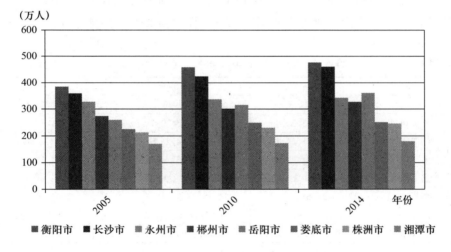

图1-11　2005年、2010年和2014年8个地市就业人数

8个地市就业结构差距较大。总体来说，第一产业就业比重偏高，第二、第三产业就业比重偏低。2005年，永州市第一产业就业比重高达55%，长沙市最低，为35.03%；2014年，娄底市第一产业就业比重高达48.45%，长沙市最低，为22.72%。2005年，永州市第二产业就业比重只有14.7%，长沙市最高，也只有29.1%；2014年，长沙市最高是33.71%，娄底市只有13.96%。2005年，全国三次产业就业结构是44.8：23.8：31.4；2014年，全国三次产业就业结构是29.5：29.9：40.6，对比全国三次产业就业结构，湘江流域8个地市第一产业就业比重偏高，第二、

第三产业就业比重偏低（见表1－12）。

8个地市就业结构总的趋势是不断优化，第一产业就业人数减少，第二、第三产业就业人数增加。8个地市的就业结构在缓慢优化，2014年与2005年相比，第一产业就业比重降低最多的是岳阳市，减少19.55个百分点；其次是郴州市，减少14.13个百分点；再次是长沙市，减少12.31个百分点；湘潭市只减少5.55个百分点。第二产业就业比重提高最多的是岳阳市，其次是郴州市，再次是永州市，分别提高8.82个、7.68个和5.02个百分点；衡阳市提高最少，只有0.18个百分点。第三产业就业比重提高最多的是岳阳市，其次是娄底市，再次是长沙市，分别提高10.59个、8.91个和7.70个百分点；永州市提高最少，只有3.7个百分点。值得注意的是，娄底市第二产业就业比重在2005—2014年没有提高，反而下降，难道娄底市的机械化程度远远高于其他城市？

表1－12　　　　　2005年、2010年和2014年8个地市就业结构　　　单位：%

| 年份 | 2005 | 2010 | 2014 |
|---|---|---|---|
| 长沙市 | 35.03:29.1:35.87 | 28.2:31.7:40.11 | 22.72:33.71:43.56 |
| 株洲市 | 41.37:27.63:30.99 | 37.8:29.5:32.7 | 31.81:31.81:36.38 |
| 湘潭市 | 46.56:27.25:26.19 | 45.09:28.4:26.51 | 41.01:28.3:30.69 |
| 衡阳市 | 52.88:19.71:27.41 | 46.78:19.61:33.6 | 45.07:19.89:35.04 |
| 岳阳市 | 53.2:15.4:31.4 | 44.14:21.28:34.58 | 33.65:24.22:41.99 |
| 郴州市 | 47.98:21.65:30.37 | 36.85:28.2:34.95 | 33.85:29.33:36.82 |
| 永州市 | 55:14.7:30.3 | 49.54:17.99:32.47 | 46.29:19.72:33.99 |
| 娄底市 | 54.9:16.42:28.68 | 48.8:20.93:30.28 | 48.45:13.96:37.59 |

（二）居民收入

农民人均纯收入稳定增长，城市之间的差距在扩大。2005年，农民人均纯收入最高的是长沙市，是4908元；最低是娄底市，只有2349元，前者是后者的2.09倍。2015年，农民人均纯收入最高的仍然是长沙市，是23601元；最低的仍然是娄底市，只有8655元，前者是后者的2.73倍，收入差距在扩大。2015年，全国和湖南的农民人均纯收入分别是10772元和10993元，永州市和娄底市低于全国和湖南的平均水平（见表1－13和图1－12）。2005—2015年，8个地市农民人均纯收入均快速发展，长沙市名义增长了3.81倍；其次是株洲市，名义增长2.95倍；再次是永州市，名义增长 2.93 倍，岳阳市增长最慢，只有 2.35 倍。

**表 1-13　2005 年、2010 年和 2015 年 8 个地市农民人均纯收入情况**

单位：元（现价）

| 年份 | 2005 | 2010 | 2015 |
|---|---|---|---|
| 长沙市 | 4908 | 11206 | 23601 |
| 株洲市 | 3957 | 7658 | 15637 |
| 湘潭市 | 4177 | 7817 | 15347 |
| 衡阳市 | 3833 | 7220 | 14407 |
| 岳阳市 | 3613 | 5988 | 12091 |
| 郴州市 | 3505 | 5207 | 11778 |
| 永州市 | 2738 | 5061 | 10765 |
| 娄底市 | 2349 | 3365 | 8655 |

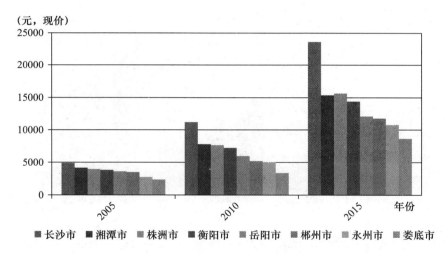

**图 1-12　2005 年、2010 年和 2015 年 8 个地市农民人均纯收入情况**

城镇居民人均可支配收入稳定增长，城市之间的差距在扩大。2005年，城镇居民人均可支配收入最高的是长沙市，是 12434 元；最低的是永州市，只有 8044 元，前者是后者的 1.55 倍。2015 年，城镇居民人均可支配收入最高的仍然是长沙市，是 39961 元；最低的是娄底市，只有21838 元，前者是后者的 1.83 倍，收入差距在扩大。2015 年，全国和湖南的城镇居民人均可支配收入分别是 31195 元和 28838 元，只有长沙市和株洲市高于全国平均水平，长沙市、株洲市和湘潭市高于湖南平均水平

（见表 1 – 14 和图 1 – 13）。

表 1 – 14　　　　2005 年、2010 年和 2015 年 8 个地市城镇

居民人均可支配收入情况　　　　单位：元，现价

| 年份 | 2005 | 2010 | 2015 |
|------|------|------|------|
| 长沙市 | 12434 | 22814 | 39961 |
| 株洲市 | 11230 | 19643 | 33977 |
| 湘潭市 | 9685 | 18059 | 29237 |
| 衡阳市 | 8490 | 15635 | 26515 |
| 岳阳市 | 10980 | 17312 | 25202 |
| 郴州市 | 9595 | 15342 | 25534 |
| 永州市 | 8044 | 15041 | 21938 |
| 娄底市 | 8788 | 15025 | 21838 |

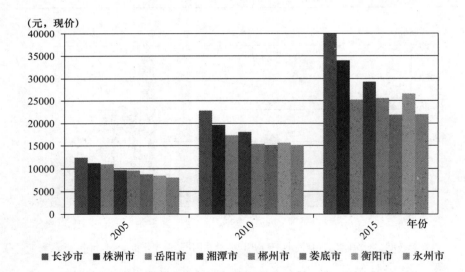

图 1 – 13　2005 年、2010 年和 2015 年 8 个地市城镇居民可支配收入情况

2005—2015 年，8 个地市城镇居民人均可支配收入均有快速的发展，长沙市的城镇居民人均可支配收入名义增长了 2.21 倍；其次是株洲市，城镇居民人均可支配收入名义增长 2.03 倍；再次是湘潭市，城镇居民人均可支配收入名义增长 2.02 倍；岳阳市的城镇居民人均可支配收入名义增长最慢，只有 1.3 倍。

城乡收入差距在缩小。表 1 – 15 表明，在 2005—2015 年期间，8 个

地市的城乡收入差距在缩小。2005 年，8 个地市的城乡收入倍数均在两倍以上，岳阳市和娄底市甚至在 3 倍以上；2015 年与 2005 年相比，8 个地市的城乡收入倍数均在减小，长沙市、湘潭市和衡阳市的城乡收入倍数降到了两倍以下。城乡收入差距减小，意味着财富分配相对均匀，对于社会而言，有利于社会的发展及和谐进步。

表 1 – 15　　2005 年、2010 年和 2015 年 8 个地市城乡收入差距情况　　单位：倍

| 年份 | 2005 | 2010 | 2015 |
| --- | --- | --- | --- |
| 长沙市 | 2. 53 | 2. 04 | 1. 69 |
| 株洲市 | 2. 84 | 2. 57 | 2. 17 |
| 湘潭市 | 2. 32 | 2. 31 | 1. 91 |
| 衡阳市 | 2. 21 | 2. 17 | 1. 84 |
| 岳阳市 | 3. 04 | 2. 89 | 2. 08 |
| 郴州市 | 2. 74 | 2. 95 | 2. 17 |
| 永州市 | 2. 94 | 2. 97 | 2. 04 |
| 娄底市 | 3. 74 | 4. 47 | 2. 52 |

（三）居民住房条件

地市之间农村居民住房条件有较大差距，且差距在扩大。2005 年，株洲市农村居民人均住房面积最多，是 51.1 平方米；永州市的农村居民人均住房面积最少，是 32.2 平方米，两者相差 18.9 平方米。2013 年，湘潭市的农村居民人均住房面积最多，是 68.1 平方米；郴州市的农村居民人均住房面积最少，是 41.7 平方米，两者相差 26.4 平方米，差距在扩大（见表 1 – 16）。

表 1 – 16　2005 年、2010 年和 2013 年 8 个地市农村居民人均住房情况

单位：平方米

| 年份 | 2005 | 2010 | 2013 |
| --- | --- | --- | --- |
| 长沙市 | 49. 42 | 59. 53 | 62 |
| 株洲市 | 51. 1 | 55. 5 | 59. 9 |
| 湘潭市 | 48. 50 | 49. 8 | 68. 1 |
| 衡阳市 | 41. 9 | 50. 3 | 51. 3 |
| 岳阳市 | 39. 5 | 42. 14 | 51 |

续表

| 年份 | 2005 | 2010 | 2013 |
|------|------|------|------|
| 郴州市 | 36. 4 | 38. 2 | 41. 7 |
| 永州市 | 32. 2 | 35 | 48. 4 |
| 娄底市 | 35. 7 | 40. 8 | 63. 5 |

农村居民住房面积有了较大提高。2005—2013 年，8 个地市的农村居民住房条件有了较大改善。表 1 - 16 表明，娄底市的农村居民人均住房面积从 2005 年的 35.7 平方米增加到 2013 年的 63.5 平方米，增加了 27.8 平方米，增加面积位居第一；湘潭市的农村居民人均住房面积从 2005 年的 48.5 平方米增加到 2013 年的 68.1 平方米，增加了 19.6 平方米，增加面积位居第二；永州市的农村居民人均住房面积从 2005 年的 32.2 平方米增加到 2013 年的 48.4 平方米，增加了 16.2 平方米，增加面积位居第三。郴州市的农村居民人均住房面积从 2005 年的 36.4 平方米增加到 2013 年的 41.7 平方米，增加了 5.3 平方米，增加面积是 8 个地市中最少的。

（四）科教卫生事业

8 个地市的科教卫生事业发展迅速。

长沙市：2015 年，拥有高等院校 55 所，拥有科学研究开发机构 96 个。全市全年共取得省部级以上科技成果 340 项。专利申请 21999 件，授权专利 14633 件。全市拥有艺术表演团体 9 个，文化馆 10 个，公共图书馆 12 个，博物馆（纪念馆）16 个，档案馆 14 个。全市拥有卫生机构（含村卫生室）4661 个，其中，医院、卫生院 284 个；卫生防疫、防治机构 12 个；妇幼保健机构 11 个。卫生技术人员 6.96 万人，增加 0.29 万人，其中，执业医师、执业助理医师 2.56 万人，注册护士 3.24 万人。卫生机构床位 6.60 万张，其中医院、卫生院床位 5.99 万张。

株洲市：2015 年，拥有普通高校 11 所，省级工程（技术）研究中心 24 个；国家级企业重点实验室 4 个，省级 9 个，获得国家科技进步奖励 2 项；专利申请 6034 件，其中发明专利 1873 件；授权专利 4016 件，其中发明专利 790 件。承担国家各类科技计划项目 60 项。全市拥有艺术表演团体 5 个，群众艺术馆、文化馆 10 个，公共图书馆 7 个，博物馆、纪念馆 9 个。全市卫生机构 2986 个（含村卫生室）。其中，医院和卫生院共 175 个，妇幼保健院（所、站）10 个，社区卫生服务中心 26 个，专科疾病防治院10个。卫生技术人员2.2万人。防疫站10个，技术人员405人。卫生监督检验机构10个，技术人员153人。医院和卫生院拥有床位总数2.1万张，乡镇卫生院114个。

湘潭市：2015年，共有普通高校10所。全市共有国家级重点实验室6家，省级重点实验室29家；省级工程技术研究中心17家，国家级、省级创新型企业17家。建成机电技术、先进矿山装备制造、专利信息服务、工业设计服务等公共技术服务平台5家。全年专利申请量3775件，授权量2077件。其中，发明专利申请量1510件，发明专利授权量458件。全市有艺术表演团体3个，群众艺术馆、文化馆6个，公共图书馆6个，博物馆、纪念馆5个。年末全市共有医疗机构2547个，其中医院54个，乡镇卫生院55个，社区卫生服务中心（站）28个，诊所（卫生所、医务室）873个，村卫生室1463个，疾病预防控制中心6个，卫生监督所6个。全市共有卫生技术人员16306人。医疗卫生机构床位16605张，其中，医院床位12950张，镇卫生院床位2672张。

衡阳市：2015年，共有普通高校8所。专利申请量4664件。全市拥有各类艺术表演团体11个，群众艺术馆、文化馆13个，公共图书馆14个，博物馆、纪念馆16个。全市拥有各类卫生机构6023个，其中，医院、卫生院331个，妇幼保健院（所、站）13个。卫生技术人员3.83万人，医院、卫生院床位3.80万张。拥有乡镇卫生院203个，床位数1.19万张，卫生技术人员1.02万人。

岳阳市：2015年，共有普通高校4所。拥有国家工程技术研究中心1个，省级工程技术研究中心12个，市级工程技术研究中心58个。获得国家科技进步奖励1项，获得国家技术发明奖励1项。科技成果登记数40项。全年专利申请1824件，授权专利2172件。有艺术表演团体58个，群众艺术馆、文化馆11个。公共图书馆11个，博物馆、纪念馆12个。全市共有医疗卫生机构4808个，其中，医院、卫生院242个，妇幼保健院10个，专科疾病防治院（所、站）21个，村卫生室3442个。卫生技术人员27502人。全市疾病预防控制中心（防疫站）11个，卫生监督所（中心）10个。医疗卫生机构床位26247张。

郴州市：2015年，共有普通高校3所。全年专利申请1835件，其中发明专利申请459件。授权专利1194件。全市共有艺术表演团体10个，群众艺术馆、文化馆12个，公共图书馆11个，博物馆（纪念馆）10个。

年末全市卫生机构 4820 个，其中，医院、卫生院 339 个，妇幼保健院（所、站）12 个，专科疾病防治院（所、站）1 个，社区卫生服务中心（站）22 个，诊所、卫生所、医务室 720 个，村卫生室 3456 个，疾病预防控制中心（防疫站）12 个。医院和卫生院拥有床位总数 2.5 万张，卫生技术人员 2.6 万人。

永州市：2015 年，共有普通高校 3 所。国家工程研究中心 2 个，省级重点实验室 1 个，科技成果登记数 35 项。全年专利申请 2387 件，其中发明专利 710 件；授权专利 1075 件，其中发明专利 111 件。年末全市共有艺术表演团体 11 个，群众艺术馆、文化馆 12 个，公共图书馆 12 个，博物馆、纪念馆 3 个。年末全市医疗卫生机构 6003 个，其中，医院、卫生院 315 个，妇幼保健院（所、站）13 个，专科疾病防治院所 1 个，社区卫生服务中心 30 个，诊所、卫生所、医务室 577 个，村卫生室 4781 个。全市卫生技术人员 2.57 万人。全市疾病预防控制中心（防疫站）12 个，卫生技术人员 587 人；卫生监督所（中心）12 个，卫生技术人员 239 人。医院和卫生院床位数 3.09 万张。乡镇卫生院 193 个，卫生技术人员 5148 人，床位 7701 张。

娄底市：2015 年，共有普通高校 3 所。全市申请专利 1617 件，其中发明专利申请 330 件；全市专利授权 1002 件，其中发明专利授权 52 件。全市共有艺术表演团体 5 个，艺术馆和文化馆 6 个，博物馆和纪念馆 6 个，公共图书馆 7 个。年末共有医疗卫生机构 4014 个，其中，医院 69 个，乡镇卫生院 85 个，社区卫生服务中心 14 个，村卫生室 3476 个，诊所、卫生室、医务室 250 个，妇幼保健机构 6 个，疾病预防控制中心（防疫站）6 个，卫生监督检验机构 6 个。卫生技术人员 18140 人。医疗卫生机构床位 20515 张，其中医院床位 14129 张，乡镇卫生院床位 5144 张，妇幼保健机构床位 868 张，社区卫生服务中心床位 374 张。

（五）城市化率状况

城市之间城市化率有差异，差距在扩大。表 1 - 17 显示 2005 年，长沙市的城市化率最高，是 53.87%，其次是湘潭市，是 43.47%；再次是株洲市，是 42.49%，永州市最低，只有 27.58%，长沙市比永州市高 26.29%。2015 年，长沙市的城市化率仍然最高，是 74.38%；其次是株洲市，是 62.11%；再次是湘潭市，是 58.28%，娄底市仍然最低，是 43.77%，长沙市比娄底市高 30.61%，城市之间的城市化率差距在扩大。

城市化率不断提高。表 1 - 17 显示，各个城市在 2005—2015 年城市化率是不断提高的。其中，长沙市的城市化率提高最多，提高了 20.51 个百分点；其次是株洲市的城市化率提高了 19.62 个百分点；再次是永州市的城市化率提高了 16.67 个百分点；娄底市的城市化率提高最少，也提高了 13.47 个百分点。2015 年，全国和湖南的城市化率分别为 56.1% 和50.89%，只有长沙市、湘潭市和株洲市的城市化率高于全国平均水平，其余 5 个地市均低于全国平均水平；长沙市、湘潭市、株洲市和岳阳市的城市化率高于湖南平均水平，郴州市、衡阳市、娄底市和永州市的城市化率低于湖南平均水平，湘江流域的城市化水平还有待提高。

表 1 - 17　　　　2005 年、2010 年和 2015 年 8 个地市城市化率情况　　单位:%

| 年份 | 2005 | 2010 | 2015 |
| --- | --- | --- | --- |
| 长沙市 | 53.87 | 67.69 | 74.38 |
| 株洲市 | 42.49 | 55.48 | 62.11 |
| 湘潭市 | 43.47 | 50.11 | 58.28 |
| 衡阳市 | 33.80 | 44.50 | 49.20 |
| 岳阳市 | 40.01 | 46.01 | 54.01 |
| 郴州市 | 36.76 | 41.70 | 50.34 |
| 永州市 | 27.58 | 35.38 | 44.25 |
| 娄底市 | 30.30 | 34.97 | 43.77 |

# 第三节　湘江流域生态环境状况分析

## 一　生态环境概况

8 个地市空气质量状况呈现出两个水平。2016 年上半年，湖南省 14 个城市的空气质量平均优良天数比例为 81.6%。8 个地市的空气质量基本呈现出两个水平。郴州市、永州市的空气质量优良天数比例在 90% 以上，娄底市也在 85% 以上，这三市的空气质量较好，高于全省平均水平。长沙市、株洲市、湘潭市、岳阳市、衡阳市五市的空气质量优良天数比例均在 80% 以下，其空气质量较差，低于全省平均水平（见图 1–14）。

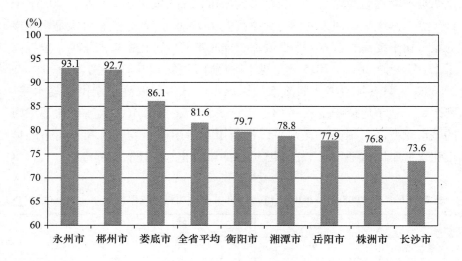

**图 1–14　2016 年 1—6 月 8 个地市空气质量优良天数比例**

资料来源：湖南省环保局网站。

　　从各个地市的经济发展水平与空气质量状况看，空气质量较好的 3 个地市的经济发展水平低于空气质量较差的 5 个地市，经济发展水平相对较高的长株潭城市群的空气质量状况几乎位于 8 个地市的末位。

　　8 个地市森林覆盖率差距较大。2015 年，湖南省 14 个城市的森林覆盖率为 59.57%。8 个地市的森林覆盖率差异较大。郴州市、永州市和株洲市 3 个地市的森林覆盖率在 60% 以上，森林资源和绿化水平较高，高于全省平均水平。长沙市、娄底市、湘潭市、衡阳市和岳阳市 5 个地市的森林覆盖率均在 60% 以下，低于全省平均水平，其中，湘潭市、衡阳市和岳阳市的森林覆盖率在 45% 左右，森林资源和绿化水平较低。而森林覆盖率最高的郴州市是最低的岳阳市的 1.5 倍左右（见图 1–15）。

　　8 个地市水资源总量差距大。图 1–16 显示，2014 年，湖南省 14 个城市的平均水资源总量为 128.57 亿立方米。其中，永州市的水资源总量最大，达到 181.6 亿立方米，郴州市也达到 145.6 亿立方米，这两个地市的水资源总量均高于全省平均水平。株洲市、岳阳市、长沙市、衡阳市 4 个地市的水资源总量较为接近，都为 110 亿立方米左右，均低于全省平均水平。娄底市、湘潭市的水资源总量较低，也均低于全省平均水平，其中，湘潭市的水资源总量仅为 41.23 亿立方米，处于 8 个地市最低水平。在 8 个地市中，水资源总量最小的湘潭市约是永州市水资源总量的 22%。

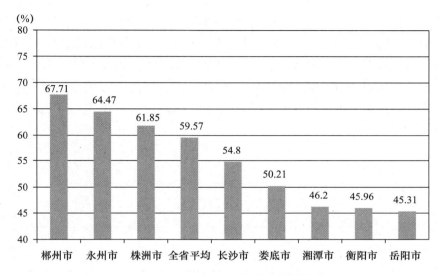

**图 1 – 15　2015 年 8 个地市森林覆盖率**

资料来源：湖南省林业厅网站。

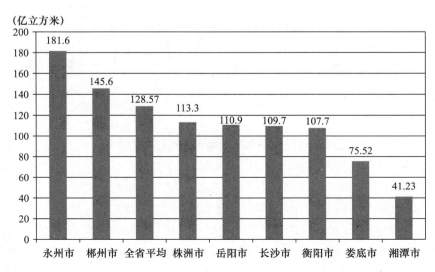

**图 1 – 16　2014 年 8 个地市水资源总量**

资料来源：湖南水资源公报。

### 二　生态环境资源利用状况

8个地市综合水资源利用率总体差距较小，小部分地市利用率差异大。2014年，湖南省万元GDP用水量为123立方米。其中，永州市的万元GDP用水量高达194立方米，其综合水资源利用率最低。衡阳市、娄底市、郴州市、湘潭市、岳阳市和株洲市的万元GDP用水量差距不大，在全省平均水平左右波动。8个地市中，综合水资源利用率最高的城市为长沙市，其万元GDP用水量为49立方米。每产生1万元GDP，长沙市相对于综合水资源利用率最低的永州市可以节约145立方米的水资源。除永州市和长沙市以外，其他6个市综合水资源利用率差距较小（见图1－17）。

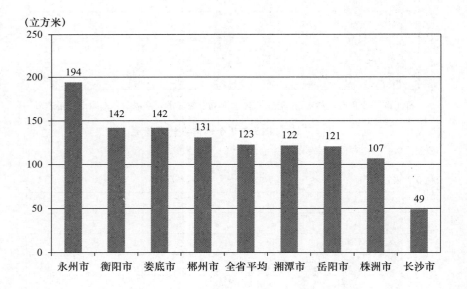

图1-17　2014年8个地市万元GDP用水量

资料来源：湖南水资源公报。

8个地市居民生活用水和农业用水差距小。2014年，湖南省城镇和农村居民生活用水量分别为156升/人·日和89升/人·日。其中，8个地市城镇居民生活用水量差距小，都在全省平均水平左右。农村居民生活用水量差距小，也都在全省平均水平左右（见图1－18）。2014年，湖南省水田实灌亩均用水量为551立方米。同样，8个地市的水田实灌亩均用水量差距小，均在 530—600 立方米（见图 1-19）。

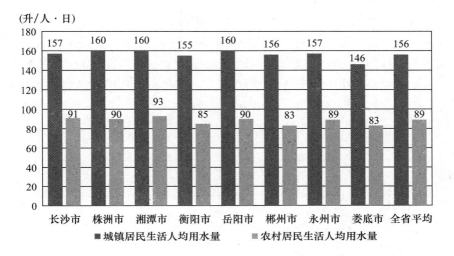

**图 1-18　2014 年 8 个地市城镇和农村居民生活人均用水量**

资料来源：湖南水资源公报。

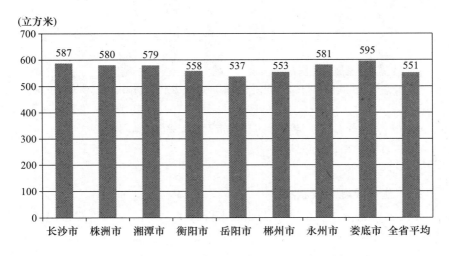

**图 1-19　2014 年 8 个地市水田实灌亩均用水量**

资料来源：湖南水资源公报。

　　8 个地市工业水资源利用率比较集中，但部分地市工业水资源利用率较高。图 1-20 显示，2014 年，湖南省万元工业增加值用水量为 82 立方米。娄底市、湘潭市、郴州市、岳阳市、永州市和衡阳市的工业水资源利用率差距不大，其万元工业增加值用水量在80—100立方米。但是，长沙市和株洲市的工业水资源利用率水平相对较高。工业水资源利用率最高的是长沙市，万元工业增加值用水为37立方米，用水远远低于全省平均水平；株洲市万元工业增加值用水也低于全省平均，达到62立方米。工业生产中每产生1万元工业增加值，工业水资源利用率最高的长沙市相对于湖南省可以节约45立方米的水资源。

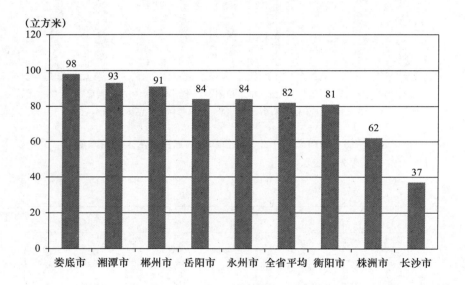

**图1-20　2014年8个地市万元工业增加值用水量**

资料来源：湖南水资源公报。

## 三　生态环境污染状况

表1-18显示，8个地市工业废水排放量总体呈下降趋势，但各地市差异大。2005—2010年，8个地市各市平均工业废水排放量逐年下降，从9267万吨下降到7462万吨，2011年和2012年各市平均排放量小幅度提高。总体来看，2005—2014年十年间，8个地市各市平均工业废水排放量总体从9267万吨下降到6344万吨，控制工业废水排放方面取得了一定成效。表1-19显示，从各地市来看，岳阳市和娄底市十年平均工业废水排放量达到11811万吨和11705万吨，属于工业废水污染最严重的地市。湘

潭市、郴州市、衡阳市、株洲市 4 个地市十年平均工业废水排放量在
8000 万吨左右，4 个地市工业废水污染情况一般。长沙市和永州市十年
平均工业废水排放量仅有 4000 万吨左右，工业废水污染最轻。其中，岳
阳市和娄底市的十年平均工业废水排放是长沙市和永州市的 2.8 倍多。

表 1-18　　　　2005—2014 年 8 个地市各市平均工业废水排放量　　　单位：万吨

| 年份 | 2005 | 2006 | 2007 | 2008 | 2009 | 2010 | 2011 | 2012 | 2013 | 2014 | 各年平均 |
|---|---|---|---|---|---|---|---|---|---|---|---|
| 8 市平均 | 9267 | 8601 | 8372 | 8141 | 7702 | 7462 | 8520 | 7954 | 7150 | 6344 | 7951 |

资料来源：有关年份《中国城市统计年鉴》。

表 1-19　　　　2005—2014 年 8 个地市十年平均工业废水排放量　　　单位：万吨

| 地市 | 岳阳市 | 娄底市 | 湘潭市 | 郴州市 | 衡阳市 | 株洲市 | 长沙市 | 永州市 | 8 市平均 |
|---|---|---|---|---|---|---|---|---|---|
| 十年平均 | 11811 | 11705 | 8649 | 7889 | 7718 | 7681 | 4097 | 4061 | 7951 |

资料来源：有关年份《中国城市统计年鉴》。

　　8 个地市工业废水排放量变化情况较为相似：总体波动不大，除娄底
市排放量大幅下降。除娄底市的 7 个地市在 2005—2010 年的工业废水排
放量变化不大，在 2011 年和 2012 年，部分地市工业废水排放量有一定幅
度的增加，例如永州市、郴州市、衡阳市和长沙市，在随后的 2013 年和
2014 年这部分地市工业废水排放量又有所降低。2005—2014 年，娄底市
的工业废水排放量大幅下降，工业废水治理成效显著。娄底市的工业废
水排放量从 2005 年 8 地市最高的 20136 万吨下降到 2014 年的 5519 万吨，
年均减排工业废水 1500 万吨以上（见图 1-21）。

　　表 1-20 显示，8 个地市工业二氧化硫排放量总体呈现较稳定的下降
趋势，各地市差异大。8 个地市工业二氧化硫排放量从 2005 年的 65281
吨降到 2014 年的 48112 吨，下降幅度为 26.3%，十年间未出现排放量较
大增加的年份，减排成果较为稳定。从各地市来看，娄底市和衡阳市的
十年年均排放量分别达到了 8 万吨以上和 7 万吨以上，工业二氧化硫污染
较为严重。岳阳市、株洲市和湘潭市的十年年均排放量在 6 万吨左右，
郴州市和长沙市的十年年均排放量为 4 万多吨。情况最好的永州市的排
放量为 21986 吨，仅是娄底市的 25.2%（见表 1-21）。

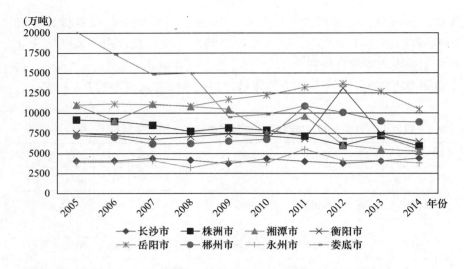

**图 1－21 2005—2014 年 8 个地市工业废水排放量**

资料来源：有关年份《中国城市统计年鉴》。

表 1－20　　　2005—2014 年 8 个地市各市平均工业二氧化硫排放量　　单位：吨

| 年份 | 2005 | 2006 | 2007 | 2008 | 2009 | 2010 | 2011 | 2012 | 2013 | 2014 | 各年平均 |
|------|------|------|------|------|------|------|------|------|------|------|----------|
| 8 市平均 | 65281 | 65616 | 64278 | 59752 | 55770 | 53675 | 52901 | 51228 | 51769 | 48112 | 56838 |

资料来源：有关年份《中国城市统计年鉴》。

表 1－21　　　2005—2014 年 8 个地市十年平均工业二氧化硫排放量　　单位：吨

| 地市 | 娄底市 | 衡阳市 | 岳阳市 | 株洲市 | 湘潭市 | 郴州市 | 长沙市 | 永州市 | 8 市平均 |
|------|--------|--------|--------|--------|--------|--------|--------|--------|----------|
| 十年平均 | 87395 | 72768 | 61780 | 60608 | 60457 | 49110 | 40603 | 21986 | 56838 |

资料来源：有关年份《中国城市统计年鉴》。

　　图 1－22 显示，8 个地市工业二氧化硫排放量变动：2010 年前稳定下降，2010 年后出现较大分歧。2005—2010 年 8 个地市工业二氧化硫排放变化幅度不大，总体呈现稳定下降趋势。其中，除永州市和长沙市在 2005—2010 年排放量有小幅上升外，另外 6 个地市排放量均呈现稳定下降趋势。2010 年后，8 个地市出现分歧，部分地市仍然保持平稳下降趋势，例如株洲市、郴州市、湘潭市、岳阳市。部分地市小幅度上升趋势，例如娄底市和永州市。部分地市在 2011 年出现较大波动，例如长沙市

2010 年排放量为 54678 吨，2011 年急剧下降到 26029 吨，衡阳市 2010 年排放量为 56543 吨，2011 年急剧上升到 84526 吨。在排放量突变后几年，衡阳市和长沙市的排放量仍然保持小幅度平稳下降趋势。

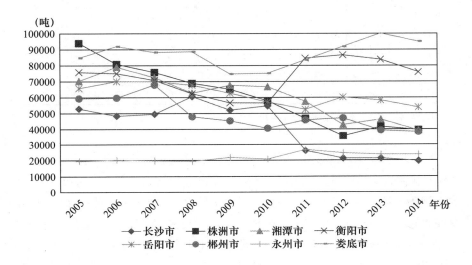

**图 1 - 22　2005—2014 年 8 个地市工业二氧化硫排放量**

资料来源：有关年份《中国城市统计年鉴》。

### 四　环保产业发展情况

8 个地市之间环保产业发展迅速且不平衡。2010—2014 年，8 市环保产业各年平均年收入为 53.74 亿元、73.98 亿元、90.70 亿元、116.31 亿元、150.36 亿元，2014 年环保产业年收入达到 2010 年的 3 倍左右，五年间 8 个地市环保产业发展迅猛，环保产业收入年均增长达 29.3%。

虽然 8 个地市环保产业发展迅速，但是，环保产业在地市之间极不平衡。表 1 - 22 显示，2010—2014 年，永州市、娄底市和株洲市 3 个地市环保产业五年平均收入分别为 13.54 亿元、30.34 亿元和 33.70 亿元，处于 8 个地市的最低水平。衡阳市、湘潭市和岳阳市环保产业五年平均收入在 80 亿元左右，位于 8 个地市的中间水平。郴州市和长沙市环保产业五年平均收入分别为 167.37 亿元和 286.16 亿元，远远高于其他地市。其中，五年平均环保产业收入最高的长沙市是永州市的 21 倍。

表 1 - 22 　　　　　　　　　　8 个地市环保产业年收入　　　　单位：亿元（现价）

| 地市 | 长沙市 | 株洲市 | 湘潭市 | 衡阳市 | 岳阳市 | 郴州市 | 永州市 | 娄底市 | 8市平均 |
|---|---|---|---|---|---|---|---|---|---|
| 2010 年 | 82.18 | 16.10 | 48.19 | 60.63 | 53.24 | 157.66 | 0.03 | 11.85 | 53.74 |
| 2011 年 | 223.95 | 24.44 | 64.88 | 56.98 | 77.90 | 117.90 | 0.82 | 24.97 | 73.98 |
| 2012 年 | 239.30 | 41.60 | 73.60 | 76.00 | 104.00 | 150.00 | 10.20 | 30.90 | 90.70 |
| 2013 年 | 363.17 | 42.86 | 68.77 | 81.90 | 100.69 | 204.70 | 30.88 | 37.49 | 116.31 |
| 2014 年 | 522.20 | 43.50 | 154.20 | 79.10 | 125.00 | 206.60 | 25.80 | 46.50 | 150.36 |
| 年平均 | 286.16 | 33.70 | 81.93 | 70.92 | 92.17 | 167.37 | 13.54 | 30.34 | 97.02 |
| 年均增长（%） | 58.8 | 28.2 | 33.7 | 6.9 | 23.8 | 7.0 | 461.3 | 40.7 | 29.3 |

资料来源：有关年份《湖南统计年鉴》。

　　8 个地市环保产业发展趋势各有特点。虽然总体来看，8 个地市平均环保产业收入增长迅速，但是，各市环保产业发展各有特点。图 1 - 23 显示，2010—2014 年，长沙市环保产业发展的特点为发展初期基数大并且发展迅猛，其环保产业年收入从 82.18 亿元发展到 522.20 亿元，年均增长 58.8%。郴州市和衡阳市环保产业发展基数较高但发展速度较为缓慢，两市 2010 年环保产业年收入分别为 157.66 亿元和 60.63 亿元，但两市五

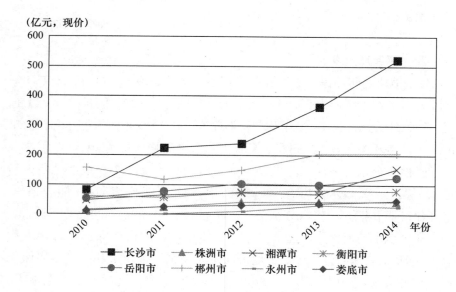

图 1 - 23　2010—2014 年 8 个地市环保产业年收入

资料来源：有关年份《湖南统计年鉴》。

年年均增长率分别为 7.0% 和 6.9%。株洲市、娄底市和永州市的环保产业发展基数小但发展较快，株洲市和娄底市 2010 年环保产业年收入分别为 16.10 亿元和 11.85 亿元，但五年年均增长率分别为 28.2% 和 40.7%，特别对于永州市而言，永州市五年间环保产业从无到有，环保产业年收入从 2010 年的 300 万元增长到 2014 年的 25.80 亿元，发展速度快，年均增长达 461.3%。湘潭市和岳阳市环保产业发展的特点是基数较大，发展较快。湘潭市和岳阳市 2005 年环保产业年收入均在 50 亿元左右，发展基数大，年均增长在 20%—30%，发展速度较快。

# 第二章 湘江流域绿色发展规划与实施情况

## 第一节 湘江流域绿色发展总体
## 规划与制度建设

湘江是湖南省的"母亲河"，流域年均水资源量占全省的47%，流域面积占全省面积的40.3%，滋养哺育着三湘儿女。但是，不断的开发给湘江积累了污染，尤其是过去几十年的经济发展，忽视了环境保护，湘江流域的生态环境受到破坏，影响了湖南经济社会的持续健康发展。对此，湖南省树立绿色发展理念，大力推进"两型"社会建设，以湘江流域和湖南省情为依据，制定了《湘江流域科学发展总体规划》，指导2020年前湘江流域的绿色发展，并颁布了《湖南省湘江保护条例》（以下简称《湘江保护条例》），为湘江流域绿色发展提供制度保障。

### 一 制定流域总体规划

2013年2月，《湘江流域科学发展总体规划》获湖南省政府批复，成为全国第一个以流域为背景编制的科学发展规划，是指导湘江流域2020年以前的发展以及组织编制相关规划的主要依据。

#### （一）规划的主体内容

《湘江流域科学发展总体规划》对湘江流域的自然经济社会概况、问题挑战和发展机遇进行了背景阐述，明确了指导思想、基本原则和发展目标，对流域空间格局优化与主体功能区布局、水资源管理和防灾减灾体系、生态环境保护体系、新型城镇体系、"两型"产业体系、历史文化旅游带和综合交通体系建设等方面进行了规划，最后对体制机制创新和规划实施保障进行了安排部署。

1. 突出"两型"发展目标，促进流域的生态平衡和人与自然和谐

明确"生态优先，人水和谐；标本兼治，综合开发"的基本原则。坚持保护为主，强化生态修复，减少人为破坏，维护自然山水地貌，提高资源环境承载能力，正确处理好湘江与洞庭湖、长江之间的关系，促进生态平衡，实现人与自然和谐相处。坚持点源、面源治理相结合，工程措施与非工程措施相配套，保护、开发和治理相统一，注重源头减污，实施生态、防洪、农业、航运、发电、供水、旅游等有机结合的综合开发，着力解决金属污染等环境问题。

提出"健康湘江"的发展目标，突出资源节约和环境友好，加快环境整治和生态修复，建设山清水秀、生态优美的流域生态带。到 2020 年，流域单位地区生产总值耗能稳步下降，单位工业增加值水耗大幅降低，城镇污水处理率和垃圾无害处理率分别达到 95% 和 100%。

2. 构建生态空间格局，明确区域生态功能定位

构建以"三屏五库十一廊"为主体的生态空间格局。以南岭、罗霄—幕阜山和雪峰山自然山体为生态屏障，以东江湖、水府庙、株树桥、欧阳海和涔天河五大水库为重要水源地和湿地，以湘江干流及其十大主要支流潇水、舂陵水、蒸水、耒水、洣水、渌水、涓水、涟水、浏阳河和沩水为生态廊道，构筑山体、水体、农田与湿地相连的生态空间格局，控制水土流失，减少河流泥沙，维系流域水体安全，维护生物的多样性，实现人与自然和谐相处。

科学规划的重点生态功能区，包括南岭山地、罗霄—幕阜山区森林及生物多样性生态功能区，以及各类自然保护区域、森林公园、地质公园、重要湿地和重要水源地等。对重点生态功能区实施严格保护，加强重点生态功能区的水源涵养和水土保持，维护重点生态功能区的生物多样性，科学布局重点生态功能区的设施建设，在重点生态功能区合理发展适宜产业，引导重点生态功能区人口的有序转移。

3. 落实水资源管理制度，增强水资源合理配置和高效利用能力

（1）严格实行用水总量控制。各地根据取水许可总量控制指标，编制水量分配方案，制订年度用水计划，实行年度用水总量控制。规范取水许可审批管理，以当地取水总量是否超标作为建设项目审批的重要依据。加强水资源管理监控信息系统建设。

（2）全面推进节水型社会建设。推进农业节水，加大工业节水技术

改造，加强行业和企业用水的管理及考核，推进城镇生活节水，提高雨水利用水平，建立健全用水节水考核体制。

（3）切实提高流域水资源科学管理水平。优化相关涉水部门的管理职能，完善水资源管理制度，实施城乡水务一体化管理，制订水资源紧缺情况和水污染突发事故的应对预案，推进流域内涉水工作的协调机制建设。

（4）规划水资源管理的重点工程。包括推广工程节水措施，建立节水灌溉综合技术体系，打造一批节水示范灌区；以废水处理再利用、中水回用、循环利用为核心，推进重点行业和企业节水技术改造，打造一批节水示范企业和园区；严格按照节水型城市考核标准，创建国家级节水型城市。

4. 合理规划水功能分区，推进水污染治理

明确湘江流域一级水功能区划，包括15个保护区、20个保留区、17个开发利用区和3个缓冲区。对于不同的水功能区划，实行不同的水源保护和水污染治理。在保护区，取缔与保护水源无关的建设项目和已建排污口；在保留区，将现有主要污染物排放总量控制在水功能区纳污能力范围之内；在开发利用区，积极推进污染治理和环境修复，严格控制排污总量；在缓冲区，明确总量控制指标，严格水质监督管理。对水污染防治和管理进行专门部署，要求严格保护地下水和饮用水水源地，实施工业废水综合防治，提高生活污水处理效率，控制农村面源污染。

5. 着力推进生态修复，进一步加强生态系统建设

以湘江干支流区域和南岭、雪峰、罗霄—幕阜山区域为重点生态功能区，推进水土保持、生物多样、植被保护、水源涵养等生态修复工程。严格保护流域内森林公园、自然保护区和风景名胜区，加强农田生态环境质量保障体系建设，合理开展湿地保护与恢复，推进城镇绿化建设和绿地系统构建，不断提升森林、农田、湿地和城市的生态系统功能。通过保护生态系统、物种和遗传基因多样性以及建设生物资源战略储备基地来维护生物的多样性。

6. 清理和限制工业农业造成的生态污染，提升城乡环境整治水平

（1）加大工业减排力度，加强工业污染控制。全面实行资源利用总量控制、供需双向调节、差别化管理，全面推进重点行业减排。推进重点工矿区综合整治，实施重污染产业退出计划。严控固体废弃物污染，

加强处理设施建设和运行管理。加快既有建筑节能改造，大力推广工厂化可持续性建筑。调整能源结构，实行节能降耗，大力发展低碳经济，有效地控制温室气体排放。

（2）修复农业产生的污染土壤，改善农村生产生活环境。制定土壤分区控制、利用、修复和保护政策，加强污染土壤的跟踪监测，禁止未经风险评估和修复的污染土地的流转与开发，防止污染场地不当开发造成污染事件。加大对粮食生产基地的土壤质量管理，确保农产品安全。开展农村环境综合整治，严防工业污染向农村转移，积极探索堆肥等综合利用和就地处理模式。

（3）制订健康湘江行动计划。建立健全湘江流域用水总量控制制度、用水效率控制制度和水功能区限制纳污制度三条红线，组织实施水质保护工程、重点工矿区重金属污染治理和环境修复工程、农村环境综合整治工程、重要生态功能区保护工程和石漠化土地综合治理工程，创建美好生态环境。

7. 着力打造滨江特色城镇带，提高城镇绿色发展质量

（1）建设多元城乡滨水景观。打造现代滨江都市，充分利用滨水岸线资源，提升城市空间开发价值，围绕功能提升与更新保护，塑造城市魅力。打造休闲滨江村镇，强调空间功能的生活化与空间景观的宜人化，彰显江南丘陵与平湖区村镇空间特色。打造自然滨江郊野，融合自然山水景观与田园风光，培育独具特色的生态景观农业，塑造山水交融的魅力景致。

（2）营造林江亲水景观。强化城市节点设计，以水系为纽带，串联城乡叙事空间，抒写湘水文化故事，彰显地域文化特色；注重滨水公共空间设计，加强沿江风光带建设，创造生活休闲空间；合理组织滨水区内部与外部交通，增强滨水区与城镇其他地区之间的可达性和便捷性。

8. 发展循环经济和绿色能源，突出产业转型升级的绿色方向

（1）大力发展循环经济。积极推广先进技术工艺，显著提高资源开采回收率和选矿回收率。加快建立覆盖城乡的资源回收利用体系，推广应用资源回收与综合利用技术，全面提高资源综合利用水平。大力发展城市矿产、再制造以及餐厨垃圾回收利用等产业，建设国家再制造产业示范基地等。

（2）鼓励发展绿色能源。加快天然气、风能、太阳能、生物质能、

地热能等绿色能源开发利用，引导区域内能源消费结构调整，逐步提升非化石能源利用比重。创建一批国家绿色能源示范县、新能源示范城市和园区。加快推进一批风能、生物质能等集中式发电项目。

9. 创新流域管理机制，建立流域合作机制

设立湘江保护协调委员会，统筹协调湘江保护中的重大事项。县级以上人民政府有关部门按照各自职责，做好本行政区域内湘江保护的有关工作。建立湘江保护目标责任年度考核制度和行政责任追究制度，将湘江保护纳入各级政府国民经济和社会发展规划。健全湘江流域管理法规体系，严格执行《湘江保护条例》等各项法律法规，加快建设法治湘江。强化流域内地方政府的环境责任，开展湘江保护事务的跨行政区域合作，促进上下游的协调联动。实现流域绿色信息共享，为湘江流域绿色发展提供强有力的技术和信息支撑。建立健全公众参与制度，引导公众参与共治绿色湘江。

10. 创新"两型"发展机制，落实城镇的绿色发展

（1）建立健全生态补偿机制。建立健全上下游水体行政区域交界断面水质交接责任和补偿机制。积极争取湘江流域纳入国家级生态补偿试点。探索市场化生态补偿制度，推行生态产品交易制度，构建生态产品交易市场体系。

（2）强化资源节约市场机制。改革资源产权、价格形成制度，探索建立统一、开放、有序的资源初始产权有偿取得机制和二级市场交易体系。完善差别化能源价格制度，逐步建立体现资源稀缺程度、市场供求关系和环境恢复成本的资源价格形成机制。建立绿色电价机制。加快培育水商品交换和水权交易市场，深化水价和供水体制改革。

（3）加大生态建设财税支持力度。探索建立与主体功能区建设相配套的横向财政转移支付机制。积极争取国家支持在流域内率先试点绿色税收制度，提高资源利用效率，试点开征水污染税、大气污染税、生态补偿税等专项新税种。

（4）创新投融资机制。整合金融资源，促进投融资主体多元化。探索发行私募债、市政债，试点发行湘江流域综合治理专项债券。实行绿色信贷制度，积极开展碳金融试点。积极探索新的融资模式，促进形成政府引导、市场推进、社会资金投入的多元化格局。

（5）丰富国际合作机制。加强与国际组织、外国政府、国际知名环

保企业在污染防治体系建设、节能环保、循环型城市建设等方面的合作，积极办好亚欧水资源研究和利用中心。争取外国政府、国际组织对流域生态保护与建设的优惠贷款和技术援助。

（二）规划的实施成效

自《湘江流域科学发展总体规划》实施以来，相关部门已形成湘江保护和治理的合力，出台了一系列有关湘江流域环境保护的法律法规，绿色发展的理念在湘江流域进一步落到实处，生态环境改善显著，绿色产业发展迅猛，绿色消费蔚然成风。

1. 大力实施工业污染、农业污染治理，流域内的生态环境改善显著

2013 年 9 月，湖南省政府启动了湘江保护与治理的"一号重点工程"。至 2015 年年底，湘江流域共实施整治项目 1740 个，流域内淘汰关闭涉"重"企业 1013 家，干流两岸 500 米范围内 2273 户规模养殖场全部退出，湘江流域水质实现初步好转，主要江河水质达到 Ⅲ 类标准的占 96.9%。2016 年，湖南省启动湘江保护与治理省政府"一号重点工程"的第二个"三年行动计划"，以湘江治理为突破口，带动湖南省境内山水林田湖生命共同体的保护与治理。

从环保部门年终抽检来看，湘江治理已取得显著成效。矿藏丰富的三十六湾，曾经是湖南地区最繁盛的采矿区之一，然而，采选矿产生的尾砂、污水一度严重污染了湘江。而且在 2012 年以前，从三十六湾流下的矿渣、废水导致甘溪河超"重"几十倍甚至上百倍。通过"铁腕式"整治，通过闭库清砂和复土还绿等系列措施的实施，2015 年 12 月，位于三十六湾的临武县甘溪河新桥段的河水检测结果显示，铜、铅、锌、镉、砷等重金属含量均在地表水 Ⅲ 类标准范围内。三十六湾的变化也发生在衡阳水口山、株洲清水塘、湘潭竹埠港等治污主战场。环境监测显示，湘江干流的污染物浓度持续下降，18 个省控断面水质连续达到或优于 Ⅲ 类标准。

湖南省农委加快划定永久性基本农田，治理农田重金属污染，减少农药、化肥使用，为农村留住一方好土。2013 年以来，湘江流域加强大气污染防治，尤其是在长株潭地区开展重点整治，关闭一批高污染企业，让市民少受一些"霾"伏，一年之中多见蓝天。

2. 颁布新《环保法》，为湘江流域绿色发展提供制度保障

2015 年，湖南省用制度"红线"护航绿色生态，以新《环保法》为"撒手锏"，铁腕治污。面对经济持续下行的压力，湖南省委、省政府推

进绿色发展毫不动摇。前不久，湖南省政府又明确表示，对湘江流域实行生态环境损害终身追责；"一湖四水"及沿线沿岸地区、四水源头地区，治污攻坚继续深入，将为生态环境的改善注入"源头活水"。

3. 积极应对经济转型，绿色产业发展迅猛

绿色发展助推湖南转型升级。在湘江保护和治理中，湖南省以绿色发展倒逼经济发展方式转型升级，将传统产业升级改造，将资源消耗高、环境污染多的产业向资源消耗低、环境污染少的产业转变，使经济发展质量更好、结构更优，提高经济绿色化程度。如湖南省将生态环境保护内化为经济增长动力，在湘江保护和治理中坚持"五个一批"：取缔关停一批污染严重企业，拆除关闭一批违法企业，搬迁退出一批布局不合理企业，限期治理一批重点污染源企业，投入运行一批基础设施项目，如今，株洲清水塘工业区等地正"华丽转身"，逐步建设成一座生态新城。

长期以来，湖南省以钢铁、建材、有色、石化等重化工业为主的产业结构，对资源与环境构成压力。2015 年，湖南省委、省政府在大力推进传统产业转型升级的同时，积极扶持轨道交通装备、移动互联网、节能环保、新型住宅工业等新兴产业，走绿色发展之路。2015 年，湖南省规模以上工业增加值同比增长 7.8%，规模以上工业综合能源消费量却同比下降 5.9%，新兴产业无疑担当了绿色发展的主力。

"十三五"是绿色产业发展的黄金期。针对"十三五"期间湖南省的生态环境投资可能达到千亿元的发展趋势，湖南省委、省政府提出，重点扶持和加快发展环保、新材料、智能制造、生物医药等绿色产业，助推工业转型升级，形成新的经济增长点。

4. 引导绿色消费，助推绿色产品提质和公众绿色生活习惯养成

2015 年，湖南省政府采购清单上，"两型"、绿色的产品优先采购，远大中央空调等 300 多个入选产品凸显绿色竞争力。政府加大"两型"采购力度，一方面，推广使用节能新技术新产品，让绿色"两型"产品不愁销路；另一方面，制定出台"两型"标准、节能减排标准，倒逼企业生产绿色产品，形成绿色发展的浪潮。

2015 年，湖南省在全国率先制定公民环境保护行为准则。通过进一步完善与规范认证，力争实现"两型"产品溯源；出台具有针对性的绿色消费政策，引导人们绿色消费，以更具体的举措，倡导"两型"生活。截至2015 年 11 月，全省范围内已有"两型"示范创建单位（项目）942 个。

### 二　颁布了《湘江保护条例》

随着经济的快速发展，湘江流域的生态环境问题日益严峻，尤其是重金属污染和水量急剧下降等问题严重影响了湖南省经济社会的持续健康发展。为了进一步推动"两型"社会建设，保护湘江流域的生态环境，湖南省于 2012 年 9 月底正式颁布了《湘江保护条例》，并于 2013 年 4 月 1 日起施行。这是我国首部关于江河流域保护的综合性地方法规。

（一）条例的保护领域

《湘江保护条例》要求："湘江保护遵循保护优先、统筹规划、综合治理、合理利用的原则；实行政府主导、公众参与、分工负责、协调配合的机制；实现保证水量、优化水质、改善生态、畅通航道的目标。"并对湘江流域的保护领域做出了系统明确的规定。

1. 通过水资源管理，促进水资源优化配置、合理利用、全面节约和有效保护

（1）建立用水总量控制制度。重点是确立水资源开发、利用控制红线，严格执行建设项目水资源论证制度，规范取水许可。

（2）建立用水效率控制制度。重点是确立用水效率控制红线，深入推进水价改革，制定节水制度的技术标准，推行用水产品、用水效率标识管理，完善工农业节水激励政策。

（3）建立水功能区限制纳污控制制度。重点是确立水功能区限制纳污红线，严格控制入河排污总量，严格入河排污口监督管理，对排污量超出水功能区限制排污总量的地区，限制审批新增取水和入河排污口。

（4）建立水资源管理责任和考核制度。重点是实行水资源管理行政首长负责制，对各地区水资源开发利用、节约保护主要指标落实情况进行考核评估。

（5）加快水资源监测预警体系建设。重点是建立省、市、县水资源监控管理平台，制订湘江流域供水安全应急预案，加快应急机动监测能力建设，全面提高水资源监测、预警和管理能力。

2. 通过水污染防治，确保生活生产生态用水安全

（1）加快水环境保护制度建设。对重点水污染物排放实行总量控制、排污许可和水污染物排放监测，将水环境评价作为建设项目审批的重要依据，鼓励采用资源利用率高和污染物产生量少的清洁生产技术、工艺和设备。建立健全湘江流域上下游水体行政区域交界断面水质交接责任

和补偿机制。

（2）加强城镇水污染治理。合理规划建设城镇污水管网，实现雨水和污水分流。加快推进城乡供水一体化进程，增强城乡饮水安全保障。建立饮用水水源地核准和安全评估制度，严格执行饮用水水源保护区保护政策，开展集中式饮用水水源地污染整治，提高水量、水质保证率。

（3）提升行业水污染防治水平。湘江流域产业发展规划，必须充分考虑行业对水资源造成的污染。指导农业生产者科学、合理地施用化肥，减少化肥和农药的使用量。加强湘江流域水产养殖管理，合理确定养殖规模，推广水产生态养殖。禁止在湘江干流和一、二级支流水域上经营餐饮业。加强对化工、有色金属、造纸、制革、采矿等行业的污染治理，确保湘江流域污染源得到控制和全面治理。

3. 通过水域和岸线保护，增强航运安全保障和河道管理

（1）加强航道的开发与治理。加强湘江流域港口岸线资源保护和开发利用，优质港口岸线保证优先建设港口设施。实施湘江航道系统治理，改善湘江通航条件。

（2）加强河道及水域岸线管理。严格涉河建设项目行政审批，组织开展湘江干流及主要支流河道确权划界，组织编制湘江干流及主要支流岸线利用规划，依法建立完善建设项目占用水域审批制度。

（3）推进河道采砂规范化管理。重点是健全"政府主导，水利主管，部门配合"的管理体系，严格执行湘江河道采砂规划，全面加强河道采砂管理，严厉打击各类涉砂违法行为，大力开展河道清障。

4. 通过生态治理和保护，改善流域生态环境

（1）加强水土保持。严格落实建设项目水土保持"三同时"制度。提高森林覆盖率，增强森林水源涵养能力。禁止在公益林地开垦、采石、采砂、取土。

（2）加强水生态系统保护与修复。探索建立水生态补偿机制，加强水生生物保护，促进水生态系统保护与修复。强化过鱼设施建设，在湘江干流新改扩建拦河工程中，严格执行过鱼设施"三同时"制度，开展已建湘江干流拦河工程过鱼设施恢复，促进渔业生态环境恢复。

（3）加强林业生态工程建设。大力开展生态公益林保护、退耕还林、湿地保护与恢复等工程建设，保护好森林和植被，恢复退化的湿地生态系统功能。

（4）加快推进水生态文明建设。建立生态用水及河流生态评价指标体系，定期开展湘江河流健康评价，推进水生态文明建设试点工作。

（5）加强水生生物的保护。开展湘江水生生物物种资源调查和监测，并建立健全预警机制和紧急救护体系，开展水生生物增殖放流。

（二）颁布的重大意义

《湘江保护条例》是我国第一部江河流域保护的综合性地方法规，它的颁布使湘江流域的治理和保护上升到法制层面，不但对于湖南省的"两型"建设具有重大意义，而且对我国乃至世界的跨地区流域管理具有里程碑意义。

1. 制定具体的法律法规，有利于依法实施湘江流域治理和保护

《湘江保护条例》遵循保护优先的原则，从水资源管理与保护、水污染防治、水域和岸线保护、生态保护等方面为湘江立法。《湘江保护条例》对保护湘江流域提出了全方位、多层次的管理规定，从水质到水量、从河面到河底到河岸、从上游到下游、从植被水源涵养到水生物多样性，《湘江保护条例》都制定了有针对性的管理规定，保证了湘江流域生态环境保护和治理的有法可依。

2. 设定专门的组织机构，有利于全流域的统筹管理

大江大河蕴藏着丰富的水资源，不仅是流域内各个区域经济社会发展的基础，也是流域内居民生活所必需的自然资源。然而，由于大江大河往往会流经不同的行政区域，如何平衡上下游区域的成本和收益，如何协调湘江中上游地区与下游地区之间在经济发展上的利益矛盾，如何统筹行政区域管理与流域管理的关系，成为当前流域内区域协调发展与水资源保护的难题。《湘江保护条例》设立湘江保护协调委员会，统筹管理湘江保护中的重大事项，协调湘江流域内各行政区、各行业、各部门的利益关系，合理配置资源，形成省、市、县上下一体的联动生态建设工作机制。

3. 提供里程碑式的立法试验，有利于跨省流域综合治理的积极探索

《湘江保护条例》不仅是有关湘江流域保护的专业立法，也是有关湘江流域生态保护的综合立法。《湘江保护条例》充分吸收国内诸多流域的治理经验和研究成果，并借鉴《水法》《太湖流域管理条例》和《黄河水量调度条例》等法律规章，提出了科学、全面的流域治理法规。作为省级行政区域内跨区大河的立法试验，《湘江保护条例》的颁布将对国内其他流域的立法起到里程碑的作用，而且也是积极探索跨省流域治理的有效途径。

# 第二节　湘江流域水体污染治理
## 规划与实施进展

2008 年，湖南省正式启动湖南历史上规模空前的湘江水环境专项污染整治行动——"千里湘江碧水行动"（2008—2011 年），提出将湘江打造成"东方莱茵河"，治理主体涵盖了省委、省政府、相关部门、沿江 8 个地市。此后，湖南省委、省政府围绕重金属污染、农业面源污染、重点水源保护与治理等方面出台了一系列规划，8 个地市政府围绕规划制定了一系列地方规划和实施方案，湖南湘江流域水体污染的治理进入"一江同治"的崭新阶段，并取得了显著成效。

**一　建立湘江流域水体污染治理规划体系**

为加快推进湘江流域综合整理，湖南省委、省政府相继制定了《湘江流域水污染综合整治实施方案》《湘江流域科学发展总体规划》《湘江流域重金属污染治理实施方案》和《湖南省湘江污染防治第一个"三年行动计划"实施方案（2013—2015 年）》（以下简称第一个"三年行动计划"）等一系列总体规划，围绕总体规划相关部门、沿江 8 个地市制定了专项规划和地市规划，构建了非常完整、统一的规划体系。为推动规划的执行，各实施方案、政策也相继出台。同时，还颁布了《湖南省湘江流域治理条例》（以下简称《湘江流域治理条例》），通过加强立法来健全湘江流域的水体污染综合治理的政策法规体系内容和管理。

（一）湖南省委、省政府制定的规划与法规

国家和湖南省对湘江流域综合治理和开发高度重视。2002 年，湖南省人大通过了关于修改《湖南湘江流域水污染防治条例》的决定，要求"湘江流域县级以上人民政府应当将湘江流域水污染防治纳入国民经济与社会发展计划"。随后湘江流域水体污染的治理被列入湖南省"十一五"、"十二五"以及"十三五"规划纲要，被纳入湖南省战略层面。2008 年 5 月，湖南省人民政府批复了《湘江流域水污染综合整治实施方案》，湖南省启动了"千里湘江碧水行动"，决定用三年时间（2008—2010 年）解决湘江水污染问题以及重点区域环境污染问题，并正式开始实施"五个一批"工程。再用两年时间（2011—2012 年），对流域水体污染综合整治工作进行回头看，进一步巩固、提高整治成果。2010 年，湖南省政府制定了《湖南省湘江流域生态环境综合治理规划（2011—2020 年）》，加强对流域工业污染源、城镇生活污染源及农村面源污染的全面治理和控制，保证饮用水水源保护区水质，规划到 2020 年，湘江流域集中式饮用水水源一级保护区河段水质达标率达到 98%，干流达到 95%，支流水环境功能区达标率达到 90%。

2011 年，国务院批复了《湘江流域重金属污染治理实施方案》，该方案突出民生应急保障、工业污染源控制和历史遗留污染治理三大重点任务。力争到 2015 年，重金属企业数量和排放量均比 2008 年减少 50% 以上，铅、汞、铬、砷等重金属排放量在 2008 年的基础上削减 70% 左右，彻底消除湘江流域重金属污染源，建成全国重金属污染治理的示范区。这是全国第一个获批的重金属污染治理试点方案，并作为唯一的流域综合治理示范纳入国家"十二五"规划，湘江流域重金属污染的治理已由省级战略层面上升到国家战略层面。为保证该方案的顺利实施，湖南省相继出台了《湖南省重金属污染治理项目管理办法》《湖南省重金属污染治理考核办法》等政策法规，将区域和部门的协作通过政策法规层面来解决。2012 年 6 月，湖南省政府下发了《〈湘江流域重金属污染治理实施方案〉工作方案》，方案确定了加大关停和整合整治力度，引导产业健康可持续发展等思路和措施，基本解决重金属污染问题、涉重金属企业数量和排放量削减等目标。

2012 年 4 月，湖南省委、省政府制定了《绿色湖南建设纲要》，提出加强湘江流域治理，用 10—20 年努力，将湘江打造成"东方莱茵河"。2013 年，湖南省政府将湘江污染防治作为"一号重点工程"，并连续实施三个"三年行动计划"，到 2021 年，湘江流域干流以及主要支流水质以及城镇集中式饮用水水源保护区水质分别达到或优于 Ⅲ 类和 Ⅱ 类标准。2013 年，湖南省政府制定了《湖南省湘江污染防治第一个"三年行动计划"实施方案（2013—2015 年）》，第一个"三年行动计划"（2013—2015），以"堵源头"为主要任务，减少城镇生活污水污染，削减重金属污染物排放总量。到 2015 年，确保流域企业污水稳定达标排放，涉重金属企业数量和重金属污染物排放量比 2008 年下降 50%。第二个"三年行动计划"（2016—2018 年）"治"与"调"并举，推进工业企业污染深度治理、农业面源污染治理、历史遗留污染治理。第三个"三年行动计划"（2019—2021 年），巩固和提高，进一步实施综合措施，深化土壤污染治理和生态修复。

（二）部门制定的规划

围绕省颁布的总体规划，相关部门分领域也制定了比较完善的专项规划，进一步落实湘江流域的水污染治理。环保厅制定的《湖南省"十一五"环境保护规划》《湖南省"十二五"环境保护规划》和《湖南省"十三五"环境保护规划》都提出，以湘江流域水环境综合治理和重金属污染治理为重点，着力解决危害群众健康的突出环境问题。《湘江流域"十一五"水污染防治规划》和《湘江流域"十一五"镉污染防治专项规划》规定，对流域内一些重点污染源进行综合整治，控制污染物的排放总量，对不达标的企业分别采取关停、淘汰、停产、搬迁等措施进行治理。2012年8月，环保厅将湘江重金属污染治理列为"十二五"期间湖南省"十大环保工程"之首，并公布了详细的实施方案。2011年，《湖南重金属污染综合防治"十二五"规划》要求，全省同步开展重金属污染整治行动，防止金属污染转移。2014年，省财政、环保厅、水利厅联合出台了《湖南省湘江流域生态补偿（水质水量奖罚）暂行办法》，建立了流域生态补偿机制。目前，省法制办正拟订《湘江流域综合治理行政执法体制改革试点工作方案》，积极推进湘江流域综合治理行政执法体制改革试点工作；省交通运输厅正在组织编制《湘江航运污染防治实施方案》和《湘江港口岸线利用规划》，防治湘江流域航运污染；省林业厅拟订《长株潭城市群生态绿心地区森林生态效益补偿机制改革方案》和《长株潭城市群生态绿心地区公益林补偿办法》，构筑湘江流域生态安全屏障。

（三）地方制定的规划和实施方案

围绕总规划各地市按区域也制定规划，加强对湘江流域水污染的整治。2008年，《长株潭城市群区域规划》将湘江流域治理纳入战略重点。2010年，《长株潭城市群环境同治规划》（2010—2020 年）》提出，全面推进湘江污染综合整治，强化工业水污染防治，加强污泥处置设施建设，鼓励中水回用。《湘江流域水污染综合整治方案》和《湘江流域重金属污染治理实施方案》下达后，湘江流域8个地市根据省政府规定的整治任务，结合本市实际，制订了相应的实施方案，明确了整治目标责任、任务和时间，并将湘江保护工作纳入绩效考核内容。湖南省第一个"三年行动计划"下达后，8个地市制订了相应的《第一个"三年行动方案"》，并推出年度计划。长沙市制订了《2016 年度长沙市水污染防治实施方案》和《2016 年长沙水污染保护条例及治理措施管理办法》，为长沙市境内湘江流域保护提供了法律依据。株洲市制订了《株洲市水污染防治实施方案（2016—2020 年）》和《株洲市湘江保护和治理第二个"三年行动计划"实施方案（2016—2018 年）》，推动株洲市境内湘江流域的治理和保护。湘潭市编制了《湘潭市分阶段限排总量控制方案》《湘潭市用水总量分配方案》和《湘潭市湘江饮用水水源地安全保障达标实施方案》，有效地加强了水资源管理，并制订了《湘潭市湘江污染防治第二个"三年行动计划"实施方案》。娄底市出台了《娄底市贯彻落实〈湖南省湘江保护条例〉实施方案》《娄底市湘江保护协调委员会工作规则》《娄底市湘江保护协调委员会成员单位工作责任分工》等一系列规范性文件，将辖区内的"四水三库"（即涟水、孙水、测水和资江冷水江新化段，水府庙水库、双江水库和白马水库）的综合治理作为湘江保护与治理工作的重点。永州市出台了《永州市水功能区划》《永州市水库污染治理实施方案（试行）》《永州市江河水库水资源保护办法》《永州市最严格水资源管理制度实施办法》《永州市河道保洁工作实施方案》等一系列规划制度，为境内湘江保护提供政策支持和法律依据。

**二　水体污染源治理与水源保护**

将湘江打造成"东方莱茵河"目标的实现，关键在加强湘江流域水体污染的源头治理与水源保护，"源头治理"重点在"工业点源"与"农业面源"两头。湖南省委、省政府制定了一系列规划和实施方案，加强对重金属污染和农业面源污染的综合整理，同时也出台规划，加强对重点水源的保护，以推进湘江流域水体污染的综合治理和保护工作。

（一）重金属污染治理

1. 重点污染企业的整理

（1）关停淘汰和综合整治涉重金属企业，引导企业向工业园区集中发展。《湘江流域水污染综合整治实施方案》正式开始实施"五个一批"工程，取缔关停一批未经环保部门审批且不符合国家和省产业政策的违法企业，淘汰退出一批技术落后企业，停产治理一批环保部门已经审批，但污染防治设施未验收或验收不合格、超标排污的污染严重企业，限期治理一批治理无望或实施停产治理后仍不能达标排放的重点污染源企业，搬迁一批布局不合理企业，并下达了第一批整治企业名单，共431 家企业

"上榜"。淘汰落后产能的企业，对已列入国家和省淘汰退出的企业名录的企业，必须在限期内淘汰退出，有条件的也可退二进三或转产。《湖南湘江流域科学发展总体规划》规定，取缔关闭高污染、高能耗企业，淘汰落后企业，开展污染治理，进行生态修复。《〈湘江流域重金属污染治理方案〉工作方案（2012—2015 年）》给出了湘江流域重金属污染治理的路线图和时间表，在 2012 年以前，依法关闭淘汰非法企业和不符合产业政策的企业；2013 年以前，取缔关闭、整治整合涉重金属企业，引导涉重金属企业向园区集中；2014 年，推进重点企业进行污染物深度处理和全面稳定达标排放；2015 年，涉重金属企业数量和污染物排放总量比 2008 年分别减少 20% 和 50%。《湖南省湘江污染防治第一个"三年行动计划"（2013—2015 年）实施方案》强调调整产业结构和布局，规划在 2015 年前逐步依法淘汰潜在环境危害风险大、升级改造困难的企业。第二个"三年行动计划"规划到 2016 年年底前，依法全面取缔不符合国家产业政策的严重污染水环境的生产项目。

（2）加大对工业污染源治理力度，削减重金属排放总量。《湘江流域水污染综合整治实施方案》规定，实施严格环境准入制，对排污总量已超过控制指标、生态破坏严重或者尚未完成生态恢复任务的地区的新增污染项目不予审批。涉重金属重点企业在 2012 年前完成第一轮清洁生产审核。湘江干流株洲朱亭镇—长沙月亮岛江段两岸各 20 千米范围内禁止新建废水排放量大的企业。《〈湘江流域重金属污染治理方案〉工作方案（2012—2015 年）》规定，不能实现稳定达标的企业在 2013 年以前必须完成稳定达标的限期治理，已实现达标排放的企业要实现重金属污染物排放总量削减 20% 以上。

（3）对历史遗留污染的治理，改善区域环境。《〈湘江流域重金属污染治理方案〉工作方案（2012—2015 年）》明确了 2013 年以前工作重点：以治理历史遗留的各类含重金属固体废弃物为主，逐步解决历史遗留污染问题，2013 年以后逐步开展土壤和河道底泥重金属污染治理以及相关环境修复工程。2015 年 5 月，湖南省湘江重金属污染治理委员会办公室发布了《湘江污染防治第一个"三年行动计划"2015 年度目标任务》，涉及重金属历史遗留污染治理方面有 95 项。在《湖南省湘江污染防治第二个"三年行动计划"（2016—2018 年）》中再次强调推进历史遗留污染治理，化解区域环境安全隐患。

2. 重点污染行业的治理

（1）调整产业结构。《湘江流域重金属污染治理实施方案》明确了有色金属、冶炼、化工等涉重金属行业为整治重点，非法企业和不符合产业政策的企业一律关闭。《湖南省湘江污染防治第一个"三年行动计划"（2013—2015 年）实施方案》规定，依法关停小化工、小冶炼、小电镀、小皮革、小造纸等这些行业的企业，实施严格的敏感区域高污染、高风险行业环境准入制度，禁止湘江干流两岸各 20 千米范围内新建造纸、化学制浆、制革和外排水污染物涉及重金属的项目，鼓励发展"两型"产业。第二个"三年行动计划"整治有色金属、造纸、焦化、氮肥、电镀、制革、印染、农副食品加工、原料药制造、农药十大重点行业，并制订行业专项治理方案，到 2017 年年底前，完成十大重点行业专项治理。

（2）重点行业企业入园发展。第一个"三年行动计划"规定，推进有色、化工、冶炼等重点行业企业进入专业工业园区集中发展，并在 2015 年年底前配套建设集中污水处理设施，否则暂停审批新、扩、改建项目。

（3）推进清洁生产。第一个"三年行动计划"规定，有色金属矿采选业等 5 个重金属污染防治防控行业、钢铁等 7 个产能过剩行业都列入清洁生产审核的重点。

3. 重点区域的治理

《湘江流域水污染综合整治实施方案》将株洲清水塘、衡阳水口山（松江）、湘潭岳塘和竹埠港工业区、郴州有色采选集中地区列为四大重点治理区域。《湘江流域重金属污染治理实施方案》确定了湘潭市竹埠巷、衡阳市水口山、郴州市三十六湾、娄底市锡矿山、长沙市七宝山及岳阳市原桃林铅锌矿等 7 大重点整治区域。《〈湖南省湘江保护条例〉实施方案》和《湖南省湘江污染防治第一个"三年行动计划"（2013—2015年）实施方案》将株洲清水塘、湘潭竹埠港、衡阳水口山、郴州三十六湾、娄底锡矿山列为湖南省重金属整治的五大重点区域，按照"一区一策"原则进行集中整治，2018 年年底前，基本完成整治任务。株洲市清水塘以涉重金属企业整治和遗留污染治理为主，到 2018 年年底，基本完成规划内污染企业搬迁、关停，开展遗留污染治理，完成环境污染第三方治理试点目标。郴州市三十六湾以优化矿产布局、规模和恢复采选集中地区的生态环境为重点，科学论证矿产开采的规模、优化布局，推进退矿复绿，深化矿区源头、矿山尾砂污染以及甘溪河、陶家河等流域污染治理。娄底市锡矿山以产业结构调整和资源整合为主，基本完成历史遗留废渣治理，优化产业结构和企业污染防治设施升级改造，整合资源提高资源综合利用水平，加强生态修复，确保青丰河、涟溪河锑浓度大幅削减，水质标准达到Ⅲ类。衡阳市水口山以结构调整和历史遗留污染治理为主，关停搬迁合江套区域的污染企业，完成企业周边规划内居民搬迁，基本完成水口山区域产业结构调整和历史遗留污染治理任务，实施区域污染场地治理修复，完成水口山有色金属产业园区的循环化改造。湘潭市竹埠港以企业关停后的污染场地修复和治理为主，对退出场地进行相关建设规划，完成环境污染第三方治理试点目标。

（二）农村面源污染治理与控制

1. 养殖污染治理

（1）对规模化畜禽养殖业污染的治理。《湘江流域水污染综合整治实施方案》规定，推广集中养殖、集中治污。对规模化养殖场，实施排污许可排污申报和排放总量控制制度。2009 年 12 月底以前，完成存栏 5000头猪以上的养殖场污染治理任务；2010 年年底以前，完成规模在 500 头猪以上的养殖场的污染治理，确保达标排放。推进规模化畜禽养殖废弃物资源化，到 2010 年畜禽养殖粪便综合利用率达到 80% 以上。《湖南省湘江污染防治第一个"三年行动计划"（2013—2015 年）实施方案》规定，各市政府划定规模化畜禽养殖禁养区、限养区、适养区。2014 年年底前，湘江长沙综合枢纽库区、湘江干流两岸 1 千米范围、城镇集中式饮用水水源保护区内的畜禽养殖企业全部退出或搬迁；2015 年年底前，湘江长沙综合枢纽库区以外湘江干流两岸 500 米范围内的畜禽养殖企业全部退出或搬迁，规模化畜禽养殖污染处理达标率达到 75%。第二个"三年行动计划"全面完成畜禽养殖禁养区划分工作，到 2017 年年底前，依法关闭或搬迁禁养区范围内的畜禽养殖场（小区）。从 2016 年起，新、改、扩建规模化畜禽养殖场（小区）实施雨污分流、粪便污水资源化利用。

（2）对水产养殖业污染的治理。对东江湖、水府庙水库等重要水域的养殖企业开展废水深度处理，缩减已超过环境容量且达不到水环境功能区划要求的水域养殖面积。第一个"三年行动计划"规定，湘江长沙综合枢纽工程库区、一级饮用水水源保护区等其他环境敏感区域禁止网箱养殖，已有的必须在 2014 年年底前全部退出。第二个"三年行动计划"推进生态健康水产养殖，在饮用水水源保护区及其他环境敏感区域划定禁止和限制养殖区，其他重点水域必须严格按照环境容量控制养殖规模和品种。

2. 农业生产污染控制

《湘江流域水污染综合整治实施方案》规划推广农业清洁化生产技术，减少农药和化肥用量，控制高毒高残留农药的使用，提高秸秆资源化利用水平。削减农村废水污染物排放，实施乡村清洁工程，分户或联户设置垃圾收集，建设沼气和污水净化设施。第一个"三年行动计划"开展农业面源污染治理，减少农药、化肥使用量，逐步实现江边退耕还林、还绿，提高岸边生态水平和环境自净能力。第二个"三年行动计划"全面开展农作物化肥农药使用量零增长行动，推广低毒、低残留农药，开展农作物病虫害绿色防控和统防统治。到 2018 年年底前，主要农作物化肥利用率提高 3—5 个百分点，其中氮肥利用率提高到 40% 以上；建成 20 个以上的农业面源污染综合防治示范区，区域内 90% 以上的农业生产废弃物实现资源化利用。

（三）重点水源保护

对湘江流域水体污染除了治理，对重点水源更需要保护，《湘江流域科学发展总体规划》将湘江流域划分为 15 个保护区，主要包括潇水江华等 5 个 I 类源头水保护区，蒸水邵东源头等 10 个 II 类源头水保护区，严格按照一级保护区、二级保护区和准保护区标准实施保护与管理，对与水源保护无关的建设项目以及已建排污口进行取缔。岳阳市加强对铁山水库饮用水源地的保护，出台了《岳阳市铁山饮用水水源地保护区划分方案》，划定一级、二级保护区。库区 6 个乡镇每个集镇和村庄全部都配置了垃圾收集设施，有 3 个河流入库口（总共 5 个）正在建设河流浪渣垃圾拦污打捞设施，关停退出库区重污染工业企业。郴州市强化水资源保障，出台了《郴州市水功能区划》，划定了 22 个饮用水水源区，计划对水功能区划界立碑，保证各类开发建设工程必须合乎水功能区管理要求。永州市全面保护湘江源头区域生态，出台了《永州市江河水库水资源保护办法》和《永州市实施生态优先战略工作方案》，全面取缔市区入河排污口，对城市饮用水水源地边界及穿越保护区的交通干道，设立规范的标志。娄底市突出重点部位保护与治理，以"三水三库"（湘江支流涟水、孙水、侧水和流域内白马水库、水府庙水库、双江水库）为重点，开展湘江保护工作，取缔饮用水水源地保护区内工业排污口。衡阳市骨干山塘以上水域全面禁止化肥养鱼，对中心城区 108 千米河段禁止采砂。

### 三　规划实施进展和成效

随着《湘江流域水污染综合整治实施方案》《湘江流域重金属污染治理实施方案》和《湖南省湘江污染防治第一个"三年行动计划"（2013—2015 年）实施方案》的颁布与实施，湘江流域水体污染的综合治理和水源保护取得显著成效。共淘汰涉重企业 2703 家，湘江干流 500米范围内 2273 户规模畜禽养殖场全部退出，湘江流域水质明显好转，干流 18 个省控断面水质连续达到或优于Ⅲ类标准，其镉、铅、铬、汞和砷的平均浓度逐年下降，2013 年分别比 2010 年下降了 22.2%、42.9%、28.6%、33.3% 和 58.3%，2015 年较 2012 年分别下降 54.6%、52.8%、36.8%、15.1% 和 4.4%，支流 24 个省控断面达到或优于Ⅲ类标准的比例逐年上升，2013 年为 79.2%，2014 年为 87.5%，2015 年为 91.7%，湘江水质整体为优。重点区域与沿江 8 个地市污染整治也取得丰硕成果。

### （一）重点区域污染防治成效显著

经过几个规划的行动，株洲清水塘、湘潭竹埠港、衡阳水口山、郴州三十六湾和娄底锡矿山五大重点区域环境综合整治取得阶段性成果。株洲清水塘关停、淘汰、搬迁污染企业及生产线 105 家（条），推广清洁能源企业 45 家，清水塘重大历史遗留污染问题得到有效处置，分散经营的洗水企业全部关停，整合 37 家洗水企业为 10 家，搬进洗水工业园集中发展，实施环境污染治理项目 28 个，累计完成投资 36.8 亿元。2011 年12 月，启动霞湾港重金属污染综合治理工程项目，处理重金属污泥 5.03万立方米，污水处理 1.8 万立方米，解决了多年遗留的重金属污染问题，确保了长沙市、株洲市、湘潭市饮用水源安全。湘潭竹埠港 28 家重污染企业于 2014 年 10 月整体退出，2015 年竹埠港及周边地区污染防治项目综合评分居全国第三位。衡阳水口山 2011—2015 年关停涉重金属企业 56家，占污染源普查时一半以上，湘江松柏断面水质达到Ⅲ类水质标准，重金属污染明显减轻，2014 年提前完成涉重企业数量比 2008 年减少 50%的目标任务，污染物排放总量在 2008 年基础上削减 50% 以上的任务基本完成。郴州三十六湾启动综合治理项目 30 个，水质有了初步改观，河道沉积物、悬浮颗粒物明显降低，矿区部分被破坏的植被得到恢复，部分重金属污染区域农村安全饮水问题和水利设施问题得到解决。娄底锡矿山地区累计完成整治项目 99 个，2010 年以来，关闭 83 家锑冶炼企业，在改造升级的基础上，仅保留 8 家冶炼企业，4 家采选企业，地区空气质量达标率从 2012 年的 79.5% 提高到 89%；2014 年涉重金属企业数量和重金属污染物排放量分别比 2008 年下降 85% 和 60%，废水较 2010 年减排 120 万吨，地区水质恶化趋势得到有效遏制。

（二）沿江 8 市水污染整治成效明显

（1）长沙市规划实施成效。长沙市共投入 90 亿元加强水源地建设，完成湘江长沙综合枢纽及库区水利项目建设，库区蓄水后水位维持在 32 米左右，库容 6.75 亿立方米，成为全国最大的城市中心水源地，有效地解决了湘江长沙段枯水季节水位持续走低、给沿岸造成取用水困难等问题。源头控制高污染项目，通过实施项目准入制，共否决污染项目 425 个，涉资 90 余亿元。退出各类污染隐患企业 398 家，其中重点涉水污染企业 92 家，涉重金属污染企业 66 家，"五小"非都市型小企业 114 家，小造纸厂 126 家。主城区"一江五河"101 个排污口实现全截污，全市生活污水处理率达到 96.88%。主城区和水域周边禁养禽畜，城市三环以内退出 375 家以上规模禽畜养殖场和 1886 家农村 20 头以上规模养殖场（户），全市大中型水库和承担饮水功能的 36 座小型水库全部退出投肥养殖，清洁生产建设、清洁生活设施建设和庭院建设分别完成 80%、30% 以上。拆除 140 家湘江库区范围非法砂场，清退 80 条采砂船，整治 649 条运砂船。生态披绿达 7000 余亩，清除 3 万余方岸滩垃圾，完成 28 条中小河流治理。长沙多次上榜"中国最宜居城市"。

（2）株洲市规划实施成效。2013—2015 年株洲市共投入资金 147.3 亿元，实施重点整治项目 1002 个。全市关闭搬迁工业污染企业及生产线近 200 家（条），关闭淘汰搬迁"五小企业"168 家，拆除城区烟囱 115 座，截流湘江污水直排口 19 个。关闭湘江干流 1 千米内畜禽养殖企业 461 家、年出栏生猪 5000 头以上的养殖场 18 个，取缔网箱养殖 110 口。全部实现粪污达标排放。湘江株洲段及其支流渌水、渌江水质持续保持国家Ⅲ类水质标准，重金属含量均低于国家标准。2014 年，在湖南省湘江保护和治理工作年度考核中，株洲保护类名列流域第一、治理类名列流域第三，并成功获得"全国节水型社会建设示范区"称号。2015 年，株洲市入选全国第二批水生态文明城市建设试点、全国第一批河湖管护体制机制创新试点城市。

（3）湘潭市规划实施成效。2013—2015 年，拒批污染企业或项目 20

多个，淘汰落后生产线 45 条，关停"五小"企业 53 家，全市所有小煤矿全部实现关停。工业园区基本实现废水集中处理和达标排放，城区污水收集处理率达 92.5%，22 个排污口的截流改造任务完成。湘江干流两岸 1 千米范围内 477 户规模养殖全部退出，拆除湘江两岸 80 余家砂石场。湘江流域湿地保护面积增加 8800 公顷，湘江湘潭段水质常年稳定在Ⅲ类，全市各断面水质达标率达 100%。

（4）衡阳市规划实施成效。2013—2015 年，衡阳市共完成工业企业污染治理、规模化畜禽养殖污染治理、城镇污水处理厂及管网建设等 7 大类湘江污染治理项目 113 项。累计淘汰落后产能企业和关闭小企业 90 家，关停并转涉重金属企业 113 家。关停搬迁湘江干流两岸 500 米范围内及城市规模养殖场 941 家，淘汰网箱养殖 697 口，完成规模养殖场粪污治理 480 多家，水环境质量得到改善。2015 年，全市水功能区达标率 95% 以上，水库水质合格率 90% 以上，全市城镇污水处理率提高至 95%。中心城区 108 千米河段全面禁止河道采砂，123 个非法砂场彻底关闭。

（5）郴州市规划实施成效。截至 2015 年 6 月，郴州市共淘汰流域内落后产能工业企业 12 家，关闭金属非金属矿山企业 50 家，解决流域内饮水安全人口 38.89 万，实施病险水库、水闸除险加固 94 座，新增湿地保护面积 3238.09 公顷，治理水土流失面积 16 平方千米，完成矿山复绿 61 家、620 余公顷。东江湖水源受到良好保护。2013 年，东江湖成功纳入国家重点支持湖泊范围，目前东江湖总体水质处于优良状态，一级保护区水质长期优于国家地表水Ⅱ类水标准，二级保护区绝大部分水域水质优于国家地表水Ⅲ类水标准，获得首批"创建生态文明典范城市"荣誉称号。

（6）岳阳市规划实施成效。2013—2015 年，岳阳市共取缔关闭企业 54 家，停产整治 94 家，限期治理 169 家，对 20 家涉重企业实施了关闭、淘汰、整合搬迁入园，对存在污染隐患的 407 家企业建立了污染隐患台账，完成重金属治理项目 25 个，实施韶峰岳建等 6 家企业"退二进三"。全市完成湖滨 8 个污水处理、配套污水管网 749 千米。铁山、龙源、兰家洞等重要水源地受到良好保护。在全市确定 69 处重要饮用水水源地，实行重点保护，完成 109 处"千吨万人"以上农村集中供水工程水源地保护区的划定和调整工作。全市取缔非法采砂船 230 多艘，拆除非法淘金船 60 多艘，取缔非法砂场 270 多处，岳阳市被誉为一座可以"深呼吸"的城市。

（7）娄底市规划实施成效。建设项目环保审批率和"三同时"执行率均达 95% 以上，新污染源得到有效控制。2015 年，全市已建成城市污水处理厂 6 座，总污水处理规模为 29.5 万吨/日，通过集中供水的方式，2013 年以来，解决了 78.74 万人的饮水不安全问题，全市河道管理范围内采砂船和采砂场已全部规范或取缔，全市共取缔水府庙库区内"迷魂阵"293 处、网箱 372 口、拦网围库 9 处。资水冷水江新化段、涟水、孙水水质得到明显改善。

（8）永州市规划实施成效。水源保护成效明显，全市河流水库水质全面达到Ⅲ类及以上，大部分时段水质达到Ⅱ类优质水标准，全市水功能区水质达标率 100%，居湖南省前列。江华县、宁远县和蓝山县列为全国第一批生态文明先行示范区，潇湘源水利风景区（江华）列入国家级水利风景区。2014 年，完成湘江干流两岸 500 米内年出栏生猪 50 头以上规模养殖场退出或搬迁 140 家，计划到 2015 年湘江保护范围内年出栏生猪 50 头以上规模养殖场全部关闭。共清理平整重点区域尾砂堆 900 多万立方米，全年治理水土流失面积完成 7.15 平方千米。

# 第三节　湘江流域大气污染防治规划与实施进展

大气环境保护事关全体人民的根本利益，事关经济社会的健康发展，事关小康社会的全面建成。湖南省委、省政府历来高度重视生态文明建设和环境保护，省委书记杜家毫曾提出："既要金山银山，又要绿水青山；若毁绿水青山，宁弃金山银山。"为湖南省践行绿色发展理念明确了方向和要求。为了让老百姓呼吸到新鲜空气，湖南省坚决贯彻落实中央"五位一体"总体布局、"五大发展理念"以及生态文明建设的系列重大决策部署，立足湖南省情，制定多层级的大气环境保护规划与实施方案，推进大气污染防治工程，强化增绿护绿行动，经过科学治理雾霾，湘江流域的空气治理得到明显改善。

## 一　大气污染防治

### （一）省市级规划及实施方案

#### 1. 省级层面

2012 年 4 月，湖南省委、省政府印发的《绿色湖南建设纲要》提出：

"减少主要污染物排放。坚持以环境承载力为依据，以总量控制为核心和硬约束，全面推进污染减排。加快推进大气污染物减排。以化工、冶金、造纸、水泥、电力、交通等重污染行业为重点，严格控制二氧化硫、氮氧化物、颗粒物和温室气体排放，实施产业环境准入制度和重污染产业退出计划，优化能源消费结构、合理控制新增量，加快现有污染源治理步伐，建立重点区域和重点企业的空气质量监测网络。"

2013 年 12 月，湖南省人民政府办公厅印发的《贯彻落实〈大气污染防治行动计划〉实施细则》（湘政办发〔2013〕77 号）确立了指导思想和原则，确定了"经过五年努力，全省空气质量总体改善，重污染天气较大幅度减少；力争再用五年或更长时间，逐步消除重污染天气，空气质量明显改善"的主要目标，并提出，实施综合治理，强化多污染物协同减排；统筹城市交通管理，防治机动车污染；调整产业结构，优化区域经济布局；加快调整能源结构，提高清洁能源利用率；强化基础能力，健全监测预警和应急体系；明确责任，协调联动，动员全民参加；加大资金保障，拓宽融资渠道七项重点任务。

2014 年 12 月，为控制机动车污染物排放总量，改善城市环境空气质量，湖南省人民政府办公厅印发的《湖南省加快推进黄标车及老旧车淘汰工作方案》（湘政办发〔2014〕113 号）旨在 2017 年年底前逐步淘汰全省范围内的黄标车及老旧车，明确加强机动车注册登记管理，提出要全面推进机动车环保标志管理、严格实施黄标车区域限行、加快淘汰黄标车及老旧车等多个工作内容。

2015 年 5 月印发的《湖南省大气污染防治 2015 年度实施方案》明确了年度目标、年度重点任务、年度重点工程项目和保障措施等内容，该方案指出，年度目标包括环境空气质量目标和主要大气污染物排放控制目标；年度重点任务则是推进工业领域重点行业污染防治、抓好交通领域机动车的污染防治、加强建筑领域的扬尘管控、加快能源领域的结构调整、建立和完善工作机制。

2015 年 10 月印发的《湖南省新型城镇化规划（2015—2020 年）》提出："加强大气污染综合治理。实施电力、钢铁、有色金属行业烟尘治理设施提标改造，在化工园区和环保重点城市开展挥发性有机物、有毒废气监测。加强机动车污染防治，大力推广使用天然气汽车和新能源汽车，努力降低污染物排放量。全面推行'绿色施工'，建立扬尘控制责任制度。推进长株潭城市群大气污染治理，建立统一协调的区域大气联防联控机制。"

2016 年 4 月，为深入推进大气污染防治工作，改善湖南省环境空气质量，湖南省人民政府办公厅印发的《湖南省大气污染防治专项行动方案（2016—2017 年）》（湘政办发〔2016〕33 号）确定了"通过两年努力，全省环境空气质量达标率稳定提升，重污染天气大幅度下降"的主要工作目标，并提出，深化工业污染防治、严格机动车排气污染控制、强化燃煤污染治理、狠抓扬尘污染防治、深化城乡面源污染整治、大力加强执法监管、分类推进重点区域大气污染整治和加强基础能力建设八项主要工作任务，同时指出，需加强组织领导，明确责任分工，严格监督考核，完善政策措施，加大资金投入，推进公众参与的保障措施。

2016 年 1 月公布的《湖南省国民经济和社会发展第十三个五年规划》提出："加强大气污染防治。加强电力、钢铁、水泥、有色等重点行业治理，加强石化、化工、印刷、电子信息等行业挥发性有机物排放控制。强化工地扬尘监管，清理整治城市周边采矿、采石和采砂企业。严格治理餐饮业烟尘排放，推广使用餐饮油烟净化设施。严控秸秆露天焚烧。加强机动车环保管理，加快淘汰黄标车，推广新能源汽车。"

2. 市级层面

2012 年 2 月发布的《长株潭城市群环境同治规划（2010—2020 年）》确立了"到 2015 年和 2020 年城市空气质量二级以上天数分别为 340 天和 360 天以上、工业二氧化硫排放达标率分别为 95% 和 100%，工业烟尘排放达标率分别为 96% 和 100%"的规划指标，并指出，强化工业污染防治、控制颗粒物污染、加强机动车排气污染防治等进一步加强大气污染治理的具体细则。

2012 年 8 月，为进一步加强长株潭大气污染防治工作，防治以酸雨、灰霾、光化学烟雾等为特征的复合型大气污染，改善空气质量，保障人民群众身体健康，印发的《湖南省人民政府关于推进长株潭大气污染联防联控工作的意见》（湘政发〔2012〕22 号）首先明确大气污染联防联控的重要性和紧迫性；其次确立了指导思想、基本原则和工作目标；再次提出优化区域产业结构和布局、加大重点污染物防治力度、加强清洁能源利用、加强机动车污染防治、完善区域景区质量监管体系、加强城市基础设施建设和提高城市生态水平六项推进大气污染联防联控工作的具体措施；最后指出要加强组织领导、落实联防联控责任等保障内容。

2015 年 2 月，湖南省人民政府印发的《长株潭城市群区域规划（2008—2020 年）》（2014 年调整）（湘政发〔2015〕9 号）提出"按照'系统综合、区域联动'的模式，对生态格局进行全方位保护，全产业链实施综合治理，重点解决湘江水系污染、土壤重金属污染、大气雾霾等突出环境问题，实现长株潭城市群天蓝、地绿、水清、土净、境美的生态环境保护目标"；确立"到 2020 年城市空气质量达到二级标准天数比例目标值长株潭三市达 75%，岳阳、娄底、衡阳等外围五市达到 85%"的具体大气环境保护指标；并提出"推进产业结构优化升级，重点行业切入突破，开展清洁生产示范，制定标准，淘汰落后产能。加快调整能源结构，控制煤炭消费总量；提升工艺，规模发展，产业入园集中高效治理；强化综合治理，实施多污染物协同控制。大力发展循环经济，开展清洁生产审核工作，有效防治工业污染。重点实施湘江水系治理和区域大气污染雾霾联防联控等环保行动，建立环境污染预警应急体系，妥善应对污染事件"的具体措施。

2015 年 10 月，湖南省人民政府办公厅印发的《长株潭大气污染防治特护期工作方案》（湘政办发〔2015〕85 号）包括总体思路、基本原则、工作措施和组织保障四部分，其中工作措施是在特护期内，实施燃煤设施、重点工业企业、机动车、施工工地和道路扬尘等强化管控措施，加强大气环境监测、预警和应急，开展大气污染防治专项执法检查，实现整体强化和特护期管控相结合的空气质量保障机制。

除上述长沙市、株洲市、潭湘市三市一体的大气污染防治规划之外，娄底市、郴州市、湘潭市、长沙市、株洲市、衡阳市以及岳阳市在 2014 年相继出台了《〈大气污染防治行动计划〉实施方案》，湘潭市、岳阳市、长沙市、娄底市在 2015—2016 年出台了《大气污染防治特护期工作方案》，同时，《株洲市"三个基本"三年行动方案》《衡阳市大气污染防治专项行动方案（2016—2017 年）》《永州市水污染和大气污染治理实施方案（2016—2020 年）》《郴州市创建湖南省环境空气质量达标示范城市工作方案》《娄底市"天蓝、水净、地绿"行动计划实施方案（2016—2018 年）》等地方性规划和工作方案也相继实施，诸如此类指导性文件，既促使主要法律制度逐步得到落实，又为湘江流域各市大气污染防治工作明确了路线图、时间表和任务书。

（二）实施进展

通过构建多重大气污染防治机制、强化排放源头治理等措施，湘江流域的大气污染防治工程得以顺利推进，空气质量有了大幅度改善，治理效果有目共睹。2015年，湘江流域环境质量总体保持稳定并逐步向好，8个地市空气质量平均达标天数大幅上升，长株潭城市群的空气质量优良率从2013年的55.3%提高到73.8%，其中，重度和严重以上污染天数比例从12.9%下降到2.3%。

1. 机制与法制建设

其一，构建了长株潭大气联防联控机制。湖南省政府组织长株潭三市制订了《长株潭大气污染联防联控方案》，并从2015年10月起，将每年10月至次年2月确定为三市大气污染防治特护期；启动实施大气污染防治专项行动，以工业污染、道路建筑扬尘、中心城区燃煤锅炉和机动车尾气污染治理为重点，出台了一系列污染管控措施，实施了一批治理工程。《长株潭大气污染防治特护期工作方案》中第二项基本原则提出："属地负责、区域联动。强化本行政区域污染源管控，实行长株潭三市联防联控，统一时间、统一措施、统一行动，形成区域管控的整体合力。"

其二，完善了大气环境保护的体系建设。湘江流域各市相继建立了在线监测体系和重污染天气监测预警体系，并构建了长株潭等区域性重污染天气应急响应机制，同时完善了环境信息公开平台。湖南省环境保护厅网站除可进行大气污染防治信息查询外，也可获得2015年1月开始湘江流域各市大气污染信息的排名。

其三，拟对大气污染防治工作进行立法。为防治大气污染，改善全省的空气质量，保障人民群众身体健康。2016年7月29日下午，湖南省十二届人大常委会第二十三次会议对《湖南省大气污染防治条例（草案）》进行了分组审议。

2. 排放源头治理

针对排放源头治理，湘江流域各市积极作为。

其一，开展对重点行业的脱硫脱硝行动。2015年，完成火电厂、石化、水泥、钢铁、煤炭锅炉以及挥发性有机物质量、黄标车淘汰等重点工程项目。与2010年相比，2015年全省化学需氧量、氨氮、二氧化硫和氮氧化物排放总量分别下降9.97%、10.85%、16.07%和17.77%，超额完成国家下达的减排任务。

其二，加强机动车尾气排放治理，包括加快淘汰 2005 年年底前注册营运的"黄标车"，实施机动车环保标志管理等措施。2014 年，湖南省就淘汰黄标车及老旧车 17.1 万辆，根据国家环境保护部办公厅函《关于2015 年 1—11 月黄标车淘汰进展情况的通报》（环办函〔2015〕2094 号）可知，湖南黄标车淘汰任务量 24541 辆，1—11 月累计淘汰量 30441 辆，完成比例达 124.04%。2014 年，长沙市出台《长沙市机动车排气污染防治条例》，强化机动车排气定期检测，开展机动车环保标志核发工作，截至 2014 年 10 月底，累计对 100.11 万辆机动车进行了排气检测，检测合格率为 87.68%，各发标窗口及社区流动便民服务累计发放环保标志约 63万套，其中，绿标 61.2 万套，黄标 1.8 万套。

其三，推广新能源汽车及自行车。各市的公共交通机动化出行分担率稳步上升，公交、公务、公用车领域新能源汽车推广应用力度加大，其中，株洲市 2014 年实施公交车电动化三年行动计划，将城区 627 台公交车全部更换成纯电动或混合动力车，同时投入 2 亿多元，建成 1000 多个公共自行车租赁点，投放 2 万辆自行车，公共自行车日均租还车超过10 万人次。

3. 大气治理成效

由表 2 – 1 可知，2016 年 1—6 月，全省 14 个城市平均优良天数比例为 81.6%，与上年同期相比，14 个城市环境空气质量平均优良天数比例上升 9.8 个百分点，湘江流域的 8 个地市均有不同幅度上升，升幅在 3.9个百分点至 22.2 个百分点，其中，永州市、娄底市的变化幅度达 20 个百分点以上，表明其空气质量明显好转。

表 2 – 1　　　　2016 年 1—6 月湖南省 14 个城市空气质量状况统计

| 城市 | 空气质量类别分布（天数） | | | | | | 优良天数比例（%） | | |
|------|------|------|----------|----------|----------|----------|------|------|----------|
| | 优 | 良 | 轻度污染 | 中度污染 | 重度污染 | 严重污染 | 本年 | 上年 | 变化幅度 |
| 长沙 | 32 | 102 | 36 | 10 | 2 | 0 | 73.6 | 67.2 | 6.4 |
| 株洲 | 27 | 112 | 32 | 7 | 3 | 0 | 76.8 | 69.6 | 7.2 |
| 湘潭 | 38 | 103 | 30 | 6 | 2 | 0 | 78.8 | 72.9 | 5.9 |
| 衡阳 | 40 | 105 | 31 | 4 | 1 | 1 | 79.7 | 71.3 | 8.4 |
| 邵阳 | 37 | 107 | 27 | 7 | 1 | 1 | 80.0 | 70.7 | 9.3 |

续表

| 城市 | 空气质量类别分布（天数） | | | | | | 优良天数比例（%） | | |
|---|---|---|---|---|---|---|---|---|---|
| | 优 | 良 | 轻度污染 | 中度污染 | 重度污染 | 严重污染 | 本年 | 上年 | 变化幅度 |
| 岳阳 | 24 | 117 | 38 | 1 | 1 | 0 | 77.9 | 74.0 | 3.9 |
| 常德 | 25 | 94 | 43 | 8 | 5 | 0 | 68.0 | 71.9 | -3.9 |
| 张家界 | 40 | 99 | 30 | 5 | 2 | 0 | 79.0 | 69.7 | 9.3 |
| 益阳 | 23 | 122 | 24 | 2 | 1 | 0 | 84.3 | 78.4 | 5.9 |
| 郴州 | 63 | 103 | 12 | 0 | 1 | 0 | 92.7 | 79.5 | 13.2 |
| 永州 | 59 | 103 | 11 | 1 | 0 | 0 | 93.1 | 70.9 | 22.2 |
| 怀化 | 45 | 112 | 20 | 4 | 0 | 0 | 86.7 | 67.6 | 19.1 |
| 娄底 | 45 | 110 | 21 | 3 | 0 | 1 | 86.1 | 64.9 | 21.2 |
| 吉首 | 39 | 115 | 21 | 4 | 1 | 0 | 85.6 | 76.7 | 8.9 |
| 全省 | 537 | 1504 | 376 | 62 | 20 | 3 | 81.6 | 71.8 | 9.8 |

资料来源：《2016 年上半年湖南省环境质量状况》，湖南省环境保护厅网站。

　　由表 2-2 可知，2016 年 1—6 月，14 个城市的环境空气污染物浓度均值除臭氧外较同期都明显下降，表明环境状况有所改善。湘江流域的长沙市、衡阳市、永州市和郴州市 4 个地市的二氧化氮浓度均值低于全省均值；岳阳市、郴州市和娄底市 3 个地市的二氧化氮浓度均值低于全省均值；长沙市、衡阳市、郴州市、永州市和娄底市 5 个地市的可吸入颗粒物浓度均值低于全省均值；长沙市、株洲市、湘潭市、岳阳市和永州市 5 个地市的一氧化碳日均值浓度低于全省均值；衡阳市、郴州市以及永州市的臭氧日最大 8 小时平均浓度低于全省均值；郴州市、永州市以及娄底市的细颗粒物浓度均值低于全省均值。

**表 2-2　2016 年 1—6 月湖南省 14 个城市环境空气污染物浓度均值统计**

| 城市 | SO$_2$（微克/立方米） | NO$_2$（微克/立方米） | PM 10（微克/立方米） | CO（毫克/立方米） | O$_3$（微克/立方米） | PM 2.5（微克/立方米） |
|---|---|---|---|---|---|---|
| 长沙 | 17 | 38 | 75 | 1.4 | 140 | 56 |
| 株洲 | 28 | 36 | 87 | 1.4 | 134 | 54 |

续表

| 城市 | SO$_2$（微克/立方米） | NO$_2$（微克/立方米） | PM 10（微克/立方米） | CO（毫克/立方米） | O$_3$（微克/立方米） | PM 2.5（微克/立方米） |
|---|---|---|---|---|---|---|
| 湘潭 | 27 | 38 | 88 | 1.3 | 133 | 53 |
| 衡阳 | 15 | 32 | 77 | 1.8 | 112 | 53 |
| 邵阳 | 29 | 22 | 78 | 1.6 | 128 | 55 |
| 岳阳 | 22 | 25 | 78 | 1.4 | 148 | 51 |
| 常德 | 20 | 23 | 88 | 1.9 | 122 | 60 |
| 张家界 | 7 | 20 | 78 | 2.3 | 112 | 51 |
| 益阳 | 32 | 30 | 83 | 1.6 | 142 | 45 |
| 郴州 | 14 | 25 | 67 | 1.8 | 111 | 39 |
| 永州 | 19 | 28 | 62 | 1.4 | 114 | 39 |
| 怀化 | 21 | 16 | 79 | 1.6 | 100 | 44 |
| 娄底 | 25 | 23 | 75 | 2.2 | 129 | 49 |
| 吉首 | 14 | 20 | 81 | 0.8 | 108 | 48 |
| 全省均值 | 21 | 27 | 78 | 1.6 | 124 | 50 |
| 上年同期均值 | 28 | 29 | 93 | 2.2 | 113 | 60 |
| 较上年同期变化幅度（％） | −25.0 | −6.9 | −16.1 | −27.3 | 9.7 | −16.7 |
| 年均标准值 | 60 | 40 | 70 | 4（日均值） | 160（日均值） | 35 |

资料来源：《2016 年上半年湖南省环境质量状况》，湖南省环境保护厅网站。

为《贯彻落实〈大气污染防治行动计划〉实施细则》，从 2015 年开始，湖南省公布 14 个城市空气质量排名，以及每月公布空气质量最差的 3 个城市和最好的 3 个城市名单。依据《环境空气质量标准》（GB 3095—2012）评价项目为 PM 10、SO$_2$、NO$_2$、CO、O$_3$ 和 PM 2.5 六项，湖南省环境保护厅网站每月及时公布各城市的大气质量指数，其中，综合指数越大，表明综合污染程度越重，城市环境空气质量越差。

由表 2－3 和图 2－1 可知，湘江流域 8 个地市的空气质量总体上有所好转，但是波动较大，1—4 月、9 月的空气质量综合指数维持较高位，6—8 月的综合指数较低，说明 1—4 月和 9 月的空气状况较差，6—8 月的空气状况较好。

表 2 – 3　2015—2016 年湘江流域 8 个地市城市环境空气质量综合指数

| 时间 | 长沙市 | 株洲市 | 湘潭市 | 岳阳市 | 娄底市 | 衡阳市 | 郴州市 | 永州市 |
|---|---|---|---|---|---|---|---|---|
| 2015 年 1 月 | 8.14 | 8.82 | 8.29 | 7.60 | 8.18 | 7.9 | 7.59 | 7.88 |
| 2015 年 2 月 | 6.51 | 6.89 | 6.58 | 6.76 | 6.93 | 6.96 | 5.56 | 6.09 |
| 2015 年 3 月 | 4.68 | 4.76 | 4.94 | 5.08 | 5.85 | 4.50 | 3.88 | 4.43 |
| 2015 年 4 月 | 4.84 | 4.86 | 4.91 | 5.30 | 5.65 | 4.78 | 4.60 | 5.24 |
| 2015 年 5 月 | 4.94 | 5.02 | 5.18 | 5.43 | 6.32 | 4.69 | 3.66 | 5.00 |
| 2015 年 6 月 | 3.35 | 3.24 | 3.57 | 4.06 | 3.85 | 3.14 | 2.74 | 3.89 |
| 2015 年 7 月 | 3.85 | 3.45 | 4.08 | 3.80 | 3.96 | 3.71 | 3.49 | 4.73 |
| 2015 年 8 月 | 4.19 | 4.04 | 4.43 | 4.13 | 4.06 | 4.00 | 4.11 | 4.28 |
| 2015 年 9 月 | 4.83 | 4.55 | 5.12 | 4.69 | 4.34 | 4.60 | 4.58 | 4.69 |
| 2015 年 10 月 | 6.29 | 5.88 | 6.60 | 5.54 | 5.81 | 5.94 | 5.77 | 4.39 |
| 2015 年 11 月 | 4.23 | 4.21 | 4.33 | 3.75 | 3.86 | 3.68 | 3.71 | 3.01 |
| 2015 年 12 月 | 5.70 | 6.29 | 6.10 | 5.24 | 4.88 | 5.31 | 4.79 | 4.30 |
| 2016 年 1 月 | 5.95 | 6.63 | 6.59 | 5.29 | 5.17 | 5.69 | 4.49 | 4.23 |
| 2016 年 2 月 | 5.58 | 5.92 | 5.96 | 5.04 | 5.64 | 5.76 | 4.60 | 4.13 |
| 2016 年 3 月 | 5.89 | 6.19 | 6.26 | 5.62 | 5.59 | 5.56 | 4.61 | 4.86 |
| 2016 年 4 月 | 4.61 | 4.62 | 4.44 | 4.47 | 4.20 | 4.08 | 3.32 | 3.55 |
| 2016 年 5 月 | 4.30 | 4.28 | 4.34 | 4.07 | 4.15 | 3.91 | 3.82 | 4.15 |
| 2016 年 6 月 | 3.82 | 3.83 | 3.97 | 3.50 | 3.64 | 3.39 | 3.26 | 2.98 |
| 2016 年 7 月 | 3.73 | 3.45 | 3.70 | 3.45 | 3.58 | 3.11 | 3.14 | 3.05 |
| 2016 年 8 月 | 4.22 | 3.81 | 4.11 | 4.09 | 3.86 | 3.93 | 3.53 | 3.98 |
| 2016 年 9 月 | 5.38 | 4.76 | 5.28 | 5.10 | 4.92 | 5.04 | 5.07 | 5.08 |

资料来源：《大气环境质量状况》，湖南省环境保护厅网站。

## 二　增绿护绿行动

（一）省市两级规划及实施方案

1. 省级层面

2012 年 4 月，中共湖南省委、湖南省人民政府印发的《绿色湖南建设纲要》提出"到 2015 年绿色环境指标为：森林覆盖率稳定在 57% 以上；森林蓄积量 4.74 亿立方米；湿地保护率 70%；水土流失面积比例低

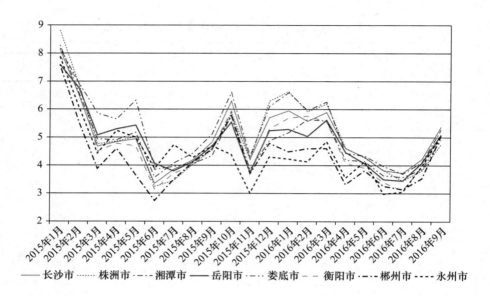

**图 2 – 1　2015—2016 年湘江流域 8 个地市城市环境空气质量综合指数**

资料来源：根据表 2 – 3 数据所绘制。

于 16%；耕地保有量 5655 万亩；城市建成区绿化覆盖率 40%；市州城市全年空气质量优良天数比例 90%；长株潭三市 PM 2.5 浓度控制在国家标准以内"的主要生态指标，并对提升生态系统整体功能、加强湘江流域治理进行了具体阐述。

2013 年 5 月，为改善城市人居环境，推进新型城镇化发展，湖南省人民政府办公厅下发了《关于开展城市绿荫行动的通知》，决定自 2013 年开始，在全省范围内实施城市林荫道路建设、公园和广场林荫景观建设、单位庭院小区绿化建设、林荫停车场建设、立体绿化建设及山体和水系生态修复建设工程等城市绿荫行动"六大工程"，力争到 2015 年，全省县以上城市林荫道路的比例超过 70%，林荫广场和停车场比例超过60%，林荫小区和庭院的比例超过 50%。同时，全面推进立体绿化及江河湖岸绿化、山体和水系生态修复保护。全省县以上城镇建成区人均公园绿地面积、建成区绿地率和绿化覆盖率分别达到 9 平方米/人、31.4%和 35%以上，其中旧城区人均公园绿地面积、建成区绿地率和绿化覆盖率分别不低于 5 平方米/人、25%和 30%。

2015 年 7 月，湖南省人民政府办公厅印发了《湖南省开展农村环境综合整治全省域覆盖工作方案》，其中一项主要任务是："以生态示范建设为载体，推动农村生态文明建设。做好村庄绿化规划、以山体、道路绿化为重点，加强村庄绿化美化建设。"

2016 年 1 月公布的《湖南省国民经济和社会发展第十三个五年规划》提出，"提升生态系统功能。开展大规模国土绿化行动，推进林业重点工程建设。加强天然林保护，全面停止天然林商业性采伐，严禁移植天然大树进城，保护培育森林生态系统，提升森林质量效益"，"加快城市森林、城市湿地、城乡绿道、郊野公园等城乡生态基础设施建设，发展森林城市，建设森林小镇。创新长株潭生态绿心保护发展模式，坚决制止破坏绿心的违法违规行为，建设国际品质现代化生态型城市群"。

2. 市级层面

2012 年 1 月公布的《长株潭城市群生态绿心地区总体规划（2010—2030 年）》确立了指导思想与原则，明确建设成为"生态文明样板区、湖湘文化展示区、'两型'社会创新窗口、城乡统筹试验平台"，最终建设成为确保城市群生态安全的生态屏障和具有国际品质的都市绿心的发展目标，总体发展战略为"高端占领、主动保护；创新发展、整体提升；资源整合、城乡统筹"，其中，生态发展策略为"生态优先策略、生态服务策略、生态网络策略和生态修复策略"，同时提出包括生态保护与建设规划、环境保护规划在内的多种规划。

2012 年 2 月公布的《长株潭城市群环境同治规划（2010—2020 年）》确立了 2015 年和 2020 年森林覆盖率（核心区）分别为 55.7% 和 55.8% 的规划指标，明确包括构筑良好的区域生态屏障、优化城市人居环境在内的主要任务。

2013 年 9 月公布的《绿色岳阳建设纲要》规定的总体目标是，"到2015 年，绿色岳阳建设取得显著成效，实现舒适优美的绿色环境体系更加健全、低碳环保的绿色产业体系基本确立、环境友好的绿色消费体系初步形成、和谐共生的绿色文化体系更加完善"等，"到 2020 年，人与自然和谐共处的集约、高效、生态、绿色岳阳基本形成，初步实现生态良好、环境优美、经济繁荣、人民幸福、社会和谐的目标"，其中，打造舒适优美的绿色环境体系包括构筑生态安全屏障、加大生态保护力度、提高城乡空气质量、推进水环境综合治理、实施"清洁、美化家园"行动、积极推进间接减排、完善生态效益补偿机制等具体措施。

2013 年 12 月，长沙市政府开展"长沙市三年造绿大行动"，从 2014 年到 2016 年实施造绿大行动，以确保全面实现净增林地面积 30 万亩以上、森林覆盖率保持在 55% 以上、建成区绿化覆盖率提升到 50%，把长沙打造成全省乃至全国生态环境最好的城市之一。动员会议还要求力争通过三年奋战，实现"一年一变样、两年大变样、三年成榜样"，其重点任务是抓好"十大工程"，同时将城乡绿化的重点项目优先列入市重点建设项目计划，进一步完善国土绿化、节能减排等扶持政策，鼓励不同经济成分的投资主体参与城乡绿化建设。

2015 年 2 月印发的《长株潭城市群区域规划（2008—2020 年）》（2014 年调整），其战略重点之一是："强化生态格局和湘江治理，塑造高品质生态环境。以'南治水为主、北治气为主'为原则，突出湘江综合治理。以'强化生态特色，彰显湖湘魅力'为原则，合理利用长株潭三市接合部的空间开放式绿心、湘江生态带等生态区域，打造人与自然和谐相处、布局合理、生态良好、环境优美、适宜人居的生态环境。"

2016 年，郴州市人民政府办公室印发的《郴州市创建湖南省环境空气质量达标示范城市工作方案》提出："实施绿色生态屏障工程。全面加强水土流失防治工作。大力开展植树造林和园林绿化活动，不断提高森林覆盖率和城区绿化覆盖率。加强公益林保护、森林防护工作，通过退耕还林、退耕还湿、植树造林和森林公园、自然保护区、湿地公园建设，形成城区绿色生态安全屏障。加大野外用火、森林防火执法检查力度。进一步推进绿城攻坚工作，完善公路、铁路两侧绿化带，加强城市绿化工作，提高城市自净能力。"

2012 年，《株洲市国家森林城市建设总体规划（2012—2020 年）》由国家林业局中南林业调查规划设计院完成，分总则、项目建设背景与意义、现状分析与评价、城市森林产业体系建设规划、投资估算与资金筹措等 16 章。2010 年 12 月，株洲市委十届十一次全会决定：从 2011 年开始创建国家森林城市。2012 年 5 月，株洲市委办、市政府办出台《关于创建国家森林城市的实施意见》。

（二）实施进展

通过多措并举，湘江流域各市的森林覆盖率稳步提升。2011 年，长沙荣获"全国国土绿化突出贡献单位"称号，成为中部地区最终获奖的省会城市；2014 年，株洲市、郴州市创森成功，被授予"国家森林城市";2015 年,永州市成为"国家森林城市"。与此同时,长株潭城市群绿心建设、湘江风光带建设也卓有成效,对提升湘江流域各市的空气质量起到积极作用。

1. 长株潭城市群绿心建设

《湖南省长株潭城市群生态绿心地区保护条例》于 2012 年 11 月 30 日经湖南省第十一届人民代表大会常务委员会第三十二次会议通过,并自 2013 年 3 月 1 日起施行。与此同时,按照《长株潭城市群生态绿心地区总体规划（2010—2030 年）》,逐步推进长株潭城市群绿心建设,已取得较大进展,绿心所在区域的绿化率稳步上升。

2. 湘江风光带建设

湘江风光带是湖南省委、省政府立足"将湘江打造成中国莱茵河"的战略部署,推进长株潭经济一体化和长株潭新型城市化的重点工程。湘江长沙段建设开始较早,中心主城区段两岸已完成建设,成为长沙市民及旅游者的休闲之地,目前风光带建设向南快速推进,同时湘江风光带衡阳段业已进入快速建设阶段。

2007 年,湘潭市正式编制湘江风光带的概念规划,自 2010 年正式开工以来,已经将最初的规划转化为具体行动,项目总体取得突破性进展。2013 年,湘潭市完成一大桥下游两岸的风光带建设,成功与长沙对接;2015 年完成二大桥上游的风光带建设,成功与株洲对接;计划在 2020 年全面完成湘江风光带湘潭段建设任务。

湘江风光带株洲段西岸北自湘潭交界处,南至群丰镇,全长约 32.6 千米,目前,西岸 11.5 千米风光带已建成,成为株洲新的城市标杆。2014 年 3 月,随着市委常委会议原则通过湘江风光带株洲段东岸综合治理工程规划方案,其综合治理工程随即于 4 月开工建设,2016 年年底竣工。

3. 林业及植被建设

随着湘江流域各层级生态建设、大气污染防治等多种规划与工作方案的实施,各市的森林覆盖率逐年上升。由表 2－4 可知,株洲市、郴州市和永州市的森林覆盖率达到 60% 以上,远高于国家和湖南省的平均水平,岳阳市、衡阳市以及湘潭市的森林覆盖率较低,不到 50%,同时这几个地市的森林覆盖率增长率近年来保持较低增速,与此对应的森林状况基础较好的郴州市、永州市森林覆盖率增长率仍然较快。

表 2 – 4　　　2010—2015 年湘江流域各市森林覆盖率状况　　　单位:%

| 年份 | 长沙市 | 株洲市 | 湘潭市 | 岳阳市 | 娄底市 | 衡阳市 | 郴州市 | 永州市 |
|---|---|---|---|---|---|---|---|---|
| 2010 | — | — | 46.13 | 45.30 | 48.10 | 39.80 | 63.50 | — |
| 2011 | — | 61.53 | 46.14 | 45.30 | 48.20 | 39.18 | 64.10 | 60.83 |
| 2012 | 53.35 | 61.54 | 46.15 | 45.30 | 48.20 | 40.71 | 64.80 | 61.03 |
| 2013 | 53.48 | 61.79 | 46.15 | 45.30 | 48.16 | 41.32 | 65.00 | 61.03 |
| 2014 | 54.71 | 61.85 | 46.15 | 45.31 | 50.21 | 45.90 | 67.70 | 61.89 |
| 2015 | 54.80 | 61.89 | 46.20 | 45.31 | 50.21 | 45.96 | 67.70 | 64.47 |

资料来源: 各市历年《国民经济和社会发展统计公报》和《政府工作报告》,湖南省统计信息网。

# 第四节　湘江流域土壤污染整治规划与实施进展

　　土壤是构成生态系统的基本要素,是社会经济可持续发展不可缺少的战略资源。土壤污染与食品安全、人居健康息息相关,相比于大气污染和水污染,土壤污染更为隐蔽、更容易被忽视,也最难治理。环境保护部环境规划院的报告称:"无论是直接的土壤污染,还是由土壤污染导致的大气、地表水和地下水污染,最终对动物和人造成危害。"湖南是农业大省,土壤污染的治理对全省经济社会有重大且深远的影响,湖南对土壤污染的治理正在经历一个不断深入、日趋完善的过程。

## 一　出台省市两级土壤污染综合防治规划

### (一)省级层面

　　2003 年施行了《湖南省农业环境保护条例》,条例明确了农业环境保护包括土壤污染应当坚持统一规划、预防为主、防治结合和谁污染谁治理的原则。2008 年实施了《湖南省耕地质量管理条例》,条例就加强耕地质量保护,建立耕地地力调查与分等定级制度,落实耕地地力培育措施,规范农药、化肥的科学使用,禁止破坏耕地质量的行为,非农建设占用耕地及补充耕地行为等作了规范。2010 年制定了《湖南省土壤环境保护规划（2011—2020年）》，规划将全省土壤环境分为土壤环境保护区、土壤环境监控区和土壤环境治理区三类区域，进行分类保护与管理，要求科学合理地构建土壤污染综合防治体系，大力提升土壤环境管理水平和土壤污染防治能力，逐步提高土壤环境质量。2012年发布了《绿色湖南建设纲要》，纲要对绿色湖南的建设提出了总体要求，提出加强农田生态系统建设与保护，建立健全重金属污染和农业面源污染监测预警体系。2013年发布了《湖南省环境保护条例》，条例确立了包括土壤污染治理在内的环境保护必须坚持全面规划、合理布局、预防为主、综合治理的方针和"谁污染谁治理、谁开发谁保护、谁利用谁补偿"的原则。2016年发布了《湖南省"十三五"环境保护规划》，提出从2017年开始启动土壤环境质量常规监测，2018年年底前，以农用地和重点行业企业用地为重点，完成全省土壤污染状况详查。到2020年，耕地土壤环境质量达标率提高10%。2016年10月发布了《2017年度湖南省土壤污染防治项目储备库建设工作方案》，方案旨在贯彻落实《土壤污染防治行动计划》，加快推进湖南省土壤污染防治和保护，加强和规范项目管理，提高项目质量。

（二）市级层面

2012年发布了《长沙市人民政府关于加强土壤污染防治工作的意见》，意见从土壤污染防治工作的重要意义、加强土壤污染防治工作的主要内容和加强土壤污染防治工作的保障措施等方面综合规划了土壤污染防治工作。

《株洲市"十二五"土壤环境保护规划》明确了"十二五"时期土壤环境保护工作思路、目标要求和重点任务。《株洲市"十二五"环境治理和保护发展规划》提出，对轻度和中度重金属污染稻田采用适当的治污模式进行修复治理，对重度重金属污染的稻田改变种植结构，改种经济作物，保障农产品安全和农民增收，维护社会稳定，研究建立适合株洲实际的土壤环境质量监管体系。《株洲市"十二五"土地和矿产资源综合利用规划》提出，严控重金属污染源，加强土壤污染治理，加强土地环境动态监测。《株洲市2016年"两型"社会建设综合配套改革工作计划》开展农村环境综合整治行动，实施耕地重金属污染修复治理工程，抓好69万亩重金属污染耕地修复和农作物种植结构调整。

《郴州市环境保护规划（2010—2030年）》确立了坚持源头控制、污染防治和生态修复并重，防治并举的规划原则，提出继续抓好污染源普查和土壤污染状况调查，科学制定污染防治对策，开展污染土壤修复和综合治理工作。

《湖南省湘江源头区域国家生态文明先行示范区建设工作方案》提出，积极开展矿区环境综合整治工程，按照"恢复生态、改善民生、永续发展"的要求，加快推进工矿区地质灾害治理和已关停厂矿历史遗留废渣综合治理工程。

《永州市农业产业发展"十三五"规划》提出，开展耕地土壤重金属污染修复治理及品种结构调整试点示范，在冷水滩区开展耕地土壤重金属污染应急修复治理与品种结构调整，进行耕地污染防治综合技术集成与示范，在科学施肥与低镉品种选育的基础上，应用推广水稻"VIP"控镉技术，开展替代品种结构调整，建立耕地重金属污染监控网点。在 11 个县区开展 VIP 试点示范。

《岳阳市环境保护"十二五"规划》提出，针对环境问题突出的地区、村庄开展综合整治，开展土壤修复试点。《岳阳市环境监测"十二五"规划》提出，逐步开展土壤环境质量监测。在土壤污染调查的基础上，确定该市需要掌握的重要农作物产区及大型污染企业周边等区域的土壤环境质量监测点位。对重要敏感区和浓度高值区进行加密监测、跟踪监测，对土壤污染进行环境风险评价，建立健全土壤质量监测机制，健全完善土壤主要污染物的监测技术规范，逐步按土壤环境质量标准项目、土壤理化性质指标和特征污染物开展监测，为确保粮食安全提供保障。

《娄底市"天蓝、水净、地绿"行动计划实施方案》提出，进一步优化产业结构调整和企业污染防治设施升级改造，加大资源整合力度，提高资源综合利用水平。落实《湖南省重金属污染综合防治"十三五"规划》，编制《娄底锡矿山示范区域重金属污染治理"十三五"规划》，推进历史遗留废渣及堆场的整治，加强生态修复。《娄底市环境保护"十二五"规划》提出，对土壤污染进行环境风险评价；开展土壤环境功能区划，明确土壤分区控制、利用和保护政策；加强土壤环境监测能力建设，建立土壤环境质量基本资料数据库和信息管理系统；建立优先修复污染土壤清单，制订分区、分类、分期修复计划。

《邵阳市环保"十二五"规划》提出，建立土地环境质量评价和监督制度，积极开展区域土地污染整治工作，逐步解决历史遗留问题，改善区域环境质量。《邵阳市环保"十二五"规划》提出，加强农村土壤污染防治，加强对武冈文坪镇、新宁军田乡、邵阳县蔡桥乡等主要农产品产地、污灌区、工矿废弃地等区域的土壤污染监测和修复示范，到 2015 年完成 1—3 处土壤污染修复工程。

**二　污染源防治**

（一）工业污染

《长株潭城市群土地利用规划（2008—2020 年）》提出，以工业污染为对象，加强土地污染治理。《湖南省耕地质量管理条例》规定，禁止向耕地排放有毒有害工业废水或者占用耕地倾倒、堆放工业废料及废渣等固体废弃物。《绿色湖南建设纲要》规定，严格控制工矿和城市废气、废水、固体废弃物污染农田。《湖南省人民政府办公厅关于进一步深化煤矿整顿关闭工作的意见》提出，停止向资源枯竭小煤矿特别是国有矿区范围内的小煤矿新增资源，继续依法关闭不符合产业政策、破坏资源、污染环境的煤矿。《湖南省矿产资源开发整合总体方案》提出，生产矿山继续加强地址环境影响评估，做好治理方案和土地复垦方案，实施废弃物集中储存、处置，污染物集中治理并达标排放，污染物排放总量明显减少，环境污染事故和生态破坏事件得到有效预防与控制。《湘潭市耕地质量管理办法》规定，禁止向农田直接排放不符合农田灌溉水质标准的工业废水。向农田灌溉渠道排放工业废水、城市和工矿区生活污水、畜禽养殖和屠宰场粪便污水的，应当保证其下游最近灌溉取水点的水质符合国家规定的农田灌溉水质标准，并经农业行政主管部门监测合格后，方可排放。《中共郴州市委、郴州市人民政府关于大力推进生态文明建设的决定》规定，严格控制工矿等污染物影响农田。

（二）农业污染

《湖南省耕地质量管理条例》规定，支持和鼓励种植绿肥、生产和施用有机肥料，科学、合理、安全使用农药，降低农药在耕地中的残留量，禁止向耕地排放未经处理的养殖小区的畜禽粪便。《绿色湖南建设纲要》规定，严禁使用高毒、剧毒、高残留农药，推广使用生物农药和有机肥料，开展农田污染综合防治。《长株潭城市群环境同治规划（2010—2020 年）》提出，加强农村土壤污染防治，加大农业种养业污染控制。《湖南省农业环境保护条例》提出，农业生产经营组织和农业劳动者应当合理利用农业用地，科学培育地力，增施绿肥、农家肥、土杂肥等有机肥料，合理使用化肥、微生物肥、土壤调理剂和植物生长调节剂，防止土地污染和地力衰退。《湖南省环境保护条例》提出，推广植物病虫害的综合防治技术，提倡使用有机肥，合理使用化肥、农药及植物生长调节剂，调整农业结构，发展生态农业，防止水土资源的破坏和污染。《湖南省基本农田保护条例》规定，农业生产组织和个人应当合理利用土地，科学种田，培育地力，增加绿肥、农家肥、土杂肥等有机肥料的使用，利用秸秆还田或者养畜过腹还田，合理使用化肥、农药，防止土地污染和地力衰退。使用农药应当遵守国家有关农药安全使用的规定，按照规定的用药量、用药次数、用药方法和安全间隔期施药，防止污染水、土壤和农产品。《湖南省农业环境保护办法》提出，科学培育地力，增施绿肥、农家肥、土杂肥等有机肥料，合理使用化肥、微生物肥、土壤调理剂和植物生长调节剂，防止土地污染和地力衰退。《中共郴州市委、郴州市人民政府关于大力推进生态文明建设的决定》规定，严禁使用高毒、剧毒、高残留农药，避免土壤遭受污染。《郴州市环境保护规划（2010—2030年)》提出，推广测土配方施肥，加大有机肥使用量，提高农药、化肥的有效利用率，彻底改变通过大量施用化肥、农药来提高粮食产量的粗放生产方式，积极发展有机食品、绿色食品和无公害食品，增强农业种植的多样性，实施生物防治，减轻农业面源污染。《永州市人民政府关于贯彻落实〈湖南省环境保护工作责任规定（试行)〉的意见》提出，指导农民科学使用农药、化肥和农膜等生产资料，防止和减少农业生产资料形成的污染。《永州市改善农村人居环境建设美丽乡村工作方案》提出，规范农药包装物、农膜等废弃物管理，建设废弃物回收设施，减少农村农业生产废弃物污染。

（三）生活污染

《湖南省耕地质量管理条例》规定，禁止向耕地排放有毒有害生活废水或者占用耕地倾倒、堆放城乡生活垃圾、建筑垃圾、医疗垃圾。《湘潭市耕地质量管理办法》规定，任何单位或个人严禁在基本农田保护区内处置或堆放固体废弃物。在其他农用地集中处置或堆放固体废弃物的，须经农业行政主管部门审核同意，办理国土资源、环境保护等行政主管部门的审批手续，并采取防扬散、防流失、防渗漏等防止污染农业环境的措施。《中共郴州市委、郴州市人民政府关于大力推进生态文明建设的决定》规定，严格控制城市废气、废水、固体废弃物等污染物影响农田。

《永州市人民政府关于加强城镇生活垃圾处理工作的实施意见》提出，进一步完善城乡垃圾收运和无害化处理系统，加强乡镇垃圾清运设备、中转设施和村级垃圾收集设施建设，积极探索村生活垃圾"户分类、村收集、镇转运、县处理"的服务网络。《岳阳市湘江污染防治第一个"三年行动计划"实施方案》提出，分类处理沿江沿河两岸严重危害环境的固体废弃物，加快对湘江两岸由于历史原因形成的老生活垃圾填埋场进行升级改造、转场或封场处理，重点加大渗滤液收集处理力度，严格控制污染物排放。

### 三　重点项目治理

2011 年，《湘江流域重金属污染治理实施方案》开始实施，重点对株洲清水塘、衡阳水口山、郴州三十六湾、娄底锡矿山区域开展综合整治。2016 年年初，初步建立了《湖南省"十三五"环境保护规划项目库》，项目库包含土壤污染、水污染防治、大气污染防治等 10 大类共约 1500 个项目，可动态更新，部分项目已纳入"十三五"国家环保投资项目库和湖南省生态环保重大建设项目库，其中，湖南石门典型区域土壤污染综合治理等项目已先期启动并已获中央环保专项资金支持。《长沙市人民政府关于加强土壤污染防治工作的意见》提出，在望城区、长沙县、浏阳市和宁乡县每年选择 1 个 100 亩以上的受污染耕地作为试点项目，实施土壤污染治理与生态修复工程。按时完成浏阳市七宝山老矿山废渣治理工程、浏阳市蕉溪岭矿区废渣治理工程、浏阳市原湘和化工厂历史遗留废渣及土壤修复工程、原湖南磷矿遗留重金属污染综合治理工程、宁乡县龙田镇白花萤石矿尾矿库闭库污染治理等重金属污染治理项目。《株洲市湘江保护和治理第一个"三年行动计划"实施方案》提出，到 2013 年年底前，完成醴陵市官庄金矿矿区、潘家冲铅锌矿区重金属污染治理；2014 年年底前，完成醴陵市洪源金矿矿区重金属污染综合治理等矿区整治。《株洲市湘江保护和治理第二个"三年行动计划"实施方案》提出，基本完成清水塘工业企业转型搬迁和关停退出，并逐步启动区域土壤、水体、废渣等历史遗留污染治理，构建环境风险防控体系。《株洲市 2016 年"两型"社会建设综合配套改革工作计划》指出，完成霞湾港二期工程和工业区遗留废渣处置，启动一批土壤重金属污染治理项目。《株洲市十二五环境治理和保护发展规划》提出，以醴陵洪源官庄金矿矿区、潘家冲铅锌矿矿区、茶陵县潞水镇铁矿区、攸县铁矿区、攸县煤矿区及七

○七矿区为重点，对生态破坏严重的矿区开展环境综合治理与生态修复。2012 年 8 月，《冷水江锡矿山地区重金属污染地综合治理与生态恢复示范项目实施方案》开始实施，项目在锡矿山街道办事处七星居委会境内选取了约 13.7 亩遭受重金属污染的土地作为示范点，主要内容包括废渣堆场整治工程、荒山坡植被恢复工程和污染土壤修复工程。2012 年 10 月，《石门雄黄矿区重金属污染"十二五"综合防治实施方案》开始实施，项目包括历史遗留砒渣及周边污染土壤治理，核心区近 8000 亩污染农田修复、生活饮用水安全、生态安全等工程，工程分为四期，工期为五年。《中共郴州市委、郴州市人民政府关于大力推进生态文明建设的决定》提出，抓好以三十六湾、雷坪矿区、鲁荷矿区、柿竹园、玛瑙山、瑶岗仙等工矿区以及全市 427 座尾矿库为重点的矿山综合治理。《湘江流域（郴州段）重金属污染治理工程实施方案》提出，对郴州市北湖区新田岭矿区、郴州市苏仙区西河上游观山洞采选矿区、东江湖铅锌矿区、桂阳县城市建设投资有限公司桂阳雷坪矿区、塘官铺矿区、桂东县流源矿区和汝城县井坡矿区等矿区重金属或废渣污染的综合治理方案。《邵阳市环保"十二五"规划》提出，加强龙须塘工业区、新邵县雀塘再生资源工业区等重点区域的环境综合整治。《娄底市环境保护"十二五"规划》提出，全面排查全市涉铅、镉、汞、铬、锑、锰和类金属砷等重金属污染企业，以锡矿山地区、涟钢周边地区及双峰坳头山黄矿区域等地区为重点进行综合治理。

### 四　保障机制建设

《湖南省耕地质量管理条例》建立健全了耕地质量保护与建设投入机制，明确指出，县级以上人民政府应当将耕地质量保护纳入国民经济和社会发展规划，采取措施提高耕地质量，将耕地质量保护和改善所必要的经费纳入财政预算。县级以上人民政府应当按照国家有关规定，从土地出让收入用于农业土地开发的资金和新增建设用地土地有偿使用费中，确定一定比例用于土地整理和复垦、基本农田建设、耕地质量保护、改善农业生产条件等。《湖南省土壤环境保护规划（2011—2020 年）》提出，积极发动社会力量，多渠道筹措资金，增强科技支撑能力，切实解决关系群众切身利益的突出土壤环境问题。《湖南省"十三五"环境保护规划》要求，系统落实生态文明体制改革，实行"硬制度""硬任务"，力求从理念、认识、行为方式、制度等方面，推进生态环境治理体系和治理能力现代化。从明确责任、加强监管、能力支撑、核心机制入手，以环保督察巡视、自然资源资产负债表、离任审计、损害责任追究等落实地方党委政府环境保护责任；以排污许可、环境司法、损害赔偿等落实企业主体责任；以改革环境治理基础制度形成政府、企业、公众共治的治理体系。《长沙市人民政府关于加强土壤污染防治工作的意见》提出，加强土壤污染防治工作的保障措施，建立土壤污染防治联动监管机制，建立土壤环保成效评估和考核机制，建立土壤污染防治多渠道投入机制。《株洲市"十二五"环境治理和保护发展规划》提出，加强社会公众参与和监督机制。加快环境信息的公开化、社会化建设，完善环境信息公开平台，让社会公众充分了解环保工作。积极扩展公众参与平台和渠道，鼓励和组织社会公众广泛参与环保工作。建立健全公众社会监督机制，逐步完善社会公众举报投诉、信访、听证制度，环境影响评价公众参与制度，新闻舆论监督制度、公民监督参与制度。《郴州市环境保护规划（2010—2030 年）》提出，针对需要重点保护的生态屏障区域，实行生态补偿制度、资源有偿使用制度、资源税征收制度、生态转移支付制度以及环保第一审批权制度；针对郴州市环境污染严重的区域实行排污权交易制度、区域限批制度和环保一票否决权制度；针对郴州市各级政府部门全力执行生态考核制度、环境审计制度和环境问责制度。《永州市农业产业发展"十三五"规划》提出，进一步完善金融支持政策，建立农业产业发展奖惩机制，强化科技支撑。《邵阳市环保"十二五"规划》提出，切实加强领导完善考核监督机制，完善规章制度，强化依法监管；加强环境基础调查，提高环境科研水平；加强宣传教育，发挥公众参与作用，拓宽投融资渠道，增加环保投入；加强人才培养，提升环保服务水平。《岳阳市环境保护"十二五"规划》提出，建设完备先进的执法监督体系，提高人员素质和执法能力，推进环境监察机构标准化建设和污染源自动在线监控；加强环境信息化建设和环境宣教能力建设，发展与完善污染源在线监控系统，推进生态环境基础数据库建设，加强环境信息数据共享。

**五　实施成效与进展**

**（一）土壤污染防治方法举措不断创新**

2016 年上半年出台的湖南省地方性标准《重金属污染场地土壤修复标准》，在国内首次提出了土壤重金属治理分层控制目标参考限值的理念，突出了湖南重金属污染的地域特性，明确提出地区内典型重金属污染物的修复标准。中南林业科技大学探索出的"重金属污染区生态修复与水环境保护技术模式"，在去除土壤重金属的同时，又能迅速恢复植被和景观，被列入科技部科技惠民计划成果库，在湖南省多个矿区和工业污染区示范推广。湖南省农业科学院等科研院所开展土壤—作物系统镉转移机理和稻米镉污染防控技术科技攻关，取得了一系列新的进展。围绕镉低积累水稻品种、旱粮油作物、食用经济作物品种的筛选，取得了一批阶段性成果或结论，初步筛选出一批高产、优质的镉低积累新品系。

（二）土壤污染防治规划体系日渐完善

近年来，湖南省已经出台了《湖南省农业环境保护条例》《湖南省耕地质量管理条例》《湖南省土壤环境保护规划（2011—2020 年)》《湖南省环境保护条例》《2017 年度湖南省土壤污染防治项目储备库建设工作方案》等一系列土壤污染防治相关文件，各市县政府也相继出台了针对本地方情况的土壤污染防治相关文件；已经出台的土壤污染防治文件涵盖了土壤质量监控、土壤污染污染源防治、重点污染项目治理和污染防治保障机制等多个方面，一个多层级、全方位的土壤污染防治体系正在建立。

（三）土壤污染防治区域效果逐渐显现

湖南省农业委员会 2014 年重点工作完成情况公示内容显示，长株潭地区重金属污染耕地修复及农作物种植结构调整试点取得明显效果。从早稻分析结果看，达标生产区、管控专产区、替代种植区早稻达标（米镉≤0.2 毫克/千克）的比例分别提高了 53.1%、44.8%、20.3%，可使早稻米镉含量平均降低 30% 左右。2015 年，长沙市在望城区开展 6000 亩的第三方治理试点，由政府购买服务、企业组织实施，取得了降镉率60% 以上的治理成果，获得评审专家一致认可。长沙县从 2014 年组织实施重金属污染耕地修复及农作物种植结构调整试点项目，治理目标任务为 48.5 万亩，其中，达标生产区 22.6 万亩。两年来，全县扎实开展修复综合技术措施，累计完成施用石灰 160 多万亩次，施用商品有机肥 33.7万亩，种植绿肥 30 万亩，优化水分管理 98.5 万亩次；积极组织农作物种植结构调整，通过种植玉米及其他经济作物，累计完成结构调整 2286 亩。自 20 世纪 90 年代以来，湖南省加大矿山地质环境恢复治理力度，已实施129 个矿山地质环境治理项目，累计投入资金 2.67 亿元，复垦土地 2.25万亩。

# 第三章　湘江流域沿江各市绿色发展水平测评

后金融危机时代，我国经济进入深度转型升级的关键时期，经济发展进入新常态。经济发展方式的转变要求从过去以 GDP 增长为中心、严重忽视生态环境价值的传统粗放式发展转变为高效率、低成本、可持续的绿色发展。经济新常态的本质是全面推进以资源节约型、环境友好型即"两型"生产方式为内核的绿色发展，对有限的经济和环境资源合理利用，最大限度地满足人的发展要求，全面建成小康社会。对于尚处于后发赶超的湖南省来说，进入经济发展新常态就是要建立"两型"生产方式，全面实施绿色发展战略。

如前文所述，从内涵来看，绿色发展是建立在生态环境容量和资源承载力的约束条件下，将环境保护作为实现可持续发展重要支撑的一种新型发展方式。绿色发展是湖南实现可持续发展的战略抉择。转方式、调结构、建"两型"，都是深化科学发展的本质要求，而绿色发展则是转方式、调结构、建"两型"的题中应有之义，是科学发展本质要求的核心。湖南省在全国生态空间布局中占据重要地位，湖南省的绿色发展对构建中部地区的生态屏障，确保长江中下游地区乃至全国的生态安全发挥着举足轻重的作用。绿色发展也是湖南省彰显后发优势的必然要求。湖南省作为后发地区要实现后发崛起，必须抓住世界绿色转型的大好机遇，抢占绿色发展的制高点，大力培育和打造具有国际核心竞争力的绿色产业、绿色产品和绿色品牌，从战略高度最大限度地培育和彰显湖南省的绿色优势和绿色竞争力，从更高程度和更高质量上实现民生需求，从而实现后发省份的绿色崛起。

湖南省是我国较早探索绿色发展的地区，其湘江流域长株潭城市群"两型"社会试验区经过近十年的建设和发展，已经成为湖南省绿色发展的示范区并向全省推广，具有十分突出的典型性。定量化地科学评价湘江流域沿江各市的绿色发展水平，有利于科学把握湖南省绿色发展的现状和特点，及时准确地找出发展"瓶颈"，优化建设目标和路径，并为政府目标考核提供科学依据和技术支持。基于前期调研和数据收集的结果，可以采用层次分析法（Analytic Hierarchy Process，AHP），建立包含目标层、准则层和指标层的指标体系，对湖南省湘江流域沿江各市的绿色发展水平进行综合评价。

# 第一节　绿色发展指标体系的设计和构建

层次分析法是美国运筹学家、匹茨堡大学教授萨蒂（T. L. Satty）于20世纪70年代初应用网络系统理论和多目标综合评价方法，提出的一种层次权重决策分析方法。该方法是将与决策有关的元素分解成目标、准则、方案等层次，在此基础之上进行定性和定量分析的决策方法。具体来说，将一个复杂的多目标决策问题作为一个系统，将目标分解为多个目标或准则，进而分解为多指标（或准则、约束）的若干层次，通过定性指标模糊量化方法算出层次单排序（权数）和总排序，进行多目标（多指标）、多方案的系统优化决策。

## 一　指标选取原则

根据 AHP 法的递阶层次结构，即"目标层—准则层—指标层"的基本框架，湘江流域沿江各市绿色发展水平的评价指标体系可分解为 1 个目标层，即绿色发展水平综合指数；6 个准则层，即生态环境质量指数、环境治理指数、资源利用效率指数、环境效率指数、产业发展指数和绿色消费指数；以及在每个准则层下，根据实际情况和问题的需要选取若干个相关的具体指标组成指标层。考虑到沿江各市之间的横向比较以及各市历年的纵向比较，指标的选取除遵循系统性、层次性、可行性、科学性等基本原则外，重点按照以下四个原则进行：

（一）以统计口径定量指标为重，兼顾调查分析定性指标

相比于依赖调查分析的定性指标而言，统计口径的定量指标具有更强的客观性和更高的准确性。在对各市进行横向比较和分析时，应主要选取具有各市统计口径共性的指标；对于考察各市历年发展情况的纵向比较，应重点关注具有较长历史统计数据覆盖的指标。与此同时，兼顾实际调查中遇到的新情况、新问题，考察一些尚未在统计口径得到具体

关注的重要指标，以超前反映一些新变化和新趋势，有利于促进统计口径的与时俱进和不断完善。

（二）以比例型的相对量指标为重，兼顾实际大小的绝对量指标

由于不同城市的规模大小有差别，发展水平不尽相同，相关的绝对量指标难以直接进行横向比较。例如，污水处理能力、园林绿地面积等与城市人口规模和建成区面积有关，难以客观，应尽可能消除规模化的影响，将其改为城市污水处理率、建成区绿化覆盖率。因此，在绝对量和相对量的取舍上，倾向于以相对量指标为主，以提高各市之间的可比性。

（三）以突出约束"瓶颈"的指标为重，兼顾反映相对优势的指标

湖南省在资源禀赋和产业发展上具有自身的相对优势和劣势，其绿色发展也具有相应的约束条件和亟须突破的"瓶颈"。例如，湘江流域沿江各市的水资源和土地资源相对丰富，但在生产领域的能源自给率却比较低。因此，在转方式、调结构的背景下，应更多地选取反映能源利用效率和能源消费结构的指标，如单位工业增加值能耗、非化石能源占一次能源比重等。同时兼顾水资源利用等的表征指标。

（四）坚持衡量绿色发展的要求和举措并重

多年来，围绕绿色发展的讨论众多。各种论述中关于指标体系的构建有不同的视角和侧重点，选择面广泛。要对绿色发展水平进行系统全面的衡量，应坚持绿色发展的要求（如生态环境质量状况）和绿色发展的举措（如环境治理和资源利用）并重。在指标体系的构建中，指标的选取应较为均衡地体现绿色发展的要求和举措两个方面，既反映有利于城市绿色发展的因素，同时又关注城市在绿色发展中对生态环境质量状况的影响。

**二　指标体系与指标说明**

根据上述原则和确定的目标层、准则层，参考《国家国民经济和社会发展"十二五"规划纲要》《湖南省国民经济和社会发展"十二五"规划纲要》《绿色湖南建设纲要》等文件中关于绿色发展方面的要求，绿色发展水平综合指数可选取 29 个具体指标，包括生态环境质量指数 5 个指标、环境治理指数 3 个指标、资源利用效率指数 5 个指标、环境效率指数 6 个指标、产业发展指数 5 个指标和绿色消费指数 5 个指标。其中，正向指标 17 个，负向指标 12 个，平均每一准则层的指标数不超过 5 个。具体评价指标体系见表 3 - 1。

表 3 - 1　　　　湘江流域沿江各市绿色发展水平评价指标体系

| 目标层 | 准则层 | 序号 | 指标层 | 单位 | 指标性质 |
|---|---|---|---|---|---|
| 绿色发展水平综合指数 | 生态环境质量指数（5个） | （1） | 森林覆盖率 | % | 正向 |
| | | （2） | 城市建成区绿化覆盖率 | % | 正向 |
| | | （3） | 土壤点位超标率 | % | 负向 |
| | | （4） | 城市空气质量等级为良及以上天数占全年比重 | % | 正向 |
| | | （5） | 水质点位超标率 | % | 负向 |
| | 环境治理指数（3个） | （6） | 一般工业固体废弃物综合利用率 | % | 正向 |
| | | （7） | 城市污水处理率 | % | 正向 |
| | | （8） | 生活垃圾资源化利用率 | % | 正向 |
| | 资源利用效率指数（5个） | （9） | 单位生产总值能耗 | 标准煤/万元 | 负向 |
| | | （10） | 单位工业增加值能耗 | 标准煤/万元 | 负向 |
| | | （11） | 非化石能源占一次能源比重 | % | 正向 |
| | | （12） | 单位工业增加值水耗 | 立方米/万元 | 负向 |
| | | （13） | 城市用水普及率 | % | 正向 |
| | 环境效率指数（6个） | （14） | 单位工业增加值废水排放量 | 立方米/万元 | 负向 |
| | | （15） | 单位工业增加值二氧化硫排放量 | 千克/万元 | 负向 |
| | | （16） | 单位工业增加值二氧化碳排放量 | 千克/万元 | 负向 |
| | | （17） | 单位工业增加值化学需氧量排放量 | 千克/万元 | 负向 |
| | | （18） | 单位工业增加值烟/粉尘排放量 | 千克/万元 | 负向 |
| | | （19） | 单位工业增加值固体废弃物排放量 | 千克/万元 | 负向 |
| | 产业发展指数（5个） | （20） | 工业增加值年增长率 | % | 正向 |
| | | （21） | 高新技术增加值占 GDP 比重 | % | 正向 |
| | | （22） | 环保产业从业人数占就业人员比例 | % | 正向 |
| | | （23） | 环保产业产值占 GDP 比重 | % | 正向 |
| | | （24） | 高耗能、高污染产业产值占 GDP 比重 | % | 负向 |
| | 绿色消费指数（5个） | （25） | 单位公共建筑面积能耗下降率 | % | 正向 |
| | | （26） | 获绿色建筑标识的建筑比重 | % | 正向 |
| | | （27） | 公共交通电动化率 | % | 正向 |
| | | （28） | 电动汽车市场占有率 | % | 正向 |
| | | （29） | 绿色产品消费比重 | % | 正向 |

（1）森林覆盖率：行政区域内森林面积占土地总面积比重，反映各市行政区域内森林生态系统的整体状况。

（2）城市建成区绿化覆盖率：城市建成区的绿化覆盖面积占建成区土地面积比重，反映各市的绿化水平。

（3）土壤点位超标率：土壤超标点位的数量占调查点位总数量的百分比，反映各市行政区域内土壤污染状况。

（4）城市空气质量等级为良及以上天数占全年比重：各市 24 小时 PM 2.5平均值标准值≤75 微克/立方米的天数占全年比重，反映各市空气质量状况。

（5）水质点位超标率：水质超标点位的数量占调查点位总数量比重，反映各市行政区域内水质污染状况。

（6）一般工业固体废弃物综合利用率：企业将工业固体废弃物以回收、加工、循环等方式再次利用的量占总工业固体产生量和往年贮存量之和比重，反映各市工业循环经济、资源回收利用和固体废弃物的综合处置水平。

（7）城市污水处理率：经污水处理厂处理的污水量占城市污水总排放量比重，反映各市的污水处理水平。

（8）生活垃圾资源化利用率：生活垃圾经回收、加工、循环等方式再次利用的量占总产生量比重，反映各市的生活固体废弃物综合处置水平。

（9）单位生产总值能耗：万元地区生产总值消耗的能源量（按标准煤计），即能源强度，反映各市的综合能源利用效率水平。

（10）单位工业增加值能耗：万元工业增加值消耗的能源量（按标准煤计），反映各市的工业生产过程中能源利用效率水平。

（11）非化石能源占一次能源比重：水电、风电、太阳能等非化石能源占一次能源总量（含煤、石油、天然气等）比重，反映各市清洁能源发展水平和低碳发展水平。

（12）单位工业增加值水耗：万元工业增加值消耗的水资源量，反映各市的工业生产过程中水资源利用效率水平。

（13）城市用水普及率：城市非农用水人口占总人口比重，反映供用水基础设施建设水平和饮水安全水平。

（14）单位工业增加值废水排放量：万元工业增加值产生的废水排放

量，反映各市的工业生产对水环境的影响水平。

（15）单位工业增加值二氧化硫排放量：万元工业增加值产生的二氧化硫排放量，反映各市的工业生产对大气环境的影响水平。

（16）单位工业增加值二氧化碳排放量：万元工业增加值产生的二氧化碳排放量，反映各市的工业生产对大气环境的影响水平。

（17）单位工业增加值化学需氧量排放量：万元工业增加值产生的化学需氧量排放量，反映各市的工业生产对水环境的影响水平。

（18）单位工业增加值烟/粉尘排放量：万元工业增加值产生的烟/粉尘排放量，反映各市的工业生产对大气环境的影响水平。

（19）单位工业增加值固体废弃物排放量：万元工业增加值产生的固体废弃物排放量，反映各市的工业生产对自然环境的影响水平。

（20）工业增加值年增长率：当年工业增加值相比于上一年度的工业增加值的增长幅度（百分比），反映各市工业增加值的年增长速度。工业增加值是指工业企业在报告期内以货币形式表现的工业生产活动的最终成果，是工业企业生产过程中新增加的价值。其年增长率的计算公式为：工业增加值年增长率 = （当年（报告期）工业增加值/上一年度（基期）工业增加值 − 1）×100%。

（21）高新技术增加值占 GDP 比重：高新技术产业增加值占地区生产总值比重，反映各市的产业科技进步水平。

（22）环保产业从业人数占就业人员比例：从事环保产业的就业人数占社会就业人员总数比重，反映各市环保产业的人力资源和人才队伍建设水平。

（23）环保产业产值占 GDP 比重：环保产业产值占地区生产总值比重，反映各市环保产业的规模大小和发展水平。按性质划分，环保产业产值分布在环保产品、资源综合利用、环境工程和环保运营服务四个主要方面。

（24）高耗能、高污染产业产值占 GDP 比重：高耗能、高污染产业产值占地区生产总值比重，反映各市由于技术落后、产业结构的不合理等原因造成的工业生产能源消耗和污染严重的程度。

（25）单位公共建筑面积能耗下降率：公共建筑使用过程中单位面积的能源消耗量年下降率，反映各市在建筑用能系统改造和节能减排等方面的绿色建筑发展水平。

（26）获绿色建筑标识的建筑比重：获绿色建筑标识的建筑占建筑总数比重，反映各市的绿色建筑发展水平。

（27）公共交通电动化率：投入使用的电动公交车占公交车总数比重，反映各市的绿色交通发展水平。

（28）电动汽车市场占有率：电动汽车销售量占汽车年销售总量比重，反映各市的电动汽车的推广应用程度。

（29）绿色产品消费比重：绿色产品消费额占社会消费品零售总额比重，反映各市的绿色产品消费水平。

# 第二节　指标权重的确定与指标数据处理

## 一　指标权重的确定方法

构建指标体系后，需要通过分析各指标之间的关系来确定指标权重。由于不同目标下的城市发展水平评价问题对于指标的侧重不同，因此，在分析指标关系时，要设计确定指标相对重要性的方法，即指标权重的计算方法。湘江流域沿江各市绿色发展水平评价指标的权重可以通过以下五个步骤确定。

第一步：对城市绿色发展水平的各因素进行分类，构造各因素指标之间相互联结的递阶层次结构。

如上所述，对于具体的评价问题，指标体系的层次结构一般分为目标层、准则层和指标层。一般来说，目标层既可以是一个层级，也可以在总目标下建立子目标，形成多级目标层；而准则层也可根据评价指标间的层次关系扩展为多个层级。从目标到指标自上而下将指标体系涉及的各类因素和指标之间的直接影响关系排列于不同层次，并构成层次结构模型，如图 3 - 1 所示。

第二步：专家根据评价指标体系层次结构模型，通过引入适当的标度，确定每一层各因素之间的相对重要性权数，构成权数矩阵。

通常，直接判断多个因素之间的相对重要性，对于评价者来说，具有一定的难度，特别是当因素较多时尤其如此。AHP 法认为，对各因素的相对重要性进行两两比较，评价者比较容易给出基本的判断。因此，针对具体的城市绿色发展水平评价问题，设计如表 3 - 2 所示的评价因素相对重要性两两打分表（以指标层为例，准则层类似），由专家对同一层级上的各因素（准则、指标）的相对重要性进行两两比较打分，可以得出量化的判断矩阵。

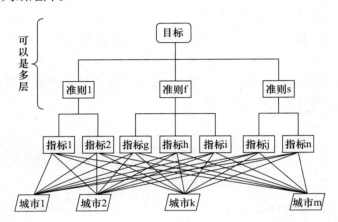

**图 3－1　评价指标体系层次结构模型**

表 3－2　　　　　　　　　　　　评价指标相对重要性两两打分表

| 指标层 | $G_1$ | $G_2$ | ⋯ | $G_n$ |
|---|---|---|---|---|
| $G_1$ | 1 | $a_{12}$ | | $a_{1n}$ |
| $G_2$ | $a_{21}$ | 1 | | $a_{2n}$ |
| ⋮ | | | 1 | |
| $G_n$ | $a_{n1}$ | $a_{n2}$ | | 1 |

关于比较打分，心理学的相关研究表明，人们区分信息等级的极限能力是 $7 \pm 2$。为便于可操作性，可引入 1—9 的标度，具体定义如表 3－3 所示。

表 3－3　　　　　　　　　　　　判断矩阵的标度定义

| 标度 $a_{ij}$ | 定义 |
|---|---|
| 1 | 因素 i 与因素 j 同等重要 |
| 3 | 因素 i 比因素 j 略重要 |
| 5 | 因素 i 比因素 j 较重要 |
| 7 | 因素 i 比因素 j 非常重要 |
| 9 | 因素 i 比因素 j 绝对重要 |
| 2、4、6、8 | 以上两两比较的中间状态对应的标度 |
| 倒数 | 因素 j 与因素 i 比较，标度值 $a_{ji} = 1/a_{ij}$，$a_{ii} = 1$ |

由于各因素与自身比较同等重要，因此，矩阵 M 对角线上的元素均为 1，只要得到矩阵 M 对角线上三角形中的元素，下三角形中的元素便是对应的倒数。对于 n×n 的矩阵，专家只需给出 1/2n（n−1）个判断值。

$$M = \begin{bmatrix} a_{11} & a_{12} & \cdots & a_{1n} \\ a_{21} & a_{22} & \cdots & a_{2n} \\ \vdots & \vdots & & \vdots \\ a_{n1} & a_{n2} & \cdots & a_{nn} \end{bmatrix}$$

第三步：对得到的两两比较判断矩阵 M 进行一致性检验，若检验未通过，则请专家进一步修正判断矩阵 M，直至矩阵通过检验。

判断矩阵在特殊情况下可以满足传递性和一致性。一般情况下，并不要求判断矩阵严格满足这些性质。但是，从认识规律来看，一个合理的判断矩阵所反映的重要性排序应具有一定的逻辑规律。在实际中，要求判断矩阵满足大体上的一致性。例如，在判断矩阵中，若 A 比 B 重要，B 又比 C 重要，那么，从逻辑上讲，A 应该比 C 明显重要。如果两两比较时发现 C 又比 A 重要，那么该判断矩阵违反了一致性准则，从逻辑上讲，是不合理的。因此，需要请专家对各因素之间的两两比较进行重新考虑和权衡，给出修正的判断矩阵。

采用两两比较的方式虽然在一定程度上便于评价者对指标的相对重要性作出判断，但是，由于城市绿色发展水平评价问题一般涉及的具体指标比较多，因而容易出现判别不一致的问题，存在估计误差。为避免由判断不一致造成的误差过大，需要对判断矩阵 M 进行一致性检验。该检验要求计算判断矩阵的特征向量和最大特征值，可采用方根法①求得。方根法是一种近似计算的方法，操作简单，其具体步骤如下：

（1）计算判断矩阵 M 每行所有元素的几何平均值 $\overline{w}_i$：

$$\overline{w}_i = \Big( \prod_{j=1}^{n} a_{ij} \Big)^{\frac{1}{n}}, i = 1, 2, \cdots, n$$

得到：

$$\overline{w} = (\overline{w}_1, \overline{w}_2, \cdots, \overline{w}_n)^T$$

（2）将 $\overline{w}_i$ 归一化，得到：

---

① T. L. Saaty, *The Analytic Hierarchy Process* [M]. New York：McGraw - Hill, Inc., 1980.

$$w_i = \frac{\overline{w_i}}{\sum_{i=1}^{n} \overline{w_i}}, i = 1, 2, \cdots, n$$

得到的 $w = (w_1, w_2, \cdots, w_n)^T$ 是特征向量的近似值，向量中的各元素即为各指标的相对权重。

（3）计算判断矩阵的最大特征值 $\lambda_{max}$：

$$\lambda_{max} = \sum_{i=1}^{n} \frac{(Aw)_i}{nw_i}$$

其中，$(Aw)_i$ 为向量 $Aw$ 的第 i 个元素。

（4）计算判断矩阵一致性指标 CI：

$$CI = \frac{\lambda_{max} - n}{n - 1}$$

若 $\lambda_{max} = n$，$CI = 0$，则完全一致。对于给定的 n，CI 值越大，则判断矩阵的一致性越差。

根据判断矩阵 M 的阶数 n 查表 3-4，得到平均随机一致性指标 RI。例如，对于 5 阶的判断矩阵，查表可得 $RI = 1.12$。

**表 3-4　平均随机一致性指标 RI 表（1000 次正互反矩阵计算结果）**

| 矩阵阶数 | 1 | 2 | 3 | 4 | 5 | 6 | 7 | 8 |
|---|---|---|---|---|---|---|---|---|
| RI | 0 | 0 | 0.52 | 0.89 | 1.12 | 1.26 | 1.36 | 1.41 |

| 矩阵阶数 | 9 | 10 | 11 | 12 | 13 | 14 | 15 |
|---|---|---|---|---|---|---|---|
| RI | 1.46 | 1.49 | 1.52 | 1.54 | 1.56 | 1.58 | 1.59 |

进一步计算一致性比例 CR：

$$CR = \frac{CI}{RI}$$

若 CR≤0.1，则认为，判断矩阵 M 符合一致性要求；反之，若 CR > 0.1，则认为，判断矩阵 M 不符合一致性要求，需要对其进行修正，直至通过一致性检验。

为确定表 3-1 给出的指标体系中各个因素的相对重要性，采用表 3-2 的打分表形式向专家发放问卷。隶属于目标层的准则构成一张打分表，隶属于每一准则的指标也构成一张打分表。以生态环境质量准则为样例，某一专家给出的打分如表 3-5 所示。

**表 3 – 5**　　生态环境质量准则下的指标相对重要性打分表（表样 1）

| 指标层 | $G_1$ | $G_2$ | $G_3$ | $G_4$ | $G_5$ |
| --- | --- | --- | --- | --- | --- |
| $G_1$ | 1 | 1 | 2 | 3 | 3 |
| $G_2$ | 1 | 1 | 2 | 3 | 3 |
| $G_3$ | 1/2 | 1/2 | 1 | 1 | 1 |
| $G_4$ | 1/3 | 1/3 | 1 | 1 | 1 |
| $G_5$ | 1/3 | 1/3 | 1 | 1 | 1 |

表 3 – 5 中，$G_1$ 为森林覆盖率，$G_2$ 为城市建成区绿化覆盖率，$G_3$ 为土壤点位超标率，$G_4$ 为城市空气质量等级为良及以上天数占全年比重，$G_5$ 为水质点位超标率。对于如表 3 – 5 所示的判断矩阵（记为 P），通过计算可得：$\lambda_{max} = 5.0264$，$CI = 0.0066$，查表 3 – 4 得 $RI(5) = 1.12$，于是有 $CR = \dfrac{CI}{RI} = 0.0059 < 0.1$。因此，该判断矩阵通过了一致性检验。该矩阵的特征向量 $(0.318, 0.318, 0.135, 0.115, 0.115)^T$ 即为该专家给出的指标权重向量。

类似地，可以检验每位专家给出的判断矩阵，当矩阵通过一致性检验时，计算专家给出的指标权重。

第四步：在群组决策下，检验多位专家给出的判断矩阵的相容性，并进一步求出各指标的综合权重。

为避免个别专家的评判可能存在的主观偏好性，大多数评价问题需邀请多位专家参与并给出各自的判断矩阵。由于每位专家给出的评判结果不尽相同，应采用合理的方法将多位专家的意见进行综合。首先，需检验各位专家给出的判断矩阵的一致性。如果一致性检验未通过，则请相应的专家修正判断矩阵，直至通过一致性检验。当每位专家的判断矩阵均通过一致性检验时，进一步衡量他们给出的判断矩阵之间的差距，差距的大小可以用相容度①来测量。

设 $M_{R_n^+}$ 为 n 阶正互反矩阵的集合。设判断矩阵 $A = [a_{ij}]_{n \times n}$，$B = [b_{ij}]_{n \times n}$，$A, B \in M_{R_n^+}$，即有：

---

① T. L. Saaty, A Ratio Scale Metric and Compatibility of Ratio Scales：On the Possibility of Arrow's Impossibility Theorem [M]. ISAHP, Washington D. C., 1994.

$$C(A, B) = e^T A \cdot B^T e = \sum_{i=1}^{n} \sum_{j=1}^{n} a_{ij} b_{ji}$$

称为矩阵 A 和 B 的相容度，其中，$e^T = (1, 1, \cdots, 1)$，$A \cdot B^T$ 是 A 和 B 的哈达马（Hadamard）乘积。指标：

$$SI(A, B) = \frac{1}{n^2} C(A, B)$$

称为矩阵 A 和矩阵 B 的相容性指标。

当衡量矩阵 A 和矩阵 B 的相容度时，表 3 - 6 给出的 SI 临界值可以作为判断准则。当 $SI(A, B) \leqslant \overline{SI}$ 时，矩阵 A 和矩阵 B 通过相容性检验。

表 3 - 6 　　　　　　　　　　　　　　　　　SI 临界值

| 矩阵阶数 | 1 | 2 | 3 | 4 | 5 | 6 | 7 | 8 |
|---|---|---|---|---|---|---|---|---|
| $\overline{SI}$ | 1 | 1 | 1.035 | 1.067 | 1.090 | 1.104 | 1.116 | 1.124 |
| 矩阵阶数 | 9 | 10 | 11 | 12 | 13 | 14 | 15 | |
| $\overline{SI}$ | 1.128 | 1.134 | 1.138 | 1.141 | 1.144 | 1.147 | 1.148 | |

沿江各市的绿色发展水平是涉及经济、社会、环境、资源等多个领域的综合性目标。为得到更加全面客观的评价结果，应向相关领域的专家发放问卷，并在问卷中详细说明打分标准和打分尺度。问卷回收后，得到每位专家给出的判断矩阵。设有 s 位专家参与评价，他们给出的判断矩阵，分别为 $P^{(1)}$，$P^{(2)}$，$\cdots$，$P^{(s)}$，相应地得到的指标权重向量分别为 $w^{(1)}$，$w^{(2)}$，$\cdots$，$w^{(s)}$，其中，$w^{(1)} = (w_1^{(1)}, w_2^{(1)}, \cdots, w_n^{(1)})^T$，$l = 1, 2, \cdots, s$；$\Gamma^{(1)} = \left[\frac{w_i^{(1)}}{w_j^{(1)}}\right]$，$l = 1, 2, \cdots, s$，为相应的特征矩阵，且设 $P^{(1)}$，$P^{(2)}$，$\cdots$，$P^{(s)}$ 均已通过一致性检验。

一个综合的指标权重向量 $W = (W_1, W_2, \cdots, W_n)^T$ 能被接受，要求每位专家给出的判断矩阵不仅自身满足一致性要求，而且还应与综合特征矩阵 $\Gamma = \left[\frac{W_i}{W_j}\right]$ 相容，故必须进行相容性检验。

如果判断矩阵 $P^{(1)}$ 与综合特征矩阵 $\Gamma$ 是相容的，即有：

$$\frac{1}{n^2} C(P^{(l)}, \Gamma) \leqslant \overline{SI}$$

则称判断矩阵 P^{(1)} 是与群组相容的。显然，群组相容性的判断，不仅与自身一致性判断有关，也与综合指标权重向量 W 有关。因此，需要求取的综合指标权重向量 W 应与各位专家给出的判断矩阵具有尽可能高的相容性。可以证明，归一化几何平均综合权重向量：

$$W = (W_1, W_2, \cdots, W_n)^T$$

其中，

$$W_r = \frac{\left(\prod_{l=1}^{s} w_r^{(l)}\right)^{\frac{1}{s}}}{\sum_{r=1}^{n} \left(\prod_{l=1}^{s} w_r^{(l)}\right)^{\frac{1}{s}}}, r = 1, 2, \cdots, n$$

是在对数意义下使 P^{(1)}，P^{(2)}，…，P^{(s)} 与综合特征矩阵 Γ 最相容的向量。[1]

因此，可以采用归一化几何平均综合权重向量作为群组决策下沿江各市绿色发展水平指标的综合权重向量。当群组判断中存在不相容时，可以提请相应的专家对其判断矩阵作适当的修正。在某些情形下，还可以剔除某些相容性很差的判断矩阵，使评判意见更为集中，以提高评判结果的可靠性。

同样，以生态环境质量准则为样例，若有两位专家参与评价，另一位专家给出的打分如表 3－7 所示。

表 3－7　生态环境质量准则下的指标相对重要性打分表（表样 2）

| 指标层 | $G_1$ | $G_2$ | $G_3$ | $G_4$ | $G_5$ |
|---|---|---|---|---|---|
| $G_1$ | 1 | 2 | 2 | 3 | 3 |
| $G_2$ | 1/2 | 1 | 2 | 2 | 3 |
| $G_3$ | 1/2 | 1/2 | 1 | 1 | 1/2 |
| $G_4$ | 1/3 | 1/2 | 1 | 1 | 1 |
| $G_5$ | 1/3 | 1/3 | 2 | 1 | 1 |

计算可得：$\lambda_{max} = 5.1740$，CI $= 0.0435$，由 RI(5) $= 1.12$ 得：CR $=$ CI/RI $= 0.0388 < 0.1$。所以，该判断矩阵（记为 P^{(2)}）通过了一致性检

---

[1]　王莲芬：《相容性与群组决策》，《系统工程理论与实践》2000 年第 2 期。

验。该矩阵的特征向量 $(0.367, 0.257, 0.118, 0.125, 0.133)^T$ 即为另一专家给出的指标权重向量。

要综合两位专家的评判结果，得出指标的综合权重大小，应首先检验两位专家的判断矩阵与综合特征矩阵的相容性。根据两位专家的评判结果，得到各指标的归一化几何平均综合权重为：

$$W_1 = \frac{\sqrt{0.318 \times 0.367}}{\sqrt{0.318 \times 0.367} + \sqrt{0.318 \times 0.257} + \sqrt{0.135 \times 0.118} + \sqrt{0.115 \times 0.125} + \sqrt{0.115 \times 0.133}} = 0.343$$

$$W_2 = \frac{\sqrt{0.318 \times 0.257}}{\sqrt{0.318 \times 0.367} + \sqrt{0.318 \times 0.257} + \sqrt{0.135 \times 0.118} + \sqrt{0.115 \times 0.125} + \sqrt{0.115 \times 0.133}} = 0.286$$

$$W_3 = \frac{\sqrt{0.135 \times 0.118}}{\sqrt{0.318 \times 0.367} + \sqrt{0.318 \times 0.257} + \sqrt{0.135 \times 0.118} + \sqrt{0.115 \times 0.125} + \sqrt{0.115 \times 0.133}} = 0.127$$

$$W_4 = \frac{\sqrt{0.115 \times 0.125}}{\sqrt{0.318 \times 0.367} + \sqrt{0.318 \times 0.257} + \sqrt{0.135 \times 0.118} + \sqrt{0.115 \times 0.125} + \sqrt{0.115 \times 0.133}} = 0.120$$

$$W_5 = \frac{\sqrt{0.115 \times 0.133}}{\sqrt{0.318 \times 0.367} + \sqrt{0.318 \times 0.257} + \sqrt{0.135 \times 0.118} + \sqrt{0.115 \times 0.125} + \sqrt{0.115 \times 0.133}} = 0.124$$

进一步地，得到综合特征矩阵 $\Gamma = \left[ \dfrac{W_i}{W_j} \right]$ 如表 3 – 8 所示。

表 3 – 8　　　　　　　　　两位专家的综合特征矩阵

| 指标层 | $G_1$ | $G_2$ | $G_3$ | $G_4$ | $G_5$ |
|---|---|---|---|---|---|
| $G_1$ | 1.000 | 1.196 | 2.702 | 2.847 | 2.766 |
| $G_2$ | 0.836 | 1.000 | 2.259 | 2.380 | 2.313 |
| $G_3$ | 0.370 | 0.443 | 1.000 | 1.054 | 1.024 |
| $G_4$ | 0.351 | 0.420 | 0.949 | 1.000 | 0.972 |
| $G_5$ | 0.361 | 0.432 | 0.977 | 1.029 | 1.000 |

专家一给出的判断矩阵与综合特征矩阵的相容度为：

$$SI(P^{(1)}, \ \varGamma) = \frac{1}{n^2}C(P^{(1)}, \ \varGamma) = \frac{1}{5^2} \times 25.274 = 1.011 < \overline{SI}_{(5)} = 1.090$$

专家二给出的判断矩阵与综合特征矩阵的相容度为：

$$SI(P^{(2)}, \ \varGamma) = \frac{1}{n^2}C(P^{(2)}, \ \varGamma) = \frac{1}{5^2} \times 26.023 = 1.041 < \overline{SI}_{(5)} = 1.090$$

可见，两位专家给出的判断矩阵均满足与综合特征矩阵的相容性要求。因此，生态环境质量准则下的 5 个指标的综合权重向量为：

$$W = (0.343, \ 0.286, \ 0.127, \ 0.120, \ 0.124)^T$$

同理可得准则层和指标层其他指标的综合相对权重。

第五步：通过计算组合权重得到各指标的相对权重系数。在采用上述方法得到各层次的准则和指标的相对权重后，需进一步计算指标层的组合权重。以图 3 - 1 给出的层次结构为例，设准则层有 s 个准则，它们在目标层下的相对权重为：

$$W^{(1)} = (W_1^{(1)}, \ W_2^{(1)}, \ \cdots, \ W_s^{(1)})^T$$

其中，上标（1）表示"在相应的层级下"，目标层为 1 级，准则层为 2 级，下同。设准则 f 下有 $l_f$ 个指标，它们在准则 f 下的相对权重为：

$$W_f^{(2)} = (W_{f1}^{(2)}, \ W_{f2}^{(2)}, \ \cdots, \ W_{fl_f}^{(2)})^T, \ f = 1, \ 2, \ \cdots, \ s$$

则指标层的各个指标在目标层下的相对权重可以通过 $W^{(1)}$ 和 $W_f^{(2)}$（f = 1，2，…，s）的组合计算得到，其组合权重系数为：

$$v_{fh} = W_f^{(1)} W_{fh}^{(2)}, \ f = 1, \ 2, \ \cdots, \ s, \ h = 1, \ 2, \ \cdots, \ l_f$$

回收所有专家的指标相对重要性打分表，并通过整理计算，得到湘江流域沿江 8 个地市绿色发展水平综合评价指标权重，如表 3 - 9 所示。

**二　指标数据的处理**

通常情况下，不同的评价指标往往具有不同的量纲和量纲单位，因此存在数量级的差异，难以直接计算综合评价指数。为了消除不同量纲和量纲单位带来的不可公度性，评价之前，应先将指标数据进行无量纲化处理。无量纲化处理方法与评价指标的类型有关。指标通常有定量指标和定性指标之分。定量指标又可分为正向、负向、固定型、区间型等。设评价对象的集合为 P = {$P_1$，$P_2$，…，$P_m$}，指标集为 G = {$G_1$，$G_2$，…，$G_n$}，评价对象 $P_k$ 对指标 $G_j$ 的属性值（指标值）为 $y_{kj}$（k = 1，2，…，m，j = 1，2，…，n）。

对于正向指标，一般可令：

表 3 - 9　　　　湘江流域沿江各市绿色发展水平综合评价指标权重

| 目标层 | 准则层 | 准则层权重 | 序号 | 指标层 | 指标层权重 | 指标层综合权重 |
|---|---|---|---|---|---|---|
| 绿色发展水平综合指数 | 生态环境质量指数（5个） | 0.17 | （1） | 森林覆盖率 | 0.205 | 0.035 |
| | | | （2） | 城市建成区绿化覆盖率 | 0.209 | 0.036 |
| | | | （3） | 土壤点位超标率 | 0.161 | 0.027 |
| | | | （4） | 城市空气质量等级为良及以上天数占全年比重 | 0.245 | 0.042 |
| | | | （5） | 水质点位超标率 | 0.180 | 0.031 |
| | 环境治理指数（3个） | 0.16 | （6） | 一般工业固体废弃物综合利用率 | 0.336 | 0.054 |
| | | | （7） | 城市污水处理率 | 0.346 | 0.055 |
| | | | （8） | 生活垃圾资源化利用率 | 0.318 | 0.051 |
| | 资源利用效率指数（5个） | 0.19 | （9） | 单位生产总值能耗 | 0.296 | 0.056 |
| | | | （10） | 单位工业增加值能耗 | 0.287 | 0.055 |
| | | | （11） | 非化石能源占一次能源比重 | 0.192 | 0.036 |
| | | | （12） | 单位工业增加值水耗 | 0.123 | 0.023 |
| | | | （13） | 城市用水普及率 | 0.102 | 0.019 |
| | 环境效率指数（6个） | 0.21 | （14） | 单位工业增加值废水排放量 | 0.197 | 0.041 |
| | | | （15） | 单位工业增加值二氧化硫排放量 | 0.189 | 0.040 |
| | | | （16） | 单位工业增加值二氧化碳排放量 | 0.208 | 0.044 |
| | | | （17） | 单位工业增加值化学需氧量排放量 | 0.165 | 0.035 |
| | | | （18） | 单位工业增加值烟/粉尘排放量 | 0.131 | 0.028 |
| | | | （19） | 单位工业增加值固体废弃物排放量 | 0.110 | 0.023 |
| | 产业发展指数（5个） | 0.15 | （20） | 工业增加值年增长率 | 0.199 | 0.030 |
| | | | （21） | 高新技术增加值占 GDP 比重 | 0.194 | 0.029 |
| | | | （22） | 环保产业从业人数占就业人员比例 | 0.187 | 0.028 |
| | | | （23） | 环保产业产值占 GDP 比重 | 0.213 | 0.032 |
| | | | （24） | 高耗能、高污染产业产值占 GDP 比重 | 0.207 | 0.031 |
| | 绿色消费指数（5个） | 0.12 | （25） | 单位公共建筑面积能耗下降率 | 0.214 | 0.026 |
| | | | （26） | 获绿色建筑标识的建筑比重 | 0.214 | 0.026 |
| | | | （27） | 公共交通电动化率 | 0.207 | 0.025 |
| | | | （28） | 电动汽车市场占有率 | 0.207 | 0.025 |
| | | | （29） | 绿色产品消费比重 | 0.158 | 0.019 |

注：由于四舍五入，指标层综合权重的合计值与准则层权重可能有微小差异。

$$z_{kj} = \frac{y_{kj}}{y_j^{\max}}, \ k = 1, \ 2, \ \cdots, \ m$$

或

$$z_{kj} = \frac{y_{kj} - y_j^{\min}}{y_j^{\max} - y_j^{\min}}, \ k = 1, \ 2, \ \cdots, \ m$$

其中，$y_j^{\max} = \max\limits_{k} \{y_{kj}\}$ 是指标 $G_j$ 的最大值；$y_j^{\min} = \min\limits_{k} \{y_{kj}\}$ 是指标 $G_j$ 的最小值。

对于负向指标，可令：

$$z_{kj} = \frac{y_j^{\min}}{y_{kj}}, \ k = 1, \ 2, \ \cdots, \ m$$

或

$$z_{kj} = \frac{y_j^{\max} - y_{kj}}{y_j^{\max} - y_j^{\min}}, \ k = 1, \ 2, \ \cdots, \ m$$

对于固定型指标，令：

$$z_{kj} = \frac{\min\limits_{k} |y_{kj} - y_j^*|}{|y_{kj} - y_j^*|}, \ k = 1, \ 2, \ \cdots, \ m$$

其中，$y_j^*$ 为指标 $G_j$ 的理想值或最佳稳定值。

对于区间型指标，令：

$$z_{kj} = \begin{cases} 1 - \dfrac{\underline{q_j} - y_{kj}}{\max\{\underline{q_j} - y_j^{\min}, \ y_j^{\max} - \overline{q_j}\}}, & y_{kj} < \underline{q_j} \\[2mm] 1, & y_{kj} \in [\underline{q_j}, \ \overline{q_j}] \\[2mm] 1 - \dfrac{y_{kj} - \overline{q_j}}{\max\{\underline{q_j} - y_j^{\min}, \ y_j^{\max} - \overline{q_j}\}}, & y_{kj} > \overline{q_j} \end{cases}$$

其中，$[\underline{q_j}, \ \overline{q_j}]$ 为指标 $G_j$ 的理想区间或最佳稳定区间，$y_j^{\max}$ 和 $y_j^{\min}$ 分别是指标 $G_j$ 的最大值和最小值。

对于定性指标，为便于量化分析，可将相应的指标取值定义为若干个等级，如很好、好、中等、差和很差五个等级，用集合表示为：

$$T = \{t_1, \ t_2, \ t_3, \ t_4, \ t_5\},$$

并在 $[0, \ 1]$ 区间内取值，其中，$t_1 = 0$ 表示很差，$t_2 = 0.25$ 表示差，$t_3 = 0.5$ 表示中等，$t_4 = 0.75$ 表示好，$t_5 = 1.0$ 表示很好。

定性指标的数据采集一般采用专家打分的方式进行。在群组决策的情况下，可以借鉴模糊综合评价方法[1]，对多位专家的评分加以综合，得到指标的综合取值。

具体来说，通过构建评价等级模糊集合，对评价对象 $P_k$ 关于指标 $G_j$ 的表现进行量化，然后根据量化取值来确定 $P_k$ 关于指标 $G_j$ 对各模糊子集的隶属度（$R_{kj} | U^{t_i}_{kj}$），最后得到模糊关系矩阵（向量）$R_{kj}$。

关于隶属度函数的设计，由于城市绿色发展水平涉及的评价指标较多，因此，可以采用模糊统计方法来确定其与各模糊子集的隶属关系。模糊统计方法，首先让参与评价的专家按预先给定的几个等级，为评价对象 $P_k$ 关于指标 $G_j$ 的表现进行等级打分，根据 $P_k$ 关于指标 $G_j$ 对等级 $t_i$ 的隶属次数 $m^{t_i}_{kj}$，得到对等级 $t_i$ 的隶属度 $r^{t_i}_{kj} = \dfrac{m^{t_i}_{kj}}{e}$，其中，$e$ 是参与评价的专家人数。若评价等级包含五级，则 $P_k$ 关于指标 $G_j$ 的模糊关系向量为：

$$R_{kj} = (R_{kj} | U^{t_i}_{kj}) = (r^{t_1}_{kj}, \ r^{t_2}_{kj}, \ r^{t_3}_{kj}, \ r^{t_4}_{kj}, \ r^{t_5}_{kj})$$

式中，$R_{kj}$ 中的元素 $r^{t_i}_{kj}$ 表示评价对象 $P_k$ 关于指标 $G_j$ 对等级 $t_i$ 的隶属度，$P_k$ 关于指标 $G_j$ 的表现是通过模糊关系向量 $R_{kj}$ 来体现的。

最后，按照加权平均的原则，计算评价对象 $P_k$ 关于指标 $G_j$ 的综合评价值：

$$z_{kj} = R_{kj} \times T^T = (r^{t_1}_{kj}, r^{t_2}_{kj}, r^{t_3}_{kj}, r^{t_4}_{kj}, r^{t_5}_{kj}) \times (t_1, t_2, t_3, t_4, t_5)^T = \sum_i r^{t_i}_{kj} t_i$$

# 第三节　湘江流域沿江 8 个地市绿色发展分析

## 一　湘江流域沿江 8 个地市绿色发展历史变化

基于构建的指标体系和指标权重确定方法，采集《湖南统计年鉴》《统计公报》中的相关指标数据，对湘江流域沿江 8 个地市 2007—2014 年的绿色发展水平的历史变化分别进行定量分析。

（一）长沙市

采用前述的评价方法，将长沙市历年的评价指标数据进行无量纲化处理后，加权求和得到 2007—2014 年长沙市绿色发展水平综合指数的变

---

① Lotfi Asker Zadeh, Bo Yuan, George J. Klir, 1996, *Fuzzy Sets, Fuzzy Logic, and Fuzzy Systems: Selected Papers by Lotfi A. Zadeh*, World Scientific Publishing Co., Inc. River Edge, NJ, USA.

化趋势如图 3 - 2 所示。

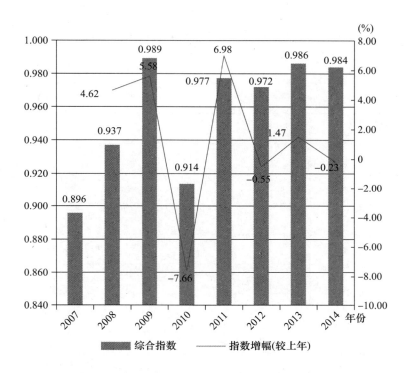

**图 3 - 2　2007—2014 年长沙市绿色发展水平综合指数变化趋势**

　　由图 3 - 2 可见，2007—2014 年，长沙市的绿色发展整体上成效明显，综合指数基本保持在 0.9 以上，2014 年比 2007 年提高了 9.82%。从历年的变化情况来看，有较多值得关注的点。总体上看，指数较上年的增幅在 8 年间呈现"W"形的变化态势。其中，2010 年、2012 年、2014 年较上年都呈现了指数下降的情形，尤其是 2010 年，较 2009 年下降了 7.66%。在指数增长的年份中，在经历了 2010 年的低谷之后，2011 年的增幅最大，达到 6.98%。而指数最高的点并非出现在离当前较近的 2014 年，而是出现在 2009 年。归纳来看，2007—2014 年，长沙的绿色发展综合指数尽管保持在较高水平，但其变化并没有呈现趋于稳定或稳步提升的态势，而是在各年间存在较大的波动性，基本表现为"提升—下降"的交替发展。

（二）株洲市

通过对指标数据的无量纲化处理和加权求和，得到 2007—2014 年株洲市绿色发展水平综合指数的变化趋势图（见图 3 - 3）。

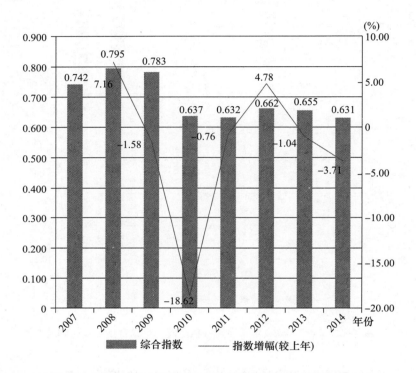

图 3 - 3　2007—2014 年株洲市绿色发展水平综合指数变化趋势

由图 3 - 3 可见，2007—2014 年，株洲市的绿色发展综合指数基本保持在 0.6—0.8，但并没有呈现稳步提升的趋势，并且 2014 年相比 2007 年下降了 14.96%。从历年的变化情况来看，指数较上年的增幅在 8 年间总体呈现"V"形的变化态势。其中，有 5 个年份较上年都呈现了指数下跌的情形，跌幅最大值出现在 2010 年，达到 18.62%。此后在 2012 年虽然有所回升，但仍未能达到先前的最高值。在之后的 2013 年、2014 年又出现连续两年下降的情况。指数最高的点则是出现在 2008 年。归纳来看，2007—2014 年株洲市的绿色发展综合指数不仅有待提升，还需及时遏制进一步下降的态势，减少指数的波动性，尽快实现稳步提升。

（三）湘潭市

根据湘潭市2007—2014年的绿色发展评价指标数据得到的综合指数变化趋势图见图3-4。由图3-4可见，2007—2014年，湘潭市的绿色发展综合指数基本保持在0.55—0.7，但总体上呈现下降的趋势，2014年相较于2007年下降了16.55%。从历年变化的情况来看，与株洲的情况较为类似，指数较上年的增幅总体呈现"V"形的变化态势。2008年、2010年、2014年较上年呈现了指数下跌的情形，跌幅最大值同样出现在2010年，达到18.76%。此后指数连续三年得到提升，但没能提高到0.6以上，与2007—2009年保持0.7左右的水平相比更有明显的落差。在2014年又出现小幅下降的情况。归纳来看，2007—2014年湘潭市的绿色发展综合指数在经历了2010年的低谷后回升乏力，需要尽快回到稳步提升的轨道上，实现更高水平的绿色发展。

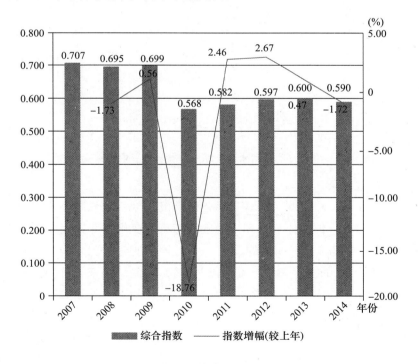

图3-4　2007—2014年湘潭市绿色发展水平综合指数变化趋势

（四）衡阳市

综合分析衡阳市2007—2014年的绿色发展评价指标数据，得到如图

3－5 所示的综合指数变化趋势。

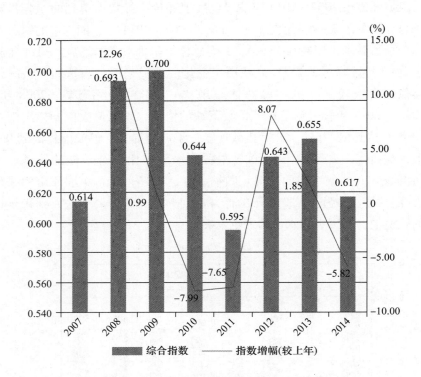

图 3－5　2007—2014 年衡阳市绿色发展水平综合指数变化趋势

　　由图 3－5 可见，2007—2014 年，衡阳市的绿色发展综合指数基本保持在 0.59—0.7，但总体上呈现不稳定的态势，变化波动比较大，且 2014 年相比 2007 年基本没有明显的改善。从历年的变化情况来看，指数经历了"过山车"式的变化态势，基本以两年为一个阶段呈现"提升—下降"交替的情形。2008 年相比 2007 年有了很大的进步，指数增幅达到 12.96%。指数的最高值出现在 2009 年，为 0.7。此后的 2010 年、2011 年连续两年出现了指数明显下跌的情形，两次跌幅均大于 7.5%。经历两年的下跌后，2012 年和 2013 年有了较大的提升，提高幅度分别为 8.07% 和 1.85%。2013 年指数回升到 0.655，但距离 2009 年的 0.7 仍有明显的差距，而 2014 年指数又出现一定程度的下降。归纳来看，指数的波动性和两年的低谷期导致 2007—2014 年衡阳市的绿色发展态势不尽如人意，需要采取措施，减少指数的波动性来降低绿色发展的不确定性，稳步提升绿色发展水平。

（五）岳阳市

岳阳市 2007—2014 年的绿色发展评价指标数据反映了如图 3 - 6 所示的综合指数变化趋势。

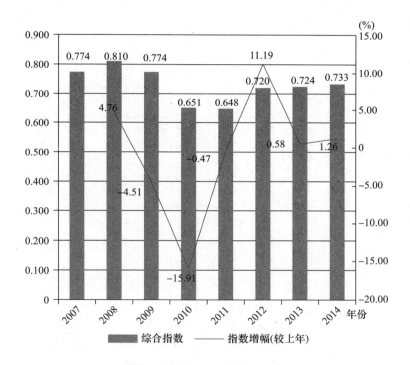

图 3 - 6    2007—2014 年岳阳市绿色发展水平综合指数变化趋势

由图 3 - 6 可见，2007—2014 年，岳阳市的绿色发展取得了相对较好的成效，综合指数基本保持在 0. 65—0. 8，且大部分年份超过了 0. 7。但是，总体上看没有实现逐年提升，并且 2014 年相比 2007 年下降了5. 3%。从历年变化的情况来看，2008 年相较于 2007 年有一定程度的提升，达到指数的最高值 0. 81，指数增幅达到 4. 76%。指数的下降主要出现在 2009—2011 年，其中，2010 年的下降幅度最大，达到了 15. 91%。此后的 2012 年相比 2011 年有一个明显的指数回升，增幅为 11. 19%。2013 年、2014 年虽然保持了提升的态势，但由于幅度很小，在 2014 年指数也只回升到 0.733，与 2008 年的最高值仍有明显的差距。归纳来看，2007—2014 年岳阳市的绿色发展仍有较大上升空间，但发展后劲不足，需要进一步突破"瓶颈"，综合施策，使绿色发展水平再上一个台阶。

（六）郴州市

通过对郴州市 2007—2014 年的绿色发展评价指标数据进行综合分析，得到综合指数变化趋势如图 3-7 所示。

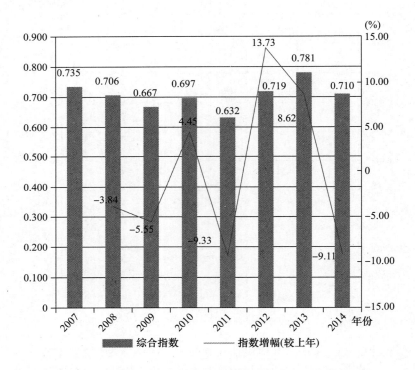

图 3-7　2007—2014 年郴州市绿色发展水平综合指数变化趋势

由图 3-7 可见，2007—2014 年，郴州市的绿色发展综合指数基本保持在 0.63—0.78，总体上看，有所起伏，2014 年相较于 2007 年下降了 3.4%。从历年的变化情况来看，2008 年、2009 年连续两年指数下跌，跌幅分别为 3.84% 和 5.55%。与上述其他城市不同的是，2010 年，郴州市的综合指数相较于 2009 年有 4.45% 的提升，达到了 0.697。但是，2011 年旋即就出现了 8 年间最大幅度的下跌，跌幅达到了 9.33%，指数也同时下降到 8 年间的最低。此后的 2012 年和 2013 年，指数又得到了两次最大幅度提升，并在 2013 年达到了最高值 0.781。2014 年未能继续保持提升的态势，指数又下滑到 0.71。归纳来看，2007—2014 年郴州市的绿色发展除有较大上升空间外，还应进一步提升发展质量，减少这种迂回式的波动，实现绿色发展水平的稳步提高。

（七）永州市

对 2007—2014 年永州市绿色发展评价指标数据进行分析，得到综合指数的变化趋势如图 3-8 所示。由图 3-8 可见，2007—2014 年，永州市的绿色发展综合指数相对于上述其他城市处于比较低的水平，基本保持在 0.44—0.58，2014 年相比 2007 年提高了 4.15%。从历年的变化情况来看，以 2010 年为分界点，在此之前连续三年指数下跌，其中，2010 年的跌幅最大，达到 11.31%，指数也跌到 8 年间的最低值 0.444。在 2010 年之后连续三年指数回升，其中，2012 年的增幅最大，达到 10.75%，而指数也在 2013 年提升到 8 年间的最高值 0.58。2014 年指数略有回落，但仍维持在该市 8 年间的较高水平。归纳来看，2007—2014 年永州市的绿

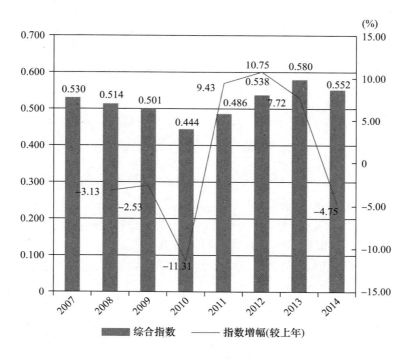

图 3-8　2007—2014 年永州市绿色发展水平综合指数变化趋势

色发展与沿江其他城市总体差距明显，上升空间很大，应以绿色发展水平较高的城市为标杆，寻找差距并尽快改进，推动绿色发展水平上一个台阶。

（八）娄底市

2007—2014 年娄底市绿色发展综合指数的变化趋势如图 3 - 9 所示。

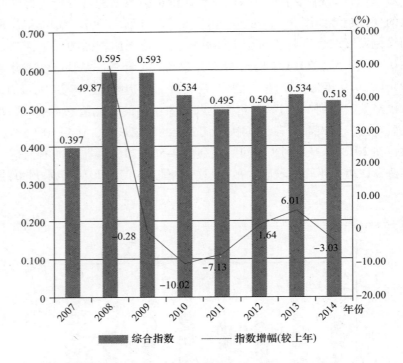

图 3 - 9　2007—2014 年娄底市绿色发展水平综合指数变化趋势

由图 3 - 9 可见，2007—2014 年，娄底市的绿色发展综合指数基本保持在 0.4—0.6，相对于上述的大部分城市处于较低的水平，但近年来总体上进步明显，2014 年相比 2007 年提高了 30.48%。从历年的变化情况来看，2008 年、2009 年的表现最为显著，2008 年的指数相比 2007 年提升了 49.87%，而 2009 年基本保持了 2008 年的水平，这两年的指数为 8 年间的最高值。此后，2010 年、2011 年指数经历了两年的下降，指数在 2011 年一度降到 0.5 以下，但因为 2012 年、2013 年又有明显的回升，娄底市的绿色发展水平总体上没有出现大的滑坡。2014 年指数虽然有所回落，但仍维持在0.5以上。归纳来看，2007—2014年娄底市的绿色发展与沿江其他城市相比还有很大差距，同样需要以绿色发展水平较高的城市为标杆，加快改进步伐，实现绿色发展水平的跨越式提升。

（九）沿江8个地市历史变化的共性和差异

对比沿江8个地市2007—2014年绿色发展综合指数的变化趋势图，可以发现，沿江8个地市的综合指数均没有实现逐年稳步提高，而是存在不同程度的波动。其中，衡阳市和长沙市的波动性最为显著。此外，除郴州市外，其他7个地市的指数在2010年相比2009年均呈现大幅的下滑，按降幅的大小排序，依次为湘潭市、株洲市、岳阳市、永州市、娄底市、衡阳市和长沙市。而衡阳市、娄底市、株洲市和岳阳市则在2010年的基础上进一步下滑，直至2012年才开始回升。通过对具体指标数据的观察，可以发现，主要原因在于单位工业增加值能耗、城市建成区绿化覆盖率和城市污水处理率三项指标。这三项指标被专家认为在绿色发展水平评价中具有相对较高的权重，而沿江8个地市中多数地市在2010年这三项指标方面的表现劣于2009年和2011年。其归一化处理后的相对数据见表3–10。

表3–10　　　　沿江8个地市2009—2011年三项指标归一化数据

| 指标 | 年份 | 长沙市 | 株洲市 | 湘潭市 | 衡阳市 | 岳阳市 | 郴州市 | 永州市 | 娄底市 |
|---|---|---|---|---|---|---|---|---|---|
| 单位工业增加值能耗 | 2009 | 1.000 | 0.488 | 0.259 | 0.309 | 0.331 | 0.290 | 0.375 | 0.133 |
| | 2010 | 1.000 | 0.485 | 0.246 | 0.308 | 0.310 | 0.296 | 0.340 | 0.121 |
| | 2011 | 1.000 | 0.612 | 0.301 | 0.423 | 0.394 | 0.427 | 0.423 | 0.137 |
| 城市建成区绿化覆盖率 | 2009 | 0.952 | 1.000 | 0.986 | 0.983 | 0.981 | 0.910 | 0.729 | 0.980 |
| | 2010 | 0.853 | 1.000 | 0.952 | 0.918 | 0.975 | 0.872 | 0.739 | 0.938 |
| | 2011 | 0.867 | 1.000 | 0.942 | 0.847 | 0.976 | 0.898 | 0.749 | 0.933 |
| 城市污水处理率 | 2009 | 1.000 | 0.907 | 0.869 | 0.591 | 0.854 | 0.690 | 0.490 | 0.654 |
| | 2010 | 1.000 | 0.894 | 0.904 | 0.703 | 0.824 | 0.618 | 0.588 | 0.893 |
| | 2011 | 1.000 | 0.934 | 0.930 | 0.771 | 0.889 | 0.835 | 0.699 | 0.872 |

图3–10给出了沿江8个地市2009—2011年单位工业增加值能耗的变化趋势情况。由图3–10可见，除郴州市和长沙市外，其他6个地市2010年的单位工业增加值能耗相对值均高于2009年（单位工业增加值能

耗为负向指标，归一化处理后已将其转为正向）；除长沙市外，其他 7 个
地市 2010 年的单位工业增加值能耗相对值均高于 2011 年。

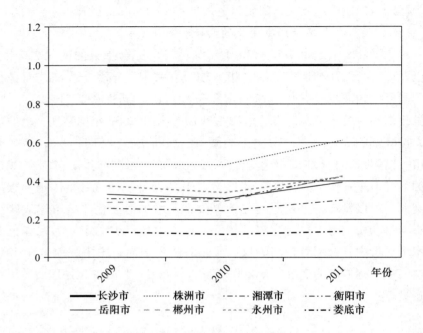

**图 3 – 10 沿江 8 个地市 2009—2011 年单位工业增加值能耗变化趋势**

图 3 – 11 给出了沿江 8 个地市 2009—2011 年城市建成区绿化覆盖率
的变化趋势情况。由图 3 – 11 可见，除株洲市和永州市外，其他 6 个地市
2010 年的城市建成区绿化覆盖率相对值均低于 2009 年；而长沙市、岳阳
市、郴州市和永州市 2010 年的城市建成区绿化覆盖率相对值均低于
2011 年。

图 3 – 12 给出了沿江 8 个地市 2009—2011 年城市污水处理率的变化
趋势情况。由图 3 – 12 可见，株洲市、岳阳市和郴州市 2010 年的城市污
水处理率相对值均低于 2009 年；而除长沙市和娄底市外，其他 6 个地市
2010 年的城市污水处理率相对值均低于 2011 年。

另外，由图 3 – 2 至图 3 – 9 可以看到，2014 年相比 2007 年，长沙
市、衡阳市、永州市和娄底市的综合指数有不同程度的提升，而株洲市、
湘潭市、岳阳市和郴州市的综合指数则有不同程度的下降。相比 2013 年，

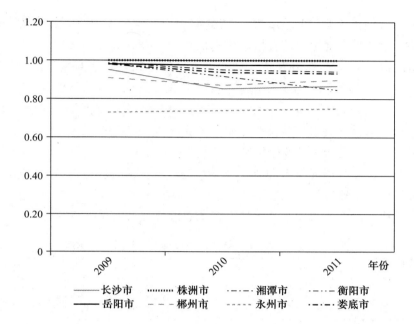

图 3-11 沿江 8 个地市 2009—2011 年城市建成区绿化覆盖率变化趋势

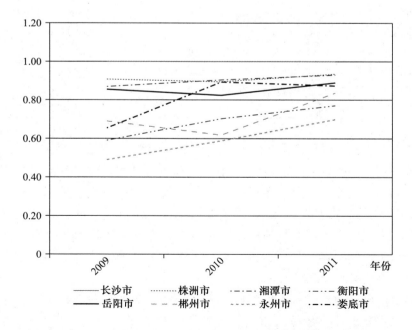

图 3-12 沿江 8 个地市 2009—2011 年城市污水处理率变化趋势

除岳阳市外，其他 7 个地市 2014 年的综合指数均呈现出不同程度的下降趋势。沿江 8 个地市的综合指数最高值均未出现在 2014 年，长沙市和衡阳市的最高值出现在 2009 年，株洲市、岳阳市和娄底市的最高值出现在 2008 年，郴州市和永州市的最高值在 2013 年，而湘潭市的最高值则在 2007 年。尽管存在一定的偶然性，但 8 个地市的最高值均未出现在 2014 年，表明绿色发展水平并没有形成稳步提升的发展趋势。

**二 湘江流域沿江 8 个地市绿色发展横向比较**

基于构建的指标体系和 2007—2014 年相关指标数据，计算得到湘江流域沿江 8 个地市的绿色发展综合指数，并对 8 个地市的横向比较进行了定量分析。沿江 8 个地市各年的综合指数评价结果及其排序见表 3 - 11。

**表 3 - 11 沿江 8 个地市 2007—2014 年绿色发展综合指数及其排序**

| 地市 | 2007 年 | | 2008 年 | | 2009 年 | | 2010 年 | | 2011 年 | | 2012 年 | | 2013 年 | | 2014 年 | |
|---|---|---|---|---|---|---|---|---|---|---|---|---|---|---|---|---|
| | 综合指数 | 排序 | 综合指数 | 排序 | 综合指数 | 排序 | 综合指数 | 排序 | 综合指数 | 排序 | 综合指数 | 排序 | 综合指数 | 排序 | 综合指数 | 排序 |
| 长沙市 | 0.896 | 1 | 0.937 | 1 | 0.989 | 1 | 0.914 | 1 | 0.977 | 1 | 0.972 | 1 | 0.986 | 1 | 0.984 | 1 |
| 株洲市 | 0.742 | 3 | 0.795 | 3 | 0.783 | 2 | 0.637 | 5 | 0.632 | 3 | 0.662 | 4 | 0.655 | 4 | 0.631 | 4 |
| 湘潭市 | 0.707 | 5 | 0.695 | 5 | 0.699 | 5 | 0.568 | 6 | 0.582 | 6 | 0.597 | 6 | 0.600 | 6 | 0.590 | 6 |
| 衡阳市 | 0.614 | 6 | 0.693 | 6 | 0.700 | 4 | 0.644 | 4 | 0.595 | 5 | 0.643 | 5 | 0.655 | 5 | 0.617 | 5 |
| 岳阳市 | 0.774 | 2 | 0.810 | 1 | 0.774 | 3 | 0.651 | 3 | 0.648 | 2 | 0.720 | 2 | 0.724 | 3 | 0.733 | 2 |
| 郴州市 | 0.735 | 4 | 0.706 | 4 | 0.667 | 6 | 0.697 | 2 | 0.632 | 4 | 0.719 | 3 | 0.781 | 2 | 0.710 | 3 |
| 永州市 | 0.530 | 7 | 0.514 | 8 | 0.501 | 8 | 0.444 | 8 | 0.486 | 7 | 0.538 | 7 | 0.580 | 7 | 0.552 | 7 |
| 娄底市 | 0.397 | 8 | 0.595 | 7 | 0.593 | 7 | 0.534 | 7 | 0.495 | 8 | 0.504 | 8 | 0.534 | 8 | 0.518 | 8 |

由表 3 - 11 可见，长沙市的绿色发展水平连续 8 年高居第一，其综合指数一直保持接近或高于 0.9。岳阳市则有 5 年排名第二，而在另外 3 年排名第三。此外，株洲市和郴州市的绿色发展水平也相对较好。株洲市除 2010 年排名第五外，其余 7 年均位列前四；而郴州市除 2009 年排名第六位外，其余 7 年也都位列前四。湘潭市和衡阳市的排名基本在第四位至第六位之间徘徊。最后，排名垫底的是永州市和娄底市，两市各有 4 年分别排名第七位和第八位。

由此可以看出，沿江 8 个地市的绿色发展水平在湖南省域内呈现自西向东不断提升的布局态势。位于湖南省东部的长沙市、岳阳市、株洲市和郴州市的绿色发展指数高于地处湖南省中部的湘潭市和衡阳市，而湘潭市和衡阳市的绿色发展指数又高于地处湖南省中西部的永州市和娄底市。被列为全国"两型"社会建设综合改革试验区的长株潭三市，借助"两型"社会建设的发展契机，加之本身发展基础相对较好，因此，绿色发展成效显著，并带动了邻近的岳阳市、郴州市等城市的绿色发展，使湖南省东部地区的绿色发展整体处于相对较高的水平。而地处湖南省中西部的永州市和娄底市，主要以化工、矿产和能源等行业为支柱产业，经济发展模式相对粗放，且由于不具备区位上的优势，经济发展水平较低，其绿色发展必然面临更多挑战。

　　归纳来看，沿江 8 个地市的绿色发展水平参差不齐，但基本上可以分为四个梯队。其中，长沙市属于第一梯队，岳阳市、株洲市和郴州市三市属于第二梯队，湘潭市和衡阳市两市属于第三梯队，而永州市和娄底市两市则属于第四梯队。由于各个梯队中的城市排名接近，相应的综合指数差距也不大。

　　图 3–13 和图 3–14（括号中的数字代表排序，下同）分别对 2007 年和 2008 年沿江 8 个地市的绿色发展水平作了横向比较。若以综合指数 0.8、0.7、0.6 为界限，8 个地市的梯队归属基本符合上述归类。在排名上，除永州市和娄底市外，其余 6 个地市的排名在这两年间没有变化，而永州市和娄底市则互换了第七和第八的位置。娄底市 2008 年相对于 2007 年绿色发展水平有所提升，排名上升了 1 位。

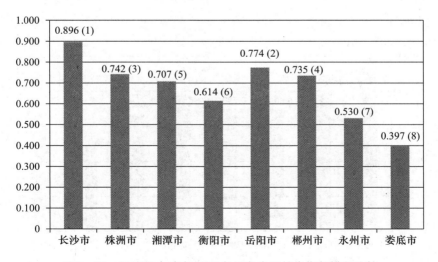

**图 3–13　沿江 8 个地市 2007 年绿色发展综合指数横向比较**

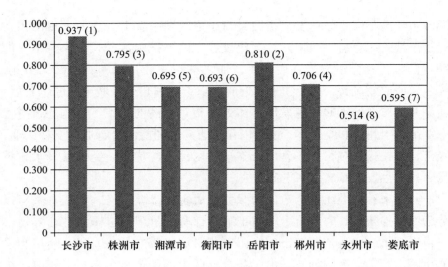

**图 3 - 14 沿江 8 个地市 2008 年绿色发展综合指数横向比较**

图 3 - 15、图 3 - 16 和图 3 - 17 分别对 2009 年、2010 年和 2011 年沿江 8 个地市的绿色发展水平作了横向比较。在这三年中，长沙市、娄底市和永州市的排序没有发生变化。长沙市继续保持第一位，而娄底市和永州市则分列第七位和第八位。其余 5 个地市在这三年中排序变化较大。以综合指数 0.8、0.7、0.6 为界限，图 3 - 17 中 8 个地市在 2011 年的梯队归属完全符合上述归类。在图 3 - 15 中，由于郴州市在 2009 年排名落

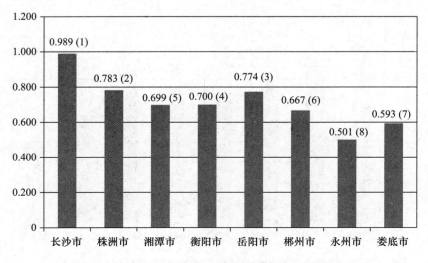

**图 3 - 15 沿江 8 个地市 2009 年绿色发展综合指数横向比较**

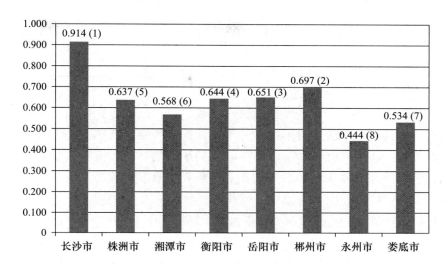

**图 3 –16　沿江 8 个地市 2010 年绿色发展综合指数横向比较**

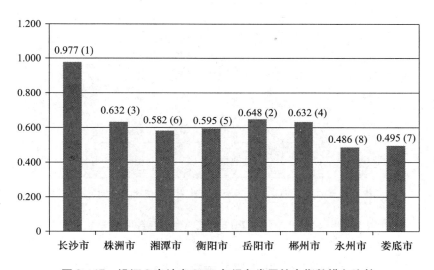

**图 3 –17　沿江 8 个地市 2011 年绿色发展综合指数横向比较**

到第六位，其第二梯队的位置被排名第四的衡阳市取代，而株洲市和岳阳市继续保持第二梯队，郴州市和湘潭市则同属于第三梯队。

　　由图 3 – 16 可知，2010 年多数地市的综合指数普遍较低，以 0.7、0.6、0.5 为界限划分梯队。其中，长沙市仍属于第一梯队，郴州市、岳阳市、衡阳市和株洲市 4 个地市同属于第二梯队，湘潭市和娄底市两市归入第三梯队，而永州市则归入第四梯队。由于株洲市在 2010 年排名落到第五位，其虽然仍保持在第二梯队，但在第二梯队中排在最后一位，而衡阳市由于排在株洲市之前，跻身第二梯队之列。

图 3-18、图 3-19 和图 3-20 分别对 2012 年、2013 年和 2014 年沿江 8 个地市的绿色发展水平作了横向比较。在这三年中，除岳阳市和郴州市外，其他 6 个地市的排序保持不变。长沙市继续排名第一，娄底市排名垫底，而岳阳市和郴州市则在第二和第三的位置上互换了两次。另外，若以综合指数 0.8、0.6 为界限，可将 8 个地市分为三个梯队。其中，长沙市仍是第一梯队，岳阳市、郴州市、株洲市和衡阳市 4 个地市为第二梯队，湘潭市、永州市和娄底市为第三梯队。

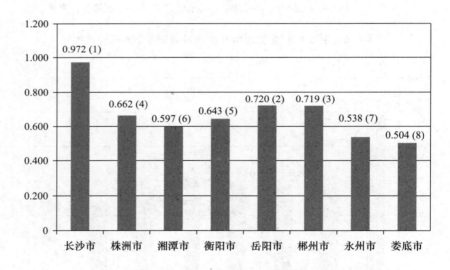

**图 3-18　沿江 8 个地市 2012 年绿色发展综合指数横向比较**

最后，比较 2007 年和 2014 年的绿色发展综合指数和排序。可以发现，排名前两位和末两位的城市都没有变化。长沙市和岳阳市分列第一位和第二位，永州市和娄底市分列第七位和第八位。其余 4 个地市中，株洲市和郴州市互换了第三和第四的位置，而湘潭市和衡阳市互换了第五和第六的位置。由此可见，经过八年的发展，沿江 8 个地市的绿色发展水平排序没有发生颠覆性的变化。

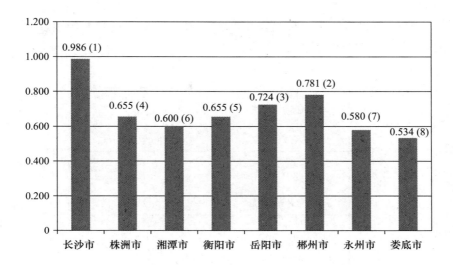

图 3 - 19 沿江 8 个地市 2013 年绿色发展综合指数横向比较

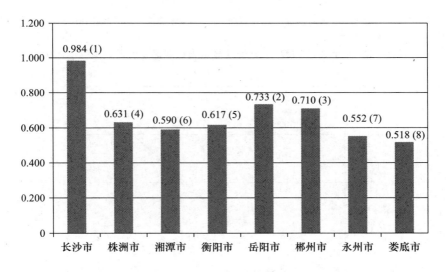

图 3 - 20 沿江 8 个地市 2014 年绿色发展综合指数横向比较

通过对 2007 年和 2014 年具体指标数据的观察，可以发现，在城市建成区绿化覆盖率指标上，衡阳市与湘潭市的相对值均有所下降，且降幅相对较为接近（见图 3 - 21），分别为 12.64% 和 7.6%。但是，衡阳市的城市污水处理率相对值有了大幅度的提高（见图 3 - 22），增幅达

209.88%，而湘潭市虽有提高，但增幅仅为 7.40%。这是衡阳市在 2014 年排名提升到湘潭市之前的主要原因。

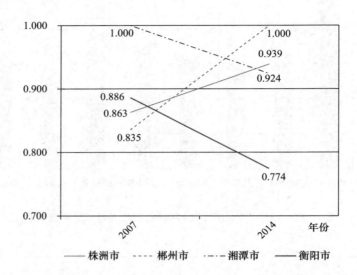

**图 3－21　4 个地市 2007 年与 2014 年城市建成区绿化覆盖率横向比较**

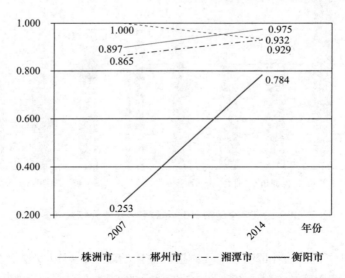

**图 3－22　4 个地市 2007 年与 2014 年城市污水处理率横向比较**

对于株洲市和郴州市，虽然在城市污水处理率指标上，株洲市的相对值 2014 年相比 2007 年有所提升而郴州市却有所下降，但变化幅度较小

（见图3-22），其增幅和降幅分别为 8.70% 和 6.80%。而在城市建成区绿化覆盖率指标上，郴州市的相对值增幅为 19.76%，明显大于株洲市的 8.81%（见图3-21）。因此，2007 年排名第四位的郴州市在 2014 年跃升到第三位，而株洲市则下降到第四位。

## 小　结

本章针对湘江流域沿江 8 个地市 2007—2014 年的绿色发展情况，从历史变化和横向比较两个维度作了量化分析，主要得到以下两点结论：

（1）沿江 8 个地市的绿色发展综合指数都存在不同程度的波动性，没有形成逐年稳步提高的趋势。2014 年相比 2007 年，长沙市、衡阳市、永州市和娄底市的综合指数有不同程度的提升，而株洲市、湘潭市、岳阳市和郴州市的综合指数则有不同程度的下降。沿江 8 个地市 2014 年的综合指数都不是 8 年间的最高值，表明这 8 个地市的绿色发展水平并没有实现稳步提升，且部分地市具有下降的潜在趋势。

（2）沿江 8 个地市的绿色发展水平差异大，在湖南省域内呈现自西向东不断提升的布局态势，即东部地区城市的绿色发展水平高于西部地区城市。2007—2014 年，沿江 8 个地市的绿色发展水平排序没有发生颠覆性的变化。根据绿色发展水平，沿江 8 个地市基本上可分为 4 个梯队。按发展水平高低，长沙市属第一梯队，岳阳市、株洲市和郴州市属第二梯队，湘潭市和衡阳市属第三梯队，永州市和娄底市属第四梯队。

## 附录　2007—2014 年湘江流域沿江 8 个地市绿色发展关键数据

表 A3-1　　　　　　2007 年湘江流域沿江 8 个地市绿色发展数据

| 指标 | 长沙市 | 株洲市 | 湘潭市 | 衡阳市 | 岳阳市 | 郴州市 | 永州市 | 娄底市 |
|---|---|---|---|---|---|---|---|---|
| 排水管道密度（千米/平方千米） | 2.03 | 1.14 | 2.42 | 6.32 | 3.49 | 3.91 | 3.70 | 2.94 |
| 污水处理率（%） | 48.70 | 61.99 | 59.78 | 17.51 | 63.58 | 69.09 | 37.04 | 44.21 |

续表

| 指标 | | 长沙市 | 株洲市 | 湘潭市 | 衡阳市 | 岳阳市 | 郴州市 | 永州市 | 娄底市 |
|---|---|---|---|---|---|---|---|---|---|
| 园林绿化 | 人均公园绿地面积（平方米） | 8.43 | 8.19 | 7.96 | 8.36 | 8.65 | 6.92 | 5.18 | 7.48 |
| | 建成区绿地率（%） | 31.21 | 36.02 | 40.11 | 35.30 | 36.25 | 31.47 | 25.87 | 23.48 |
| | 建成区绿化覆盖率（%） | 36.26 | 37.50 | 43.46 | 38.51 | 38.44 | 36.31 | 26.47 | 24.90 |
| 生活垃圾无害化处理率（%） | | 100 | 100 | 100 | 100 | 100 | 100 | 22.59 | |
| 排水管道长度（千米） | | 1132 | 536 | 675 | 758 | 458 | 233 | 283 | 87 |
| 污水年排放量（万立方米） | | 29000 | 14400 | 14000 | 11080 | 13500 | 6610 | 6110 | 9060 |
| 污水处理厂 | 座数（座） | 5 | 3 | 1 | 1 | 1 | 1 | 1 | |
| | 其中，生化处理 | 5 | 3 | 1 | 1 | 1 | 1 | 1 | |
| | 处理能力（万立方米/日） | 90 | 17 | 10 | 15 | 10 | 8 | 10 | |
| | 其中，生化处理 | 90 | 17 | 10 | 15 | 10 | 8 | 10 | |
| 污水处理装置处理能力（万立方米/日） | | 4 | 17 | 20 | 27 | 20 | 12 | 13 | 3 |
| 污水年处理量（万立方米） | | 12698 | 4526 | 2315 | | 2569 | 1530 | 1863 | |
| 绿化覆盖面积（公顷） | | 8541 | 3359 | 4740 | 3948 | 3021 | 1479 | 1526 | 727 |
| 其中，建成区 | | 6571 | 3359 | 3042 | 3581 | 3021 | 1478 | 1411 | 493 |
| 园林绿地面积（公顷） | | 7180 | 3227 | 2821 | 3283 | 2849 | 1281 | 1379 | 710 |
| 其中，建成区 | | 5656 | 3227 | 2808 | 3283 | 2849 | 1281 | 1379 | 465 |
| 公园绿地面积（公顷） | | 1892 | 564 | 608 | 757 | 569 | 245 | 241 | 111 |
| 公园个数（个） | | 21 | 14 | 7 | 11 | 7 | 7 | 8 | 4 |
| 公园面积（公顷） | | 1302 | 564 | 88 | 168 | 225 | 230 | 117 | 69 |
| 单位GDP能耗 | 指标值（吨标准煤/万元） | 0.94 | 1.50 | 1.97 | 1.30 | 1.45 | 1.67 | 1.31 | 2.70 |
| | 上升或下降（%） | -4.69 | -5.06 | -4.47 | -4.62 | -5.17 | -0.22 | -4.29 | -5.08 |
| 单位规模工业增加值能耗 | 指标值（吨标准煤/万元） | 1.10 | 2.47 | 3.60 | 2.87 | 2.64 | 3.06 | 2.44 | 5.67 |
| | 上升或下降（%） | -6.75 | -10.04 | -8.48 | -8.83 | -8.82 | 0.20 | -8.64 | -10.75 |
| 单位GDP电耗 | 指标值（千瓦时/万元） | 580.90 | 1181.30 | 1512.70 | 1045.60 | 887.40 | 1235.60 | 1087.40 | 1848.20 |
| | 上升或下降（%） | -4.45 | -2.06 | 7.60 | -1.25 | -7.36 | 13.90 | -4.18 | -4.86 |
| 规模以上工业企业综合能源消费量（万吨标准煤） | | 563.89 | 542 | 656.34 | 560.53 | 881.08 | 522.69 | 180.85 | 898.52 |

表 A3 – 2　　　　　　2008 年湘江流域沿江 8 个地市绿色发展数据

| 指标 | | 长沙市 | 株洲市 | 湘潭市 | 衡阳市 | 岳阳市 | 郴州市 | 永州市 | 娄底市 |
|---|---|---|---|---|---|---|---|---|---|
| 排水管道密度（千米/平方千米） | | 1.24 | 1.03 | 2.46 | 6.64 | 5.32 | 3.71 | 3.77 | 5.45 |
| 污水处理率（%） | | 60.28 | 63.89 | 60.01 | 39.93 | 68 | 62 | 34.13 | 52.18 |
| 园林绿化 | 人均公园绿地面积（平方米） | 8.66 | 8.21 | 8.34 | 8.85 | 8.75 | 7.35 | 5.33 | 8.31 |
| | 建成区绿地率（%） | 36.32 | 39.93 | 39.72 | 39.01 | 39.80 | 33.67 | 28.35 | 38.20 |
| | 建成区绿化覆盖率（%） | 31.69 | 38.06 | 35.76 | 35.81 | 37.60 | 31.29 | 26.86 | 34.05 |
| 生活垃圾无害化处理率（%） | | 100 | 100 | 100 | 100 | 100 | 100 | | 87.42 |
| 排水管道长度（千米） | | 1186 | 485 | 686 | 797 | 489 | 241 | 292 | 327 |
| 污水年排放量（万立方米） | | 26695 | 14400 | 14948 | 14200 | 13590 | 3650 | 6000 | 6200 |
| 污水处理厂 | 座数（座） | 4 | 3 | 1 | 1 | 1 | 1 | 1 | 1 |
| | 其中，生化处理 | 4 | 3 | 1 | 1 | 1 | 1 | 1 | 1 |
| | 处理能力（万立方米/日） | 60 | 17 | 10 | 15 | 10 | 8 | 10 | 5 |
| | 其中，生化处理 | 60 | 17 | 10 | 15 | 10 | 8 | 10 | 5 |
| 污水处理装置处理能力（万立方米/日） | | 4 | 16 | 21 | 27 | 20 | | | 39 |
| 污水年处理量（万立方米） | | 16091 | 9200 | 8971 | 5670 | 9241 | 2263 | 2048 | 3235 |
| 绿化覆盖面积（公顷） | | 8818 | 3577 | 4748 | 3995 | 3128 | 1404 | 1662 | 2180 |
| 其中，建成区 | | 8818 | 3577 | 2886 | 3628 | 3128 | 1404 | 1534 | 1566 |
| 园林绿地面积（公顷） | | 7693 | 3409 | 2917 | 3462 | 2955 | 1305 | 1453 | 1798 |
| 其中，建成区 | | 7693 | 3409 | 2598 | 3330 | 2955 | 1305 | 1453 | 1396 |
| 公园绿地面积（公顷） | | 2142 | 582 | 638 | 804 | 554 | 269 | 252 | 294 |
| 公园个数（个） | | 21 | 14 | 8 | 11 | 7 | 8 | 8 | 9 |
| 公园面积（公顷） | | 1302 | 582 | 138 | 242 | 225 | 235 | 123 | 207 |
| 单位 GDP 能耗 | 指标值（吨标准煤/万元） | 0.89 | 1.39 | 1.82 | 1.24 | 1.37 | 1.53 | 1.23 | 2.61 |
| | 上升或下降（%） | –6.10 | –7.09 | –7.73 | –5.49 | –5.57 | –8.67 | –6.09 | –6.18 |
| 单位规模工业增加值能耗 | 指标值（吨标准煤/万元） | 0.74 | 1.54 | 2.88 | 2.34 | 2.23 | 2.59 | 1.97 | 4.85 |
| | 上升或下降（%） | –13.72 | –11.89 | –14.13 | –9.82 | –11.73 | –7.34 | –12.20 | –12.92 |
| 单位 GDP 电耗 | 指标值（千瓦时/万元） | 549.10 | 1016.30 | 1369.40 | 968.70 | 774.60 | 1120.20 | 941 | 1753.40 |
| | 上升或下降（%） | –5.48 | –13.97 | –9.48 | –7.36 | –12.71 | –9.34 | –13.46 | –5.13 |
| 规模以上工业企业综合能源消费量（万吨标准煤） | | 506.43 | 465.20 | 681.46 | 581.59 | 917 | 522.26 | 184.26 | 888.24 |

**表 A3－3**　　　　**2009 年湘江流域沿江 8 个地市绿色发展数据**

| 指标 | | 长沙市 | 株洲市 | 湘潭市 | 衡阳市 | 岳阳市 | 郴州市 | 永州市 | 娄底市 |
|---|---|---|---|---|---|---|---|---|---|
| 排水管道密度（千米/平方千米） | | 5.07 | 1.51 | 9.58 | 9.53 | 7.68 | 6.69 | 5.82 | 8.28 |
| 污水处理率（%） | | 79.43 | 72.05 | 68.99 | 46.92 | 67.87 | 54.78 | 38.94 | 51.95 |
| 园林绿化 | 人均公园绿地面积（平方米） | 9.50 | 10.17 | 8.72 | 8.90 | 8.36 | 7.59 | 5.08 | 8.79 |
| | 建成区绿地率（%） | 33.55 | 38.41 | 35.81 | 36.43 | 36.94 | 33.22 | 27.51 | 34.81 |
| | 建成区绿化覆盖率（%） | 38.38 | 40.33 | 39.78 | 39.63 | 39.57 | 36.69 | 29.41 | 39.52 |
| 生活垃圾无害化处理率（%） | | 100 | 100 | 100 | 100 | 100 | 100 | 0 | 100 |
| 排水管道长度（千米） | | 1230 | 136 | 703 | 886 | 622 | 328 | 319 | 346 |
| 污水年排放量（万立方米） | | 31116 | 12700 | 14200 | 12826 | 13600 | 4350 | 6412 | 6260 |
| 污水处理厂 | 座数（座） | 7 | 4 | 2 | 1 | 1 | 1 | 1 | 1 |
| | 其中，生化处理 | 7 | 4 | 2 | 1 | 1 | 1 | 1 | 1 |
| | 处理能力（万立方米/日） | 120 | 29 | 20 | 15 | 17 | 12 | 10 | 5 |
| | 其中，生化处理 | 120 | 29 | 20 | 15 | 17 | 12 | 10 | 5 |
| 污水处理装置处理能力（万立方米/日） | | 0 | 16 | 20.40 | 28.40 | 20 | 0 | 6.30 | 38.50 |
| 污水年处理量（万立方米） | | 24716 | 9150 | 9796 | 6018 | 9230 | 2383 | 2497 | 3252 |
| 绿化覆盖面积（公顷） | | 9304 | 3633 | 4564 | 4053 | 3205 | 2688 | 1758 | 2201 |
| 其中，建成区 | | 9304 | 3633 | 2919 | 3686 | 3205 | 1798 | 1612 | 1652 |
| 园林绿地面积（公顷） | | 8134 | 3460 | 2653 | 3398 | 2992 | 1628 | 1548 | 1855 |
| 其中，建成区 | | 8134 | 3460 | 2628 | 3388 | 2992 | 1628 | 1508 | 1455 |
| 公园绿地面积（公顷） | | 2348 | 810 | 639 | 837 | 541 | 332 | 256 | 326 |
| 公园个数（个） | | 21 | 14 | 8 | 11 | 7 | 9 | 7 | 9 |
| 公园面积（公顷） | | 1323 | 700 | 138 | 168 | 225 | 285 | 128 | 207 |
| 单位 GDP 能耗 | 指标值（吨标准煤/万元） | 0.85 | 1.32 | 1.72 | 1.16 | 1.29 | 1.46 | 1.23 | 2.41 |
| | 上升或下降（%） | －4.53 | －5.38 | －5.40 | －5.10 | －5.78 | －5.81 | －5.77 | －4.77 |
| 单位规模工业增加值能耗 | 指标值（吨标准煤/万元） | 0.60 | 1.23 | 2.32 | 1.94 | 1.81 | 2.07 | 1.60 | 4.51 |
| | 上升或下降（%） | －14.37 | －14.50 | －14.84 | －14.17 | －15.13 | －15.84 | －14.36 | －13.11 |
| 单位 GDP 电耗 | 指标值（千瓦时/万元） | 481.30 | 974.80 | 1290.14 | 890.45 | 695.09 | 1106.85 | 939.37 | 1884.94 |
| | 上升或下降（%） | －3.05 | －4.24 | －4.15 | －1.87 | －5.92 | －1.47 | －3.24 | 7.56 |
| 规模以上工业企业综合能源消费量（万吨标准煤） | | 510.42 | 477.54 | 693.10 | 634.02 | 925.08 | 546.15 | 196.76 | 891.75 |

表 A3 – 4　　　　　2010 年湘江流域沿江 8 个地市绿色发展数据

| | 指标 | 长沙市 | 株洲市 | 湘潭市 | 衡阳市 | 岳阳市 | 郴州市 | 永州市 | 娄底市 |
|---|---|---|---|---|---|---|---|---|---|
| | 排水管道密度（千米/平方千米） | 4.68 | 3.01 | 9.87 | 9.63 | 10.59 | 6.29 | 6.08 | 8.95 |
| | 污水处理率（%） | 90.80 | 81.22 | 82.10 | 63.83 | 74.81 | 56.12 | 53.38 | 81.05 |
| 园林绿化 | 人均公园绿地面积（平方米） | 9.98 | 12.70 | 8.72 | 9.21 | 8.51 | 8.03 | 5.64 | 9.07 |
| | 建成区绿地率（%） | 31.57 | 40.33 | 36.35 | 35.57 | 39.95 | 33.50 | 29.26 | 34.90 |
| | 建成区绿化覆盖率（%） | 36.19 | 42.41 | 40.38 | 38.95 | 41.37 | 36.97 | 31.35 | 39.79 |
| | 生活垃圾无害化处理率（%） | 100 | 100 | 100 | 100 | 100 | 100 | 78.16 | 100 |
| | 排水管道长度（千米） | 1274 | 291 | 724 | 924 | 874 | 390 | 343 | 376 |
| | 污水年排放量（万立方米） | 35927 | 13000 | 13200 | 11650 | 12400 | 4695 | 6791 | 4850 |
| 污水处理厂 | 座数（座） | 7 | 4 | 2 | 3 | 4 | 2 | 2 | 2 |
| | 其中，生化处理 | 7 | 2 | 2 | 3 | 4 | 2 | 1 | 2 |
| | 处理能力（万立方米/日） | 120 | 29 | 20 | 35 | 25 | 17 | 15 | 8 |
| | 其中，生化处理 | 120 | 11 | 20 | 35 | 25 | 17 | 10 | 8 |
| | 污水处理装置处理能力（万立方米/日） | | 37 | 16 | | 20 | | | 41 |
| | 污水年处理量（万立方米） | 32622 | 10558 | 10837 | 7436 | 9277 | 2635 | 3625 | 3931 |
| | 绿化覆盖面积（公顷） | 9857 | 4104 | 4607 | 4053 | 3413 | 2292 | 1970 | 2220 |
| | 其中，建成区 | 9857 | 4104 | 2963 | 3739 | 3413 | 2292 | 1769 | 1671 |
| | 园林绿地面积（公顷） | 8598 | 3903 | 2692 | 3425 | 3296 | 2077 | 1731 | 1870 |
| | 其中，建成区 | 8598 | 3903 | 2667 | 3415 | 3296 | 2077 | 1651 | 1466 |
| | 公园绿地面积（公顷） | 2522 | 1071 | 646 | 864 | 556 | 424 | 290 | 340 |
| | 公园个数（个） | 22 | 15 | 9 | 11 | 7 | 6 | 7 | 10 |
| | 公园面积（公顷） | 1323 | 1071 | 142 | 168 | 192 | 203 | 128 | 240 |
| | 环保产业单位数（个） | 140 | 74 | 27 | 80 | 92 | 162 | 2 | 43 |
| | 环保产业项目数（项） | 1457 | 395 | 317 | 759 | 332 | 635 | 130 | 593 |
| | 环保产业年收入（万元） | 821752 | 161048 | 481932 | 606299 | 532411 | 1576611 | 260 | 118536 |
| 单位 GDP 能耗 | 指标值（吨标准煤/万元） | 0.826 | 1.272 | 1.669 | 1.103 | 1.255 | 1.393 | 1.177 | 2.306 |
| | 上升或下降（%） | -2.29 | -3.27 | -2.88 | -5.09 | -2.84 | -4.42 | -4.38 | -4.47 |
| 单位规模工业增加值能耗 | 指标值（吨标准煤/万元） | 0.48 | 0.99 | 1.95 | 1.56 | 1.55 | 1.62 | 1.41 | 3.97 |
| | 上升或下降（%） | -13.76 | -13.70 | -12.01 | -13.35 | -12.89 | -13.36 | -10.47 | -11.57 |
| 单位 GDP 电耗 | 指标值（千瓦时/万元） | 474.0 | 964.4 | 1307.1 | 869.0 | 714.9 | 1124.1 | 913.0 | 1947.6 |
| | 上升或下降（%） | -1.52 | -1.07 | 1.31 | -2.41 | 2.85 | 1.55 | -2.81 | 3.32 |
| | 规模以上工业企业综合能源消费量（万吨标准煤） | 523.18 | 497.11 | 753.80 | 669.45 | 946.29 | 585.33 | 219.62 | 969.25 |

表 A3 – 5　　　　　　　2011 年湘江流域沿江 8 个地市绿色发展数据

| | 指标 | 长沙市 | 株洲市 | 湘潭市 | 衡阳市 | 岳阳市 | 郴州市 | 永州市 | 娄底市 |
|---|---|---|---|---|---|---|---|---|---|
| | 排水管道密度（千米/平方千米） | 4.96 | 10.66 | 10.21 | 9.06 | 12.19 | 6.04 | 6.94 | 8.96 |
| | 污水处理率（%） | 96.91 | 90.52 | 90.12 | 74.73 | 86.15 | 80.96 | 67.70 | 84.55 |
| 园林绿化 | 人均公园绿地面积（平方米） | 8.83 | 10.83 | 8.72 | 9.48 | 8.80 | 9.53 | 5.73 | 9.51 |
| | 建成区绿地率（%） | 32.19 | 40.57 | 36.71 | 32.98 | 40.19 | 36.21 | 29.62 | 34.91 |
| | 建成区绿化覆盖率（%） | 36.97 | 42.65 | 40.18 | 36.13 | 41.63 | 38.31 | 31.96 | 39.80 |
| | 生活垃圾无害化处理率（%） | 100 | 100 | 100 | 100 | 100 | 100 | 100 | 100 |
| | 排水管道长度（千米） | 1374 | 1284 | 771 | 987 | 1012 | 403 | 400 | 403 |
| | 污水年排放量（万立方米） | 39666 | 13277 | 15771 | 9434 | 10480 | 5368 | 7053 | 5280 |
| 污水处理厂 | 座数（座） | 7 | 4 | 2 | 3 | 4 | 2 | 2 | 2 |
| | 其中，生化处理 | 7 | 4 | 2 | 3 | 4 | 2 | 2 | 2 |
| | 处理能力（万立方米/日） | 118 | 29 | 20 | 35 | 25 | 17 | 20 | 8 |
| | 其中，生化处理 | 118 | 29 | 20 | 35 | 25 | 17 | 20 | 8 |
| | 污水处理装置处理能力（万立方米/日） | | 47 | 28 | | 20 | | 3 | 41 |
| | 污水年处理量（万立方米） | 38442 | 12019 | 14213 | 7050 | 9029 | 4346 | 4775 | 4464 |
| | 绿化覆盖面积（公顷） | 10235 | 5136 | 4677 | 4268 | 3455 | 2555 | 2026 | 2745 |
| | 其中，建成区 | 10235 | 5136 | 3033 | 3935 | 3455 | 2555 | 1843 | 1791 |
| | 园林绿地面积（公顷） | 8913 | 4885 | 2771 | 3876 | 3336 | 2415 | 1787 | 1925 |
| | 其中，建成区 | 8913 | 4885 | 2771 | 3591 | 3336 | 2415 | 1708 | 1571 |
| | 公园绿地面积（公顷） | 2647 | 1071 | 669 | 996 | 566 | 522 | 294 | 371 |
| | 公园个数（个） | 22 | 17 | 9 | 11 | 7 | 5 | 5 | 10 |
| | 公园面积（公顷） | 1323 | 1071 | 142 | 168 | 378 | 182 | 128 | 189 |
| | 环保产业单位数（个） | 285 | 87 | 42 | 97 | 123 | 144 | 20 | 46 |
| | 环保产业项目数（项） | 3111 | 403 | 946 | 727 | 470 | 361 | 192 | 384 |
| | 环保产业年收入（万元） | 2239504 | 244408 | 648818 | 569793 | 779027 | 1179026 | 8154 | 249671 |
| 单位 GDP 能耗 | 指标值（吨标准煤/万元） | 0.640 | 0.964 | 1.301 | 0.887 | 16 | 1.017 | 0.943 | 1.821 |
| | 上升或下降（%） | -3.96 | -4.28 | -4.10 | -3.87 | -3.94 | -4.30 | -3.51 | -3.83 |
| 单位规模工业增加值能耗 | 指标值（吨标准煤/万元） | 0.41 | 0.67 | 1.36 | 0.97 | 1.04 | 0.96 | 0.97 | 3 |
| | 上升或下降（%） | -11.60 | -11.37 | -11.37 | -11.48 | -11.05 | -11.43 | -7.93 | -7.10 |
| 单位 GDP 电耗 | 指标值（千瓦时/万元） | 383.1 | 718.6 | 1018.1 | 702.0 | 577.9 | 807.2 | 798.6 | 1517.1 |
| | 上升或下降（%） | 0.22 | -5.83 | -4.16 | -3.43 | -3.14 | -5.86 | 5.37 | -5.29 |
| | 规模以上工业企业综合能源消费量（万吨标准煤） | 538.28 | 459.61 | 799.53 | 720.21 | 1035.75 | 611.67 | 234.65 | 1064.72 |

表 A3-6 　　　　　2012 年湘江流域沿江 8 个地市绿色发展数据

| | 指标 | 长沙市 | 株洲市 | 湘潭市 | 衡阳市 | 岳阳市 | 郴州市 | 永州市 | 娄底市 |
|---|---|---|---|---|---|---|---|---|---|
| | 排水管道密度（千米/平方千米） | 7.30 | 6.59 | 10.61 | 8.70 | 13.70 | 5.64 | 7.35 | 9.50 |
| | 污水处理率（%） | 99.43 | 89.10 | 86.02 | 62.24 | 88.78 | 80.96 | 70.67 | 80.42 |
| 园林绿化 | 人均公园绿地面积（平方米） | 8.92 | 10.27 | 8.75 | 7.62 | 9 | 10.24 | 7.20 | 9.53 |
| | 建成区绿地率（%） | 37.98 | 41.40 | 40.41 | 35.07 | 40.22 | 39.12 | 34.57 | 39.91 |
| | 建成区绿化覆盖率（%） | 32.90 | 39.38 | 36.73 | 32.98 | 38.59 | 37.01 | 31.34 | 34.98 |
| | 生活垃圾无害化处理率（%） | 100 | 100 | 100 | 100 | 100 | 100 | 100 | 100 |
| | 排水管道长度（千米） | 2061.78 | 818.16 | 818.08 | 992 | 1184.95 | 406 | 429.19 | 437 |
| | 污水年排放量（万立方米） | 40375 | 13479 | 10146 | 13500 | 13310 | 5690.46 | 7059.30 | 5848 |
| 污水处理厂 | 座数（座） | 7 | 4 | 2 | 3 | 4 | 2 | 2 | 2 |
| | 其中，生化处理 | 7 | 4 | 1 | 3 | 4 | 2 | 1 | 2 |
| | 处理能力（万立方米/日） | 121 | 29.20 | 20 | 35 | 25 | 16.50 | 20 | 7.50 |
| | 其中，生化处理 | 121 | 29.20 | 10 | 35 | 25 | 16.50 | 10 | 7.50 |
| | 污水处理装置处理能力（万立方米/日） | 0 | 46.80 | 20 | 0 | 20 | 0 | 3 | 41 |
| | 污水年处理量（万立方米） | 40145 | 12010 | 8728 | 8403 | 11816 | 4607 | 4989 | 4703 |
| | 绿化覆盖面积（公顷） | 10729 | 5143 | 4759 | 3998 | 3479 | 2815 | 2190 | 2753 |
| | 其中，建成区 | 10729 | 5143 | 3115 | 3998 | 3479 | 2815 | 2020 | 1836 |
| | 园林绿地面积（公顷） | 9293 | 4892 | 2831 | 3760 | 3338 | 2663 | 1954 | 2017 |
| | 其中，建成区 | 9293 | 4892 | 2831 | 3760 | 3338 | 2663 | 1831 | 1609 |
| | 公园绿地面积（公顷） | 2804 | 1071 | 687 | 865 | 583 | 593 | 374 | 447 |
| | 公园个数（个） | 23 | 17 | 9 | 12 | 7 | 10 | 5 | 10 |
| | 公园面积（公顷） | 1573 | 1071 | 160 | 944 | 378 | 438 | 131 | 189 |
| | 环保产业单位数（个） | 168 | 64 | 33 | 93 | 121 | 158 | 29 | 55 |
| | 环保产业从业人数（万人） | 2.30 | 0.70 | 0.70 | 1.10 | 0.50 | 0.60 | 0.40 | 0.10 |
| | 环保产业年收入（亿元） | 239.3 | 41.6 | 73.6 | 76 | 104 | 150 | 10.2 | 30.9 |
| 单位GDP能耗 | 指标值（吨标准煤/万元） | 0.60 | 0.90 | 1.19 | 0.83 | 0.93 | 0.94 | 0.89 | 1.70 |
| | 上升或下降（%） | -6.04 | -6.29 | -8.88 | -6.94 | -7.85 | -7.59 | -5.11 | -6.59 |
| | 单位规模工业增加值能耗上升或下降（%） | -16.78 | -17.69 | -23.80 | -21.84 | -16.90 | -14.49 | -7.39 | -13.11 |
| 单位GDP电耗 | 指标值（千瓦时/万元） | 377.45 | 646.29 | 862.82 | 652.22 | 556.79 | 754.96 | 736.71 | 1407.78 |
| | 上升或下降（%） | -1.46 | -10.04 | -15.26 | -7.04 | -3.65 | -6.43 | -7.74 | -7.15 |
| | 规模以上工业企业综合能源消费量（万吨标准煤） | 518.46 | 439.96 | 681.70 | 637.07 | 1001.65 | 581.85 | 225.09 | 1052.41 |

表 A3 – 7 2013 年湘江流域沿江 8 个地市绿色发展数据

| 指标 | | 长沙市 | 株洲市 | 湘潭市 | 衡阳市 | 岳阳市 | 郴州市 | 永州市 | 娄底市 |
|---|---|---|---|---|---|---|---|---|---|
| 排水管道密度（千米/平方千米） | | 7.17 | 6.89 | 12.11 | 8.73 | 13.68 | 3.97 | 7.59 | 9.42 |
| 污水处理率（%） | | 96.54 | 90.92 | 87.85 | 75.58 | 88.95 | 90.24 | 81.29 | 80.33 |
| 园林绿化 | 人均公园绿地面积（平方米） | 9.20 | 10.84 | 9.02 | 7.75 | 9.23 | 11.06 | 8.10 | 9.60 |
| | 建成区绿地率（%） | 33.43 | 39.45 | 36.73 | 33.55 | 38.92 | 40.19 | 32.14 | 35 |
| | 建成区绿化覆盖率（%） | 38.98 | 41.47 | 40.42 | 35.07 | 40.55 | 42.40 | 36.63 | 39.53 |
| 生活垃圾无害化处理率（%） | | 100 | 100 | 100 | 100 | 100 | 100 | 100 | 100 |
| 排水管道长度（千米） | | 2062 | 914 | 959 | 998 | 1204 | 290 | 453 | 444 |
| 污水年排放量（万立方米） | | 42169 | 13481 | 9767 | 11126 | 13860 | 5134 | 6525 | 3772 |
| 污水处理厂 | 座数（座） | 8 | 4 | 2 | 3 | 4 | 2 | 2 | 2 |
| | 其中，生化处理 | 8 | 4 | 2 | 3 | 4 | 2 | 1 | 2 |
| | 处理能力（万立方米/日） | 128 | 29 | 25 | 21 | 25 | 17 | 20 | 13 |
| | 其中，生化处理 | 128 | 29 | 25 | 21 | 25 | 17 | 10 | 13 |
| 污水处理装置处理能力（万方米/日） | | | 47 | | 6 | 20 | | 3 | |
| 污水年处理量（万方米） | | 40710 | 12257 | 8580 | 8409 | 12329 | 4633 | 5304 | 3030 |
| 绿化覆盖面积（公顷） | | 11206 | 5500 | 4860 | 4008 | 3568 | 3097 | 2365 | 2781 |
| 其中，建成区 | | 11206 | 5500 | 3201 | 4008 | 3568 | 3097 | 2187 | 1864 |
| 园林绿地面积（公顷） | | 9612 | 5232 | 2938 | 3835 | 3425 | 2936 | 2056 | 2038 |
| 其中，建成区 | | 9612 | 5232 | 2909 | 3835 | 3425 | 2936 | 1919 | 1650 |
| 公园绿地面积（公顷） | | 2913 | 1143 | 709 | 880 | 607 | 663 | 425 | 456 |
| 公园个数（个） | | 24 | 19 | 9 | 26 | 8 | 11 | 5 | 10 |
| 公园面积（公顷） | | 1581 | 1143 | 163 | 772 | 453 | 487 | 131 | 189 |
| 环保产业单位数（个） | | 171 | 63 | 37 | 96 | 122 | 161 | 31 | 59 |
| 环保产业从业人数（万人） | | 3.07 | 0.75 | 0.7 | 1.16 | 1.13 | 1.83 | 0.43 | 0.63 |
| 环保产业年收入（亿元） | | 363.17 | 42.86 | 68.77 | 81.9 | 100.69 | 204.7 | 30.88 | 37.49 |
| 单位 GDP 能耗 | 指标值（吨标准煤/万元） | 0.581 | 0.867 | 1.095 | 0.783 | 0.861 | 0.896 | 0.848 | 1.605 |
| | 上升或下降（%） | −4.56 | −3.85 | −7.58 | −5.15 | −7.14 | −4.62 | −5.15 | −5.66 |
| 单位规模工业增加值能耗上升或下降（%） | | −7.47 | −7.72 | −11.11 | −9.98 | −8.64 | −12.27 | −8.55 | −5.82 |
| 单位 GDP 电耗 | 指标值（千瓦时/万元） | 373.5 | 633.1 | 784.1 | 630.2 | 546.9 | 731.2 | 701.7 | 1320.5 |
| | 上升或下降（%） | −2.3 | −1.9 | −9.1 | −3.4 | −1.8 | −3.2 | −4.8 | −6.2 |
| 规模以上工业企业综合能源消费量（万吨标准煤） | | 531.55 | 450.64 | 654.85 | 600.67 | 1029.35 | 585.37 | 212.23 | 1097.02 |

表 A3－8　　　　2014 年湘江流域沿江 8 个地市绿色发展数据

| 指标 | | 长沙市 | 株洲市 | 湘潭市 | 衡阳市 | 岳阳市 | 郴州市 | 永州市 | 娄底市 |
|---|---|---|---|---|---|---|---|---|---|
| 排水管道密度（千米/平方千米） | | 7 | 7.42 | 12.91 | 8.08 | 13.66 | 4.72 | 7.92 | 9.42 |
| 污水处理率（%） | | 96.90 | 94.46 | 90 | 75.99 | 90.80 | 90.30 | 83.24 | 85.27 |
| 园林绿化 | 人均公园绿地面积（平方米） | 10.19 | 11.59 | 9.03 | 8.88 | 9.17 | 11.50 | 9.37 | 9.53 |
| | 建成区绿地率（%） | 34.53 | 39.50 | 37.19 | 31.95 | 39.25 | 40.80 | 36.48 | 34.92 |
| | 建成区绿化覆盖率（%） | 40.13 | 41.60 | 40.93 | 34.31 | 40.88 | 44.30 | 40.76 | 39.93 |
| 生活垃圾无害化处理率（%） | | 100 | 100 | 100 | 100 | 100 | 100 | 100 | 100 |
| 排水管道长度（千米） | | 2062 | 1004 | 1030 | 998 | 1271 | 362 | 476 | 444 |
| 污水年排放量（万立方米） | | 45796 | 14241 | 15664 | 10941 | 12495 | 4703 | 6939 | 4249 |
| 污水处理厂 | 座数（座） | 8 | 6 | 2 | 3 | 4 | 2 | 2 | 2 |
| | 其中，生化处理 | 8 | 6 | 2 | 3 | 4 | 2 | 2 | 2 |
| | 处理能力（万立方米/日） | 128 | 50 | 25 | 21 | 25 | 17 | 20 | 13 |
| | 其中，生化处理 | 128 | 50 | 25 | 21 | 25 | 17 | 20 | 13 |
| 污水处理装置处理能力（万立方米/日） | | | 47 | 15 | 6 | 20 | — | 3 | |
| 污水年处理量（万立方米） | | 44375 | 13452 | 14098 | 8314 | 11345 | 4247 | 5776 | 3623 |
| 绿化覆盖面积（公顷） | | 11813 | 5627 | 4957 | 4239 | 4602 | 3395 | 2630 | 2781 |
| 其中，建成区 | | 11813 | 5627 | 3265 | 4239 | 3802 | 3395 | 2447 | 1883 |
| 园林绿地面积（公顷） | | 10164 | 5342 | 2997 | 3947 | 4350 | 3127 | 2346 | 2039 |
| 其中，建成区 | | 10164 | 5342 | 2967 | 3947 | 3650 | 3127 | 2190 | 1646 |
| 公园绿地面积（公顷） | | 3256 | 1239 | 736 | 987 | 628 | 712 | 496 | 457 |
| 公园个数（个） | | 26 | 19 | 9 | 27 | 9 | 11 | 5 | 14 |
| 公园面积（公顷） | | 1779 | 1239 | 166 | 852 | 465 | 534 | 131 | 313 |
| 环保产业单位数（个） | | 192 | 59 | 33 | 113 | 145 | 161 | 31 | 59 |
| 环保产业从业人数（万人） | | 3.6 | 0.6 | 0.3 | 1.2 | 1.5 | 1.2 | 0.2 | 0.6 |
| 环保产业年收入（亿元） | | 522.2 | 43.5 | 154.2 | 79.1 | 125.0 | 206.6 | 25.8 | 46.5 |
| 单位 GDP 能耗上升或下降（%） | | －5.71 | －9.47 | －8.50 | －7.11 | －6.51 | －7.78 | －7.21 | －3.15 |
| 单位规模工业增加值能耗上升或下降（%） | | －14.92 | －18.63 | －12.05 | －12.28 | －9.91 | －11.94 | －15.20 | －7.76 |
| 单位 GDP 电耗 | 指标值（千瓦时/万元） | 345.2 | 568.2 | 687.5 | 580.1 | 491.1 | 666.4 | 669.8 | 1211.7 |
| | 上升或下降（%） | －7.6 | －10.3 | －12.3 | －7.9 | －10.2 | －8.9 | －4.5 | －8.2 |
| 规模以上工业企业综合能源消费量（万吨标准煤） | | 519.19 | 420.09 | 637.29 | 505.61 | 1000.57 | 581.26 | 194.16 | 1124.56 |

**表 A3 - 9　　　　湘江流域沿江 8 个地市绿色发展指数历史变化**

| 年份 | 长沙市 | 指数增幅<br>（较上年,%） | 株洲市 | 指数增幅<br>（较上年,%） | 湘潭市 | 指数增幅<br>（较上年,%） | 衡阳市 | 指数增幅<br>（较上年,%） |
|---|---|---|---|---|---|---|---|---|
| 2007 | 0.896 | | 0.742 | | 0.707 | | 0.614 | |
| 2008 | 0.937 | 4.62 | 0.795 | 7.16 | 0.695 | -1.73 | 0.693 | 12.96 |
| 2009 | 0.989 | 5.58 | 0.783 | -1.58 | 0.699 | 0.56 | 0.700 | 0.99 |
| 2010 | 0.914 | -7.66 | 0.637 | -18.62 | 0.568 | -18.76 | 0.644 | -7.99 |
| 2011 | 0.977 | 6.98 | 0.632 | -0.76 | 0.582 | 2.46 | 0.595 | -7.65 |
| 2012 | 0.972 | -0.55 | 0.662 | 4.78 | 0.597 | 2.67 | 0.643 | 8.07 |
| 2013 | 0.986 | 1.47 | 0.655 | -1.04 | 0.600 | 0.47 | 0.655 | 1.85 |
| 2014 | 0.984 | -0.23 | 0.631 | -3.71 | 0.590 | -1.72 | 0.617 | -5.82 |

| 年份 | 岳阳市 | 指数增幅<br>（较上年,%） | 郴州市 | 指数增幅<br>（较上年,%） | 永州市 | 指数增幅<br>（较上年,%） | 娄底市 | 指数增幅<br>（较上年,%） |
|---|---|---|---|---|---|---|---|---|
| 2007 | 0.774 | | 0.735 | | 0.530 | | 0.397 | |
| 2008 | 0.810 | 4.76 | 0.706 | -3.84 | 0.514 | -3.13 | 0.595 | 49.87 |
| 2009 | 0.774 | -4.51 | 0.667 | -5.55 | 0.501 | -2.53 | 0.593 | -0.28 |
| 2010 | 0.651 | -15.91 | 0.697 | 4.45 | 0.444 | -11.31 | 0.534 | -10.02 |
| 2011 | 0.648 | -0.47 | 0.632 | -9.33 | 0.486 | 9.43 | 0.495 | -7.13 |
| 2012 | 0.720 | 11.19 | 0.719 | 13.73 | 0.538 | 10.75 | 0.504 | 1.64 |
| 2013 | 0.724 | 0.58 | 0.781 | 8.62 | 0.580 | 7.72 | 0.534 | 6.01 |
| 2014 | 0.733 | 1.26 | 0.710 | -9.11 | 0.552 | -4.75 | 0.518 | -3.03 |

**表 A3 - 10　　　　湘江流域沿江 8 个地市绿色发展指数横向比较**

| | 长沙市 | 株洲市 | 湘潭市 | 衡阳市 | 岳阳市 | 郴州市 | 永州市 | 娄底市 |
|---|---|---|---|---|---|---|---|---|
| 2007 年综合指数 | 0.896 | 0.742 | 0.707 | 0.614 | 0.774 | 0.735 | 0.530 | 0.397 |
| 2007 年排名 | 1 | 3 | 5 | 6 | 2 | 4 | 7 | 8 |
| 2008 年综合指数 | 0.937 | 0.795 | 0.695 | 0.693 | 0.810 | 0.706 | 0.514 | 0.595 |
| 2008 年排名 | 1 | 3 | 5 | 6 | 2 | 4 | 8 | 7 |
| 2009 年综合指数 | 0.989 | 0.783 | 0.699 | 0.700 | 0.774 | 0.667 | 0.501 | 0.593 |
| 2009 年排名 | 1 | 2 | 5 | 4 | 3 | 6 | 8 | 7 |
| 2010 年综合指数 | 0.914 | 0.637 | 0.568 | 0.644 | 0.651 | 0.697 | 0.444 | 0.534 |
| 2010 年排名 | 1 | 5 | 6 | 4 | 3 | 2 | 8 | 7 |
| 2011 年综合指数 | 0.977 | 0.632 | 0.582 | 0.595 | 0.648 | 0.632 | 0.486 | 0.495 |
| 2011 年排名 | 1 | 3 | 6 | 5 | 2 | 4 | 8 | 7 |
| 2012 年综合指数 | 0.972 | 0.662 | 0.597 | 0.643 | 0.720 | 0.719 | 0.538 | 0.504 |
| 2012 年排名 | 1 | 4 | 6 | 5 | 2 | 3 | 7 | 8 |
| 2013 年综合指数 | 0.986 | 0.655 | 0.600 | 0.655 | 0.724 | 0.781 | 0.580 | 0.534 |
| 2013 年排名 | 1 | 4 | 6 | 5 | 3 | 2 | 7 | 8 |
| 2014 年综合指数 | 0.984 | 0.631 | 0.590 | 0.617 | 0.733 | 0.710 | 0.552 | 0.518 |
| 2014 年排名 | 1 | 4 | 6 | 5 | 3 | 2 | 7 | 8 |

# 第四章　湘江流域进一步推进绿色发展战略面临的困难和挑战

为治理"母亲河"——湘江，在湖南省委、省政府的领导下，两岸人民对湘江流域沿岸 1300 余条支流，860 余千米干流进行综合治理，取得了显著成效。工业污染从源头得到控制，历史遗留污染逐一清除，农村面源污染逐步减少，等等。但是，在推进湘江流域绿色发展、圆梦"东方莱茵河"的过程中，还面临着诸多困难和挑战。

## 第一节　经济绿色化过程中面临的困难与挑战

### 一　工业化中后期的阶段性特征制约着绿色发展

（一）湘江流域经济发展总体上处于工业化中后期阶段

1. 基于人均 GDP 分析，湘江流域正处于工业化中后期阶段

"十二五"期间，湘江流域人均 GDP 持续向上攀升，2015 年达到 49442.75 元，约合 7938.27 美元。根据美国经济学家 H. 钱纳里的标准产业结构理论判断可知，湘江流域经济发展处于工业化的后期阶段。但从湘江流域所分布的各市州来看，各市州的发展差距却较大，长沙市人均 GDP 已达 18687.59 美元，处于后工业化阶段；株洲市、湘潭市、岳阳市和郴州市 4 个地市正处于工业化后期，而衡阳市、邵阳市、永州市和娄底市 4 个地市还处在工业化中期阶段。

表 4－1　　　钱纳里多国模型对工业经济发展阶段的划分　　　单位：美元

| 时期 | 人均 GDP 的变动范围 | | | 发展阶段 | |
|---|---|---|---|---|---|
| | 1964 年 | 1970 年 | 2008 年 | | |
| 1 | 100—200 | 140—280 | 819—1638 | 初级产品生产阶段 | 准工业化阶段 |

续表

| 时期 | 人均 GDP 的变动范围 | | | 发展阶段 | |
|---|---|---|---|---|---|
| | 1964 年 | 1970 年 | 2008 年 | | |
| 2 | 200—400 | 280—560 | 1638—3277 | 工业化初级阶段 | 工业化阶段 |
| 3 | 400—800 | 560—1120 | 3277—6553 | 工业化中级阶段 | 工业化阶段 |
| 4 | 800—1500 | 1120—2100 | 6553—12287 | 工业化高级阶段 | |
| 5 | 1500—2400 | 2100—3360 | 12287—19660 | 发达经济初级阶段 | 后工业化阶段 |
| 6 | 2400—3600 | 3360—5040 | 19660—29490 | 发达经济高级阶段 | |

**表 4 - 2　　　　　2011—2015 年湘江流域各地市人均 GDP　　　　单位：元**

| 年份 | 2011 | 2012 | 2013 | 2014 | 2015 |
|---|---|---|---|---|---|
| 湘江流域 | 33578 | 38053 | 42048 | 45832 | 49442.75 |
| 长沙市 | 79530 | 89903 | 99570 | 107683 | 116393.76 |
| 株洲市 | 40431 | 45235 | 49723 | 54741 | 58952.54 |
| 湘潭市 | 40753 | 46249 | 51717 | 55968 | 60543.9 |
| 衡阳市 | 24231 | 27258 | 30030 | 32934 | 35621.35 |
| 邵阳市 | 12797 | 14406 | 15727 | 17498 | 19212.12 |
| 岳阳市 | 34629 | 39968 | 43953 | 47862 | 51585.85 |
| 郴州市 | 29305 | 32848 | 36256 | 39999 | 42829.14 |
| 永州市 | 18168 | 20239 | 22210 | 24295 | 26325.48 |
| 娄底市 | 22362 | 26367 | 29249 | 31508 | 33520.57 |

资料来源：湖南省统计局。

**表 4 - 3　　　　　2015 年湘江流域各地市产业结构比较　　　　单位：%**

| 产业 | 第一产业 | 第二产业 | 第三产业 |
|---|---|---|---|
| 湘江流域 | 9.81 | 50.30 | 39.88 |
| 长沙市 | 4.02 | 52.62 | 43.36 |
| 株洲市 | 7.69 | 57.26 | 35.05 |
| 湘潭市 | 8.27 | 54.83 | 36.90 |
| 衡阳市 | 15.22 | 44.63 | 40.16 |
| 邵阳市 | 21.59 | 36.63 | 41.79 |
| 岳阳市 | 10.99 | 50.13 | 38.88 |
| 郴州市 | 9.80 | 54.66 | 35.55 |
| 永州市 | 21.76 | 36.53 | 41.71 |
| 娄底市 | 14.65 | 51.35 | 34.00 |

注：因四舍五入，三次产业比例之和不等于100%。

资料来源：湖南省统计局。

2. 基于产业结构分析，湘江流域正处在工业化后期阶段

根据美国经济学家西蒙·库兹涅茨等研究成果（见表4-4），工业化演进过程可以通过产业结构变动来体现。在工业化初期，第一产业比重逐步下降，第二产业比重较快上升，并拉动第三产业比重的提高；随着工业化的推进，当第二产业的比重超过第一产业比重并在国内生产总值结构中占最大份额时，进入工业化中期阶段；当第一产业比重下降到10%以下，第二产业比重上升到最高水平并保持稳定或有所下降时，进入工业化的高级阶段。

**表4-4　　　配第一克拉克三次产业就业结构对工业化阶段的划分　　单位:%**

| 第一产业比重 | 第二产业比重 | 第三产业比重 | 工业化时期 |
|---|---|---|---|
| 大于63.13 | 小于17.10 | 小于19.17 | 准备期 |
| 小于46.11 | 大于26.18 | 大于27.11 | 初期 |
| 小于31.14 | 大于36.10 | 大于32.16 | 中期 |
| 小于24.12 | 大于40.18 | 大于35.10 | 成熟期 |
| 小于17.10 | 大于45.16 | 大于37.14 | 后期 |

2015年，湘江流域第一、第二、第三产业增加值之比为9.81:50.3:39.88（见图4-1），其中，第二产业比重有所下降，第三产业比重逐步上升。按照此阶段的工业化分段理论，湘江流域正处于工业化后期。但从湘江流域所涉及的9个地市来看，仅有长沙市、株洲市、湘潭市和郴州市4个地市处在工业化后期阶段，而衡阳市、岳阳市和娄底市3个地市处在工业化中期阶段，邵阳市和永州市仍处在工业化初期阶段。

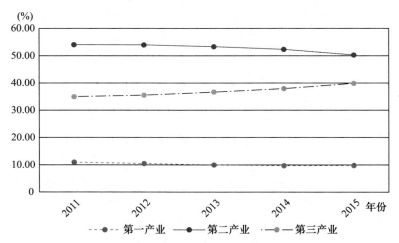

**图4-1　2011—2015年湘江流域各地市三次产业结构变动**

3. 基于就业结构分析，湘江流域发展处于工业化中后期

克拉克定理认为，随着人均收入水平的提高，劳动力首先由第一产业向第二产业转移；当人均收入水平进一步提高时，劳动力便由第二产业向第三产业转移。该定理通过工业化过程中劳动力由生产率低的部门向生产率高的部门转移，反映了经济增长方式的转变过程，表明就业结构是一个国家或地区经济发展阶段的重要标志。

从湘江流域的实际情况看，三次产业从业人员构成从 2011 年的 42.17:23.56:34.26 转变为 2014 年的 39.28:23.88:36.82（见图 4-2 和表 4-5），第一产业就业比重下降了 2.89 个百分点，第二、第三产业就业比重分别上升了 0.32 个和 2.56 个百分点，表明目前湘江流域工业化大致处于中期向后期过渡阶段。而从各地市来看，长沙市、株洲市和岳阳市正处在工业化的中后期阶段，湘潭市、衡阳市、郴州市正处在工业化中期阶段，而邵阳市、永州市和娄底市还处在工业化的初期向中期过渡阶段。

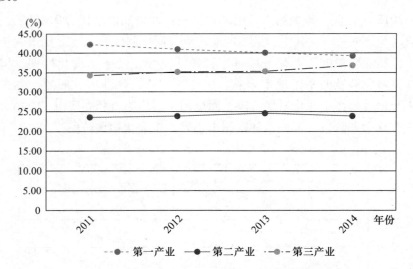

图 4-2 2011—2014 年湘江流域各地市就业结构变动

表 4-5　　　　　　　2014 年湘江流域各市就业结构　　　　　　单位:%

| 产业 | 第一产业 | 第二产业 | 第三产业 |
| --- | --- | --- | --- |
| 湘江流域 | 39.28 | 23.88 | 36.82 |
| 长沙市 | 22.72 | 33.71 | 43.56 |
| 株洲市 | 31.81 | 31.81 | 36.38 |

续表

| 产业 | 第一产业 | 第二产业 | 第三产业 |
|------|---------|---------|---------|
| 湘潭市 | 41.01 | 28.30 | 30.69 |
| 衡阳市 | 45.07 | 19.89 | 35.04 |
| 邵阳市 | 49.88 | 17.40 | 32.72 |
| 岳阳市 | 33.65 | 24.22 | 41.99 |
| 郴州市 | 33.85 | 29.33 | 36.82 |
| 永州市 | 46.29 | 19.72 | 33.99 |
| 娄底市 | 48.45 | 13.96 | 37.59 |

注：因为四舍五入，三次产业比例之和不等于100%。

（二）工业化中后期仍然是绿色发展的艰难期

根据人均GDP、产业结构和就业结构三个方面综合分析可知，湘江流域总体上仍处于工业化中后期的发展阶段。发达国家和地区的工业化历史表明，当一个国家或地区经济发展处在工业化中后期阶段时，高消耗、高污染、高排放的工业发展特征仍然比较明显，以投资需求拉动经济增长的发展路径依赖仍然较强，而在近几十年的发展过程中，湘江流域由于具有环境容量大、能源资源丰富等特点，经济增长依靠资源过度开发、利用和环境消耗的粗放式增长特征更加明显，这种状态在短时间内实现转变的难度较大。尤其是当前经济增长下行压力仍然较大，流域经济发展还存在很多"短板"，发展不足、发展不优、发展不平衡的现状难以在短期内得到根本改变。从发展不足来看，湘江流域虽然在总量上在全省占据绝大份额，但人均量上还不足。从发展不优来看，主要表现为第三产业发展滞后，制造业结构不优，高技术产业增加值比重较低。从发展不平衡来看，流域内城市之间、城乡之间、公有制经济与非公有制经济之间发展不平衡的现象较为普遍，这在客观上加大了绿色发展的难度。

**二　以重化工业为主的产业结构制约着绿色发展**

当前，湘江流域已聚集了湖南省近80%左右的规模以上工业企业，形成了以先进装备制造、化工、钢铁、有色冶金、新材料、电子信息、生物医药为主的特色产业集群。2014年，流域地区生产总值22268.77亿元，工业总产值10208.52亿元，常住人口总量4814.06万，分别占全省的79.29%、81.93%和71.45%。规模以上重工业企业数达6719家（见

表4-6），占全省规模以上企业数的48.96%，占全省规模以上重工业企业数的80%以上。规模以上轻工业与重工业企业数之比为38.26∶61.74（见图4-3）。粗钢、生铁、原煤、钢材、水泥、平板玻璃、硫酸、烧碱、化学农药、化学肥料、初级形态的塑料、矿山专用设备、金属切削机床等重化工业产品占全省的70%以上，重化工业的特征非常明显。

表4-6　　　　　　　2011—2014年湘江流域规模以上工业企业数量　　　单位：家

| 年份 | 工业企业 | 轻工业 | 重工业 |
|------|---------|--------|--------|
| 2011 | 9906 | 2907 | 6999 |
| 2012 | 10129 | 3709 | 6420 |
| 2013 | 10843 | 3971 | 6872 |
| 2014 | 10882 | 4163 | 6719 |

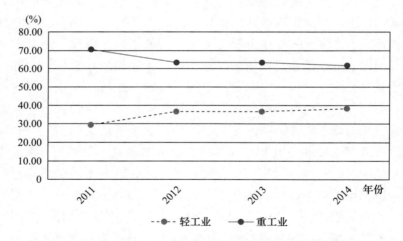

图4-3　2011—2014年湘江流域规模以上轻重工业企业比重变动

2011—2014年，在规模以上工业企业总体数量基本保持稳定的前提下，尽管湘江流域规模以上重工业企业数量呈下降趋势，但综合能源消费量却明显上升（见图4-4）。2014年，湘江流域规模以上工业企业综合能源消耗占全省的87%，其中，原煤、原油、天然气和电力消耗分别占全省的83%、93%、100%和65%。重化工业的产业结构给绿色发展、节能减排带来严重的挑战。以长沙市为例，尽管长沙市已进入工业化后期阶段，形成了以烟草制品业，化学原料和化学制品制造业，非金属矿物制品业，有色金属冶炼和压延加工业，通用设备制造业，专用设备制造业，汽车制造业，计算机、通信和其他电子设备制造业为主的八大主导产业，但其中化学原料和化学制品制造业、非金属矿物制品业、有色金属冶炼和压延加工业等高耗能行业的比重仍然较高，占八大主导产业规模以上工业企业总产值的30%以上。2014年，长沙市三大高耗能行业总产值为1971.72亿元，占全部规模工业总产值的20.66%，较上年增长0.89个百分点。但综合能源消耗量达215.07万吨标准煤，占规模工业综合能源消费量的35.8%，比上年提高2.5个百分点。

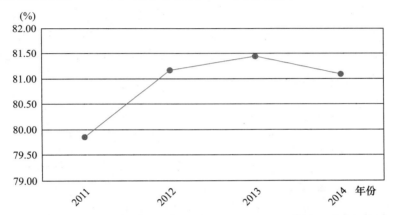

**图4-4　2011—2014年湘江流域规模以上工业企业综合能源消费量变动**

由此可见，虽然近年来湘江流域在淘汰落后产能，推动产业结构向中高端演进方面取得了较大进展，但能源消费总量、消费强度"双高"特征仍然明显。高碳产业结构短时间内难以改变，给湘江流域经济结构转型、低碳发展带来了巨大的挑战。

**三　城镇化需求的快速上升增加了绿色发展的难度**

"十二五"期间，湘江流域城镇化水平不断提升，截至2015年年末，湘江流域聚集了占全省71.52%的常住人口，其中，城镇人口占全省的74.84%，农村人口占全省的68.09%。城镇化率由2011年的47.42%上升到2015年的53.25%，较2015年全省平均水平高2.36个百分点。

根据发达国家经验，当一个国家或者地区的城市化水平达到30%—70%时就属于城市人口加速阶段。2015年湘江流域的城市化率是53.25%（见图4-5和表4-7），正处于加速阶段上半场向下半场转折的阶段，上半场是城市化加速阶段量的扩张阶段，下半场是城市化加速阶段质的提高阶段。只有当城市化水平达到 70% 后才能相对稳定下来，即湘江流域城市化快速推进至少还有十多年。但湘江流域各市州由于地理位置、交通状况、经济基础等差异较大，导致城镇化发展极不平衡。2015 年，长沙市城镇化率超过 70%，达到 74.38%，分别高于湘江流域和全省平均水平 21.13 个和 23.49 个百分点。株洲市、湘潭市和岳阳市城镇化水平分别为 62.1%、58.28% 和 54.01%，高于湘江流域平均水平 8.85 个、5.03个、0.76 个百分点。而衡阳市、邵阳市、郴州市、永州市和娄底市 5 个地市城镇化水平则均低于湘江流域和全省平均水平，仅为 49.2%、41.95%、50.34%、44.25% 和 43.77%，分别较湘江流域平均水平低4.05 个、11.3 个、2.91 个、9 个和 9.48 个百分点。其中，最高的长沙市与最低的邵阳市城镇化差距高达 32.43 个百分点。由此可知，湘江流域要完成城镇化的时间可能还会更长。

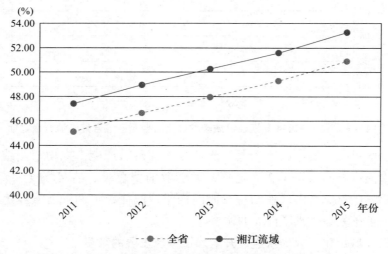

图 4-5 2011—2015 年湘江流域城镇化变动趋势与全省比较

各国城镇化发展实践表明，城镇化的快速发展必然带来能源需求量的急剧上升，一个农村人口转入城镇，能源消耗将增加 3.5—4 倍，用电量增加 3 倍。同时，城市化推进要求扩大城市基础设施和住房供应，必然会带动建材、冶金等高耗能产业和相关服务业的快速增长，从而导致能源需求的快速增长。在湘江流域各地市城市化快速推进的未来十多年内，还要大量消耗资源和影响环境。因此，在工业化、城市化都快速推进阶段，推进绿色发展比工业化城市化已经完成的地区要难得多。

表 4-7 　　　　　　　 2015 年湘江流域分市州城镇化情况

单位：万人、% 、人/平方千米

| 地区 | 常住人口 | 其中 | | 城镇化率 | 城区 | |
|---|---|---|---|---|---|---|
| | | 城镇 | 农村 | | 常住人口 | 人口密度 |
| 全省 | 6783.03 | 3451.88 | 3331.15 | 50.89 | 1621.79 | 776 |
| 长沙市 | 743.18 | 552.78 | 190.4 | 74.38 | 397.29 | 1847 |
| 株洲市 | 400.05 | 248.43 | 151.62 | 62.1 | 123.19 | 1426 |
| 湘潭市 | 282.37 | 164.56 | 117.81 | 58.28 | 106.61 | 1621 |
| 衡阳市 | 733.75 | 361.01 | 372.74 | 49.2 | 117.85 | 1689 |
| 邵阳市 | 726.17 | 304.63 | 421.54 | 41.95 | 76.47 | 1760 |
| 岳阳市 | 562.92 | 304.02 | 258.9 | 54.01 | 127.2 | 903 |
| 郴州市 | 473.02 | 238.12 | 234.9 | 50.34 | 85.68 | 397 |
| 永州市 | 542.97 | 240.26 | 302.71 | 44.25 | 108.33 | 341 |
| 娄底市 | 387.18 | 169.47 | 217.71 | 43.77 | 51.05 | 1190 |
| 湘江流域 | 4851.61 | 2583.28 | 2268.33 | 53.25 | 1195.67 | 998 |

## 四 产业链上的低附加值地位不利于湘江流域绿色发展

"微笑曲线"的两端是研发、设计、品牌和营销 4 个环节，附加值比较高，消耗资源比较少，环境破坏比较轻，而中间环节是加工制造，附加值比较低，但消耗资源比较多，环境破坏比较重。而湘江流域正好处于资源环境压力大的"微笑曲线"的中间环节。如电子信息制造业主要以电子零部件等产业中间产品加工为主，高集成整机产品、高端消费终端产品较少；有色金属冶炼及压延加工业以冶炼铅、锌、铝等初级原材料产品为主，而进一步做终端消费型材加工的企业较少，产业链不够长，增值能力受限。同时，一些装备产品制造的核心部件、高端材料还受制于人，如工程机械装备制造所用的高端液压件、风力电机制造所需的高端钢材等都依赖进口。在这种产业格局分工中，资源消耗和环境污染随加工制造业不断向湘江流域转移而加重。

2012—2015 年湖南省工业支柱行业主营业务收入利润率及与全国的比较如表 4-8 所示，2012—2015 年湘江流域各地市规模以上工业企业资产负债率如表 4-9 所示。

表4-8　湖南省工业支柱行业主营业务收入利润率及与全国的比较　单位:%

| 指标 | 湖南主营业务收入利润率 | | | | 全国主营业务收入利润率 | | | |
|---|---|---|---|---|---|---|---|---|
| | 2012年 | 2013年 | 2014年 | 2015年 | 2012年 | 2013年 | 2014年 | 2015年 |
| 全部规模工业 | 4.8 | 5.0 | 4.6 | 4.4 | 6.1 | 5.4 | 5.9 | 5.8 |
| 农副食品加工业 | 3.6 | 4.1 | 3.9 | 4.1 | 5.2 | 4.5 | 4.8 | 5.0 |
| 烟草制品业 | 15.4 | 15.2 | 14.2 | 12.9 | 14.0 | 12.8 | 13.7 | 13.1 |
| 化学原料和化学制品制造业 | 4.2 | 4.9 | 4.8 | 4.9 | 5.5 | 4.8 | 5.0 | 5.4 |
| 非金属矿物制品业 | 5.0 | 5.9 | 5.6 | 4.9 | 7.2 | 6.1 | 6.9 | 6.1 |
| 有色金属冶炼和压延加工业 | 3.7 | 3.5 | 3.1 | 2.5 | 3.5 | 3.1 | 2.9 | 2.6 |
| 专用设备制造业 | 8.0 | 6.4 | 4.2 | 3.3 | 6.1 | 5.9 | 6.2 | 5.9 |
| 计算机、通信和其他电子设备制造业 | 5.7 | 4.9 | 3.8 | 4.1 | 4.0 | 3.6 | 4.6 | 4.7 |

表4-9　2011—2014年湘江流域各地市规模以上工业企业资产负债率　单位:%

| 年份 | 2011 | 2012 | 2013 | 2014 |
|---|---|---|---|---|
| 全　省 | 56.65 | 55.22 | 55.27 | 53.07 |
| 长沙市 | 54.49 | 56.65 | 57.43 | 55.35 |
| 株洲市 | 54.64 | 52.70 | 53.63 | 50.66 |
| 湘潭市 | 63.32 | 68.36 | 64.08 | 62.91 |
| 衡阳市 | 58.34 | 57.46 | 57.77 | 59.60 |
| 邵阳市 | 44.83 | 45.15 | 46.25 | 41.12 |
| 岳阳市 | 56.04 | 49.90 | 47.04 | 43.22 |
| 郴州市 | 43.94 | 43.81 | 45.62 | 42.67 |
| 永州市 | 49.74 | 47.66 | 48.03 | 45.92 |
| 娄底市 | 69.44 | 48.35 | 63.25 | 61.93 |
| 湘江流域 | 55.89 | 54.10 | 55.20 | 52.94 |

　　并且随着节能降耗工作不断推进，规模工业耗能产品单耗下降较为明显，部分产品单耗指标已经接近或低于全国平均水平，能耗下降的空间日益压缩，节能的边际成本与难度加大。现阶段，行政命令和考核措施在很大程度上主导企业的节能行动，企业持续自觉地实施节能降耗措施的内在动力不足。同时，当前经济进入新常态，外部经济环境较为疲软，企业经营状况不佳，利润下滑，直接影响企业节能减排的积极性，

导致部分企业节能降耗工作停滞。

# 第二节　资源节约与环境保护过程中面临的困难与挑战

## 一　能源资源禀赋和消费结构制约低碳绿色发展

湖南省能源资源非常有限，一次能源中仅能生产煤炭和水电，而原油和天然气均靠外省调入或进口。受能源资源禀赋限制，能源资源的供给不足与湖南省经济发展对能源的巨大需求之间的矛盾越来越突出。"十二五"期间，湖南省能源外省调入量年平均在 5000 万吨标准煤以上。随着省内能源供应的逐步收紧，能源保障能力将更显不足，能源需求缺口也将越来越大（见表 4 - 10）。

表 4 - 10　　　　2010—2014 年湖南省能源生产与消费变动 单位：万吨标准煤

| 年份 | 2010 | 2011 | 2012 | 2013 | 2014 |
|---|---|---|---|---|---|
| 一次能源生产总量 | 8005.86 | 8973.85 | 10017.64 | 7587.52 | 6348.84 |
| 其中：原煤 | 5837.87 | 7254.46 | 7981.21 | 5998.70 | 4613.70 |
| 原油 | 0.00 | 0.00 | 0.00 | 0.00 | 0.00 |
| 天然气 | 0.00 | 0.00 | 0.00 | 0.00 | 0.00 |
| 水电、核电、风电等 | 1778.90 | 1644.01 | 2036.43 | 1588.83 | 1735.14 |
| 能源消费总量 | 14852.24 | 16160.86 | 16744.08 | 14918.51 | 15316.84 |
| 其中：煤品燃料 | 9339.09 | 10535.26 | 10182.61 | 9057.03 | 8896.02 |
| 油品燃料 | 1650.08 | 1779.31 | 1878.52 | 2154.23 | 2230.13 |
| 天然气 | 157.43 | 203.63 | 249.40 | 264.06 | 324.72 |
| 水电、核电、风电等 | 2254.57 | 2338.48 | 2994.32 | 2037.87 | 2364.92 |
| 其他能源 | 1451.06 | 1304.18 | 1439.23 | 1405.32 | 1501.05 |

"十二五"期间，尽管湘江流域坚持绿色低碳发展，鼓励使用非煤能源，2014 年规模工业消费天然气达到 10.21 亿立方米，是 2010 年的两倍，占规模工业能源消费合计的比重较 2010 年提高 0.05 个百分点。但是，天然气消费占湘江流域能源消费量比重仅为 0.1%，其他能源中原油消费占 8%，电力占 6.43%。而原煤等煤炭品种的能源消费占六成以上，达 64.76%（见图 4 - 6）。据计算，每燃烧一吨煤炭会产生 4.12 吨的二氧

化碳气体，比石油和天然气每吨多30%和70%的二氧化碳。能源消费以煤为主，导致二氧化硫、氮氧化物大量排放，引起城市大气污染和温室效应。同时，过度依赖煤炭的能源消费结构，不仅降低了能源综合利用率，而且在一定程度上也妨碍了产业、产品的调整，影响环境，使经济发展与环境之间的矛盾越来越突出。

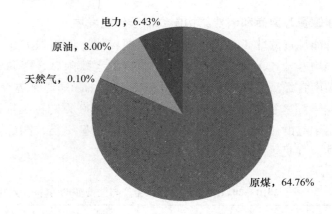

**图4-6 2014年湘江流域规模以上工业企业主要能源品种消费占比**

2014年，湘江流域主要能源品种消费量占全省比重如表4-11所示。

表4-11 　　　2014年湘江流域主要能源品种消费量占全省比重 　　单位:%

| 地区 | 能源合计 | 原煤 | 天然气 | 原油 | 电力 |
|---|---|---|---|---|---|
| 湘江流域 | 87 | 83 | 93 | 100 | 65 |
| 长沙市 | 5 | 6 | 31 | 0 | 10 |
| 株洲市 | 4 | 6 | 34 | 0 | 7 |
| 湘潭市 | 13 | 8 | 3 | 0 | 7 |
| 衡阳市 | 6 | 8 | 8 | 0 | 8 |
| 邵阳市 | 3 | 5 | 0 | 0 | 4 |
| 岳阳市 | 21 | 10 | 13 | 100 | 13 |
| 郴州市 | 8 | 13 | 3 | 0 | 7 |
| 永州市 | 2 | 2 | 0 | 0 | 3 |
| 娄底市 | 24 | 25 | 1 | 0 | 11 |

## 二　沿线工矿区过度开发导致环境保护与恢复治理历史遗留问题多

湘江流域是湖南省最重要的制造业基地，流域内自然资源丰富，资源开发利用造就了湘江流域众多的资源型产业，并进而形成许多的资源型城镇。流域内各地市依托各自的比较优势，发展出各具特色的制造业体系。但是，由于过度开发，对资源、能源和生态、环境造成了严重的破坏，尤其是沿线历史遗留的工矿区，环境问题点多面广，治理工程量大，治理资金严重不足。工矿区环境问题又以土壤重金属污染为甚。

据调查，湘江流域重金属污染土壤总面积为 4820 平方千米，占流域总面积的 5%；其中，超过土壤环境质量标准二级总面积为 2647 平方千米（见表 4-12），超过土壤环境质量标准三级土壤总面积为 2147 平方千米。超过土壤环境质量标准二级以上的污染土壤中耕地面积为 2177 平方千米，占流域耕地面积的 12.5%。污染因子中，镉最大超标 390 倍，砷最大超标 275 倍，铅最大超标 50 倍，汞最大超标 43 倍，铬最大超标 6 倍。

表 4-12　　　　　　　　　湘江流域重金属污染土壤情况

| 项目 | | 超二级（平方千米） | 超三级（平方千米） | 超三级面积（平方千米） | | | |
|---|---|---|---|---|---|---|---|
| | | | | 0—3 倍 | 3—10 倍 | 10—20 倍 | 20 倍以上 |
| 小计 | | 2647 | 2147 | 326 | 88 | 74 | 1659 |
| 其中 | 旱地 | 332 | 129 | 74 | 32 | 7 | 16 |
| | 水田 | 1099 | 594 | 219 | 50 | 25 | 300 |
| | 园地 | 13 | 10 | 1 | 0 | 0 | 8 |

注：评价标准为《土壤环境质量标准》（15618—1995），其中，一级标准为保护区域自然生态、维持自然背景的土壤环境质量的限制值；二级标准为保障农业生产、维护人体健康的土壤限制值；三级标准为保障农林业生产和植物正常生长的土壤临界值。

资料来源：湖南省环境保护厅。

湘江流域范围内分布的重点工业区有郴州三十六湾、衡阳水口山、株洲清水塘、湘潭竹埠港、长沙坪塘及岳阳汨罗循环经济工业园等，均面临着巨大的环境保护与恢复治理压力。

### （一）郴州三十六湾工业区

郴州三十六湾工业区共有 53 个矿山，矿点 106 个，选厂 63 家，毛毯厂879家。该工业区内一些企业环保审批手续不全、环保措施滞后，毛毯厂和矿山采选及其排出的大量工业废水，对水环境造成了严重污染，严重影响了甘溪河及下游两岸老百姓的生产生活。虽然近年来，政府对三十六湾地区进行了一定程度的环境综合整治，"关停并转"整治了一批重污染企业，要求各工业企业合法生产、排放达标、环境友好，但目前工业区环境污染问题依然严峻。

（二）衡阳水口山工业区

衡阳水口山工业区是我国有名的有色金属之乡，主要污染源为有色金属采、选、冶企业生产排污，其中，包括一批以水口山有色金属有限责任公司为代表的百年老企业。该地区利用水口山冶炼技术和冶炼废渣新建了一批化工、冶炼企业，如利用选矿副产品硫精矿生产硫酸，利用冶炼废渣继续回收有价金属。该地区废水排放量大，重金属排放中的铅、镉、砷仍难全面控制，该地区湘江松柏断面重金属监测指标时常超标，对衡阳市及下游长株潭等城市的饮用水水源安全构成威胁；工业废气排放、烟粉尘排放，对工业区及周边区域生态环境造成了严重污染与破坏。

（三）株洲清水塘工业区

株洲清水塘工业区位于株洲市清水塘盆地内，东、西、北三面环山，南濒湘江，总面积约27平方千米，是新中国成立以后发展起来的工业密集区，区内有70余家工业企业，以株洲冶炼集团、株洲化工集团、株洲玻璃集团、湘氮等骨干企业为主体，形成以有色、冶金、化工、建材为特征的重工业基地。清水塘工业区已成为湖南省（甚至全国）有影响的重工业区，铅锌等有色金属产品在国际市场占有较大的份额。清水塘工业区资源消耗多，"三废"排放量大，环境污染严重。由于长株潭三市沿湘江分布，以湘江为饮用水水源和纳污体，三市湘江干流流程不足200千米，城区距离更近，其中，株洲清水塘排污口距湘潭市的城市水厂取水口不到10千米。清水塘工业区经多年治理，虽然环境质量有所改善，但仍未从根本上解决排污总量大、环境质量未达国家标准的问题，排放的废水中重金属和有机物排放总量均较大，严重危及下游湘潭、长沙两市饮用水水源安全，需进一步加强生态环境治理，推进国家循环经济工业区建设。

（四）湘潭竹埠港工业区

湘潭竹埠港工业区位于湘潭市东北郊区，西面毗邻湘江，距离下游长沙市饮用水水源 35 千米。工业区占地 6.4 平方千米，沿湘江狭长分布。自 20 世纪 60 年代以来，一直是化工生产基地，以化肥、农药、染料等化工产品为主，产值低，利润小，污染物排放量大。不少企业科技含量低、缺乏竞争力，纷纷破产，而后又被一些小私营企业主租赁，造成小化工生产泛滥，污染严重。废水中主要污染物有化学需氧量、氨氮、硝基苯、苯胺、硫化物、锰、镉、铅、砷、锌、汞、铬、镍等几十种，大部分是超标排放或直接排放；废气以二氧化硫、烟尘、酸雾、苯系物、氟化物、氯气、氨气等为主，基本是超标排放；废渣中大部分都是化工、冶炼废渣，含有毒有害有机物和重金属。属国家严格控制的危险废弃物堆放处置场地很多不符合环保要求，一度成为湖南省挂牌督办的污染重灾区。近年来，由湘潭市高新区对竹埠港工业园进行统一管理和整治，已经取得了初步成效，形成了以电化学材料、冶金化工、有机和无机颜料、染料及化工、医药中间体、高分子材料、耐高温材料等为主体的产业结构。工业园累计强制关停高能耗、高污染、低效益企业 13 家，淘汰落后生产线 7 条，否决不符合环保条件的拟入园项目 10 个。目前，工业区有大小企业 38 家，其中，化工 31 家，冶炼 3 家。化工、冶炼的排放不可避免，加上历史遗留的土壤重金属超标，对湘江流域的污染仍然存在。

（五）长沙坪塘工业区

长沙坪塘工业区是长沙市岳麓区的工业重镇，集中了省、地、市级企业近 90 家，形成了以建材、化工、建筑和包装四大支柱，传统工业为水泥生产、石灰石矿、石灰生产、氧化铁红系列、香精系列、纸制包装生产线、铸造业、汽车配件业等。在赢得"利税大镇"美名的同时，给环境造成较大污染。目前，根据坪塘工业园各企业的实际运行情况和长沙市大河西先导区建设整体规划，制订了坪塘老工业基地的转型升级方案和"退二进三"计划，将分批次关、停、转移"三高一低"企业，着力发展高效、低耗、环保、科技含量高的新型工业和现代服务业。但建材、化工业对土壤的污染，治理成本高、难度大。

（六）岳阳汨罗循环经济工业园

岳阳汨罗循环经济工业园规划共五大特色功能区，即以平桂制塑为龙头的塑料加工区；以松菊油漆、九喜日化为龙头的生物化工科技区；以中天科技为龙头的农机制造区；以音品电子为龙头的电子产品制造区；以衡联铜材、长江铜业为龙头的有色金属加工区。由于目前再生资源产业总体实力不强、技术装备水平不高、产业集约化程度低、低水平重复建设等，因此，造成小型企业"三废"治理不完善，对周围环境造成危害，废气、废水、废渣任意排放，噪声扰民等问题。

### 三　湘江河流生态环境治理难度大①

近年来，随着湖南省经济建设的快速发展，湘江流域生态环境恶化问题日益突出，主要表现为流域陆生生态环境受到严重干扰与破坏，森林资源锐减，水土流失加剧，局部地质灾害频繁出现；水生生态环境脆弱、退化，生物多样性不断减少，水生生物资源遭到严重破坏；湘江水体水质受到重金属、有机物和微生物等的复合污染。同时，受全球气候变暖、三峡工程建设等综合因素影响，湘江水位近年来枯水频率增多。

（一）水环境质量堪忧

湘江流域水污染源包括工业污染源、生活污染源和农业面源三部分。

1. 工业污染源

工业污染源包括流域各地市工业企业生产废水排放，流域涉重金属企业工业废水中万元工业产值的铅、砷、镉、汞、铬（六价）排放强度分别为 7.13 克、2.25 克、5.25 克、0.02 克、0.54 克。其中，湘江流域内的郴州三十六湾、衡阳水口山、株洲清水塘、湘潭岳塘和竹埠港、长沙坪塘等工矿区排污是湘江干流主要工业污染源。

2. 生活污染源

城市生活污水、生活垃圾污染是湘江有机污染负荷逐年提高的主要原因。目前，流域各主要大城市均已建有部分污水处理厂，但仍有大部分城镇居民生活废水仍未经综合处理而直接排入湘江，加重了湘江的污染，使湘江水体特别是饮用水水源保护区江段中化学需氧量、氮、磷、氨氮等有机污染物有超标现象。

3. 农业面源

农业面源污染主要为农田化肥、农药施用流失所致。湘江流域每年施用农药 4 万吨左右，化肥 220 万吨左右，每年经雨水冲洗带入径流，辗转汇入湘江的农药、化肥量分别为 700 吨和 2.2 万吨左右。随着养殖业的发展，畜禽养殖污染比重也不断上升。

---

① 本部分数据及资料主要源于《湘江流域生态环境综合治理规划（2010—2015 年）》等相关规划文本。

根据对湘江干流 19 个省控及国控断面水质监测数据的分析，湘江流域呈工业污染源、生活污染源和农业面源多重污染相结合的局面，流域主要污染物为氨氮、石油类、总氮以及粪大肠菌群，这些指标基本得到有效控制，但仍有局部地区超标的现象，其中，超标严重的为总氮和大肠杆菌；特征重金属污染物为砷、汞、镉等重金属污染物，主要超标河段为衡阳段、株洲段、湘潭段，超标较为严重的为砷和镉。锡矿山地区 75 个地下水井中，14 个砷含量超标。流域水环境质量亟待改善。

湘江流域水污染原因较复杂，呈多因素交叉、叠加影响的态势，具体原因：一是工业结构与布局不够合理。湖南省冶金、化工、建材、轻工、食品加工、机械等行业大多分布在该区域，特别在株洲市、湘潭市和衡阳市 3 个主要工业城市尤为集中，形成了株洲清水塘、衡阳水口山、湘潭岳塘（含竹埠港）和坪塘四个重要工矿区。产业结构偏重与布局不合理相互作用，使污染问题更加突出。二是污染治理欠账多。冶金、化工、食品加工、建材是区域内主导产业，这些行业大多是有几十年历史的国有大中型企业，历史包袱沉重，设备陈旧，工艺落后，原材料及水资源利用率低，治理设施欠账多，不仅难以实现稳定达标排放，而且污染应急设施缺乏。三是城市环保设施建设滞后。流域内建成城市污水处理厂不够，处理能力有限，大量未经处理的城市生活污水直接排入河流，成为湘江流域水污染的重要来源。城市垃圾无害化处理率未达标，也是造成湘江流域水污染的主要原因之一。四是农业面源污染影响较大。随着农村经济的发展，化肥、农药使用量逐年增加，农村规模化养殖数量增加，而畜禽养殖废水处理率极低，农业面源污染成为不可忽视的重要污染源。五是环境监测和环保执法监管能力不足。湘江流域环境监测、预警、应急处置和环境执法能力薄弱，有些地区有法不依、执法不严现象较为突出，环境违法处罚力度不够。

（二）湘江河道污染较为严重

流域河道底泥重金属污染累积性问题多，潜在性危机重。湘江干支流长期受重金属污染物排放累积影响，3154 千米河道底泥均不同程度超标。按污染程度，从大到小依次为镉、汞、砷、铅、铬，其中，镉最高超标 422 倍。主要淤积在干流中游、支流集中采选区以及河湾、河道交汇口、集中排污口附近等，重点为郴州三十六湾、衡阳水口山、娄底锡矿山等采选集中区。不少水系尾砂入河，底泥淤积，给当地居民饮水安全造成严重威胁和巨大困难。湘江干流监测断面重金属污染程度由重到轻依次为株洲市、衡阳市、湘潭市、长沙市、岳阳市和永州市。

根据湘江干流底泥监测数据分析，湘江底泥污染情况如下：

（1）湘江永州段底质污染物主要为铬和锰，老埠头水文站断面锰超标 13.1 倍，白水河口铬超标 5.6 倍；

（2）衡阳段底质污染物主要为镉、汞、锌、锰，枣子坪段镉最高超标 394 倍，为湘江全流域次高断面，松柏断面汞最高超标 38.2 倍，枣子坪段汞超标 29.1 倍，锌超标 5.8 倍；

（3）株洲段底质污染物主要为镉、汞、锌和锰，株洲霞湾段镉最高超标 422 倍，为湘江全流域最高断面，建宁港口下游汞最高超标 2.6 倍；

（4）湘潭段底质污染物主要为镉、汞、锌和锰，镉最高超标 285.7 倍，汞最高超标 17.6 倍，锌最高超标 16.4 倍，锰最高超标 5.2 倍；

（5）长沙段底质污染物主要为镉和汞，镉最高超标 137.3 倍，汞最高超标 15.4 倍；

（6）岳阳磊石段各类重金属污染物均有超标，镉超标 85.7 倍，锰超标 1.5 倍，锌超标 7 倍，汞超标 1.1 倍。

经过综合分析，湘江底质重金属污染指数排序从大至小依次为镉、汞、锌、铜、砷、铅和铬，污染断面排序为株洲段、衡阳段、湘潭段、长沙段、岳阳段和永州段。湘江底质重金属污染对沿线城市居民的饮水安全构成威胁。湘江流域受重金属底泥污染河段情况如表 4 - 13 所示。

表 4 - 13　　　　　　　　湘江流域受重金属底泥污染河段情况

| 项目 | 河道段数（段） | 淤积长度（千米） | 淤积量（亿立方米） |
| --- | --- | --- | --- |
| 合计 | 175 | 3153.85 | 7.22 |
| 干流 | 32 | 358.99 | 2.93 |
| 支流 | 143 | 2794.86 | 4.29 |

资料来源：湖南省环境保护厅。

（三）湿地生态系统破坏较严重

湘江流域湿地生态系统遭到破坏较严重，主要存在以下几个问题：

（1）湿地被占用、淤积，面积越来越小，湿地生态系统呈萎缩趋势；

（2）湿地野生动植物被猎捕、采集，数量越来越少，生物多样性下降，湿地系统的生态稳定性及对污染物的自净能力也随之下降；

（3）湿地系统接纳了较多的城市污水及农田面源污染，导致湿地系统内的水质下降，若污水排放超出湿地的自净能力，则可能对湿地系统带来毁灭性破坏。

（四）湘江河道渠化严重，河道生态联通性降低

湘江干流梯级开发规划经复核调整后，干流梯级由 9 个调整为 11 个。另外，湘江支流中，潇水干流按 8 级开发方案、耒水按 11 级开发、洣水按 14 级梯级开发、舂陵水按 3 个梯级开发、渌水按 6 级开发方案、涟水按 12 级开发方案、浏阳河采用 12 级开发方案。

湘江干流已建的各个梯级中，如株洲航电枢纽、大源渡航电枢纽、近尾洲、浯溪、潇湘、太洲等各梯级均未设置过鱼通道。各枢纽大坝将河流截断，阻碍了河道中生物的自由迁移，特别是对鱼类从下游至上游的洄游活动产生阻隔影响，对四大家鱼及其他鱼类的产卵活动产生了较大影响，使湘江流域鱼类资源日趋减少。

（五）流域防洪治涝压力大

湘江干流中下游地势低平，两岸城市及农村密集，人口众多，受湘江流域地形条件限制，流域无条件修建控制性的防洪水库。由于流域主要支流集雨面积占全流域面积不足 15%，且其暴雨洪水发生时期一般不同，因此，支流兴建防洪水库对整个流域也无大的控制作用，仅对支流本身有较大作用。目前，流域内已建的以防洪为主要开发目标的水库很少，干流中下游主要城市及大片农田、民垸，主要靠堤防保护。

湘江流域防洪重点主要集中在干流中下游和支流下游河段，中下游沿河两岸地势较缓，不具备兴建高坝水库的条件，因此，流域内的防洪体系主要是堤防，沿干流中下游重点城市，如长沙市、湘潭市和株洲市甚至包括衡阳市和永州市，基本上依靠堤防抵御洪水。目前，全流域已建堤防长度 1727.4 千米，其中，城市堤防 532 千米，农村堤防 1255 千米。流域支流上已建大型水库 10 座，其中 9 座按省防汛计划预留防洪库容 10.6 亿立方米，已建中型水库中有 116 座留有防洪库容 4 亿立方米，这些水库的兴建对所在支流的防洪起着重要作用，但由于控制集雨面积小且分散，对全流域防洪作用不大。

经过多年的建设，湘江流域防洪工程有一定的基础，但普遍存在防洪标准低、工程质量差、防洪水库规模小等问题，每到汛期，洪灾频繁发生。

（六）人为因素导致鱼类资源破坏严重

1. 定居性、湍流性产卵场受到影响

长株潭江段有鲤、鲫鱼类等定居性、湍流性鱼类产卵场共 20 处，其中，湘潭江段为国家级湘江野鲤种质资源保护区，整个株洲、长沙江段是湘江野鲤较为集中的产卵繁殖区。其产卵群体有两种生态类型：一类是鲤鱼、鲫鱼、鲶鱼、黄颡鱼等定居性鱼类，产黏性卵，受精卵黏附于浸没的水草、石头等附着物上孵化；另一类是流程较短的洄游性鱼类，其发情产卵要有流水刺激，在湍流环境中产卵，其受精卵或黏性，黏附在附着物上孵化，如团头鲂、三角鲂、鳡、黄尾鲴、翘嘴鲌、蒙古鲌、大口鲶等鱼类，或产浮性卵，漂浮漂流孵化，如鳜鱼、长春鳊等。受湘江各梯级建设的影响，原先的流水环境改变，对流程较短的洄游性鱼类的产卵环境影响较大。

2. 珍稀鱼类数量大幅减少

湖南省地方重点保护野生动物名录包括 4 目 11 科 27 种保护鱼类，在湘江水系都有分布。属于国家重点保护野生动物名录一级种类 1 种、二级保护种类 1 种，列入 IUCN 红色目录（1996）1 种，列入 CITES 附录二（II）1 种，列入中国濒危动物红皮书（1998）6 种。据调查，湘江长株潭段的珍稀水生动物主要是中华鲟、胭脂鱼、江豚、鲥鱼、长薄鳅等品种。在 20 世纪 70 年代以前，湘江长沙段洄游性珍稀名贵鱼类——中华鲟、鲥鱼、鳗鲡等在渔业中均占有一定的比例。随着湘江流域特别是湘江干流的梯级开发，鱼类洄游通道建设缺失，导致中华鲟、胭脂鱼等洄游性鱼类的种群数量急剧下降，鲥鱼几近灭绝。

鱼类资源破坏的原因主要包括自然因素和人为因素，其中，人为因素大大超过自然因素，过度开发及超标排污打破了水域生态平衡，造成资源衰退。除洞庭湖淤积围垦等因素外，工业废水严重污染水域。工业废水中含有大量有毒物质，一方面直接致鱼死亡；另一方面是破坏水域生态平衡，影响鱼类生长、繁殖。

**四　湘江源头区推进绿色发展面临诸多矛盾**

湘江源头区域分布在永州市和郴州市，其主体区在永州市。目前，源头区正处于加快发展、转型发展的关键期，经济社会发展与生态环境保护的任务很重，生态文明建设将面临许多困难和挑战。主要体现在以下三个方面：

（一）加快脱贫致富与推进生态文明建设之间的矛盾

湘江源头区域人均 GDP 不到永州市平均水平的 3/4、湖南省平均水平的 1/2 和全国平均水平的 2/5，属于典型贫困区域。目前，该区域还有贫困人口 30 多万，其中相当一部分是林农。近些年来，为保护生态环境，源头区域采取了大面积禁砍、禁伐、禁采等保护措施，相应的生态补偿机制未能及时跟进，当地财政支持能力较弱，补偿标准偏低，广大林农的生计受到一定影响，贫困或返贫现象时有发生。

（二）大力承接产业转移与推进生态文明建设之间的矛盾

湘江源头区域作为湘南省承接产业转移重点示范区的核心区，抢抓国家示范区建设机遇，大力承接产业转移，加快经济发展、实现后发赶超的愿望十分强烈。为承接产业转移、调整结构、保护生态环境，近些年来，陆续淘汰关闭了大批"五小"企业，使地方财税收入受到较大影响。各级政府正在不断加大承接产业转移力度。但是，随着提高承接产业转移的生态环保门槛，势必影响产业承接规模和经济发展总量；降低门槛，又会破坏生态环境，影响产业结构升级和经济社会发展质量。如何把好承接产业转移门槛和区域产业发展方向，既保住"绿水青山"，又实现"金山银山"，妥善处理好加快发展与推进生态文明建设之间的关系，将是湘江源头区域面临的一项巨大挑战。

（三）生态文明建设的体制机制改革创新亟待进一步加强

湘江源头区域创建国家生态文明先行示范区已有良好的基础和明显优势，但生态文明建设的体制机制尚未健全完善。如目前还未真正形成落实主体功能区规划的有效机制；在承接产业转移方面，强调加快项目引进较多，而明确具体的负面清单和动态调整机制未能及时建立；生态补偿目前主要是靠中央财政转移支付等纵向补偿，地方配套补偿不够，横向上的湘江中下游地区对源头区域的补偿机制也没真正建立起来。今后如何建立一整套包括科学承接产业转移、流域资源有偿使用和生态补偿、生态环境保护和资源用途管制、生态文明考核和责任追究等在内的综合配套的生态文明建设促进保障机制，将是湘江源头区域生态文明建设的一项极具挑战性的艰巨任务。

# 第三节 绿色发展要素供给面临的困难与挑战

## 一 资金要素供给不足

### （一）可支配的财政收入较少

据统计，2014 年，湖南省实现一般公共预算收入 3629.7 亿元，比上年增长 9.5%。地方公共财政收入 2259.9 亿元，增速为 11.28%，低于 2013 年同期增速 2.22 个百分点。就财政收入的绝对数值而言，在全国排名第 14 位，不足广东财政收入的 30%、上海财政收入的 50%；在中部六省中位居第三，低于河南省的 2738.5 亿元和湖北省的 2492.4 亿元。总体上看，用于湘江流域绿色发展的可供支配的财政收入不足。

表 4–14　　　　　　　　2014 年中部六省财政收入情况

| 排名 | 省份 | 公共财政收入（亿元） | 增长速度（%） |
|------|------|------------------|-------------|
| 1 | 河南 | 2738.50 | 13.48 |
| 2 | 湖北 | 2492.40 | 16.83 |
| 3 | 湖南 | 2259.93 | 11.28 |
| 4 | 安徽 | 2218.00 | 6.89 |
| 5 | 江西 | 1881.50 | 16.13 |
| 6 | 山西 | 1820.13 | 7.05 |

资料来源：国家统计局及各省市统计局网站。

### （二）流域间财政收入差距较大，欠发达地区粗放型发展问题更为严重

湘江横穿湖南省境内，主要流经长沙市、株洲市、湘潭市、郴州市和永州市全部，娄底市大部（新化除外）、邵阳市部分、岳阳市小部分范围的 8 市 67 个县市区。这些地区经济、财税收入等发展并不平衡，永州市、邵阳市等湘南、湘中地区明显落后于长株潭等地区。据统计，2014 年，长沙市人均 GDP 最高，为 111147 元；株洲市和湘潭市人均 GDP 均在 50000 元以上；相比之下，人均 GDP 最低的邵阳市为 17521 元，仅为长沙市的 1/6；永州市、娄底市等湘中、湘南区域也低于 35000 元。为实

现经济的快速增长，经济较落后地区往往以牺牲生态环境为代价，采取粗放型发展方式，进一步造成湘江流域污染严重。

2014 年湘江流域地区经济发展与绿色水平比较如表 4 - 15 所示。

表 4 - 15　　　　2014 年湘江流域地区经济发展与绿色水平比较

| 指标 | GDP（亿元） | 增长速度（%） | 人均 GDP（元） | 财政总收入（亿元） | 增长速度（%） |
|---|---|---|---|---|---|
| 长沙市 | 7824.81 | 10.5 | 111147 | 1003.8 | 13.5 |
| 株洲市 | 2160.51 | 10.5 | 54904 | 264 | 12.1 |
| 岳阳市 | 2669.39 | 9.3 | 48019 | 256.3 | 11.3 |
| 湘潭市 | 1570.56 | 10.7 | 57153 | 159.3 | 10.1 |
| 郴州市 | 1872.58 | 10.9 | 40420 | 240.3 | 11.2 |
| 邵阳市 | 1261.61 | 10.8 | 17521 | 117 | 12.1 |
| 永州市 | 1299.94 | 9.9 | 24404 | 113.4 | 13.0 |
| 娄底市 | 1210.91 | 8.1 | 31584 | 95.3 | 9.3 |

资料来源：《湖南统计年鉴》并经计算而得。

（三）湘江污染治理专项资金规模小

近年来，湘江重金属污染治理取得实质性进展。目前，湖南省政府成立了湘江重金属污染治理委员会，将湘江保护和治理作为"一号重点工程"；召开了湘江流域保护与治理委员会会议，出台了《湖南省湘江污染防治第一个"三年行动计划"（2013—2015 年）实施方案》及考核办法。2013 年 4 月 1 日，我国首部关于江河流域保护综合性地方法规《湘江保护条例》正式实施。2014 年，湖南省筹资 150 亿元，启动 371 个重金属治理项目，淘汰退出涉重金属企业 1018 家，完成污染源综合治理项目 150 个；2016 年 4 月 19 日，湖南省发改委公布《2016 年省预算内"湘江流域重金属污染治理"专项实施方案》，明确 2016 年度本专项省预算内资金总额度 4000 万元，采用投资补助的方式，对符合条件的项目予以配套支持，加快促进湘江流域重金属污染治理。

但相比湘江污染治理的资金需求而言，目前湖南省湘江污染治理专项资金缺口巨大，同时尚未建立有效的流域生态补偿机制，湘江生态保护动力不足，长期的生态投入无法获得经济回报，未来的生态建设任重道远。以湘江上游东江湖生态保护为例，当前急需加强东江湖水环境监测、监察能力建设，启动东江湖机动船舶油污染治理工程、湖区及流域内各乡镇生活污水和生活垃圾处理工程等，而据有关部门初步估算，生态保护和流域污染源治理资金约需 18.98 亿元。

**二 技术要素资源相对匮乏**

科技创新是"两型"社会建设的重要动力和关键支撑。湖南省作为中部后发地区，城市经济由"黑色"到"绿色"、由"高碳"到"低碳"转变的困难与挑战还表现在科技水平整体相对落后、绿色技术创新不够，低碳技术的开发储备与应用不足等。

**（一）绿色科技创新能力有待提升**

专利是衡量产业创新与技术创新的重要指标之一。2014 年，湖南省专利申请量 44194 件，比上年增长 6.9%。其中，发明专利申请量 14474件，增长 21.2%。专利授权量 26637 件（见图 4-7），增长 9.2%。其中，发明专利授权量 4160 件，增长 15.1%。企业、大专院校和科研单位专利申请量分别为 23524 件、5806 件和 596 件，专利授权量分别为 15126件、3040 件和 319 件。高新技术产业增加值 5147.5 亿元，增长 20.7%。

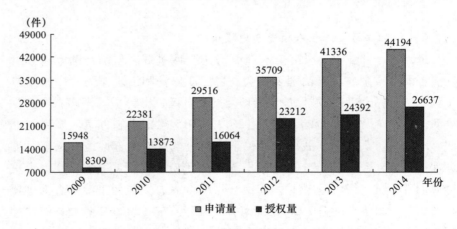

图 4-7 2009—2014 年湖南省专利申请量和授权量

发展湘江流域绿色产业，推动专利技术的创新发展，需要不断提升绿色科技创新能力。绿色专利是指对太阳能、混合动力汽车、风能、燃料电池汽车、潮汐、地热、生物燃料、碳捕获与储存以及核能等新能源方面的"绿色"技术所授权的专利。但湖南省绿色专利的发展与全国其他地区相比仍有较大的差距，仅以湖南省发明专利授权量为例，在全国仅位列第 17 位，尚未有一家湖南企业进入发明专利授权量前 10 位。另外，绿色专利技术领域的分布不均、绿色专利质量普遍不高、绿色专利技术缺乏有效的产学研平台，同时目前湖南省绿色专利制度在绿色专利申请、授权、许可及监督等方面都存在不同程度的问题，严重地制约了湖南省湘江流域绿色产业和绿色技术的创新和发展。

### （二）绿色科技投入强度有待提高

重金属污染具有隐蔽性和持久性，一直以来都是湘江污染治理的沉重的话题。近年来，湖南省大力推进湘江流域重金属污染治理技术创新，组织实施了一批与湘江流域重金属污染治理直接相关的科技重大专项以及"湘江流域重金属冶炼废弃物减排关键技术"等一批国家科技支撑计划、"863"计划项目，湘江重金属污染防治技术已经见到效果。

绿色科技的创新发展需要强有力的科技投入，但近年来湖南省绿色科技投入强度还有待提高。据统计，2014 年，湖南省全社会 R&D 经费投入强度（即 R&D 经费占 GDP 的比重）为 1.33%，低于全国平均水平 0.69 个百分点。在中部六省中位居第三，落后于安徽省的 1.89% 和湖北省的 1.87%，更是远远落后于发达省份。R&D 的投入强度不够，难以为企业"绿色"技术创新提供充足的资金保障，使企业的"绿色"技术创新能力、水平和竞争力一直处于较低的层次和水平。分地区来看，2014 年，湘江流域各地州市 R&D 经费超过 10 亿元的地区主要集中在长株潭城市群、环洞庭湖城市的岳阳市和唯一湘中城市娄底市 5 个地市；R&D 经费投入强度超过全省平均水平的地区有长沙市、湘潭市、株洲市和岳阳市 4 个地市；而湘中南的郴州市、邵阳市和永州市 R&D 经费均低于 10 亿元，娄底市、郴州市、邵阳市和永州市 R&D 经费投入强度均低于全省平均水平（见表 4 - 16）。

表 4 - 16　　　　　　2014 年湘江流域各市州 R&D 经费情况

| 地区 | R&D 经费（万元） | R&D 经费投入强度（%） |
|---|---|---|
| 全省 | 3270253 | 1.33 |
| 长沙市 | 1537128 | 2.15 |
| 岳阳市 | 394195 | 1.62 |
| 株洲市 | 341117 | 1.75 |
| 湘潭市 | 279493 | 1.94 |
| 娄底市 | 121991 | 1.09 |
| 郴州市 | 76767 | 0.45 |

| 地区 | R&D 经费（万元） | R&D 经费投入强度（%） |
|------|----------------|---------------------|
| 邵阳市 | 41056 | 0.36 |
| 永州市 | 23784 | 0.2 |

资料来源：湖南省统计局网站并经计算而得。

### （三）绿色科技公共投入有待提高

政府资金是企业开展科学技术研究的先导，政府资金的投入将直接推动湘江流域内企业进行"绿色"化改造。然而，湘江流域绿色科技投入中政府资金占比却低于全国水平。2014 年，湖南省 R&D 经费内部支出中，政府资金 50.09 亿元，占 13.6%，远低于全国 21.6% 的平均水平，在中部六省仅排名第 4 位（见表 4 – 17）。另外，科技资金使用效率有待加强。近年来，湖南省出台了一系列鼓励引导科技创新的政策措施，但这些政策原则性规定多，可操作性措施少，相互之间缺乏配套衔接，降低了政策效应。如制定鼓励企业"绿色"技术创新的税收优惠政策，大多局限于所得税方面，对国际上通用的加速折旧、投资抵免、延期纳税、专项费用扣除等间接优惠方式运用较少，形式单一，无法适应不同性质、不同规模的企业要求；又如政府采购政策没能很好地支持本地企业"绿色"技术创新。政府采购主要用于购买国外和国内大型企业的产品，对省内产品采购比例小，没能很好地发挥应有的调控功能，对湖南省企业技术创新支持有限。

表 4 – 17　　　　　　2014 年中部六省政府科技投入情况

| 省份 | 政府资金（亿元） | 政府资金占全部 R&D 内部支出比重（%） |
|------|----------------|--------------------------------|
| 安徽 | 85.42 | 21.7 |
| 湖北 | 97.84 | 19.2 |
| 江西 | 26.01 | 17.0 |
| 湖南 | 50.09 | 13.6 |
| 山西 | 20.33 | 13.4 |
| 河南 | 45.50 | 11.4 |

资料来源：湖南省统计局网站并经计算而来。

### 三 人才要素资源供给亟须加强

创新型科技人才和专业技术人才队伍是实现绿色科技创新、推进湘江流域绿色发展的重要载体和核心力量。但是，目前湘江流域绿色发展日益受到人才"瓶颈"的制约。

**（一）绿色科技人才分布不均，顶尖人才缺乏**

近年来，湖南省人才队伍稳步增长，为湘江流域绿色发展提供了坚强的人才保证和智力支撑。据统计，2014 年，湖南省专业技术人才高级职称人数为 23.3 万人，占 8.6%；中级职称 105.4 万人，约占 39%。而研究生人数为 13.7 万人，约占 5%；本科人数为 104.1 万人，占 38.6%（见表 4 - 18）。

表 4 - 18　　　2014 年湖南专业技术人员职称结构和学历结构

|  | 总量 | 高级 | 中级 | 初级及以下 |
|---|---|---|---|---|
| 数量（万人） | 270 | 23.3 | 105.4 | 141.3 |
| 比例（%） | 100 | 8.6 | 39 | 52.4 |
|  | 总量 | 研究生 | 本科 | 大专及以下 |
| 数量（万人） | 270 | 13.7 | 104.1 | 152.2 |
| 比例（%） | 100 | 5.0 | 38.6 | 56.4 |

但是，绿色科技人才分布不均，特别是绿色发展所需要的高层次创新人才呈现出部门、区域、学科等分布不均衡现象。一是部门分布不均衡。湖南省高层次创新人才绝大多数集中在高校和科研机构，企业进行绿色技术创新的高层次创新人才十分短缺。二是区域分布不均衡。湖南省高层次创新人才多数集中在长株潭等湘江下游地区，而娄底市、邵阳市、永州市等湘江中上地区高层次创新人才奇缺。三是学科分布不均衡。绝大多数高层次创新人才集中在传统学科以及信息技术、新材料技术、先进制造技术等学科领域，而"两型"社会建设所需的资源、环境等学科领域人才十分缺乏。湖南省工程院院士中环境科学领域的仅 1 人，近几年来，没有承担过国家"973"计划中能源和资源环境领域的项目；而承担的国家"863"计划项目中，资源环境技术领域项目也不足 4%，无法满足湖南省"两型"社会和湘江流域绿色发展的需要。

**（二）创新人才的评价、选拔、任用方式有待创新**

在创新人才考核评价中，不少地方和单位重学历职称，缺乏对人才实际工作能力和工作业绩的考核等；在职务晋升和职称评定中，存在论资排辈、不论实绩或者不以实绩为主的现象，存在急功近利倾向，过分强调论文数量或短期研究成果，忽视在某一领域内长期、系统的研究成果；人才计划遴选中交叉重叠较多，如湖南省 71 名"百千万工程"国家级人选（自然科学领域）中，有 24 名同时获得省科技领军人才、芙蓉学者或新世纪"121"人才工程的支持；人才使用上存在行政化倾向，对有造诣的科技人才委以行政官衔，既影响了人才的科研工作，又导致了一些科研人员不愿在科研一线而追求仕途，影响了湖南省高层次创新人才以及第一线专业技术骨干队伍的稳定。

（三）人才政策引力不足，科技人才队伍流失日趋严重

绿色创新需要绿色人才，要择天下英才而用之，必然需要实施积极的绿色创新人才引进政策。国家科技部 2014 年科技进步水平监测结果显示，湖南省的科技投入水平排在全国第 17 位，政策性科技投入不足的问题还比较突出，用于高层次创新人才培养专项计划引力不足。如湖南省新世纪"121"人才工程，省财政每年投入的资金仅为 200 万元；芙蓉学者计划自 2003 年启动实施至今，资助额度一直为 10 万元/人·年，其岗位名额相对湖北省、山东省、广东省市同类计划如楚天学者、泰山学者、珠江学者等偏少。相比之下，上海市、江苏省等省市出台了强有力的人才引导政策。上海市已于 2006 年出台《上海领军人才队伍建设实施办法》，领军人才可享受最高 30 万元的专项资助；江苏省已于 2007 年实施"江苏省高层次创业创新人才引进计划"，设立专项资金，每年从海内外引进 100 名左右高层次创业创新人才，对新引进人才一次性给予每人不低于 100 万元的创业创新资金资助；而且仅仅实施了一年，江苏省就把引进计划专项资金提高到 2 亿元。

# 第四节　绿色制度建设面临的困难与挑战

## 一　绿色发展制度建设及实施的困难与挑战

（一）对各级政府绿色发展的考核制度缺失

1. 对流域内各级领导干部治理绩效的考核注重 GDP，忽视绿色发展

虽然湖南省委、省政府近年来也明确要求湘江流域各行政区向绿色

发展转型，但对流域内的各级政府和部门以及领导干部的治理绩效考核仍然以 GDP 为主要指标，没有将资源消耗、环境损害、生态效益等指标纳入其中作为重要衡量指标。这种政绩考核机制决定了发展经济是各级政府的首要任务，官员为了追求 GDP 增长，将 GDP 增长指标层层分解到下级政府和所属部门、单位，甚至不惜违背经济规律，盲目上项目、办企业、搞投资，以牺牲环境和生态为沉重代价，换得任期内的经济增长，使发展不可持续，生态环境遭受严重破坏。

2. 领导干部自然资源资产离任审计制度、生态环境损害责任终身追究制度尚未实施，难以激励和约束领导干部的行为

领导干部离任审计制度已经实施多年，但主要是对领导干部离任的经济责任的审计，对资源节约利用、环境保护责任的担当以及经济发展是否以牺牲环境为代价的审计尚未开展。对一些不顾生态环境盲目决策，造成严重后果，特别是危害人民群众身心健康、损害人民群众生态利益、影响社会秩序稳定者，没有相应的制度来约束，没有追究责任，没有进行惩处；对于一些生态环境治理好、得到人民群众的一致认可者，也没有相应的制度予以表彰和晋升。

（二）生态环境准入制度建设滞后

1. 立法修法滞后

虽然国家层面基本建立起生态环境保护的法律法规，湖南省也出台了《湖南省水法实施办法（修正）》《湖南省湘江流域水污染防治条例》《湘江保护条例》《湘江管理条例》《湖南省大气污染防治条例》和《湖南省湿地保护条例》，但存在不少问题。

（1）有些法律法规已经不能适应发展的现实需要。如《中华人民共和国国土管理法》（以下简称《国土管理法》）、《中华人民共和国大气污染防治法》（以下简称《大气污染防治法》）、《中华人民共和国水污染防治法》（以下简称《水污染防治法》）、《中华人民共和国节约能源法》（以下简称《节约能源法》）、《中华人民共和国循环经济促进法》（以下简称《循环经济促进法》）、《中华人民共和国矿产资源法》（以下简称《矿产资源法》）、《中华人民共和国森林法》（以下简称《森林法》）、《中华人民共和国草原法》（以下简称《草原法》）、《中华人民共和国野生动物保护法》（以下简称《野生动物保护法》）等资源生态环境保护和管理的法律制度需要完善。有的配套法律改革政策迟迟没有出台，如

《中华人民共和国清洁生产促进法》（以下简称《清洁生产促进法》）、《中华人民共和国节约能源法》（以下简称《节约能源法》）、《中华人民共和国循环经济促进法》（以下简称《循环经济促进法》）、《中华人民共和国可再生能源法》（以下简称《可再生能源法》）等法律的相关配套政策和措施没有及时跟进，导致执行效果有待考证。亟须修订有关法律、法规、政策、标准，为绿色发展提供依据。这些问题导致地方政府往往根据自己的需要，选择性执法。环境保护与生态建设法律司法实践困难重重，其法律效能也就大打折扣。

（2）重要的生态环境保护领域立法存在空白区。在节能评估审查、节水、应对气候变化、生态补偿、湿地保护、生物多样性保护、土壤环境保护、核安全、荒漠化防治、野生动物保护、有毒化学品管理、臭氧层保护等方面，缺乏专门的法律法规。

（3）法律之间缺乏协调与配合。环境保护的法律、法规和规章之间，基本法与单行法、单行法与实施细则、国家法与地方法、环境法与其他相关法律之间不协调问题比较突出，存在相互重叠、脱节、矛盾和冲突，如《水污染防治法》和《中华人民共和国水法》（以下简称《水法》）在同一事项上存在矛盾和冲突，直接影响到法律的权威性和效能。财政、税收、金融、价格和补偿机制等各种经济手段之间缺乏互动和联动机制，政出多门，目的不一，难以形成政策合力，导致政策效果的力度有限。

（4）法律缺乏程序性规定和可操作性。环保法律法规具有法律所有的抽象性，导致其可操作性不强，运用不灵活。如执法机关的责任不明确，出现问题时，由哪些部门和哪些人负责、该怎么做、做不好的后果是什么等问题不明确；服务业和消费领域环境法规尚不健全、不规范，生产者责任延伸制度有待引入环保法律体系之中；自然资源产权权属不清晰，使许多事关生态文明建设的问题，如不动产登记，陷入无休止的扯皮和冲突之中。

2. 缺乏落实主体功能区规划的有效机制

主体功能区规划也是近年来在区域综合发展规划兴起的做法，但规划做出来了，却由于多方面的原因难以落实。

其一，各种规划分属不同的行政部门，种类繁多，体系结构复杂，各类专项规划彼此孤立，实际操作中协调起来非常困难，耗费大量的时间和技术成本，造成规划的时效性降低，规划的实际执行与规划偏差过大。法律体系中涉及各类规划的现行有效的法律共72部，分别规定了各类规划共113种，包括国民经济和社会发展规划、城乡规划、土地利用规划、生态环境保护规划、能源发展规划、电力规划、电网规划等专项规划。

其二，湖南省已出台主体功能区规划，涉及湘江流域的有65个县（市、区），但目前还未真正形成落实主体功能区规划的有效机制。流域内各县（市、区）在承接产业转移方面，强调加快项目引进较多，而明确具体的负面清单和动态调整机制未能及时建立与实施。

（三）生态环境管理体制没有理顺

1. 缺乏统一的生态环境监管主管部门

生态环境管理分权化、部门化和碎片化监管现象突出，难以形成监管合力。

（1）国家层面的生态环境保护部门职能分散、交叉较为突出，存在权力下放不够和监管不到位等问题，难以形成严格监管的强大合力。生态环境保护领域实行的是统管与分类相结合的多部门、分层次的管理体制，涉及包括环保、国土、林业、农业、水利等部门，存在职能重复、职能交叉的部分。如污染防治职能分散在环保、渔政、公安、交通等部门，资源保护职能分散在矿产、林业、农业、水利等部门，综合调控管理职能分散在发改委、财政、国土等部门。又如，对工业点源、农业面源、交通移动等全部污染源排放的所有污染物，对大气、土壤、地表水、地下水和海洋等所有纳污介质，实现不同领域、不同部门、不同层次的监管。基层生态环境保护部门被赋予的职能和担负的任务不匹配，存在"小马拉大车"的现象。

（2）各生态环境监管部门之间缺乏协调配合机制，存在多头执法、政出多门、权责脱节、监管力量分散、建设资金分散等现象，难以形成资金集中使用和严格监管合力。

（3）现行环境监管体制效能低。职能交叉、多头治理的环境监管体制需要多个部门、多个方面的配合才能实现生态环境的治理，由于部门利益、地区利益的驱动，往往出现互相推诿扯皮、争功避责的现象，即当对自己有利的事情发生时，大家蜂拥而至，争功争利；当对自己不利的事情或出力不讨好的事情发生时，大家消极对抗甚至互相推诿扯皮。这种生态环境管理体制在实际运行过程中，效率低，成本高，对生态环境保护与建设的实际效果差。因此，现行这种监管体制的权威性和有效性不够，难以对生态文明建设进行科学合理的顶层设计和整体部署，难以形成生态文明建设合力。

（4）生态环境保护监管能力薄弱，执法监督乏力。首先，缺乏对地方政府和相关部门进行环境执法监督的职能配置，生态环境监管人员严重不足，环境监管难以到位。其次，难以形成刚性约束。由于生态环境法律法规不完善，执法刚性不强，手段单一，生态环境违法行为惩罚力度不够，使违法成本低，形成不了对违法行为的震慑作用。再次，各级生态环境部门有的监管能力建设滞后，装备水平太低，调查取证、污染事故预警和应急反应等管理手段尚未适应依法行政的要求，制约了生态环境监管工作顺利开展，导致解决突出环境问题的政策措施打了折扣。最后，前置审批偏弱。一些新建项目，为了抢工程进度，采取边开工建设、边做环评报告，丧失了环评审批前置把关的屏障。

2. 缺乏社会公众参与机制

尽管湘江流域各行政区在公众参与和政府信息公开方面取得了比较明显的进展，包括制定了相关的法律法规和制度，为公众参与提供了法律依据。但公众参与范围和模式仍然受到限制。受自上而下决策模式、公众参与立法和技术操作上有待完善等因素的影响，公众参与的方式限制在信访和环境影响评估听证会、大众媒体和互联网的信息发布、环境非政府组织及专家对政府政策和决定的介入等方面。公众参与水平不高，参与能力不足。由于信息公开程度不够、公众对一些问题认识不深、掌握的信息不对称等因素的影响，公众无法提出建设性的意见，即使公众提出建议，有时也得不到回应，不能引起重视，导致公众认为自己的意见对于环境治理中的决策来说无足轻重，参与积极性不高，流于形式，参与的深度和广度不够，难以监督和制约政府决策行为和影响决策的执行效果与效率。

（四）市场交易机制缺失

1. 产权交易机制尚未建立

一方面，自然资源的产权权属不明晰；另一方面，节能量、碳排放权、排污权、水权交易等制度尚不健全，甚至缺失，市场资源配置资源的决定性作用难以发挥。

2. 有效竞争机制尚未建立

石油、天然气、电力等行业垄断经营，销售电价有效竞争机制尚未建立，如发电企业和用户之间市场交易有限，节能高效环保机组不能充分利用，弃水、弃风、弃光现象时有发生，个别地区窝电和缺电并存。

3. 资源价格机制尚不健全

（1）自然资源及其产品价格不合理。大多数资源价格未能反映我国自然资源的稀缺性市场供求、资源稀缺程度、生态环境损害成本和修复效益、生产安全成本等。自然资源及其产品价格偏低，无法在自然资源的开发和利用过程中发挥杠杆作用，导致一些地方政府为了快速发展和政绩工程，往往会以低价的自然资源来吸引投资；企业赚取更多的利润，过多地依赖高耗能产业，加速资源的消耗；高耗能产业伴随着高排放、高污染，加剧了生态环境污染和生态破坏，不利于资源利用效率提高和节约使用，不利于环境保护和生态保育。同时，自然资源及其产品价格偏低，加大了产业结构调整的阻力，使风力发电和太阳能发电等清洁能源以及新兴产业发展成本显得相对过高，不利于节能减排技术的创新。

（2）自然资源及其产品价格关系没有理顺。资源性产品之间的比价关系不合理，上下游之间传导不畅，煤炭和电力、天然气的上下游、原油和成品油价格的比价还不合理，特别是煤炭价格和电力价格之间冲突和矛盾长期积累，天然气出厂价格和可替代能源价格相比偏低，各地纷纷进行煤改气、油改气，争上以天然气为能源的加工项目，导致部分地区天然气供求矛盾突出。电力成本与销售电价脱节、输配电价与上网电价脱节，造成能源结构优化调整的难度大，制约了产业结构优化。

（3）市场化定价机制尚未完全形成。石油、电、水、气等资源仍以政府定价为主。政府对资源价格管制过多，一些本来可以由市场决定的资源价格，政府仍实行价格管制，一些需要政府监管的领域则明显监管不足。在能源资源领域，由于能源垄断经营体制和监管机制机构自身不足的影响，政府对一些能源领域价格缺乏透明的成本。

（五）生态补偿制度缺位

1. 初步建立的生态补偿制度在实施过程中存在诸多问题

总体来看，生态补偿力度较弱。

（1）补偿范围偏窄。现有生态补偿主要集中在森林、草原、矿产资源开发等领域，流域、湿地、海洋等生态补偿尚处于起步阶段，耕地及土壤生态补偿尚未纳入工作范畴。

（2）补偿标准不合理。由于生态环境价值评估技术不成熟等，很多补偿标准缺乏客观性，存在保护成本高、补偿标准低的现象。补偿标准在一定期限内固定不变，没有根据经济发展、居民收入水平提高、生态保护成本变化而适当调整。另外，有的补偿领域补偿标准"一刀切"，没有因地制宜，不适应不同生态区域的实际情况。

（3）补偿资金来源渠道和补偿方式单一。生态补偿以中央政府对地方政府的纵向补偿为主，资金来源于中央政府财政转移支付，地方政府、企事业单位补偿投入等明显不足。生态环境损害保险、非政府组织参与补偿、社会捐赠、生态补偿公益金等社会补偿模式严重缺失，市场化补偿模式尚在探索中，地区间生态补偿制度尚未建立。除资金补助外，产业扶持、技术援助、人才支持、就业培训等补偿方式未得到应有重视。

（4）生态补偿政策不持续。生态补偿多以项目工程的形式进行，如退耕还林、洞庭湖生态补偿、湘江源头生态保护区等生态建设工程，补偿资金既包括相关的建设资金，也包括对于生态保护过程中承受经济损失的居民补偿。而且不同的项目往往都有补偿期限，在补偿期限内，居民由于可得到补偿，所以会限制自己的行为。但当补偿期过了之后，如若当地仍保持传统的经济发展模式，有的居民为了生计会再次对生态环境进行破坏。

（5）补偿资金支付和管理办法不完善。有的地方补偿资金没有做到及时、足额发放，有的甚至出现挤占、挪用补偿资金现象。另外，生态建设、环境综合治理和生态补偿资金的关系尚未厘清。

2. 生态补偿配套基础性制度缺位

（1）产权制度不健全。自然资源产权制度不健全，所有权、使用权和管理权三权关系尚未理顺，而明确生态补偿主体、对象及其服务价值，必须以界定产权为前提，产权不够明晰，制约了生态补偿机制的建立。例如，湖南省集体林权、草场制度改革滞后，草原与林地权属存在较多争议。

（2）基础工作和技术支撑不到位。生态补偿标准体系、生态服务价值评估核算体系、生态环境监测评估体系建设滞后，有关方面对生态系统服务价值测算、生态补偿标准等问题尚未取得共识，缺乏统一、权威的指标体系和测算方法。生态环境的监测还存在一些盲区，重点生态领域的监测评估分散在各个部门，而各部门又各自为政，信息尚未实现共享，测算方法、标准不统一，不能满足实际工作需要。

3. 生态补偿相关政策法规建设滞后

（1）没有生态补偿的专门立法。国家在森林、草原、湿地、流域和水资源、矿产资源开发、海洋以及重点生态功能区等领域积极探索建立生态补偿机制，但是，目前还没有生态补偿的专门立法，现有涉及生态补偿的法律规定分散在《中华人民共和国环境保护法》（以下简称《环境保护法》）、《草原法》《森林法》《中华人民共和国海洋环境保护法》（以下简称《海洋环境保护法》）等多部法律之中，缺乏系统性和可操作性。

（2）现有的政策规章权威性和约束力不足。尽管近年来有关部门出台了一些生态补偿的政策文件和部门规章，如《中央森林生态效益补偿基金管理办法》《草原生态保护补助奖励机制》《矿山环境治理和生态恢复》等，但其权威性和约束性不够。

（3）现有的政策法规存在着有法不依、执法不严的现象。由于相关政策和法律不健全，造成管理上的混乱。生态补偿管理体制中，政府既是运动员，又是裁判员，缺少绩效评价和监督机制。而且在生态补偿机制运行过程中，权益相关者参与度不够。

## 二　文化和观念转变的困难与挑战

（一）发展理念滞后、落后

流域内各级政府绿色消费理念普遍缺失。政府为了经济发展，在城市化过程中的超标准建设、大搞形象工程和标志性建筑、在建筑风格上"求新、求大、求洋、求奇"等。这不仅造成了不必要的浪费，而且还影响到生产领域和技术创新方向。新城区建设如火如荼，城市建设出现"摊大饼"现象，大型广场、宽马路、宽敞的办公大楼、林立的一栋栋楼房等都占用了大量城郊优质耕地资源和林地资源。发展理念对经济发展方式的形成和转变具有重大影响，有时候甚至是根本的影响。传统的发展观维护传统的发展方式，一旦形成，会因其内在逻辑与存在基础，短期内难以消除，极不利于发展方式的转变。但发展方式的转型首先是从发展理念的转变开始的。对湘江流域地区来讲，绿色发展的理念仍然淡薄，在全社会还缺乏共识。主要有以下几个发展观念根深蒂固。

1. 唯 GDP 增长论英雄

改革开放确立了以经济建设为中心的指导思想，这些年来，以经济建设为中心逐渐异化为单纯追求 GDP 增长，不重视甚至忽视其他方面的协调发展，在生态环境方面，就是忽视生态环境保护。把 GDP 增长作为衡量经济社会发展成果和考核干部政绩的主要指标，导致各级政府和官员盲目崇拜 GDP。以破坏、牺牲蓝天、青山、绿水等自然资源来换取 GDP 增长的政绩观，导致雾霾天气、严重污染的河流和地下水以及大量的资源被消耗殆尽，造成人口与资源关系紧张。事实上，以 GDP 为主要指标的国民经济核算体系，只反映出国民经济收入总量，没有反映自然资源对经济发展的贡献和生态资源的巨大经济价值，没有反映生态环境恶化带来的经济损失，没有反映自然资源的耗减与折旧等。GDP 把各部门投入环境整治的费用计入部门总产值及增加值，把灾害修复投入也计入 GDP，这就导致一定程度的虚增长。通过粗放的经济发展方式，进行大量的资源投入创造 GDP 政绩成效，追求 GDP 高速增长，忽略 GDP 质量、人文环境和资源环境指标，用资源环境作为代价，一味地向自然索取，造成严重的生态环境问题。但是，要使一个地方从"GDP 崇拜"转为对绿色 GDP 的追求，却非一朝一夕所能改变。

2. 单纯重招商引资

唯 GDP 增长论英雄的一个自然逻辑就是单纯重招商引资。各级地方官员有的为了政绩考核、个人升迁的需要，通过制定一些优惠政策，包括免费或低价使用土地、水、电等政策，吸引大量投资，发展工业项目尤其是大型工业项目，投资数额巨大，这类项目的上马对于当地 GDP 的增长拉动效果非常明显。因此，不少地方政府都实行工业立市，铺摊子、上项目，不断加大投资力度，大搞重复建设，大上高能耗、高污染、多占地的重工业及化工工业。只注重招商引资，忽视许多引进的建设项目造成新的污染源而对地方环境造成负面影响。

3. 单纯重财政收入

自 1994 年我国实行分税制以来，地方政府的财政收入显著下降，地方政府的事权与财权不对应，特别是在环境保护、医疗卫生及基础教育、社会保障等公共服务领域。地方政府为了增加财政收入，实现更高的 GDP，往往对当地纳税大户和地方财政支柱行业的污染企业进行庇护，根本无暇顾及对资源的低效滥用、浪费及对环境带来的严重后果，有时甚至为企业挂牌保护，不让环保执法人员查处，公开限制环保执法部门依法行政，导致一些"特殊"的污染大户长期得不到有效的环境监管。

（二）绿色价值观和道德体系难建立

目前，湘江流域居民的社会绿色价值和道德体系尚未全面建立，主要表现在以下几个方面：

1. 消费主义日益盛行

把消费更多的物质资料和占用更多的社会财富作为人生成功的标签及幸福符号的行为在湘江流域还比较普遍，在生活实践中，无所顾忌和毫无节制地进行消费，以追求新、奇、特的消费行为来显示自己的身份和社会地位。① 出现挥霍型消费、奢侈型消费、超前型消费、炫耀型消费等高消费形式。从众、攀比和虚荣的消费心理，导致超前消费、过度消费、奢侈消费等不可持续的消费行为也较为盛行。一次性产品如雨后春笋般涌现，甚至许多耐用消费品，如冰箱、照相机、手机、汽车等，更新换代快，一旦市场出现功能更多、款式更新颖的新产品，旧的消费品很快就被抛弃了。追求名牌、豪华的包装等，一次性的、用过即扔的物品越来越多，不仅大大增加了资源消耗，而且造成了大量生活垃圾，使人类生活在一个垃圾世界中。企业迎合消费者的"消费主义"需要。以"多消费、少积累"为基本特征的消费主义在资本主义国家盛行后，迅速波及发展中国家，也影响到中国。在现代社会，顾客是上帝的经营理念，表面上是给消费者高贵的地位，实际上，不过是消费至上的代名词。企业为了利润，不断制造消费热点，生产大量的产品来迎合消费者的消费欲望。这种"大量生产—大量消费—大量丢弃"的模式，加剧了消费欲望的无限性与资源的有限性的矛盾。

2. 绿色消费观念还未深入人心

（1）湘江流域居民的绿色消费观念普遍比较淡薄。一项针对湖南绿色消费的调查显示②，有28.12%的被调查者认为，产品有无绿色标志对自己的购买影响不大；48.47%的人认为，有一定的影响；另有24.41%的人认为，没有影响。这样看来，有无绿色标志对购买行为影响较大的比例微乎其微，只占3%左右。这表明湖南省真正的绿色消费者还很少，绿色消费在湖南省还处于起步阶段，要真正蔚然成风，还有待于人们消

---

① 何小青：《消费伦理研究》，上海三联书店2007年版，第72页。

② 调查虽未直接针对湘江流域，而是针对湖南全省，但湘江流域涉及湖南省的65个县（市、区），占湖南省一半以上的行政区，流域的居民人口达4000多万，占全省总人口的将近70%，是湖南省经济发展的核心区域。因此，该调查结果能说明湘江流域的总体情况。

费观念的进一步转变。实际的调研也证实，湖南省绿色消费水平起点比较低。2006 年，湖南全省绿色消费指数仅为 0.2855，低于 0.3。在绿色环境、绿色生产、绿色消费和绿色文化 4 个指标中指数最低。2012 年，湖南省绿色消费指数提高到 0.442，仍低于 0.5，提升速度较慢。2006—2012 年，湖南省绿色消费指数先升后降再升，2010 年达到最高的 0.4609 后开始回落，2011 年降低到 0.4329，2012 年又略微升高到 0.442，但仍然低于 2010 年。从增速的变化趋势看，2006—2012 年，湖南省绿色消费指数增速的变化较为曲折，在 2008 年达到峰值后开始回落，2011 年增速甚至为负值，2012 年较上年也仅仅增加了 2.1%。

（2）绿色消费行为存在一定盲目性。由于绿色消费模式尚未普及，绿色消费理念尚待深入人心，消费者对于绿色消费的理解还只是表面了解，不够成熟、全面，容易形成"消费绿色"误区。消费对绿色产品并未形成主动、科学的辨别和选择，消费比较盲目。例如，家居装修时非绿色材料不用，装修时热衷于相互攀比，追求奢华。还有些并不深入了解绿色的内涵，只要见到"绿色"两个字，不问是否是真的绿色环保材料，就选择使用。

（3）消费者的环保意识普遍不强。消费者普遍具有较高的生态意识、环保意识以及责任感是现实绿色消费的终极支撑。但总体来讲，湘江流域居民的环保意识、生态意识、绿色意识还远远不能达到实现绿色消费的要求。"反绿色消费"在现实中还有很大的市场。有些人对环保漠不关心，只顾个人享受，不考虑社会、生态、环保对人类的影响，认为环保是政府的事情，应该由政府机构来解决环保问题，而其自身则做着破坏环境的各种行为，节约资源和保护生态环境的观念难以渗透到各级政府、生产企业和社会公众的自觉行动和行为中。

总体来看，湖南省绿色消费指数起点较低且提升速度绞慢，且有反复，在 4 个分项指数中起点最低，变动趋势为稳步增长后的回落和略微回调，增速实现了较高水平后迅速下滑。这说明，湖南省绿色消费基础还比较薄弱，绿色消费水平还不高。同时，由于居民在消费理念、生活习惯等方面具有较强的"路径依赖"，短期内难以改变，未来进一步提升绿色消费水平的难度较大。

# 第五章  湘江流域推进绿色发展战略的对策建议

推动湘江流域绿色发展是一项复杂的系统工程和长期任务，涉及产业、经济、社会发展和科技进步等各方面，需要付出长期艰苦不懈的努力。实现湘江流域绿色发展的关键是营造有效的体制机制和政策环境，转变传统的环境保护模式，通过法律、行政、经济、社会治理的手段与科学技术相结合，实行发展与环境预防、保护、治理相结合，监管与激励相结合，短期措施与长效机制相结合，促进个体效益与整体效益相一致，推动绿色发展。本章重点从湘江流域环境治理、绿色产业发展、绿色技术创新、绿色消费、绿色金融发展等领域提出相关对策建议。

## 第一节  湘江流域环境治理的对策建议

湘江流域是湖南的母亲河，也是湖南省发展的黄金地带，由于重化工业的历史遗留问题，城乡环境基础设施建设的相对滞后，流域降水分布时空不均，湘江流域的水、气、土、渣等传统环境问题治理压力依然较大。本节对水环境和水生态治理、大气污染治理、污染性土壤修复、生活/餐厨垃圾处置等湘江流域环境治理的主要领域提出相应的政策建议。

### 一  水污染治理的对策建议

湖南省水资源相对丰富，湘江流域水质总体较好，但城市水污染处理能力需要进一步提升，且处理后的污泥难以处置，乡村集镇污水处理厂运行费用不足，村庄分散型污水处理设施建设相对滞后，目前，相对较高的乡村污水处理标准难以落实，部分河段畜禽养殖污染较为严重。未来需要通过政府和市场两个平台强化资金支持，加强对特种废水处理等关键技术的推广，针对城乡不同的废水特征和设备网管运行特点进行有差别的水污染治理。

（一）加强持续性财政支持，为企业谋划完善融资服务

目前，国家对于污水处理的财政补贴连续性不够，对污水处理设备的正常运营监管不到位，导致对污水处理工程、设备保持运营的倒逼作用不明显，部分工程建成后闲置。建议继续实施补贴政策，地方政府应积极筹集资金，在保障建设经费的前提下，进一步保障部分运营经费，按照实施达标处理水量进行适当补助。湘江流域污水处理企业大多面临资金需求量大，但融资方式较单一的问题，建议完善直接融资服务体系，加快风险投资体系建设，制定更多的税收优惠及支持政策。

（二）加大政府采购对污水治理产业的引导，并加快信息服务平台建设

湘江流域污水处理领域存在信息渠道不畅通问题，政府应该制定严格的技术标准和要求，及时更新和升级《湖南省"两型"产品政府采购目录》，对于列入《湖南省"两型"产品政府采购目录》的产品，在政府采购活动中，从预算安排、计划审批到组织评审均给予优惠，确保优先采购。建立信息绿色通道，便于采购人将污水处理设备使用意见向省市财政及相关部门及时反馈，同时建立采购监管机制，对政府采购中违反相关采购政策的单位和个人进行通报。尽快建立完善的社会化企业信息服务系统，提供更多企业的需求信息，使污水处理技术、设备推广至更多企业和行业，加快其市场化。

（三）通过重大科技成果转化＋战略合作伙伴模式，加快关键处理技术设备的推广

依托中南大学在重金属废水处理等关键技术上的重大科技成果，在省内开展示范应用工程，并通过观摩交流会、发文、媒体宣传等方式，加大对这些示范工程、骨干企业和优秀技术产品的宣传力度，引导更多的单位和家庭使用这些技术和产品。深化技术成果收益权、处置权改革，在重大工程项目资金安排时，做好技术转移转化支出预算，按照项目绩效给予技术提供单位技术转让收入，并对科研负责人、骨干技术人员等重要贡献人员给予奖励。积极开展国际技术合作，与世界顶级技术联手建立战略合作伙伴关系。对于湘江流域重金属污染治理及下游洞庭湖生态保护等资源环境领域的重大难题，开展系列国际科技合作。引进技术，

依托园区，瞄准技术创新链、产业链的薄弱环节，增强公共平台和聚集功能，吸引相关企业和科研院所进驻。

（四）建立适用湘江流域的乡镇污水治理标准并配合PPP模式，开拓乡镇污水治理市场

目前，不少企业反映乡镇及农村的污水处理标准要求过高，使污水处理设备的成本及运营管理难度过大，难以大规模实施乡村生活污水治理。应根据实际情况，合理制定乡镇及农村的污水处理出水标准，使乡镇及农村能使用更经济、更实惠的污水处理设备。政府与企业合作成立PPP公司，利用政府与行业领军企业的优势资源，加大对乡镇、农村在污水处理方面的投入，并在人口集中度高的城镇，尽快完善相应的污水收集管网。

## 二　大气污染治理的对策建议

湘江流域中岳阳市、娄底市、株洲市、湘潭市和衡阳市都是湖南省化工、建材、冶金、能源等传统工业聚集地，城市大气环境改善的压力较大。而且随着空气质量标准的变化，按照GB3095—2012新标准，即使相对发达的长株潭地区达标天数也往往在60%以下，大气污染源治理的要求将随之提高并日益严格。针对湘江流域大气污染源特征，未来需要进一步在加强工业污染控制、强化锅炉脱硫脱硝、严格汽车尾气控制等方面加强管理力度。

（一）支持工业锅炉进行技术改造，设立专项引导资金

对现有工业蒸汽锅炉进行节能技术改造的，协助企业积极申报国家节能技术改造政策奖励，同时设立省级节能减排专项资金和环保专项资金，分别给予相应项目资金支持。凡燃煤工业锅炉不采用新型高效煤粉锅炉的，省级节能减排专项资金和环保专项资金不给予奖补政策支持。

（二）严格实施污染物总量控制，提高环境准入门槛

加强行业标准制修订工作，通过市场准入标准，规范企业行为，提高产品质量、技术、能耗及环保等准入标准。对湘江流域工业能耗较高的电力、非金属矿物、有色、化工、专用设备、通用设备、交通运输设备、医药、饮料、食品、电气机械、农副食品加工业12个部门，实施相对严格的能耗标准和大气污染物排放限值，完善二氧化硫、氮氧化物、粉尘设备配套和提标改造，逐步削减二氧化硫、氮氧化物总量控制指标。

（三）探索节能量交易，合同能源管理等市场化治理手段

出台《湘江流域各市节能量认证标准》《湘江流域各市企事业单位能耗分配导则》《湘江流域各市节能节量交易管理办法》《湘江流域各市节能未达标企事业单位管理办法》《关于支持湘江流域各市开展节能量交易和碳交易财税政策的意见》等创新型政策，对节能量认证技术工作进行规范，对第三方认证机构进行规范，并结合"十三五"节能目标，制订针对不同行业、不同企业事业单位的能耗配额分配方案；规范节能量交易的市场规则、交易平台、登记注册系统的建立、交易监管制度；利用行政、经济等手段对未达标企事业单位实行惩罚，罚款的价格必须高于节能量的成本价格，对提供虚假排放源登记信息、虚假减排量或者谋取非法利益等违法行为进行处罚；通过财税手段，鼓励企业加入节能量交易和碳交易试点，结合惩罚办法，利用财税政策对未完成节能指标的企业进行处罚。积极搭建企业合同能源管理项目对接平台，不定期召开合同能源管理项目对接会，组织节能服务公司和工业企业开展洽谈。对企业合同能源管理项目，实行支持，即在对企业相关项目奖励的同时，对有关节能服务公司也给予一定的资金补贴。鼓励社会资本积极参与大气污染治理项目，通过投资补助、特许经营等方式吸引社会资本参与大气污染治理基础设施建设、运营。

（四）加快淘汰黄标车，推进新能源汽车使用

湖南省现有的 15 万余辆黄标车中已经淘汰超过 60%，但仍有约 6 万辆黄标车及老旧车待淘汰。加强黄标车淘汰的宣传力度，协调财政、交通、环保等各部门工作，严格各环节检测，加大淘汰补贴力度，简化补贴流程，完善车辆信息系统，打击非法老旧汽车交易，严防报废黄标车回流至市场。优化新能源汽车推广模式，将对车辆购置的直接性补贴逐步转移到税费优惠和配套基础设施建设上来，采用整车租赁、电池租赁和回收、分时租赁、车辆共享等创新商业模式，将充电、加气设施纳入市政建设目标体系，按照安全第一、便捷高效的原则，简化充电、加气设施建设立项及项目竣工验收手续，规划设置新能源汽车专用。完善充电设施用电价格和充电服务价格，对向电网经营企业直接报装接电的经营性集中式充电设施用电，执行大工业用电价格，"十三五"期间，暂免收基本电费；同时，充换电服务费实行政府指导价管理，标准上限按不高于用油成本费用的原则。

### 三　土壤修复的对策建议

湘江流域的土壤污染情况较为明显，局部地区问题较为突出，存在一定的环境安全隐患。目前，湘江流域土壤污染主要以无机污染，特别是重金属污染为主，污染较重的区域主要是涉重金属企业及周边、采矿区及尾矿库、工业企业遗留遗弃场地、工业园区周边。土壤污染一方面对农产品安全造成威胁；另一方面也对水环境造成影响，湘江流域重金属超标种类较多，而下游洞庭湖有机污染超标率较高。下一阶段，需要在完善标准和监测体系、推广岳塘市场化修复模式、实行分区管理、开展土壤修复示范试点等方面入手，推进全流域土壤持续性修复。

（一）建设地方土壤环境保护法律体系，完善相关标准

结合湘江流域的实际情况，加快出台针对镉、砷、镍、锑、锰、钒、铅等特色污染物的地方性环境质量标准、污染物排放标准、修复限值标准，建立相关优惠政策，在提高土壤修复门槛和考核要求的基础上，促进土壤污染修复与治理产业发展。

（二）在全流域推广永清环保的"土壤修复＋土地流转"岳塘模式，加快构建"大土壤"格局

土壤修复领域虽然市场较大，但修复成本高，而修复地块多为历史遗留问题造成，难以找到污染方出资，完全由财政资金支持土壤修复的压力突出，"土壤修复＋土地流转"模式采用公私合作模式融资，企业和政府共同承担出资责任，对前期修复的土地，企业可以优先得到土地使用权或长期经营权，前期地块产业开发后，收益又可确保后续地块的滚动修复，由此解决了修复资金缺乏、企业风险较高的问题。同时，加快打造土壤修复产业链，建设"大土壤"格局，将土壤修复业务进一步拓展到前期技术咨询、风险评估、方案设计等方面，同时将土壤修复与大气治理、水环境治理相结合，将企业打造为具备"环境全科医生"能力的综合环境服务商，促进多类环境问题协同处理。

（三）提升土壤环境科技能力和监测监控水平

整合各市科研力量，建设一批土壤修复的国家、省级重点实验室和工程技术中心，设立一批关键修复问题的科技专项，培养锻炼一支专业技术队伍。完善土壤环境常规监测网络，提升市级、县级土壤环境监测能力，保障监测资金，完善流域土壤污染事故应急监测和应急处理方案。

（四）实施重点区域土壤修复试点示范工程，开展分区管理

在湘江流域株洲清水塘、湘潭竹埠港、郴州三十六湾等老工矿区和部分农业污染区选择不同类型的污染土壤，建设一批土壤修复试点示范项目，为其他地区实施土壤修复提供借鉴。将湘江流域按土壤环境分为土壤环境保护区、土壤环境监控区和土壤环境治理区，实施分区管理。对土壤环境保护区，实施土壤环境优先保护，如饮用水水源保护区、国家粮食主产区，严格项目准入，实行保护补偿，实行长期定点监测，确保土壤环境安全。对土壤环境监控区，如城镇居住区和农村居民集中居住区，严把项目审批，完善现有监测网络，实施重点监管，保障人居安全。对土壤环境治理区，主要是已受污染的主要地块，开展修复试点，针对不同污染程度，对轻度污染土壤调整作物栽培模式，实施化学修复固定，添加改良剂，恢复土地功能；对中度污染土壤，采用生物修复和客土置换等物理修复手段进行试点示范；对重度污染土壤，改变土地利用类型，不再用于农业用途。

### 四　生活、餐厨垃圾处置的对策建议

生活、餐厨垃圾处置问题是当前以及未来相当长一段时期内困扰湖南省的环境问题，经估算，按照常住人口 7000 万，城镇化率按 58% 估算，湖南省每年会产生城乡垃圾约 2100 万吨，若垃圾清运处理系统覆盖所有市镇居民的 80%，乡村居民的 60%，则需要新增生活垃圾清运能力666 万吨，新增生活垃圾清运量和当前全省市政垃圾清运量基本一致，即"十三五"期间，湖南省生活垃圾清运量可能翻番，而湘江流域 8 个地市的生活垃圾占全省总规模的一半以上。生活垃圾的处理目前主要采用填埋方式，但未来新建垃圾填埋场已难以获得批准，而垃圾焚烧发电项目，受限于选址难、建设周期长等因素而落地困难，湖南省规划在 2014—2016 年新建 24 座垃圾焚烧发电项目，目前投入运行的仅有 3 项，餐厨垃圾处理项目仅长沙市投入运行，因此，必须为生活、餐厨垃圾找到合理的处置利用渠道，降低最终处理量。

（一）推广武穴模式和苏州模式的相关经验，实现生活、餐厨垃圾一体化、链条化处理

推广武穴模式在生活垃圾处置中的应用，将垃圾收集与全流域业已成熟的城乡环境同治相协同，城镇生活垃圾转运收集后，由企业建设无害化垃圾焚烧项目或水泥窑协同处置项目，实现垃圾发电或制造水泥。

推广苏州模式在餐厨垃圾处置中的应用，由龙头企业全过程牵头负责收集、运输、处置餐厨垃圾，通过堆肥、水解、发酵等技术，利用餐厨垃圾配套建设有机肥、饲料、沼气、生物柴油、养殖蝇蛆等项目，实现餐厨垃圾的合法综合利用。

（二）完善部门分工和部门监管，堵死处理过程中的非法回收途径

生活、餐厨垃圾资源化，建立地方行政部门主要领导负责制，发改委做好垃圾收集、转运、处置工程规划，财政部门制定相关的税费优惠政策，科技部门引导核心技术和配套技术更新，环保部门加强收运许可监管和相关治理设施监管，公安部门加强对非法回收的打击，食品安全部门做好监督抽查等工作。实施收运动态监控，强化 GPS 卫星定位系统电子监控功能，数据与相关政府部门对接共享，实现台账电子化，杜绝非法回收现象。

（三）健全垃圾回收激励和约束机制

加强资金支持和税费优惠，将广大乡村地区涉农环保资金进行整合、打包使用，通过城镇城市配套费部分返还的形式，弥补治理资金的不足；对水泥窑系统处理垃圾给予一定的补贴，使其不低于垃圾焚烧补贴的水平；对支持餐厨垃圾综合利用处理的餐饮企业，不收取其垃圾处理费用。加强垃圾处置的考核考评工作，将生活、餐厨垃圾处理效率列入政府年度考核体系，按考核结果进行公示奖惩。

（四）构建垃圾回收处置全民参与机制

通过各种媒体渠道，进行生活、餐厨垃圾回收和综合利用处理方面的宣传，通过社会舆论，引导居民参与垃圾综合利用。创新商业模式，鼓励采用 O2O 等新模式进行资源回收利用，着力推进城市废旧物资回收利用体系建设，逐步打造集回收、交易、加工、服务于一体的城市再生资源产业链条。按照"统一标识、统一着装、统一价格、统一衡器、统一车辆、统一管理"的标准，在社区设立回收站点，为城镇居民提供便捷、诚信、环保的废品回收服务。

### 五　海绵城市建设的对策建议

除城乡水污染治理外，建设城市清洁、通畅的蓄水、排水系统也是城乡水生态保护的重要范畴。目前，随着湖南省城镇化进程的加快，城市逢雨看海、雨污不分、水生态恶化的情况越发严重，特别是市区植被覆盖率下降、道路硬化、"重地上轻地下"、自然水系消失加剧了城市内

涝的现象，未来有必要推进海绵城市建设，建设自然积存、渗透、净化的城市水生态系统，提升城市基础设施水平，防控城市自然灾害。

（一）强化规划引领，创新地方标准

要在城市控制性规划中纳入海绵城市建设相关指标（建筑与小区雨水收集利用、可渗透面积、蓝线划定等）。在水资源、园林、生态环保、城建等专项规划中，要充分衔接海绵城市建设要求。参考南宁模式，编制适合湘江流域各地市的海绵城市建设地方标准、技术规范、导则、指南，如城市开发雨水系统设施的设计标准、运行维护技术、施工、竣工验收技术规程等。

（二）加强蓝线分区管制、示范区和项目建设

在充分考虑自然生态空间格局的基础上，绘制城市蓝线，出台蓝线管理办法，与绿线共同构筑城市生态系统屏障。根据城市的不同功能、地表、地形状态、新老城区，确定不同类型的海绵城市示范建设分区，建立区域雨水排放管理制度，采取有区别的建设模式和实施路径。沿湘江流域各市要建立海绵城市建设工程项目储备制度，编制项目滚动规划和年度建设计划。

（三）加大财政投入和投融资鼓励

湖南省政府要加强海绵城市建设资金统筹，建设资金长效投入机制，设立海绵城市建设试点项目专项配套资金，整合各类财政专项资金（如城建计划资金、市政设施维护经费等），将海绵城市建设项目纳入地方政府采购范围。创新建设运营机制，采取政府购买服务、财政补贴、公私合作等模式鼓励社会资本的参与，在城市河道环境综合治理、城乡污水处理基础设施等建设领域，探索公私合作等多种新型融资模式试点。鼓励设计、施工、制造、金融等联合体采用总承包等方式，统筹组织实施海绵城市建设相关项目。鼓励银行业金融机构对海绵城市建设提供中长期信贷支持，积极开展购买服务协议预期收益等担保创新类贷款业务。支持符合条件的企业通过发行企业债券、公司债券、资产支持证券和项目收益票据等募集资金，用于海绵城市建设项目。

（四）明确部门监管责任

设立雨水总径流控制率、径流污染控制率、雨水资源化利用等刚性考核指标体系，强化项目绩效考核。推动各个职能部门加强项目监管，完善工作机制，湖南省发改委要将海绵城市建设项目纳入年度建设投资

计划，加强专项建设基金的支持；财政部门要积极推进公私合作模式，并给予必要资金支持；规划、国土主管部门要将海绵城市建设的指标和要求纳入用地条件；规划主管部门要将海绵城市建设的指标和要求纳入"一书两证"（选址意见书、建设用地规划许可证、建设工程规划许可证）审核范围；水利部门要加强对相关水利工作的指导和监督；建设主管部门要将海绵城市建设纳入施工许可范围、强化低影响开发设施的施工监管、将低影响开发雨水设施纳入竣工验收的重点内容，海绵城市相关工程措施应作为建设工程施工图审查、施工许可的重点审查内容，相关工程措施落实情况应作为工程竣工验收报告的重要内容。

## 第二节　湘江流域绿色产业发展的对策建议

加快生产方式的绿色化转型，通过生态文明建设，逐步形成科技含量较高、资源能源消耗较低、环境污染和破坏小的产业结构，大力发展绿色产业，培育新的经济增长点。重点要大力推进农业现代化建设，实现农业种植基地化、生态农产品生产规模化，鼓励绿色农产品做大做强，打造特色农业品牌；调整和优化区域工业布局，不断提升自主创新能力，以新兴技术工艺改造、提升传统产业，重点推进环保产业快速发展；以产业转型升级为引导，重点发展金融服务、现代信息、现代物流等生产性服务业以及文化、商贸等生活性服务业，大力培育发展新兴服务业，着力构建种类齐全、分布合理、功能完备的现代服务体系。

### 一　推进湘江流域农业绿色化发展

（一）推进农业产业布局与种植结构调整

发挥湘江流域自然生态资源和区位优势，以经济效益好和环境效益突出的优势农产品为重点，持续推进农业产业布局和种植结构调整。其中，长株潭地区主要发展优质稻米、无公害蔬菜、特色养殖、农产品精深加工，建设优质农产品生产、加工、销售中心和物流配送基地。衡阳市和永州市重点发展优质粮油、禽畜、特色果蔬生产和深加工，努力打造粤港澳农产品供应基地。娄底市和邵阳市重点发展优质稻、特色蔬果、中药材、竹木、乳业、油茶等，同时，适应丘岗地区地形特点，加大旱作农业的种植比率，积极发展节水农业。南岭—罗霄山生态农业区依托自身资源优势和主体功能区定位，重点发展高效经济林、果木林和道地药材、特色水果、经济作物等，积极发展山地生态农业，维护好湘江流域绿色生态屏障。

## （二）推动农业产业化发展与标准化经营

### 1. 支持龙头企业做大做强

优先培育产业关联度高、辐射带动能力强的大型农业企业，瞄准优质稻、特种猪、茶油、茶叶等湘江流域优势绿色农产品，支持企业开展技术改造，积极开发新技术、新工艺、新产品。积极发展与加工企业高规格配套的原料生产和供应基地，形成规模效应，逐步引导龙头企业向农产品加工园区聚集，形成产业集群。以高标准现代农业产业带建设为依托，推动大型农业企业、合作社和种养大户等强强联合，不断推进农业产业优化升级。

### 2. 推动绿色农业产业化经营

绿色农业发展和生态农产品的生产需要实现产业化经营，要将各地区特色无公害农产品、绿色和有机食品的品牌效应与现代企业的规模化专业化生产、市场化营销有机融合，相互促进，共同发展。要按照产业化发展的思路，进一步完善"以产品品牌为纽带、以大型企业为主体、以原料生产基地为依托、以农户参与为基础"的产业化运作机制，逐步实现农产品标准化生产和质量可追溯一体化经营。

### 3. 推进农业标准化生产基地建设

标准化生产基地的发展水平直接决定着绿色农产品的质量水平、产出规模和发展速度。绿色农业的发展必须以标准化生产基地为基础，以基地建设带动周边农户生产经营，并通过基地建设，把全过程质量管理、标准化和品牌化生产等现代工业理念引入农业生产基地建设。在基地发展中，要遵循"依托龙头、突出特色、连片开发"的指导思想和因地制宜、统筹规划的原则，逐步实现标准化基地优化布局、集约化生产和品牌化经营。

## （三）建立和健全农业科技支撑体系

### 1. 加强农业科技自主创新能力建设

要加强同中国农业大学、湖南农业大学、湖南省农业科学院等高等院校、农业科研单位的联合与协作，大力支持种业发展科技专项基金，引进和研发适应湘江流域生态环境需要的高产量、高质量、高效率的绿色农业新品种。引进和改造先进适用的现代农业机械设备、有机农药、化肥，重点抓好粮、棉、油、茶等流域优势农产品机械装备的引进和使用，鼓励有机肥料、低污染或无污染农药兽药等相关农业投入品的研发。

2. 大力开展农业技术推广和应用

深化农业科研、技术推广等相关机构的改革，采取激励和约束机制，鼓励农业科技科普人员深入生产一线，开展农业科学技术的推广和应用。支持高等院校、农业科研机构建设农业综合服务示范基地，采取产学研用相结合的模式，创建集研发、引进、孵化、产业化于一体的农业科技创新平台。

3. 抓好农民培训工作

将科普培训、绿色农业种植技术培训和转移就业培训三者有机结合，整体推进，全面提高农民的农业技术水平和转移就业能力。

4. 发展农业行业中介组织

坚持从流域生产实际出发，突出主导产业和先导产品的原则，重点围绕禽畜、水产养殖等优势产业以及优质稻、特色果蔬、油菜、茶叶等绿色农产品，大力发展农业行业中介组织，努力建成一批主导产品突出、生态和经济效益较好、地方特色明显的农民专业合作经济组织。

（四）强化政府监管能力与服务水平

1. 强化监督，规范管理

各级政府农业部门要把强化管理摆在更加突出的位置，要从创新管理机制和完善程序着手，规范无公害农产品、绿色有机食品生产、加工、销售、流通各个环节，定期或不定期地开展农产品生产环境、化肥农药残留水平和农产品生产质量状况的监测，确保农产品质量符合国家、省市有关标准和规范。通过强化生产监管、实施市场准入机制、完善源头追溯和责任追究机制等举措，全面提升流域绿色农产品质量。

2. 出台优惠政策，搞好优质服务

积极出台鼓励企业、农户参与无公害绿色农产品生产种植的相关优惠政策，实行激励机制，积极引导他们进入生态绿色农产品开发行业，并做好市场宣传和销售服务。每年安排专项经费，支持科研实力雄厚的大型龙头企业向无公害绿色食品研发、精深加工的方向发展。农业部门要切实加强技术与认证方面的相关工作，指导企业建立原料供应基地，协助企业完善质量控制体系，将高规格的全过程质量监控落实到基地、农户。

3. 创新利益联结机制

加强生产基地与企业、农户之间的利益联结，积极推广"公司＋基地＋农户"的产业化运行模式，鼓励企业以签署购销合同、开展股份化合作、租赁土地或以土地入股等多种形式与基地、农户结成利益联合体。通过行业协会，把政府职能部门、技术研发和推广单位、加工企业与农户紧密联系起来，建立统一提供品种、统一技术服务、统一投入品配送、统一收购、统一销售服务的绿色农产品生产销售服务体系。

## 二　推动湘江流域工业绿色化发展

2016 年 12 月，国务院批准了国家发改委出台的《促进中部地区崛起"十三五"规划》，湖南省成为中国的新型工业基地之一。围绕上述规划提出的要求，湘江流域必须加快推动工业绿色化发展，继而促进湖南省的"制造业向高端、智能、绿色、服务、集群方向发展"，并加快形成具有湖南特色的绿色工业体系。

（一）调整优化工业生产布局

依托自身的自然资源和区位、交通优势，瞄准"一带一部"、长江经济带、"两型"社会建设等国家战略以及《湖南省"十三五"发展规划纲要》《"绿色湖南"建设纲要》等政策文件，严格执行《湖南省主体功能区规划》中的区域主体功能定位，结合各地区工业发展实际，不断调整和优化区域工业生产布局，逐步实现工业布局的高效率、生产的低消耗低污染和要素流通的无障碍。

1. 长株潭地区优先发展战略性新兴产业

长沙市重点发展智能制造、生物科技、新材料、文化创意等高新技术产业；株洲市重点发展轨道交通、汽车、有色精深加工、现代医药等；湘潭市重点发展先进装备制造、汽车整车及零部件、精品钢材、电子信息、节能环保等产业，改造提升冶金、化工、建材等传统行业。

2. 衡阳市、郴州市、永州市、娄底市强化产业转型升级，推动传统产业改造升级，着力振兴老工业基地，同时，积极发展新兴产业

衡阳市重点发展输变电相关装备、汽车零部件、矿产开发及深加工、精细化工等优势产业以及现代生物、节能环保等新兴产业，大力承接产业转移，发展加工贸易。娄底市重点发展精品钢材、工程机械、特种汽车和电动汽车及零部件，加快发展新能源、电子信息等产业。郴州市重点发展有色金属、能源、新型建材、医药食品等产业。永州市重点发展电子信息、

新材料、新能源、汽车和机电制造、生物制药、食品加工等产业。

（二）不断提升自主创新能力

以长株潭国家级自主创新示范区建设为契机，着力构建以政府为指导、以企业为主体、以市场为导向、产学研有机结合的技术创新体系。以智能制造、现代生物、新能源新材料、文化创意等产业为重点，突出重大应用基础研究和关键技术联合攻关，组织实施一批"四化'两型'"重大科技专项，加快国家、省部级科技创新平台和技术服务平台建设与应用，推进军民深度融合发展，实现流域内科技创新能力的不断提升。同时，建立和完善自主创新的财税金融政策和激励机制，强化知识产权保护理念，促进科技成果转化和产业化步伐。优化高等院校专业设置和企业组织架构，吸引和培养一批学科带头人、科技领军人物及高级管理人才，强化科技创新的人才支撑能力。

（三）加大工业改造和结构优化升级力度

以湘江流域的生态容量为底线，坚持全流域治理和生态保护理念，坚决淘汰小煤炭、小造纸、小冶炼等落后产能，着力推进以钢铁、煤炭、化工等高耗能行业为重点的节能技术改造，严格控制"三高一低"行业新上项目和低水平重复建设。以郴州市、永州市和衡阳市为重点，严格控制湘江流域中上游的污染物排放水平，提升资源利用效率，强化重金属污染治理。以株洲市、衡阳市等老工业基地为重点，运用高新技术、先进适用技术和工艺改造提升传统优势行业，加快推进传统行业与移动信息、互联网等新兴行业的深度融合，全面推行清洁生产，着力实现产品产出的"两型"化与品牌化。以骨干企业为重点，以市场需求为导向，加快技术改造步伐，着力提升系统集成和服务增值能力，重点支持企业现代化制造、整机成套等率先突破，提高汽车（包括零部件）的规模化生产水平，加快发展新材料、稀贵金属冶炼、电子信息和浏阳花炮等一批新兴产业集群，最大限度地提升产业链的科技产品比重，引领带动全省产业转型升级。

（四）大力发展循环经济与环保产业

1. 大力发展循环经济

积极引进、借鉴和推广先进技术工艺，提高伴生尾矿、废矿石综合利用水平，显著提高选矿利用效率和资源开采回收效率。加快建立覆盖城市、城镇和乡村的资源回收利用体系，推广资源能源回收与综合利用技术，强化宣传科普，提升全民资源回收利用意识，全面提高资源综合利用水平。大力发展城市矿山、建筑废料以及厨余垃圾回收利用等产业，重点建设岳阳汨罗、郴州永兴国家城市矿产示范基地，长沙国家再制造产业示范基地等。

2. 加快绿色可再生能源开发利用

依托各地区自身资源优势，以市场需求为导向，加快风能、太阳能、生物质能、地热能等绿色可持续能源开发利用，加快推进一批风能、生物质能等集中式发电项目，着力创建国家级绿色能源示范县、新能源示范城市和园区，逐步降低能源消费中的化石能源比率，引导流域内能源消费结构调整优化。

3. 推动环保产业大发展

以国家大力发展环保产业为契机，以湘江流域治理为重点，鼓励水土气治理、重金属污染治理等环保领域技术研发与创新，加快大气和污水治理、土壤污染修复、农业面源治理、环境监测等领域环保装备和产品生产制造，大力创新环境污染第三方治理和研发、设计、综合环境服务等行业，不断丰富清洁生产审核、排污权交易等服务内容，突出发展环保服务业。积极推进大宗固体废弃物、生活垃圾、建筑垃圾等无害化处置和循环利用技术研发、装备制造和产品生产，逐步建立废旧资源回收利用和再制造体系。鼓励长株潭等有基础的地区整合环保产业链，打造集研发、创新、设计、生产、销售在内的环境治理和回收利用装备生产、环境监测仪器制造及环境服务产业集聚区。依托国家级园区循环化改造试点、"城市矿产"示范基地等平台，完善再生资源回收网络和交易市场，围绕废旧工程机械、废旧金属和稀贵金属、废旧电池回收利用等领域，延伸资源循环利用产业链条，打造中南地区最具影响力的资源回收利用和再制造产业集群。

**三 推动湘江流域服务业绿色化发展**

（一）强化服务业发展的政策支撑

2014 年，湖南省委、省政府相继推出发展服务业"十百千"工程和《湖南省现代服务业发展行动计划（2014—2017 年）》。各级地方政府应借此机会，加紧制定和完善本地区的服务业发展政策规划体系，尤其是服务业发展的第十三个五年规划。依照服务业集聚发展、融合共生的产业特性，依托历史文化因素和交通、区位优势，合理规划布局，汇聚优质资源和关键要素，努力培育重点产业和行业领军企业，打造现代服务产业园区和产业集群。同时，针对服务业发展的重要领域、新兴行业和重点企业，在税费减免、土地和资金优惠上给予适当倾斜，着力构建发展速度较快、门类较为齐全、服务效率较高、具备核心竞争力的现代服务产业体系。

（二）推动服务业重点领域快速发展

要大力发展与农业、工业关联度较大的现代物流业、金融服务业、信息服务业等，加快重点行业和龙头企业培育，要对交通运输、商贸、仓储、邮电等传统产业进行改造升级，努力培育成为主导型服务业。一是现代物流。重点建设长沙金霞、湘潭九华、娄底湘中等物流园区，发展粮油、冷链、航空、邮政快递等专项物流，打造物流产业示范基地。二是金融保险。以长沙市为中心，重点发展总部金融，不断推进环长株潭城市群金融一体化进程。三是商务服务。大力发展咨询、会计、法律等中介服务业，工业创意设计、广告策划等创意产业以及科技博览、商品展览等会展服务，重点把长株潭建设成为承接服务外包基地，打造梅溪湖等国际会展中心和长沙动漫基地。四是生活性服务业。要以满足人民生活需求为目标，不断提高生活性服务业发展水平，重点发展旅游、文化、商贸等服务业。同时，顺应现代服务业发展潮流，大力培育新兴服务业，加快互联网等新兴产业与服务业深度融合，着力发展电子商务以及商务咨询业，努力构建种类齐全、功能完善的现代商务咨询服务体系。

（三）加大投资力度，增强服务业发展后劲

当前，湘江流域内服务业企业多为中小型企业，资金投入不足、抗市场风险能力小是制约其可持续发展的主要"瓶颈"，因此，必须采取有效措施，加大服务业领域资金投入力度，实现服务业的可持续发展。一是不断提高政府投资中服务业的投入比重，加大对服务业的新兴行业、重点领域、龙头企业和重点项目的扶持力度。二是坚持以政府投入为指导，以金融信贷为支撑，以社会投入为主体的原则，建立多渠道、多层次、灵活高效的服务业投融资体系。引入公私合作模式，创新和优化利益分配与风险分担机制，引导民间资本进入服务垄断行业，鼓励社会资本投资新兴服务业，为新兴服务业发展提供资金保障。

（四）鼓励企业加强自主创新，打造品牌战略

加大服务业企业创新支出税费减免力度，在服务业发展专项资金和

服务业发展引导基金中注重对科技创新型服务企业的关键技术研发给予倾斜，不断提高服务业自主创新能力。支持有规模、有竞争力和具备行业发展前景的服务企业，通过兼并、重组、股份化改造等方式，建设具有较大行业影响力的大型企业或集团，带动行业跨越式发展。创新和完善政府、企业及行业协会联动的品牌建设工作机制，实施服务业品牌化战略，打造品牌示范建设项目，着力培育一批国际国内知名的服务业品牌，不断提升湘江流域服务业发展的影响力。

# 第三节　湘江流域绿色技术创新的对策建议

当前，解决环境问题的根本途径是依靠绿色技术创新，绿色技术创新能力滞后已成为阻碍湘江流域绿色发展的重要障碍。推进湘江流域绿色技术创新，需要紧扣《湘江流域科学发展规划》等各项发展战略，统筹协调各方利益，调动各层面的积极性，在绿色技术创新平台搭建、绿色技术自主创新能力提升，以及绿色技术创新人才引进培育等方面持续发力，尽快形成有利于促进湘江流域绿色技术创新的体制机制，全面构建湘江流域绿色发展新格局。

## 一　搭建绿色技术创新平台

推进绿色技术创新平台建设是实现湘江流域绿色技术创新发展的基础环节。通过搭建科研基础平台、产学研一体化平台，以及绿色技术创新服务平台，突出绿色技术成果的产出、转化和应用机制，才能实现科技成果产业化和创新化发展的终极目标。

（一）推进重大科研基地与基础平台建设

1. 争取国家重大科技基础设施政策支持

积极争取《国家重大科技基础设施建设中长期规划（2012—2030年）》中流域水污染预测模型开发，以及环境污染机理与变化研究模拟实验装置建设等国家重大科技基础设施落户湖南，重点提高流域水污染等预报预警能力。

2. 加大科研基地培育力度

强化绿色技术创新国家重点实验室和研究中心等国家级研发平台建设；优化省级科研基地和创新平台布局，培育和打造一批绿色技术省级重点实验室与区域创新服务中心，推进绿色技术创新能力和绿色产业技术创新服务能力提升。

3. 加大省内重大科技基础条件平台建设力度

推进科学数据、科技文献、实验动物等公益性科技基础条件平台建设，促进建成全省统一、开放共享的科技资源公共平台；支持市州和特色产业县（市、区）根据自身资源状况、产业特色和创新需求建设区域科技服务平台，力争能够认定3—5个国家级科技条件平台。

（二）推进产学研一体化和科技创新服务平台体系建设

1. 推进产学研深度融合

鼓励高校、科研院所和企业延伸产学研链条，支持高校、科研院所设立市场化研发机构，支持高校、科研院所与企业共建经济实体，鼓励企业创办国家和省级重点实验室、工程技术研发中心等，引导企业参与高校的早期研发，鼓励高校科研人员围绕绿色产业、企业关键技术需求开展科技攻关。

2. 深化国际国内产学研合作

依托国际大科学计划、大科学工程，与国外著名高校、科研机构和企业建立国际联合研究院等新型研发机构，大力引进国际一流高校和研究机构合作设立分支机构，发展一批国际科技合作平台和基地；深化与中国科学院、北京大学、清华大学、浙江大学等国内知名科研机构和高校合作，加快绿色技术引进和消化吸收再创新；加强知识产权国际合作，建设知识产权合作示范区，支持企业设立境外研发机构，利用全球智力资源开展技术研发活动。

3. 构建科技创新服务平台体系

创新公共技术服务平台建设和管理模式，推进科技创新平台和大型科研仪器设备开放共享，将湖南省内符合条件的科研设施和科学仪器全部纳入网络平台管理范畴，盘活科技资源使用，加强科技创新平台资源整合，推进多层次、多领域、多部门协同合作的网络化、特色化、专业化科技创新平台服务体系建设。

（三）推进绿色技术成果转化应用

1. 健全绿色技术成果转化利益分享机制

深化科技成果处置权、收益权改革，落实关于促进高校、科研机构科技成果转化的各项政策，鼓励绿色技术持有者以技术入股形式获取公司股份，对于技术转让或技术入股所得的净收益或股权，单位可按不低于70%的比例奖励科研负责人、骨干技术人员等重要贡献人员和团队；高校、科研院所的知识产权一年内未实施转化的，在成果所有权不变更的前提下，成果完成人或团队可自主实施成果转化，转化收益中的70%归成果完成人或团队所有。

2. 构建绿色技术成果转化应用的帮扶机制

面向湘江流域绿色技术创新和绿色产业发展需求，采取无偿资助、后补助、贷款贴息等多种方式，支持绿色技术重大项目的研发和产业化转化；加快专业化科技中介机构发展，构建技术交易、投融资等支撑服务平台，培育科技服务新业态，延展绿色技术创新服务链，对绿色科技企业向科技中介机构购买相关服务给予资助，打造绿色技术服务生态系统。

3. 构建知识产权服务体系

推进湖南省知识产权信息服务平台建设，提供检索、数据分析和供需信息查询等多项服务，公开销毁或处理假冒伪劣产品，公开审讯知识产权的侵权典型案例；大力发展知识产权代理、法律、信息、咨询、培训等第三方服务，优先安排绿色产业相关知识产权应用试点示范，为其提供知识产权分析评议、运营实施、评估交易、保护维权、投融资等多项服务，构建全链条的知识产权服务体系。

## 二　提升绿色技术自主创新能力

提升自主创新能力，掌握绿色产业关键技术是决定湘江流域绿色技术创新发展的核心环节。只有强化基础研究，掌握关键技术，坚决淘汰落后产能，壮大新兴绿色产业体系，才能抢占发展先机，赢得湘江流域绿色创新发展的主动权。

### （一）强化基础领域和关键技术研发

1. 强化基础领域研究和关键技术攻关

主要围绕资源与环境科学，遵循"立足重大领域、面向重大需求、突破重大技术"的原则，针对湘江流域水体水质、土壤环境、大气质量、生态环境质量等方面存在的主要问题，加强在水、土壤、大气、固体废弃物等污染防治及生态修复等方面的基础研究和关键技术攻关，突出绿色化、智能化和生态化发展方向，重点强化湘江流域生态保护和重金属治理方面的科技创新；探索基础研究和前沿技术研发的组织模式，组织实施一批绿色技术创新相关的省级重大科技专项和综合示范工程，努力构建"水—土壤—大气"协同治理、"工厂—农村—城市"资源协同循环、区域环境系统协同监管的关键技术和政策措施体系。

2. 强化协同创新机制建设

充分发挥长株潭国家自主创新示范区、"两型"社会试验区、湘江新区等国家级平台的叠加效应，积极推进长株潭协同创新机制建设，加强与湖南省毗邻的武汉城市圈、环鄱阳湖城市群在绿色产业前沿和关键技术研发应用等领域的对接交流，争取将长株潭建成我国中西部地区最重要的绿色科技创新中心。

（二）推进传统产业转型升级

1. 大力推动绿色产业技术标准制定和评估机制

积极推进与国际水平接轨的包括污染物排放、环境质量、节能标准及环保标识等各类绿色技术标准的制定，重点依托大型龙头企业，引导和支持建立以企业为核心的产业技术联盟、国家或国际产业标准联盟以及市场战略联盟，协调和集成各方面力量实现产业自主标准的建立。对新承担的绿色产业领域国家标准制定主要参与单位，给予一定的奖励。着力培育专业的第三方评估机构，通过完善绿色发展标准，对绿色生产和服务活动的风险及效果进行客观公正的专业化评估。

2. 积极引导传统产业企业转型发展

积极采用高新技术、先进适用技术对高消耗、高污染企业进行改造提升，坚决淘汰落后产能，降低低端、落后产能在产业体系中的占比，广泛开展循环经济试点，强化执行力和动态更新机制，倒逼企业采用绿色技术创新发展，推进传统产业向绿色化转型。

3. 完善传统产业转型升级评价激励机制

建立依托土地、资金、人才、环境容量等要素资源配置引导企业转型升级的管理机制，鼓励企业采取易地搬迁、入园发展、就地改造等方式进行技术改造、转型发展；构建产业转型升级评价机制，建立包括经济增长贡献、节能减排、空间利用、发展潜力等在内的企业评价制度，引导优质企业通过自主创新做大做强，倒逼低效企业转型绿色发展。

（三）培育壮大新兴绿色产业体系

1. 完善新兴绿色产业发展引导机制

建立并更新《湖南省战略性新兴产业（产品）发展指导目录》《湖

南省战略性新兴产业关键共性技术发展导向目录》等目录，引导要素资源向绿色产业和技术创新的重点支持领域集聚。

2. 强化新兴绿色产业企业的扶持力度

完善新兴绿色产业发展税收优惠、财政补贴等政策体系，加大对新兴绿色产业发展的专项引导资金支持力度，对符合条件的省内企业首次自主研发或国产化制造的首台（套）绿色产业相关重大成套技术装备，给予一定的奖励；优先安排首创性绿色技术应用试点示范，在政府采购（招投标）等方面给予优先支持；对在省内实现应用转化的绿色技术相关发明专利，给予一定的奖励或补助。充分利用股权、产权等多方交易机构，大力发展柜台交易，积极吸引风投基金和民间资本投资新兴绿色产业。

3. 健全新兴绿色产业产品和服务推介机制

加强政府采购或订购倾斜力度，逐步扩大绿色产业产品的采购范围，更加注重节能环保产品的全生命周期和科技创新水平，建立科学的公共绿色采购评价体系，鼓励各地在新兴绿色产业领域实施一批示范应用工程，激发商会等服务组织的作用，促进产销合作。

**三　强化绿色人才引进培育机制**

引进培育绿色人才是实现湘江流域绿色技术创新的重要环节。为了最大限度地发挥人才在绿色技术自主创新中的主导作用，需要通过大力引进高层次人才、不断培养本土创新人才、强化人才激励和评价机制，以优化人才服务环境来促进人才的合理开发和配置，引导人才发挥最大潜能，推进湘江流域绿色技术实现自主创新发展。

（一）强化绿色人才引进培养机制建设

1. 大力引进创新创业领军人才

加大对绿色产业创新创业领军人才的投入力度，制定和实施全省绿色产业人才引进及培养工程，在绿色产业领域，重点引进掌握国际领先技术、具有丰富科研经验和较强自主创新能力，善于研发转化先进技术成果、创制国际国内各类绿色技术标准，在湖南转化科技成果、引领产业跨越发展的海内外高层次人才和团队，特别是对于世界一流团队来湖南省从事绿色技术创新创业活动的，给予重点扶持；大力引进善于把握市场经济规律、吸附和转化前沿绿色技术成果、推动绿色产业商业模式创新的高成长性企业团队或个人。

2. 大力推进创新创业人才培养计划

坚持外引和内优相结合，重点加大对绿色产业高层次创新型科技人才、企业经营管理人才和高技能人才的培养力度。依托省内国家重点实验室、工程中心等各类重要平台，在本土优秀人才中遴选和支持一批具有国际或国内领先水平的绿色学科带头人；充分发挥创业导师的"传帮带"作用，启动"总裁培育计划""商业领袖训练营"等创业人才培养方案，针对创业领军人才、创业英才等初创企业的创业人才开展"一对一""多对一""多对多"辅导，助力科技创新人才成长为商业领袖。同时注重培养一批青年创业骨干人才，坚持实战导向，组织创业专家会诊、人才沙龙交流等活动解决人才在创新创业过程中遇到的难题；充分发挥企业在高技能人才、绿色产业人才培养中的主体作用，优化高等院校学科和专业设置，支持省内有实力的高校和职业院校加大绿色产业相关专业学科建设力度，鼓励采用订单式培养、校企共建企业等创新模式，推进校企深度合作对接，加强高技能绿色技术人才储备。

（二）强化绿色人才激励机制建设

1. 要改革绿色产业科技人员薪酬分配制度

坚持物质激励与精神激励相结合、直接激励与间接激励相结合的原则，鼓励用人单位探索年薪制、项目工资和协议工资制等薪酬分配创新模式，所聘任高层次人才报酬计入工资总额，不纳入绩效工资总量管理；鼓励高等学校、科研院所及国有企业向基层单位和研发团队放权，赋予领衔科技专家、学科带头人和科研带头人等高层次人才更大的科研经费支配权、研究人员聘用权、技术路线决定权和科研设备购置权；按照国家实施创新驱动发展的若干意见，在绿色技术研发和推广领域，率先推行完善相关制度，促进科技人员保留基本待遇到企业开展技术创新或创办企业。

2. 强化高层次人才的精神激励机制

畅通高层次人才参政议政渠道，充分发挥高层次人才参政议政的激励作用，加大高层次人才在"两代表一委员"中的比重，聘请其担任省市区各级政府的科技顾问、经济顾问、法律顾问等，为湖南省重大决策建言献策，发挥人才的智慧和作用；加强高层次创新创业人才的荣誉激励，开展优秀人才表彰、"创业之星"、"创新之星"等各项评选活动，树立优秀人才典型，发挥优秀人才的榜样力量。

（三）强化绿色人才评价机制建设

1. 要健全绿色人才分类评价体系

建立主要以能力、业绩和贡献度为主要依据的人才评价体系，对于绿色产业相关科技成果转化和研发应用型人才，建立健全与基础研究人才相区别的评价体系，突出对人才效益成果的评价考核。

2. 要建立绿色人才大数据库

通过大数据管理，动态收集和处理与人才相关的各种动态数据，实现绿色产业人才数据实时更新，人才评价实时生成。

3. 优化对绿色产业创新创业人才和项目的评价机制

按照"谁用人、谁评价，谁受益、谁评价"的原则，进一步扩大用人单位评审自主权，向由第三方专业机构和用人单位等市场主体评价人才的体制机制过渡，扩大风险投资机构、企业高管、高等院校专家等的评价权重，在紧缺人才和骨干人才等各类评选中，充分尊重用人单位意见；创新对绿色产业项目扶持的评审机制，完善"先评审、后考核"全链条的人才管理模式，建立政策扶持与考核结果挂钩的动态调整机制，根据考评结果，实行分类管理，督促人才及项目更好地产生效益，提高财政资金的使用效率。

（四）强化绿色人才服务优化机制建设

1. 大力推进绿色产业创新创业服务体系建设

利用大数据、云计算、移动互联网等现代信息技术，建设公开统一的创业云公共服务平台，为绿色产业相关创业者提供检验检测、研发设计、小试中试、技术转移、成果转化等社会化、专业化服务；大力发展众创空间，鼓励大学科技园建设以大学生为创客群体的创客空间，支持行业领军企业等社会力量对闲置厂房等进行改造，鼓励和支持创业咖啡、创业媒体、创业社区、创新工场、虚拟孵化器和前孵化器等新型孵化器发展，着力完善优化"众创空间—孵化器—加速器—科技园"的全链条创新创业生态环境；积极发展星创天地，鼓励农业科技园区、科技特派员创业基地、科技型农民专业合作社等建设农村星创天地，打造线上创业服务平台，为创客提供创业培训、培育孵化、示范推广、金融服务和市场营销等服务。

2. 大力推进高层次绿色人才服务保障体系建设

针对高层次人才，尽快建立落实人员编制、创业融资、户籍管理、税收优惠、出入境管理等各项保障扶持政策，畅通"绿卡"办理通道，为海外回湘的高层次人才开辟绿色通道，使其能够尽快取得"中国绿卡"；健全人才流动法律维护机制，建立健全知识产权、合同管理、服务年限、进入退出等方面的处置机制；提高高层次人才医疗保障水平，妥善解决人才在住房保障、社会保障以及子女入学等方面的问题，尽快建立与国际接轨的教育、医疗服务体系；搭建人才交流网络和服务平台，定期举办人才沙龙、人才疗养计划等活动，为人才学习、培训、交流、沟通、商讨业务提供平台。

# 第四节　湘江流域绿色消费发展的对策建议

湘江流域绿色消费发展的核心在于倡导绿色消费文化氛围，引导社会大众形成健康、绿色、低碳的消费生活方式，最终通过绿色消费生活引导或倒逼绿色生产方式的构建，通过绿色生产与绿色消费的良性互动，促进湘江流域经济社会的绿色发展。

**一　完善政府绿色采购政策**

强化政府在绿色消费实施过程中的主体地位，完善政府绿色采购政策是推动绿色消费实施的重要推动力。政府以其强大的国家财政作为后盾，有计划有目的地进行绿色产品及服务的相关采购，可以有效地引导企业和个人的消费方向。

（一）加强对政府采购绿色节能产品的综合研究

借助有关部门的力量对采购产品进行科学合理的前期分析，弄清楚何种产品是最节能的、最环保的，节能环保可以达到何种程度，节能环保产品的重点监控对象有哪些，短期和长期的能耗水平如何，这是政府实行绿色采购的基本前提和实施节能措施的重要依据，这样，才能制定出科学合理的政府采购绿色产品清单。政府采购不应仅仅只对某项产品要求节能，还需要对那些能耗占用涉及各种因素的一些系统工程、高端设备进行综合研究评估，对其整体系统效能或长期资源消耗水平进行综合效能评价，甄选出科学合理的优先采购产品清单。

（二）科学建立绿色采购认定办法

在具体实践中，建立政府采购程序性节能环保认可办法是切实可行的，即对于具体的政府采购项目需要符合什么样的节能标准和环保标准，经过科学论证后在采购文件（标书）中予以明确，当投标产品达到了所要求的相应国家（或行业）节能环保标准或某种节能认证时，就应该认为是达到了采购的绿色要求。这种程序性的规范认可办法是将多种标准"转化"为单一的认可标准，具有较强的可操作性和执行力。

（三）完善绿色采购配套措施，全方位加强绿色采购管理

在政府采购预算环节上，加强对节能能耗和环境污染的总体控制，实行政府采购节能预算管理制度；制定绿色采购工作招标过程中的监督管理制度，明确绿色采购的执行程序；加强对采购单位所需产品的节能环保事前审查，鼓励采购单位进行节能环保项目申报；对重点用能单位和环境污染单位，主要耗能设备和工艺、环保设备进行追踪管理、建立统计档案并作为今后采购控制的主要依据。

## 二　落实国家各项绿色消费政策

随着我国经济逐步走出金融危机，继家电下乡和家电以旧换新政策到期之后，2013 年推出的节能家电补贴政策也将如期退出市场。国家层面欲将目前的消费补贴门槛改为准入门槛，强化标准的倒逼机制和引领作用，形成政策补贴、强制标准和市场机制相结合的节能家电生产、消费体系。

（一）切实执行各项国家绿色消费政策

未来我国将进一步完善经济政策，研究扩大绿色产品消费的补贴政策。最近国务院已同意准备通过惠民工程，推行领跑者计划，对具有最好能效标准的产品和设备给予鼓励性政策，出台节能节水环保设备所得税优惠政策，完善资源综合利用所得税和增值税的优惠政策，研究抑制过度消费的税收政策，推广实施绿色信贷、环境污染责任保险、巨灾保险等政策，加大各类金融机构对节能低碳项目的信贷支持力度，建设绿色评级制度。以上国家层面的绿色消费政策为湖南省湘江流域绿色消费发展提供了很好的政策机遇，湖南省需制定相应的配套政策，在财政资金上设立专项资金予以经费支持，切实贯彻国家各项绿色经济政策。

（二）培育新的绿色消费增长点

绿色消费政策的制定和实施，不仅是引导居民进行绿色消费的重要手段，更有利于刺激新的绿色消费增长点。我国商务部近期透露，为培育拉动力强的消费增长点，将陆续制定配套的促销新政，新政可能与节

能相关，仍将涉及家电领域，覆盖面或超过此前家电以旧换新和节能补贴。相关部门负责人透露，对汽车、家电等消费有必要进行进一步的支持，如出台加大对节能汽车、节能家电等绿色节能产品的补贴力度，符合绿色标准的上述产品有望获得13%的补贴额度。可见，商务部已将节能绿色产品作为新一轮消费刺激政策的着力点，除节能汽车和节能家电外，绿色家具和绿色装饰装修材料下乡将成为新亮点。为了促进湖南省绿色消费市场的可持续发展，省委、省政府需结合本省绿色产业发展和绿色企业需求，向国家层面争取相应的绿色消费政策，同时出台地方产业调整政策和扩大绿色消费政策，助推湖南省本土绿色消费品的增长，创造新的绿色消费热点。

### 三　强化农产品安全保障的财税扶持

民以食为天，保障食品安全需从源头抓起。湖南省是农业大省，湘江流域的农产品是否绿色、有机、健康是绿色消费发展的重要方面，因为大多数的湖南省农产品是由湘江的水浇灌的。

#### （一）农产品安全生产的财政扶持

要保障居民的食品安全，首先要将财政扶持延伸到田间地头。从食品安全资金投向来看，湖南省财政每年应投入一定资金，用于支持绿色食品生产的龙头企业、农民专业合作社和农业生产大户，促进绿色食品（农副产品）规模化、集约化生产和经营。在税费优惠上，给出"厚实"的让利政策，对绿色食品加工企业，实行一定额度免征税政策；对市级（含）以上从事绿色食品加工的龙头企业，全额补助其缴纳的地方留成部分的企业所得税；对金融机构农户小额贷款的贷款利息收入免征三年营业税及附加税费。

#### （二）农产品质量认证和食品检测的财政扶持

湖南省财政对新获准认证无公害农产品、绿色食品、有机食品和地理标志农产品的生产企业和农民专业合作组织要给予适当补助。大力推行"认证＋基地"的农产品生产供应模式，采取"以奖代补"方式，对获得无公害农产品、绿色食品、有机产品质量认证以及进口国农产品质量认证并达到一定规模的标准化生产基地进行奖励，引领广大农民通过合作社或龙头企业带动不断扩大认证基地规模，增加优质农产品市场供应。同时，加强食品检验检测能力建设，在对现有食品质量检验检测机构进行能力评估的基础上，统筹规划，合理布局，均衡配置，逐步建立覆盖各区县（自治县）、生产加工各环节、兼顾风险监测和质量检验的检测机构体系。整合资源，加大资金投入，加快建立重点食品和高风险食品日常监测机制。

（三）农产品质量安全举报奖励的财政扶持

强化公众参与，建立农产品质量安全举报奖励制度，设立举报奖励专项资金。举报奖励专项资金由省财政按年度核拨，专款专用，接受审计、监察等部门的监督检查，大力提高湖南省群众举报食品安全问题的积极性，有效地扩大社会监督影响力。有关部门根据举报线索，查处重、特大食品安全案件，消除重大食品安全隐患的，可以给予举报人最高不超过 20 万元的奖励。对于举报违法制售、使用食品非法添加物、生产假冒伪劣食品的地下"黑窝点""黑作坊"等人员，以及生产经营单位内部或者食品业内举报人员，应提高奖励额度。同时，扩大受理食品安全违法行为的举报奖励范围。其中，新闻媒体及媒体工作者在公开披露食品安全违法案件前，主动与有关部门协作，提供案件线索或者协助调查处理，经查证属实的，也应受到奖励。

**四　实施各项绿色消费战略行动**

绿色消费发展需要落实到各项实际行动中，湘江流域的绿色消费发展，需要通过一系列绿色消费战略行动来实现，政府要给予这些消费行动以一定的财力支持。

（一）绿色消费积分行动

在大型商场或超市开展各种类型的"绿色消费积分"宣传，电视、网络等新闻媒体加大跟踪报道力度；对购买符合一定节能标准的空调、冰箱和数字电视的消费者返还"环保积分"，所获积分可用于兑换消费券；由省发改委牵头，环保部门和商务部门参加，具体指导工作；科学制定"绿色消费积分"的商品目录；合理设立"绿色消费积分"的补贴基金；精心组织"绿色消费积分"制度的实施。

（二）垃圾分类回收行动

以政府、新闻媒体为主，在校园、社区及其他公共场所广泛分发垃圾分类手册；环保部门制定非常详细的垃圾分类细则，公布强制回收产品目录；由各级财政拨款采购，合理设立垃圾分类回收箱；调整垃圾处理费，改为"从量收费"；对废旧用品回收站，实行免税收的优惠政策，同时加强对废旧用品的环保管理；制定详细的城乡垃圾分类管理办法，必要时，实行一定的行政处罚与经济处罚。

（三）政府机关节能行动

强制要求各级政府文件每张纸都双面打印，字体控制在小四号字以下；废旧纸张、旧电脑、电池、灯管、信封等办公用品要求回收利用；文稿用纸尽量双面使用，淘汰使用一次性纸杯；规范办公电话使用，减少通话时间；控制会议数量，压缩会议时间和规模，提倡视频会议与网络办公；政府工作用餐采取自助形式；加强用水用电监管，建立能源消耗监测系统，对各机关的能耗状况进行实时监测；推行公务车能耗核算制度，建立"公务车编制管理系统"，强化对公务车使用的监督。

（四）低碳交通行动

交管部门要大力发展公共交通，科学合理规划交通系统；加强汽车年检的排污油耗标准审查，不符合标准的汽车，要求整改或报废；开设高速公路的绿色通道，以配合拼车行动；加强上下班时期的交通疏导与管理；普通民众要少开车，多选择公共交通，多走路或骑自行车；选购小排量汽车与混合动力汽车；科学用车，注意保养；掌握必要的家用汽车节能技巧；鼓励政府工作人员骑自行车或电动车上班，并实行一定的奖励补贴。

**五 增强绿色消费发展的体制保障**

湖南湘江流域要实现绿色消费发展战略，在体制保障上，要以绿色消费品市场为共同载体，从居民、政府和企业三个层面创新绿色消费发展的三大机制，即居民绿色消费需求的科学引导机制、政府对绿色消费发展的宏观调控机制和企业绿色生产的市场引导与监管体制。

（一）构建居民绿色消费需求的科学引导机制

通过重塑绿色消费价值观与增强绿色消费的社会责任感，实现对居民绿色消费需求的科学引导。一是实施全民绿色消费教育行动。在全民消费教育活动中，强调绿色消费教育，建立面向家庭、社区、政府与学校的全方位的绿色消费全民教育体系。尤其要加强学校（从幼儿园到大学）的绿色消费教育，包括环保教育、低碳教育和节约道德教育。二是实施全方位的绿色消费宣传行动。组织各种覆盖面广、持续时间长、宣传方式多样化的节能环保宣传活动。利用各种新闻媒体，包括电视、广播、报刊、网络以及其他户外载体，设置固定的绿色消费专栏，增加绿色消费的公益广告。三是坚决抵制西方消费主义文化。加强绿色消费文化的正面宣传，对私人消费，要加强绿色消费道德的舆论引导，倡导理性消费、低碳消费、文明消费。对集团消费，要加大消费监管力度，禁止假公济私、铺张浪费的"面子消费""奢侈消费"行为。尤其要加强对公务消费、政府官员及其家人消费的监督。四是完善绿色消费的公众参与机制。明确消费者作为公众有责任和义务去保护环境，节约资源，并且应该付出一定的金钱来弥补对环境造成的损失，如缴纳生活污水处理费、垃圾处理费、危险废弃物集中处理费等。通过听证会、热线电话、公众信箱和社会调查等多种形式，拓宽重大项目的环境影响评价的公众参与平台。

（二）构建政府对绿色消费发展的宏观调控机制

通过加强绿色消费发展的顶层设计，以及完善绿色消费发展的政策体系，实现政府的宏观调控目标。一是制定绿色消费发展的中长期规划。深入消费生活实际，把握绿色消费现状，了解居民绿色消费需求趋势，合理提出湖南省绿色消费发展的阶段性目标与具体领域的目标，设计总的绿色消费发展思路。二是制定绿色消费发展全民公约。以通俗简单的语言，制定绿色消费发展的全民公约，如"十禁止十倡导"，通过各种媒体广泛宣传，让绿色消费全民公约真正成为居民消费的消费道德准则，指导居民绿色消费的具体消费行为。三是制定节能减排推进政策。实施GDP能耗公报制度。环保部门定期公布主要污染物减排情况和重点监控企业年度污染物排放等情况，大力推广节能省地环保型建筑，推动建筑物与可再生能源一体化进程，以普及新能源公交为重点，推进交通运输节能减排。四是制定产业结构调整政策。加快发展新能源和节能环保产业，大力扶持风电、核电、生物质能、太阳能光伏发电设备等新能源装备制造产业发展壮大，大力推动光电子、通信设备等特色优势产业快速发展，大力发展软件及信息服务业，重点发展高效经济林、速生丰产林、花卉苗木、中药材产业及生态旅游业。五是制定针对政府和企业的绿色考核制度。通过法规，规范地方政府绿色发展的权利和义务，推行"绿色GDP"考核制度，将实施绿色发展的评价指标纳入地方的经济核算体系和政府官员的政绩考核，建立环保投资市场化运营机制。

（三）构建企业绿色生产的市场引导与监管体制

通过制定合理的价格政策以及市场监管制度，实现对企业绿色生产的市场引导与监管目标。一是制定合理的绿色产品价格政策。要制定合理的价格政策，以补偿对环境的治理费用和保护稀缺资源的费用，对绿色产品的生产和销售，实行优惠价格，引导人们积极消费绿色产品；制定合理的税收政策，对浪费性消费和污染环境的消费课以重税，而对绿色产品的生产给予适当的税收减免，以降低厂家成本，促进绿色生产和绿色消费的良性发展。二是建立低碳产品认证制度。大力推行低碳产品认证标识，使居民低碳消费选择目标更为明确，使低碳品牌产品深入人心。要积极配合国家低碳消费政策，加快推行低碳消费市场的低碳产品认证，广泛推荐与宣传已获得国家低碳产品认证的消费品，以此引导居民低碳消费行为。三是推行"碳足迹"标识制度。借鉴和学习日本"碳足迹"制度与低碳产品领跑者制度，首先从食品、饮料和洗涤剂等人们关心的、大量消费的消费品入手，从原料调配、制造、流通（销售）、使用和废弃（回收）五个阶段标识排出碳排放量，计算碳排放总量，并且告知广大消费者。率先在汽车、空调、冰箱、热水器、建材等多种消费品上，实行低碳产品领跑者制度。四是强化绿色产品市场监管。完善相应的市场准入制度，减少能源密集型的产品大量进入市场；组织开展能源及耗能相关产品专项打假活动，强化能效标识和节能产品认证工作执行情况检查，建立完善的能源和耗能相关产品质量监督制度，制定环境保护法律规范、环境保护标准以及政策制度等，有效地监督企业的违规行为，并予以严厉制裁。

## 第五节　湘江流域绿色金融发展的对策建议

绿色金融是遵循市场经济规律的要求，以建设生态文明为导向，以信贷、保险、证券以及其他金融衍生工具为手段，以促进节能减排和经济资源环境协调发展为目的的行为。广义上看，绿色金融是指有利于推动环境保护的金融措施的总和；狭义上看，是指绿色信贷、绿色证券、绿色保险等方面。[①] 推动湘江流域绿色金融发展，重点要从创新完善绿色金融工具、产品以及支撑政策等诸方面着手。

---

① 蒋俊毅：《城市群生态文明制度创新》，湖南人民出版社 2015 年版，第 161 页。

## 一 推动湘江流域绿色金融工具创新

### （一）鼓励发展绿色信贷

湘江流域内的各类银行应将建设"绿色银行"作为银行中长期业务规划的目标，把推进绿色信贷作为信贷结构调整和践行企业社会责任的重要抓手，深入贯彻落实国家关于加快推进生态文明建设的要求，将低碳、节能和环保理念有机地融入信贷政策，积极推动绿色信贷与综合服务创新。湖南省政府和流域各地市可安排专项资金设立担保基金，为企业绿色信贷提供担保与贷款贴息，降低企业绿色发展的融资成本和贷款风险。鼓励银行支持湘江流域产业转型升级、节能减排、重金属污染治理等绿色信贷项目，并将节能减排的各项标准与行业、企业、项目的信贷准入标准有机融合，确保信贷资源投向绿色信贷领域。建立信贷退出机制，对湘江流域不符合节能环保要求的客户和项目实施主动信贷退出，实施"环保一票否决"。

### （二）推进发行绿色债券

绿色债券是指募集资金主要用于支持节能减排技术改造、绿色城镇化、能源清洁高效利用、循环经济发展、水资源节约和非常规水资源开发利用、污染防治等领域的企业债券。湘江流域应按照国家发改委颁布的《绿色债券发行指引》，协助有关企业自愿申报绿色金融债券，充分发挥金融债券的融资作用，推动相关企业尤其是湘江流域内纳入碳排放管理和交易的企业，实现绿色低碳转型发展。

### （三）开发生态风险缓释工具

湘江流域绿色金融发展应逐渐改变以债权工具为主的融资结构，推动股权融资工具及风险缓释工具的发展，包括大力发展绿色信用担保、绿色融资租赁等。绿色信用担保将信誉证明和资产责任保证结合在一起，担保人提供担保，以提高被担保人的资信等级来获得融资，担保人也可以凭借其在生态绿色领域的特殊表现，获得担保，提高资信等级，从而缓解生态环保企业融资资信不够的困境。融资租赁实质上是转移与资产所有权有关的全部或绝大部分风险和报酬的租赁，绿色融资租赁的大致运作模式是：融资租赁公司购买企业的大型环保设备等绿色资产，租赁给企业，以承租人占用融资成本的时间计算租金。此外，银行可建立绿色信贷资产池，适时开发绿色信贷资产证券化产品。

（四）重点关注互联网金融在生态领域的运用

可利用互联网金融公司受众面广的渠道优势，将绿色融资模式推广到市场和大众。首先，发展"碳中和"小额信贷。鼓励申请小额贷款的企业花少量资金购买减排量实现碳中和，并获得信用评级的加分。其次，发展以绿色环保为门槛的信贷。借款企业购买碳减排份额，作为资信担保，对于符合绿色环保标准的企业给予贷款利率上的支持。再次，以互联网金融公司为平台进行低碳项目众筹。发挥互联网金融渠道优势，吸纳社会资金，补充绿色信贷资金来源。最后，可将互联网金融公司的绿色信贷资产打包出售，进行资产证券化；或者企业以碳资产作为抵押向互联网金融公司进行贷款，互联网金融公司再将碳资产以某种方式进行证券化。

## 二　推动湘江流域绿色金融产品创新

（一）推出绿色保险产品

保险的绿色化也即绿色保险，它是绿色发展过程中为解决环境问题风险而提供的一种保险制度安排和长期治理机制。绿色保险的作用机理在于，通过保险产品的绿色化设计，将低碳、环保等绿色发展理念融入保险产品中，从而达到经济社会活动"绿色化"的目的。[①] 一方面，在保险产品绿色化设计上，要将绿色发展理念融入新开发的保险产品中，注重对传统保险产品进行改造，通过嵌入绿色发展理念，让其"绿色化"，如车险、财产险、人身险、责任险等传统产品均可采用这种方式。另一方面，发挥保险资金规模大、期限长的优势，将绿色发展理念融入投资决策中，通过股权投资、债权投资或其他方式积极投资环保领域，支持节能环保、新能源、生态建设等绿色低碳产业发展。

（二）发行绿色基金产品

绿色基金是指基金管理公司管理的专门投资于能够促进环境保护、生态平衡事业发展的公司股票的共同基金。国外实践证明，这类基金的投资效率并不一定比一般投资基金的投资效率低，并且由于这类基金的投资目标更加合理，能够规避环境风险，因此，从长期来看，总的投资收益反而有可能高于一般投资基金。湘江流域可以借鉴国外经验，推出绿色基金，专门投资于环保相关或环保措施做得好的企业，在取得收益

---

[①] 杨孟：《以绿色保险助推绿色发展》，《中国经济时报》2016 年 8 月 29 日。

的同时，也保护了环境。在操作层面，可以通过省政府或地市财政划拨一部分资金、设立环境税或收取企业排污费等方式筹集绿色产业基金，对绿色企业产品开发进行直接投资，或以投资控股的方式，对与生态环境密切相关的企业进行积极的资金渗透，促进企业不断提升环保技术水平。

（三）开发绿色金融衍生产品

金融衍生产品是指其价值依赖于基础资产价值变动的合约。排污单位通过治理污染，如果实际排污量低于允许排污量，该排污单位就可以向主管机构申请排放减少信用（等于实际排污量与允许排污量之间的差额）。在美国，法律已赋予排污权以金融衍生工具的地位，允许其以有价证券的方式在银行存储，并且储存的信用可以用于出售转移到其他工厂。类似的产品还有天气衍生品，国外的天气衍生品市场已得到快速发展，交易量显著增长，交易品种日益多样化，成为金融衍生品市场中最具活力的市场之一。湘江流域应探索开发有关天气衍生品和排放减少信用等金融衍生品。

### 三 推动湘江流域绿色金融发展支持政策创新

（一）完善支持绿色金融发展的财税政策

绿色金融政策具体包括在银行贷款额度、贷款利率、还款条件等方面，对企业开发和生产绿色产品在税收方面给予减免。财政预算支出方面，可增列绿色金融发展项目，使财政预算支出成为绿色金融发展资金的重要保证。对于支持节能减排、循环经济、零排放和低排放项目或企业的银行贷款，建议财税部门出台诸如财政贴息、税收减免、税前计提准备、坏账自主核销等优惠政策，以及提供风险补偿和设立担保基金等措施。

（二）完善支持绿色金融发展的信贷政策

绿色信贷政策的重点是实行差别化信贷政策，使商业银行开展绿色金融有利可图。同时，取消对商业银行绿色贷款的规模控制，降低企业绿色贷款门槛。对出现一些变相违反"绿色信贷"的银行进行惩罚。环保部门应加强与银行的信息交流，逐步建立信息沟通机制，为银行开展绿色金融提供信息和技术支持。完善"绿色信贷"目录指引、项目环保标准和环境风险评级标准。

（三）支持建立湘江流域政策性生态银行

生态银行是以促进生物和生态事业发展为目的而经营信贷业务的银行。1988 年春，首家以保护生态为目的的银行在德意志联邦共和国金融中心法兰克福成立，因为该银行主要经营自然和环境保护信贷业务，故又称为绿色银行。为促进湘江流域绿色金融发展，建议由湖南省政府主导，与国家开发银行建立战略合作协议，推动国家开发银行在湖南省建立湘江流域生态银行。

下篇　湘江流域绿色发展
典型案例调研

# 第六章  长株潭城市群"两型"社会建设调研

长株潭城市群以长沙市、株洲市和湘潭市所辖行政区域为主体,核心区空间范围涵盖长沙市、株洲市和湘潭市区及望城县全境,浏阳市、醴陵市、韶山市、湘乡市、宁乡县、长沙县、株洲县、湘潭县、赫山区、云溪区、湘阴县、汨罗市、屈原管理区的一部分,总面积8448.18平方千米。2015年,长株潭地区生产总值占湖南省生产总值的43.9%,对湖南省经济发展发挥决定性作用。自2007年以来,长株潭城市群"两型"社会建设取得了显著成效,全面总结长株潭城市群"两型"社会建设经验,对于推动我国生态文明建设具有重要的现实意义。

表6-1                     长株潭各城市行政区划                   单位:个

|  | 县级市 | 县数 | 市辖区数 | 镇数 | 乡数 |
|---|---|---|---|---|---|
| 长沙 | 1 | 2 | 6 | 80 | 14 |
| 株洲 | 1 | 4 | 4 | 64 | 36 |
| 湘潭 | 2 | 1 | 2 | 38 | 15 |

资料来源:《湖南统计年鉴》。

## 第一节  长株潭城市群"两型"社会的提出

### 一  "两型"社会提出的背景

改革开放以来,我国经济实现了持续高增长,工业化进程不断加快。进入21世纪以来,中国工业化逐步迈入工业化中期,重工业快速发展,按照各国工业化经验,重化工工业加快发展是这一时期经济发展的基本特征和主要内容。与之相伴,在工业化和收入增加的双重影响下,人口集聚明显加快，城市化进程显著提速。同时，信息革命引起的信息化浪潮依然是当今世界发展的主要特点，充分发挥后发优势，积极提高我国信息化水平，借以提升我国工业化质量也成为经济发展的重要内容。工业化、城市化、信息化全面推进。

　　从 20 世纪 90 年代末起开始，我国出现了新一轮重化工工业化趋势。进入 21 世纪，这种趋势依然明显，主要表现为重工业增长明显快于轻工业，重工业比重迅速上升。在规模以上工业中，按年均增长率计算，2001—2005 年，重工业增长速度明显高于轻工业增速，重工业比重增加了近 2.2 个百分点（见表 6-2）。从产出实物角度来看，重化工工业化的特点也相当明显。如表 6-3 所示，2000—2005 年，我国主要重化工产品（乙烯为 9.96% 除外）年均增速均在 10% 以上，发电设备产量增速更是接近 50%，多种工业品产量在全球名列前茅。

**表 6-2　　　2001—2005 年规模以上轻重工业增加值、增长率及结构**

| 年份 | 增加值（亿元） | | | 增长率（%） | | | 比重（%） | |
|------|------|------|------|------|------|------|------|------|
| | 工业 | 轻工业 | 重工业 | 工业 | 轻工业 | 重工业 | 轻工业 | 重工业 |
| 2001 | 26030 | 10324 | 15753 | 9.9 | 8.6 | 11.1 | 39.66 | 60.52 |
| 2002 | 29310 | 11573 | 17816 | 12.6 | 12.1 | 13.1 | 39.48 | 60.79 |
| 2003 | 34292 | 13262 | 21130 | 17.0 | 14.6 | 18.6 | 38.67 | 61.62 |
| 2004 | 40019 | 15212 | 24976 | 16.7 | 14.7 | 18.2 | 38.01 | 62.41 |
| 2005 | 46582 | 17524 | 29222 | 16.4 | 15.2 | 17.0 | 37.62 | 62.73 |

　　注：增长率和工业增加值均来自历年《统计公报》，增加值按 2000 年不变价格计算，由于进行了价格调整，工业比重合计略高于 100%（影响均小于 0.5%），但并不影响对总趋势的描述。

**表 6-3　　　　　　　　2001—2005 年主要重化工产品产量**

| | 2000 年 | 2001 年 | 2002 年 | 2003 年 | 2004 年 | 2005 年 | 年均增长率（%） |
|------|------|------|------|------|------|------|------|
| 原煤（万吨） | 12.99 | 13.81 | 14.55 | 17.22 | 19.92 | 22.05 | 11.2 |
| 发电量（亿千瓦小时） | 13556 | 14808 | 16540 | 19106 | 22033 | 25003 | 13 |
| 钢材（万吨） | 13146 | 16068 | 19252 | 24108 | 31976 | 37771 | 23.5 |
| 硫酸（万吨） | 2427 | 2696 | 3050 | 3371 | 3929 | 4545 | 13.4 |

续表

| | 2000 年 | 2001 年 | 2002 年 | 2003 年 | 2004 年 | 2005 年 | 年均增长率（%） |
|---|---|---|---|---|---|---|---|
| 二碱（万吨） | 1502 | 1702 | 1911 | 2079 | 2376 | 2661 | 12.1 |
| 乙烯（万吨） | 470 | 481 | 543 | 612 | 630 | 756 | 9.96 |
| 水泥（万吨） | 59700 | 66104 | 72500 | 86208 | 96682 | 106885 | 12.4 |
| 平板玻璃（万重量箱） | 18352 | 20964 | 23446 | 27703 | 37026 | 40210 | 17 |
| 十种有色金属（万吨） | | | | 1228 | 1441 | 1635 | 15.4 |
| 内燃机（万千瓦） | 18857 | 20531 | 28506 | 31851 | 31894 | 36563 | 14.26 |
| 机床（万台） | 17.66 | 25.58 | 30.86 | 30.58 | 48.72 | 51.14 | 23.7 |
| 发电设备（万套） | 1249 | 1340 | 2121 | 3701 | 9233 | 9200 | 49.1 |
| 汽车（万辆） | 207 | 234.17 | 325.1 | 444.39 | 509.11 | 570.49 | 22.5 |

注：二碱为纯碱、烧碱。

资料来源：历年《中国统计年鉴》和《统计公报》。

表 6－4    21 世纪以来我国城市化进程    单位：万人、%

| 年份 | 总人口 | 城镇人口 | 比重 | 乡村人口 | 比重 |
|---|---|---|---|---|---|
| 2000 | 126743 | 45906 | 36.22 | 80837 | 63.78 |
| 2001 | 127627 | 48064 | 37.66 | 79563 | 62.34 |
| 2002 | 128453 | 50212 | 39.09 | 78241 | 60.91 |
| 2003 | 129227 | 52376 | 40.53 | 76851 | 59.47 |
| 2004 | 129988 | 54283 | 41.76 | 75705 | 58.24 |
| 2005 | 130756 | 56212 | 42.99 | 74544 | 57.01 |

资料来源：历年《中国统计年鉴》。

一般而言，工业化和城市化往往相伴而生，特别是在工业化中期，随着工业比较优势更趋明显、农业机械化程度大幅提高以及人民收入水平的增加，城市化进程会明显加快。具体到我国，在政府财力明显增加的同时，为了进一步改善农村人口的生活质量，让广大人民享受到经济发展所带来的好处，充分体现社会公平，积极推进中小城镇建设，在一定程度上加速了城市化进程。进入 21 世纪以来，我国城市化进程延续了改革开放以来快速发展的势头，城市人口快速增加。2000—2005 年，我国城镇化率提高了 6.7 个百分点，2005 年，城镇人口与乡村人口之比已经接近 0.75：1，城市化率已经超过 42%。

进入 21 世纪以来，在新型工业化道路引领下，我国信息化水平大幅提高。电子信息产业实现了持续快速发展，产业规模、产业结构、技术水平得到大幅提升，居民生活的信息化水平迅速提高，在家用信息化产品的拥有量和普及率持续高水平的同时，产品升级趋势已经较为明显（见表 6-5）。据有关研究，2007 年，我国信息化发展总指数为 0.630①，比上年增长 15.58%。2001—2006 年，世界信息化发展总指数年均增长速度为 8.4%，而同期我国的增速为 14.63%，是世界平均水平的 1.8 倍。由于我国信息化以较快速度推进，2006 年，从信息化发展中低水平国家首次跨入信息化发展中等水平国家行列。

表 6-5　　　　　　　城乡居民家用信息化产品拥有量　　　　单位：台/百户

| 年份 | 城镇居民 | | | | 农村居民 | | | |
| | 彩电 | 电脑 | 移动电话 | 固定电话 | 彩电 | 电脑 | 移动电话 | 固定电话 |
| --- | --- | --- | --- | --- | --- | --- | --- | --- |
| 2001 | 120.5 | 13.3 | 34 | | 54.4 | 0.7 | 8.1 | 34.1 |
| 2002 | 126.4 | 20.6 | 62.9 | 93.7 | 60.5 | 1.1 | 13.7 | 40.8 |
| 2003 | 130.5 | 27.8 | 90.1 | 95.4 | 67.8 | 1.4 | 23.7 | 49.1 |
| 2004 | 133.4 | 33.1 | 111.4 | 96.4 | 75.1 | 1.9 | 34.7 | 54.5 |
| 2005 | 134.8 | 41.5 | 137 | 94.4 | 84.1 | 2.1 | 50.2 | 58.4 |

资料来源：历年《中国统计年鉴》。

工业化、城市化和信息化的全面快速推进，使我国生态环境面临巨大压力。重化工快速上升，废弃物产生量显著提高。城市数量、规模扩张导致能源消耗、生活垃圾大量增加的直接影响；城市基础设施完善导致重化工业快速发展的间接影响。信息产品，特别是元器件生产中的高能耗、稀有资源高消耗的特点强化了我国的资源紧张局面；信息产品生产过程中的高污染，信息产品升级过程中形成的电子垃圾已经成为环境状况恶化的潜在危机，而电子产品污染又具有隐蔽性强和危害时间长的特点，较易被忽视，危害一旦形成，将造成严重后果。在上述因素的交

---

① 信息化发展指数（IDI）是由全面反映信息化发展水平的五大要素合成的一个复合指标，这五大要素包括信息化基础设施、信息化使用、知识水平、发展环境与效果和信息消费。

互影响下，我国资源环境形势更加严峻。如表 6-6 所示，2005 年，我国工业固体废弃物产生量达到 13.4 亿吨，工业废气排放总量为 26.9 万亿立方米，二氧化硫排放总量 2549.4 万吨，分为比 2000 年提高 64.8%、94.7% 和 27.8%。

表 6-6　　　　　2000—2005 年工业废弃物产生量和排放量

| 年份 | 工业固体废弃物产生量（万吨） | 工业固体废弃物排放量（万吨） | 工业废气排放总量（亿立方米） | 二氧化硫排放总量（万吨） |
|---|---|---|---|---|
| 2000 | 81608 | 3186.2 | 138145 | 1995.1 |
| 2001 | 88840 | 2893.8 | 160863 | 1947.2 |
| 2002 | 94509 | 2635.2 | 175257 | 1926.6 |
| 2003 | 100428 | 1940.9 | 198906 | 2158.5 |
| 2004 | 120030 | 1762 | 237696 | 2254.9 |
| 2005 | 134449 | 1654.7 | 268988 | 2549.4 |

资料来源：历年《中国环境统计年鉴》。

在这种背景下，加快经济增长方式转变已经成为经济社会发展的重要议题。2005 年 10 月召开的十六届五中全会通过了《中共中央关于制定国民经济和社会发展第十一个五年规划的建议》。会议提出：要加快建设资源节约型、环境友好型社会，大力发展循环经济，加大环境保护力度，切实保护好自然生态，认真解决影响经济社会发展特别是严重危害人民健康的突出的环境问题，在全社会形成资源节约的增长方式和健康文明的消费模式。

**二　长株潭城市群"两型"社会提出过程**

2006 年 3 月，《中华人民共和国国民经济和社会发展第十一个五年规划纲要》（以下简称《规划纲要》）正式发布，《规划纲要》中专门设立了建设资源节约型、环境友好型社会的相关章节，要求"落实节约资源和保护环境基本国策，建设低投入、高产出，低消耗、少排放，能循环、可持续的国民经济体系和资源节约型、环境友好型社会"，并从发展循环经济、保护修复自然生态、加大环境保护力度、强化资源管理、合理利用海洋和气候资源五个方面对"两型"社会建设提出了具体要求和规定。

2007 年 10 月，中国共产党第十七次全国代表大会召开，会议再一次强调"两型"社会建设的重要性，"坚持生产发展、生活富裕、生态良好的文明发展道路，建设资源节约型、环境友好型社会，实现速度和结构质量效益相统一、经济发展与人口资源环境相协调，使人民在良好生态环境中生产生活，实现经济社会永续发展"。

长沙市、株洲市、湘潭市沿湘江呈品字形分布，两两相距不足 40 千米，既有绿色带隔离，又有高速路网连接，是不可多得的优质城市群资源。长株潭城市群具有独特的生态本底，交通设施完善，农业科技、市场体系、物质装备和基础设施等基础条件较好，科研实力雄厚，产业基础良好，是湖南省发展的核心区域。长株潭一体化是湖南经济社会发展的重要战略。1997 年，湖南省委、省政府做出了推进长株潭经济一体化的战略决策，成立了长株潭经济一体化发展省级协调机构，为长株潭一体化奠定了制度基础。2006 年，长株潭被国家列为促进中部崛起重点发展的城市群之一；2007 年，长株潭三市被整体纳入国家老工业基地，享受东北老工业基地振兴的政策延伸。以此为依托，探索一条新型的发展道路，不仅对于全面提升湖南省发展水平、促进中部崛起具有重要意义，而且可以为我国转变经济增长方式开辟道路。

2007 年 12 月，国家发展改革委正式印发了《关于批准武汉城市圈和长株潭城市群为全国资源节约型和环境友好型社会建设综合配套改革试验区的通知》，批准武汉城市圈和长沙、株洲、湘潭（简称长株潭）城市群为全国资源节约型和环境友好型社会建设综合配套改革试验区。通知要求：要深入贯彻落实科学发展观，从各自实际出发，根据资源节约型和环境友好型社会建设的要求，全面推进各个领域的改革，在重点领域和关键环节率先突破，大胆创新，尽快形成有利于能源资源节约和生态环境保护的体制机制，加快转变经济发展方式，推进经济又好又快发展，促进经济社会发展与人口、资源、环境相协调，切实走出一条有别于传统模式的工业化、城市化发展新路，为推动全国体制改革、实现科学发展与社会和谐发挥示范和带动作用。对长株潭试验区的要求是：以改革创新的办法，率先形成有利于资源节约、环境友好的新机制，率先积累传统工业化成功转型的新经验，率先形成城市群发展的新模式，切实走出一条有别于传统模式的工业化、城市化的发展新路，为推动全国体制改革、实现科学发展与社会和谐发挥示范和带动作用。这是国家落实科学发展观、转变经济发展方式、促进区域协调发展的重大战略部署，也是赋予湖南省先行先试、探索开辟"两型"社会建设新路子的重大责任。

2009年1月，湖南省人民政府正式印发了《长株潭城市群资源节约型和环境友好型社会建设综合配套改革试验总体方案》，提出的主要目标是：按照党中央、国务院关于"两型"社会建设的总体战略部署，综合配套改革试验要率先形成有利于资源节约、环境友好的新机制，率先积累传统工业化成功转型的新经验，率先形成城市群发展的新模式，为把长株潭城市群建设成为全国"两型"社会建设的示范区、中部崛起的重要增长极、全省新型工业化、新型城市化和新农村建设的引领区、具有国际品质的现代化生态型城市群提供动力支持和体制保障。具体分为三个阶段：

第一阶段：2008—2010年，全面启动各项改革，初步建立支撑"两型"社会建设的政策法律体系和体制机制框架，基本健全城市群协调发展机制和公共服务体系，初步形成城市群共建共享的综合基础设施框架体系，以湘江为重点的流域综合治理和保护模式基本建立，以株洲清水塘、湘潭竹埠港为重点的循环经济发展初见成效。初步形成长株潭与周边岳阳市、衡阳市、常德市、益阳市、娄底市等城市协调发展的区域经济一体化格局。

第二阶段：2011—2015年，纵深推进各项改革，进一步发挥市场配置资源的基础性作用，在资源节约、环境友好、产业优化、科技创新和土地管理等体制改革方面取得显著成效，形成比较完善的"两型"社会建设制度保障体系和新型工业化、新型城市化促进机制，基本完成城市群基础设施建设和重点环保综合治理项目，科技进步对经济发展的贡献率大幅上升，初步形成节约资源和保护环境的产业结构、增长方式和消费模式。

第三阶段：从2015—2020年，完成"两型"社会建设综合配套改革的主要任务，形成有利于资源节约和生态环境保护的体制机制，率先建立完善的社会主义市场经济体制。形成符合国情和区域特色的新型工业化、城市化发展模式，单位地区生产总值能耗和主要污染物排放强度低于全国平均水平，实现发展方式转变和经济社会发展与人口资源环境协调发展。

## 第二节 长株潭城市群"两型"社会 改革试验的主要做法

长株潭"两型"社会试验区肩负着为我国生态文明开辟道路的重要职责，长株潭"两型"社会试验区的建设受到湖南省委、省政府的高度重视，对相关工作进行了统一组织和整体布局，大胆创新，提出了若干具有开创性的政策措施，完善相关机制，动员社会各方面力量，全面推动"两型"社会建设。

### 一 加强规划引领，注重顶层设计

2009 年 1 月，湖南省政府印发了国务院批准的《长株潭城市群资源节约型和环境友好型社会建设综合配套改革试验总体方案》和《长株潭城市群区域规划（2008—2020 年)》，成为长株潭"两型"社会建设的纲领性文件。总体方案对长株潭"两型"社会体制机制进行了全面部署，具体内容包括创新资源节约体制机制、创新生态环境保护体制机制、创新产业结构优化升级的体制机制、创新科技和人才管理体制机制、创新土地管理体制机制、创新投融资体制机制、创新对外经济体制机制、创新财税体制机制、创新统筹城乡发展体制机制和创新行政管理体制机制十个方面，基本上覆盖了"两型"社会建设的各个领域。

城市群区域规划对核心区空间功能分区、生态系统、城市职能结构、湘江整治与提升转型、城乡功能布局做出了规定和要求，并对功能拓展区域的区域划分、重点城镇定位、城镇规模等级结构以及东部城镇密集地区的整体要求进行了布置。同时，对城市群的产业发展、交通、基础设施、社会事业发展与重要公共服务设施进行了规划。规划特别提出包括规划期限内城市建设用地的发展规模、区域内必须控制开发的区域及要求、区域性重大基础设施的布局要求、规划期限内城市群产业方向要求、区域性重大基础设施的规划布局要求、涉及相邻城市的重大基础设施规划布局要求等区域规划强制性内容。2015 年 3 月，湖南省人民政府根据新的发展形势，对相关规划进行了修编。

2012 年 3 月，湖南省人民政府印发了《湖南省"十二五"环长株潭城市群发展规划》，拓展长株潭城市群的区域职能。2015 年 8 月，按照国家《长江中游城市群发展规划》，进一步发挥长株潭城市群的带动作用，湖南省人民政府印发了《湖南省贯彻落实国家〈长江中游城市群发展规划〉实施方案》。环长株潭城市群是指以长沙市、株洲市和湘潭市三市为核心，辐射衡阳市、岳阳市、常德市、益阳市和娄底市五市。实施方案提出了环长株潭城市群发展思路：充分发挥湖南"一带一部"区位优势，以长株潭一体化为核心，以产城融合为重点，以全面深化改革为动力，以推进沿江开放开发为纽带，以基础设施互联互通为突破，走新型城镇化道路，着力推进环长株潭城市群内部及与武汉城市圈、环鄱阳湖城市群之间城乡、产业、基础设施、生态文明和公共服务"五个协同发展"，积极探索科学发展、和谐发展、转型发展、合作发展的新路径和新模式，辐射带动全省经济社会持续健康协调发展，将环长株潭城市群打造成为全国"两型"社会建设示范区和现代化生态型城市群、内陆地区开放新高地、长江经济带重要支撑、长江中游城市群核心增长极。同时，实施方案在促进城镇联动发展、完善基础设施网络、强化产业协同发展、推进生态文明共建、强化公共服务共享、深化开放合作等方面做出了具体要求。

在总体规划的基础上，有关部门加强专项规划的制定，逐步形成了多层次的规划体系，切实指导"两型"社会发展。截至 2013 年年底，初步构建了 1 个区域规划、18 个专项规划、18 个片区规划为主的"两型"社会规划体系，建立了涵盖 10 个专项改革方案，长沙市、株洲市和湘潭市改革总体方案及衡阳市、岳阳市、常德市、益阳市和娄底市改革实施方案的改革方案体系。

## 二　发展"两型"产业，推动经济转型

（一）以节能环保促进传统产业升级改造

长株潭试验区建立以来，有关部门积极推动以节能减排为重点的产业转型升级机制改革，不断完善政策体系和运行机制，促进产业节能减排和结构持续优化相结合，促进传统行业转型升级。以《湖南省"十二五"节能减排综合性工作方案》《湖南省"两型"工业准入、提升及落后产能退出机制改革工作实施方案》和冶金、建材、机械传统行业的专项规划为指导，结合万家企业节能低碳行动考核工作的实施，开展电力、煤炭、钢铁、有色金属、石油化工、建材、造纸、纺织、印染、机械、食品加工等行业节能减排考核检查，实行能源审计制度，开展能效水平

对标活动，建立健全企业能源管理体系采取分类退出、政策引导、经济补偿等措施，构建统一的落后产能淘汰和产业退出政策体系，对采用国家明令淘汰工艺、设备、产能的企业，以及地处饮用水水源保护区的排污企业等，不予工商年检注册，不予发放生产许可证、排污许可证，不予贷款。创新管理模式，引导高污染企业退出，长沙市以坪塘老工业基地为重点，按照"依据法律法规分类退出、创新优惠政策引导退出、运用倒逼机制强制退出"的工作方针，完成近30家水泥、化工污染企业的关闭退出。2007—2012年，长沙市39家重金属企业全部退出；株洲市以清水塘地区为重点，共关停、搬迁162家污染严重企业；湘潭市共关停"五小企业"150余家。

（二）积极推动"两型"产业发展，优化区域产业结构

在总体规划基础上，又先后制定实施了《湖南省新型工业化"十二五"发展规划》《环长株潭城市群"两型"产业振兴工程实施方案（2011—2015年）》《湖南省"十二五"高新技术产业发展和自主创新能力建设规划》等，加快长株潭城市群高新技术产业、战略性新兴产业的发展。在相关政策的支持下，长株潭城市群实施一批重大产业升级项目，工业结构持续优化。2012年，长株潭试验区战略性新兴产业增加值达到1306.5亿元，占全省的57.0%，成为全省战略性新兴产业发展的主阵地。2015年，湖南省规模以上工业中，新产品产值增长18.8%，占工业总产值的17.8%，比上年提高4.5个百分点。高加工度工业和高技术制造业增加值分别增长8.7%和13.3%；分别占规模以上工业增加值的37.2%和10.5%，比上年提高0.6个和0.2个百分点。六大高耗能行业增加值增长7.0%，占规模以上工业的30.3%，比上年下降0.9个百分点。工信部发布的《2015年中国工业通讯业运行报告》，湖南工业运行表征指数居全国第7位，中部六省第一位；工业运行质量成长性综合评价排在天津之后，居全国第二位，中部六省第一位，并将湖南省列为中西部地区积极承接产业转移和产业结构调整加快在合理区间运行的省份。湖南省已经连续四年运行质量居中部六省第一位。

2016年6月，湖南省12大重点产业的五年行动计划（2016—2020年）发布，加快发展12大重点产业，实施7大专项行动，打造4大标志性工程。12大重点产业包括先进轨道交通装备、工程机械、新材料、新一代信息技术产业、航空航天装备、节能与新能源汽车等汽车制造、电

力装备、生物医药及高性能医疗器械、节能环保、高档数控机床和机器人、海洋工程装备及高技术船舶、农业机械等优势产业。

（三）加快循环经济发展，构建现代产业体系

循环经济作为新型发展模式，对于"两型"社会建设发挥重要支撑作用。以城市群国家循环经济试点方案为基础，充分发挥汨罗、清水塘工业区的优势，加强区域合作，构建综合性循环经济体系。探索发展循环经济的路径，创造了一批发展模式。如智成化工探索出行业内的"清洁生产"模式；泰格林纸走"林纸一体化"发展之路；株冶建立了"铅锌联合冶炼"循环经济产业模式；汨罗再生资源循环利用形成"城市矿山"模式；浏阳制造产业基地工业园区形成了"园区＋中心＋企业"模式等。2015年，长沙建筑垃圾处置总量达到1834万立方米。其中，由砖渣、水泥块、地铁岩层碎石和沥青块组成的可再生建筑垃圾约600万立方米，约占总量的三成，未来三年，这些可再生建筑垃圾将实现100％回收利用。2014年1月，湖南省人民政府印发了《循环经济发展战略及近期行动计划》，提出了构建循环型工业体系、循环型农业体系、循环型服务业体系和推进社会层面循环经济发展四大任务。

（四）实施创新驱动战略，增强持续发展动力

2012年，湖南省发布《创新型湖南建设纲要》，提出要让创新成为推动科学发展的最强动力，着力推动全省产业迈上创新驱动、内生增长的发展轨道。在相关政策的推动下，技术创新水平显著提高。"天河二号"超级计算机荣登世界超级计算机500强排行榜榜首；自主设计建造的国内首条、世界第二条8英寸IGBT专业芯片生产线正式投产，打破了大功率变流装置芯片国外长期技术垄断格局；工程机械、轨道交通、中小航空发动机、风电设备等领域技术水平处于国内领先位置；先后研制生产了世界最长臂架（101米）的混凝土泵车、世界最大工作幅度（110米）的塔式起重机、世界最强起重能力（2000吨）的轮式起重机、世界首台1000千伏特高压发电机变压器、世界首台5兆瓦直驱型海上风力发电机组等一批具有行业领先水平的新产品；中国南车株洲电力机车研究所自主研发的新一代列车网络控制系统技术已成功通过国际电工委员会（IEC）互联互通测试考核，获得了国际市场"通行证"，从而打破了国外的技术垄断；湖南省九方环保机械有限公司研发的"污泥生物干化一体化处理处置装置技术"，填补了我国目前污泥处理处置市场的技术空

白，极大地推动了循环经济发展。

2015 年年初，国务院下发了《关于同意支持长株潭国家高新区建设国家自主创新示范区的批复》，同意支持长沙市、株洲市和湘潭市 3 个国家高新区建设国家自主创新示范区，长株潭城市群迎来了新的发展机遇。

### 三 勇于开拓创新，突破机制"瓶颈"

根据总体规划的要求，长株潭"两型"建设示范区全面实施"十大改革"，力争在资源节约、生态环境保护、产业发展、投融资及行政管理等方面有所突破，为"两型"社会建设创造良好的体制机制环境。在"两型"产业准入提升机制、联合产权交易平台及其机制、PM2.5 监测防治体制、排污权交易、农村环境污染治理、生态补偿机制、绿色建筑推广机制、绿色出行、资源性产品价格、绿色 GDP 评价体系等改革深化推进，创造了许多"全国第一"，超过 100 项"两型"改革创新走在全国前列。

完善产业准入和退出机制，加大重点项目监管，推动产业结构升级；将园区用地效率纳入新型工业化考核体系，制定土地管理和耕地保护责任目标考核办法，将耕地保护纳入领导干部离任审计内容，成立长株潭耕地重金属污染修复及农作物种植结构调整试点工作领导小组；全面推进节能环保机制，出台民用建筑节能条例，实施大型公共建筑节能监控和改造，实施餐厨垃圾管理办法，出台主要污染物排污权有偿使用和交易管理办法，颁布《湖南省重金属总量指标交易管理规程》和《长株潭大气污染防治特护期工作方案》，加快"两型"住宅产业化，颁布城镇生活垃圾收费管理办法，加大污水处理费征收力度，长沙市、株洲市启动国家绿色建筑、可再生能源示范城市试点，长沙市率先全国在宾馆酒店禁止免费提供"七小件"并开展客房新型智能节电管理改造试点；强化湘江流域推行水环境保护行政执法责任制，对流域内市县实行省级财政生态补偿，印发《洞庭湖生态经济区河湖沿岸垃圾治理专项行动实施方案》；编制全国第一个区域性融资规划——《长株潭城市群"两型"社会建设系统性融资规划（2010—2020 年）》，制定《湖南省"两型"社会建设专项资金管理办法》和《湖南省"两型"社会建设专项资金项目管理暂行办法》，加强"两型"社会资金监管，出台《湖南省政府采购支持"两型"产品办法》和《湖南省"两型"产品政府采购认定管理办法》，支持"两型"社会发展；各示范区率先进行大部制改革，示范区管委会行使市直部门部分行政许可权；完善人才公开选拔和招聘机制，强化人才队伍建设。

价格改革是"两型"社会建设的重点和难点，长株潭试验区勇于创新，积极推动资源价格改革，为我国"两型"社会建设探索道路。

（1）水价方面。2012 年 2 月 1 日，长沙市推行居民阶梯式水价。对居民用水每户月 15 吨以内执行第一阶梯价格，15—22 吨执行第二阶梯价格即纯水价（不包括随水征收的水资源费、污水处理费、垃圾处理费等）加 50%，22 吨以上加 100%。目前，居民生活用水阶梯式水价改革已在长沙市、常德市和怀化市推开。

将原来五类水价（居民生活用水、行政事业用水、工业用水、经营服务用水和特种用水），简化为居民生活用水、非居民生活用水和特种用水三类水价，实现工商用水同价；对非居民用水，实行超定额累进加价；水资源费征收标准调整到湖南省"十二五"时期末应达到的最低标准；规范县城以下的乡、镇、村各类投资建成投入运行的农村集中供水价格，促进农村节约用水。

（2）电价方面。2012 年 7 月 1 日，全省按分档电量电价试行居民阶梯电价。即第一档电量以内，基准电价仍按价格主管部门批复的现行居民生活用电价格标准执行，不作调整（其中省电网居民用户现行基准电价为 0.588 元/千瓦时）；第二档电量区间，在基准电价的基础上，每千瓦时加价 0.05 元；第三档电量，在基准电价的基础上，每千瓦时加价 0.30 元。对第二档、第三档电量，分春秋季和夏冬季核定不同额度。

在继续实施燃煤发电企业脱硫加价政策基础上，从 2013 年 1 月起在全省实施脱硝电价政策。落实对高耗能、高污染行业实行差别电价政策和惩罚性电价政策；积极实施可再生能源电价附加政策。在全国率先推行统一标杆上网电价，促进电厂节能降耗，对资源综合利用和热电联产项目免征随电价征收的政府性基金，推进发电企业与大用户直接交易。从 2016 年起，株洲电厂等 8 个火电厂与株化、蓝思科技等 7 个工业企业电量直接交易。

（3）气价方面。从 2012 年 12 月起，长沙市、株洲市、湘潭市居民生活用天然气试行阶梯气价。居民用户年度购气量 600 立方米（含 600 立方米）以下的，实行第一档气量气价，每立方米 2.45 元；年购气量超出 600 立方米的部分，实行第二档气量气价，每立方米 3.00 元。根据国家发改委统一部署，从 2013 年 7 月 10 日起，长沙市、株洲市、湘潭市非居民用气提高至 3.48 元/立方米，上涨 16%，调整后市场反应总体平稳。在开通管道天然气的长沙市、株洲市、湘潭市、岳阳市、衡阳市、益阳市、常德市、醴陵市等城市都实施工商用气同价。

### 四　构建标准体系，强化发展基础

作为"两型"社会的先行者和探路者，加强相关标准的制定，不仅是"两型"社会创建的要求，而且对于"两型"社会全面推进具有重要现实意义。自 2007 年以来，围绕"什么是'两型'社会"、"建设一个什么样的'两型'社会"，在经济发展、城乡建设和公共服务三个关键领域制定了 60 多项"两型"标准、规范、指南，在全国率先构建了"两型"标准体系（见表 6-7）。

表 6-7　　　　　　　　　主要"两型"标准及发布时间

| 序号 | 名称 | 发布时间 |
| --- | --- | --- |
| 1 | 《"两型"产业分类标准（试行）》 | 2010 年 7 月 21 日 |
| 2 | 《"两型"企业建设标准（试行）》 | 2010 年 7 月 21 日 |
| 3 | 《"两型"园区建设标准（试行）》 | 2010 年 7 月 21 日 |
| 4 | 《"两型"县建设标准（试行）》 | 2010 年 7 月 21 日 |
| 5 | 《"两型"镇建设标准（试行）》 | 2010 年 7 月 21 日 |
| 6 | 《"两型"农村建设标准（试行）》 | 2010 年 7 月 21 日 |
| 7 | 《"两型"机关建设标准（试行）》 | 2011 年 6 月 7 日 |
| 8 | 《"两型"家庭建设标准（试行）》 | 2011 年 6 月 7 日 |
| 9 | 《"两型"学校建设标准（试行）》 | 2011 年 6 月 7 日 |
| 10 | 《"两型"医院建设标准（试行）》 | 2011 年 6 月 7 日 |
| 11 | 《"两型"社区建设标准（试行）》 | 2011 年 6 月 7 日 |
| 12 | 《"两型"村庄建设标准（试行）》 | 2011 年 6 月 7 日 |
| 13 | 《"两型"城市建设标准（试行）》 | 2012 年 3 月 30 日 |
| 14 | 《"两型"交通建设标准（试行）》 | 2012 年 3 月 30 日 |
| 15 | 《"两型"建筑建设标准（试行）》 | 2012 年 3 月 30 日 |
| 16 | 《"两型"旅游景区建设标准（试行）》 | 2012 年 3 月 30 日 |

（一）围绕推进发展的绿色化，制定经济领域"两型"标准

制定了"两型"产业、企业、园区等标准指南。其中，"两型"产业标准提出了"两型"产业分类标准和产值、增加值的核算办法，明确了产业"两型"化发展水平评价标准（见表6-8）和"两型"技术与产品认定标准，重点突出促进传统产业的"两型"化改造和"两型"产业的规模化发展。

表6-8　　　　　　产业"两型"化发展评价指标体系

| 一级指标 | 序号 | 二级指标 | 计量单位 | 方向性 |
|---|---|---|---|---|
| 资源节约 | 1 | 单位 GDP 能耗 | 吨标准煤/万元 | 逆指标 |
| | 2 | 单位工业增加值用水量 | 立方米/万元 | 逆指标 |
| | 3 | 工业用地效率 | 万元/公顷 | 正指标 |
| | 4 | 工业固体废弃物综合利用率 | % | 正指标 |
| 环境友好 | 5 | 单位工业增加值二氧化硫排放量 | 吨/亿元 | 逆指标 |
| | 6 | 单位工业增加值化学需氧量排放量 | 吨/亿元 | 逆指标 |
| | 7 | 单位工业增加值固体废弃物产生量 | 吨/万元 | 逆指标 |
| 产业构成 | 8 | "两型"产业增加值占 GDP 比重 | % | 正指标 |
| | 9 | 高新技术产业增加值占 GDP 比重 | % | 正指标 |
| | 10 | 第三产业增加值占 GDP 比重 | % | 正指标 |
| | 11 | 原材料工业增加值占工业增加值比重 | % | 逆指标 |
| 创新能力 | 12 | 工业企业科技活动人员占年平均从业人员比例 | % | 正指标 |
| | 13 | 工业企业新产品销售收入占全部销售收入比重 | % | 正指标 |
| | 14 | R&D 经费支出占 GDP 比重 | % | 正指标 |

资料来源：摘自《产业"两型"化发展水平评价标准（试行）》。

（二）围绕推进新型城镇化，制定城乡建设领域"两型"标准

主要制定了"两型"县、镇、村庄建设标准和"两型"建筑、交通建设等标准指南，明确了不同层次的行政区域在资源、环境、经济和社会四个核心要素方面应达到的要求。如环境指标体系的设计，农村环境改善侧重于农业生态和居住环境，采用了农作物秸秆综合利用率、规模化畜禽养殖废弃物综合利用率、森林覆盖率、垃圾集中回收站个数、化肥施用强度和主要农产品农药残留合格率等指标；城镇环境改善侧重于

市容市貌，相应地选用了污水处理率、噪声污染指数、空气污染指数、建筑环保材料使用率和绿化覆盖率等指标。

（三）围绕推进社会生态文明进步，制定公共服务领域"两型"标准

主要制定了"两型"机关、学校、医院、社区、家庭、旅游景区等标准指南，特别对机关、学校等公共机构明确了用能标准。如"两型"社区标准体系，设置定量指标 12 个，其中，核心约束性指标 8 个，主要是室温控制、噪声控制、绿化率、清洁能源普及率等，促进居民提升"两型"意识、培养绿色生活方式。

2014 年，组建了由长株潭试验区管委会牵头、省质监局等部门参加的专门小组，制定了《湖南省"两型"认证管理暂行办法》，实行"统一认证目录，统一认证标准、统一认证标志"，由第三方认证机构对相关方贯彻实施"两型"标准及相关政策目标情况进行评价、监督和考核，增强标准制定和实施的规范化。

## 五 强化社会参与，推动全面发展

（一）充分发挥示范带动作用，提高公众参与度

根据机关、学校、小城镇、村庄、社区、家庭的特点，结合"两型"社会的要求，制定了系列标准，为公众参与提供制度基础。积极开展"两型"单位创建活动（见表 6-9），落实《关于加快长株潭试验区改革　建设全面推进全省"两型"社会建设的实施意见》，定期对"两型"示范单位、家庭进行评选和表彰，促进"两型"社会建设。2014 年，长沙市岳麓区实验小学等 10 家单位当选湖南省第一批"两型"示范单位，长沙市湘江新区等 6 个"两型"社会示范片区获评省级"两型"综合示范片区，湖南湘丰茶业有限公司等 32 家单位获评全省首批"两型"示范基地。

（二）充分利用各种途径，加大宣传力度，营造"两型"文化

举办"两型"社区节暨"两型"示范家庭评选活动、"两型"知识竞赛、"争当'两型'小先锋"、"跟随大雁去迁徙"等公益活动，提高民众的"两型"知识，增强环保意识。试验区工委、管委会与省直有关部门、省环保社团联合会等公益组织共同发起"美丽'两型'，你我同行"公众论坛和"我的'两型'梦"有奖征集等活动，组织构建一个覆盖全省的"候鸟守护者"行动网络。依托《湖南日报》、绿网等媒体资源，加大典型案例的宣传，制作"两型"公益广告，在省、市电视台的

黄金时段播出。在全国率先编制实施《湖南省中小学"两型"教育指导纲要》，长沙市中小学编了 30 套"两型"校本教材，提高中小学生的资源环境意识，培养良好的环保习惯。此外，有关部门还通过现场观摩交流会、"两型"培训活动普及"两型"知识。

表 6-9　　　　　　　　　　相关标准中关于"两型"单位的描述

| 单位 | 描述 |
|------|------|
| "两型"机关 | 以"崇尚俭约办公、倡导绿色环保"为核心，以"办公资源使用节约、绿色环保争当表率、'两型'建设当仁不让、机关服务高效便民"为主要目标，实现自身作为单个组织和具有导向性的特殊社会成员都全面落实"资源节约、环境友好"的机关 |
| "两型"学校 | 遵循资源节约和环境友好理念，以提高学校资源利用效率为核心，以促进学生全面发展与社会和谐发展为出发点，优化学校资源配置，提升学校办学效益，不断促进自身有效可持续发展；运用生态学基本原理与方法，规划、设计、建设、管理校园，校园布局结构合理，物质、能量、信息高效利用且环境优美的 |
| "两型"社区 | 社区居民在日常生活中始终贯彻资源节约和环境友好的基本要求，"两型"社区创建重在推动一种新的生活方式形成，提升居民的生活质量，提高居民素质，完善社区服务，实行居民自治，以人为本，实现社区可持续发展 |
| "两型"村庄 | 村民的生产、生活、消费中始终贯彻资源节约和环境友好的基本要求，倡导生态农业和低碳生活方式发展，以人居环境改善为核心，有效地保护生态环境和人文景观，健全民生基础设施，以人居民生安全、消费环保低碳、村容整洁美观、村风文明高尚、生产科学环保、家庭和谐美满为主要目标，建设生产、生活、生态高度统一、可持续发展的自然村 |
| "两型"家庭 | 以"崇尚俭约生活、倡导绿色环保、追求和谐幸福"为核心，以"提高资源效率、降低能耗水平；注重生态环境、践行绿色生活；着眼和谐幸福、坚持文明守法"为主要目标，实现自身作为单个组织和社会成员全面落实"资源节约、环境友好"的家庭 |

资料来源：摘自相关"两型"标准。

## 第三节 湖南省"两型"社会建设的效果

依据国家批复改革总体方案的目标要求，从经济发展、社会发展、产业发展、基础设施和生态环境五个方面考察"两型"社会建设的效果。

### 一 提升经济发展动能，优化经济发展模式

（一）增长极优势更加凸显

图 6-1 和表 6-10 显示，2007—2015 年，长株潭三市 GDP 总量从 3468.6 亿元增长到 12548.3 亿元，占全省经济总量比重由 36.7% 上升到 43.2%。作为湖南省经济发展的核心增长极的优势越发突出。从三个城市看，2007 年，长沙市、株洲市和湘潭市的 GDP 占全省 GDP 比重分别为 23.2%、8.0% 和 5.6%，2015 年分别为 29.3%、8.0% 和 5.9%。三市 GDP 比重增加主要由长沙市 GDP 导致。

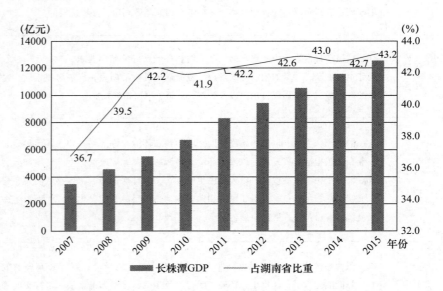

**图 6-1 长株潭 GDP 与占湖南省比例变化（2007—2015）**

资料来源：历年《湖南统计年鉴》、中国经济与社会发展统计数据库以及湖南省和各市统计公报。

**表 6 - 10  长沙市、株洲市、湘潭市占湖南省 GDP 比重变化（2007—2015 年）**

单位:%

| 年份 | 长沙市 | 株洲市 | 湘潭市 |
|------|--------|--------|--------|
| 2007 | 23.2 | 8.0 | 5.6 |
| 2008 | 26.0 | 7.9 | 5.7 |
| 2009 | 28.7 | 7.8 | 5.7 |
| 2010 | 28.4 | 8.0 | 5.6 |
| 2011 | 28.6 | 8.0 | 5.7 |
| 2012 | 28.9 | 8.0 | 5.8 |
| 2013 | 29.2 | 8.0 | 5.9 |
| 2014 | 28.9 | 8.0 | 5.8 |
| 2015 | 29.3 | 8.0 | 5.9 |

资料来源：历年《湖南统计年鉴》、中国经济与社会发展统计数据库以及湖南省和各市统计公报。

图 6 - 2 显示，从人均 GDP 看，2007 年，长株潭人均 GDP 为 26469 元，湖南省人均 GDP 为 14869 元，长株潭为湖南省平均水平的 1.8 倍；2015 年，长株潭人均 GDP 为 88018 元，湖南省人均 GDP 为 42968 元，长

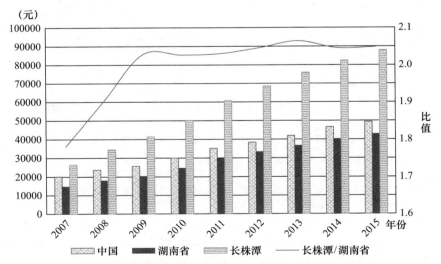

**图 6 - 2  长株潭与湖南省、全国人均 GDP 比较（2007—2015 年）**

资料来源：历年《湖南统计年鉴》、中国经济与社会发展统计数据库以及中国、湖南省和各市统计公报。

株潭为湖南省平均水平的 2.0 倍。其中，2015 年，长沙市、株洲市和湘潭市人均 GDP 分别为 115443 元、58363 元和 60430 元。长株潭的经济优势更加突出。

（二）经济动能更加明显

图 6 - 3 显示，2007—2015 年，长株潭三市 GDP 增长率不断下滑，但是，一直高于湖南省和全国平均水平。2007 年，长沙市、株洲市、湘潭市经济增长速度分别达到 16.0%、15.3% 和 15.4%，高于全省（14.5%）和全国（14.2%）的增速；2015 年，长沙市、株洲市和湘潭市经济增长速度分别达到 9.9%、9.5% 和 9.6%，高于全省（8.6%）和全国（6.9%）的增速。

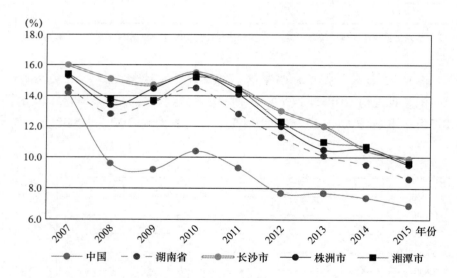

**图 6 - 3  长株潭 GDP 增长率与全国、湖南平均水平比较（2007—2015 年）**

资料来源：历年《湖南统计年鉴》、中国经济与社会发展统计数据库以及中国、湖南省和各市统计公报。

（三）经济结构得到优化

表 6 - 11 显示，长株潭三市产业结构由 2007 年的 9.2 : 46.9 : 43.9 转变为 2015 年的 5.3 : 53.8 : 40.9，工业化进程明显加快。2012 年之前，第二产业快速增长，第一产业和第三产业比重不断下降。2012 年以来，第二产业比重下降，第三产业比重快速增长。

| 表6－11 | 2007—2015年长株潭产业结构演化 | | 单位：% |
|---|---|---|---|
| 年份 | 第一产业 | 第二产业 | 第三产业 |
| 2007 | 9.2 | 46.9 | 43.9 |
| 2008 | 8.2 | 52.5 | 39.3 |
| 2009 | 6.8 | 51.6 | 41.6 |
| 2010 | 6.3 | 54.7 | 39.0 |
| 2011 | 5.8 | 57.4 | 36.9 |
| 2012 | 5.6 | 57.4 | 37.0 |
| 2013 | 5.4 | 56.6 | 38.0 |
| 2014 | 5.2 | 55.5 | 39.2 |
| 2015 | 5.3 | 53.8 | 40.9 |

资料来源：历年《湖南统计年鉴》、中国经济与社会发展统计数据库以及湖南省和各市统计公报。

图6－4显示，从贸易结构看，长株潭的对外贸易牢牢占据湖南省的核心地位。2007年，长株潭进出口总额达到637866万美元，占湖南省的

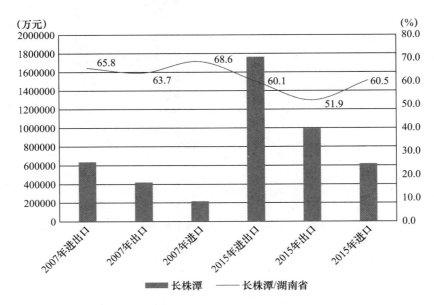

图6－4　2007年与2015年长株潭对外贸易情况比较

资料来源：历年《湖南统计年鉴》、中国经济与社会发展统计数据库以及湖南省和各市统计公报。

65.8%；2015 年，长株潭进出口总额达到 1764300 万美元，占湖南省的 60.1%。2007—2015 年，长株潭进出口、出口和进口总额分别增长 2.8 倍、2.4 倍和 2.8 倍。

（四）经济效益不断增强

图 6-5 显示，2007 年，长株潭财政一般预算收入为 2363600 万元，占湖南省的 39.0%；财政一般预算支出为 3424800 万元，占湖南省的 25.2%。2014 年，长株潭财政一般预算收入为 9073855 万元，占湖南省的 40.1%；财政一般预算支出为 12984738 万元，占湖南省的 25.9%。2007—2014 年，地方财政一般预算收入和预算支出分别增长 3.8 倍和 3.8 倍。长株潭三市的财政份额不断增长。

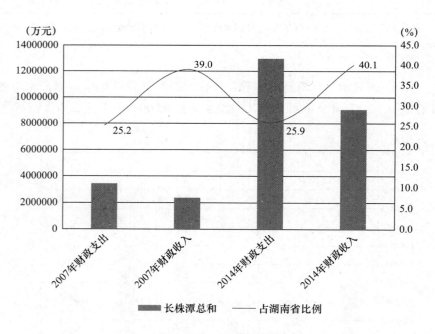

**图 6-5 长株潭财政一般预算收入与支出**

资料来源：历年《湖南统计年鉴》及中国经济与社会发展统计数据库。

## 二 改善民生，促进社会发展

（一）居民收入大幅提升

图 6-6 显示，2007—2014 年，长沙市、株洲市、湘潭市居民收入大幅提升。2007 年，三市在岗职工工资分别为 27968 元、22661 元和 19840

元；2014 年，三市在岗职工工资分别为 61846.6 元、52135 元和 47921 元，分别增长 2.2 倍、2.3 倍和 2.4 倍。

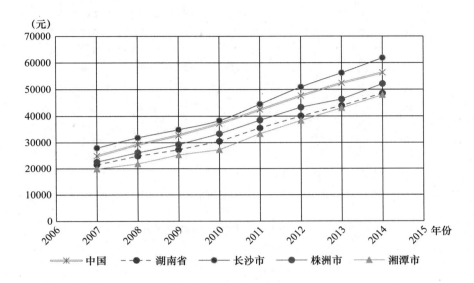

**图 6 - 6  2007—2014 年长株潭在岗职工人均工资演变**

资料来源：历年《湖南统计年鉴》及中国经济与社会发展统计数据库。

（二）就业人员较快增长

图 6 - 7 显示，2007—2014 年，长沙市、株洲市和湘潭市从业人员大幅提升。2007 年，三市从业人员数分别为 383.97 万人、216.22 万人和 174.11 万人，长株潭三市占湖南省的 20.7%；2014 年，三市的从业人员分别为 460.57 万人、246.37 万人和 180.30 万人，长株潭三市占湖南省的 21.9%。2007—2014 年，长株潭就业人员增长了 14.6%。

（三）社会影响力不断提高

一个社会的影响力可以通过旅游反映出来。一个区域吸引力提高，旅客人数也会大幅增长。表 6 - 12 显示，2007 年，长株潭国内旅游人数为 3868 万人次，入境外国旅游者人数为 39.95 万人次；2015 年，长株潭国内旅游人数为 18916.1 万人次，入境外国旅游者人数为 138.2 万人次。国内旅游人数和入境外国旅游人数分别增长 3.5 倍、4.9 倍。从比例来看，

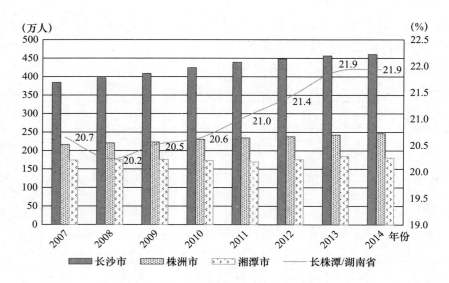

**图6-7 2007—2014年长株潭就业人员数**

资料来源：历年《湖南统计年鉴》及中国经济与社会发展统计数据库。

表6-12 **2007年与2015年长株潭游客数比较**

|  | 2007年入境外国旅游者人数（万人次） | 2007年国内旅游人数（万人次） | 2015年入境外国旅游者人数（万人次） | 2015年国内旅游人数（万人次） |
|---|---|---|---|---|
| 长株潭 | 39.95 | 3868 | 138.2 | 18916.1 |
| 占省比例（%） | 45.6 | 35.9 | 61.1 | 40.2 |

资料来源：历年《湖南统计年鉴》、中国经济与社会发展统计数据库以及湖南省和各市统计公报。

2007年，长株潭国内旅游人数占湖南省的35.9%，入境外国旅游者人数占湖南省的45.6%；2015年，长株潭国内旅游人数占湖南省的40.2%，入境外国旅游者人数占湖南省的61.1%。长株潭是湖南省旅游者的主要目的地。

### 三 推进产业转型发展和产业结构优化升级

大力推进新型工业化，随着一批重大产业项目的推进，正在形成以高新技术和现代服务业为龙头、以先进制造业为基础、以循环经济为特征的"两型"产业体系。

（一）传统产业"两型"化升级

传统优势产业通过循环化、减量化、信息化改造，加快实现"两型"化。钢铁有色、建材石化、烟花陶瓷等原材料工业提质升级，工程机械、轨道交通、电工电气等制造业发展壮大。工程机械产业具有世界性影响，轨道交通装备进入欧洲市场。长沙市设立科技专项，株洲市实施高新技术改造传统产业领域，湘潭市成为全国制造业信息化的重点城市。清水塘、汨罗等6个国家级和24个省级循环经济试点，长沙市（浏阳、宁乡）再制造产业园列入国家再制造产业示范基地，汨罗市进入国家第一批城市矿产示范基地，废旧钢铁、有色金属再利用接近100%。

（二）高新技术产业加速发展

推进国家综合性高技术产业基地建设，坚持规划引导与政策推动相结合、自主创新与产业孵化相结合，建设大飞机起落架、千亿轨道交通装备等重大产业项目，成为全国重要的工程机械、新能源等先进装备制造业基地以及电子信息产业基地、文化创意产业基地、建筑节能与绿色建筑示范基地。

图6-8（1）显示，2007—2014年，长沙市、株洲市和湘潭市高技术产业大幅提升。2007年，三市的高技术企业单位数分别为337个、155个和132个，长株潭三市占湖南省的46.4%；2014年，三市的高技术企业单位数分别为968个、273个和266个，长株潭三市占湖南省的46.2%。

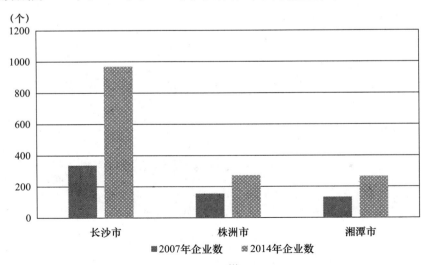

(1)

　　图 6－8（2）显示，2007 年，三市的高技术企业总产值分别为9166318 万元、3445285 万元和 2703522 万元，长株潭三市占湖南省的56.7%；2014 年，三市的高技术企业总产值分别为 64274498 万元、14248059 万元和 15764191 万元，长株潭三市占湖南省的 58%。

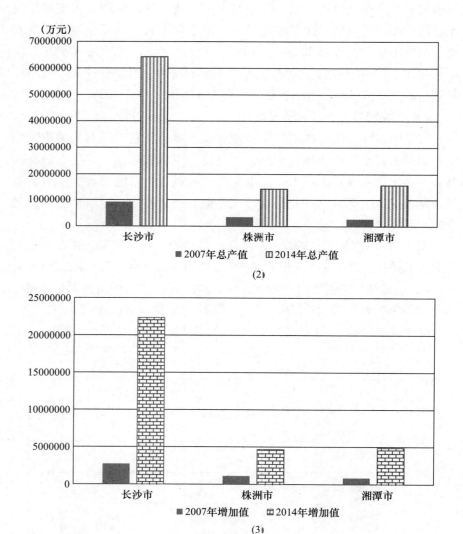

图 6－8　长株潭高新技术产业发展情况

资料来源：历年《湖南统计年鉴》和中国经济与社会发展统计数据库。

图 6 - 8（3）显示，2007 年，三市的高新技术企业工业增加值分别为 2725199 万元、1122140 万元和 848768 万元，长株潭三市占湖南省的 55.9%；2014 年，三市的高新技术企业工业增加值分别为 22319197 万元、4668826 万元和 4874407 万元，长株潭三市占湖南省的 61.9%。

（三）批发零售业较为发达

图 6 - 9（1）显示，长株潭加快向区域性现代服务业中心迈进。2014 年，长沙市第三产业份额为 41.7%，第三产业中份额最高的五个产业分别是批发和零售业，金融业，公共管理、社会保障和社会组织，文化、体育和娱乐业，交通运输、仓储和邮政业，占 GDP 比重分别为 8.0%、4.1%、3.9%、3.8% 和 3.1%。

图 6 - 9（2）显示，2014 年，株洲市第三产业的比重为 32.8%，第三产业中比重最高的五个产业分别是公共管理、社会保障和社会组织，批发和零售业，房地产业，交通运输、仓储和邮政业，居民服务、修理和其他服务业，占 GDP 比重分别为 5.7%、5.0%、3.9%、3.5% 和 2.3%。

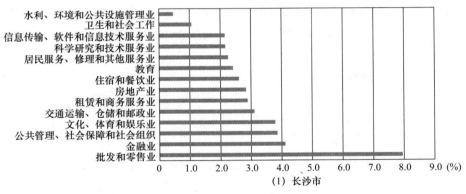

（1）长沙市

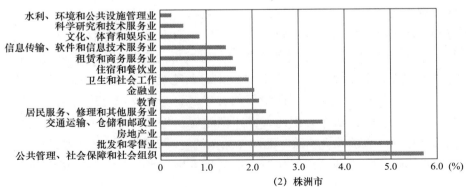

（2）株洲市

图 6-9（3）显示，2014 年，湘潭市第三产业比重为 34.3%，第三产业比重最高的五个产业分别是批发和零售业，公共管理、社会保障和社会组织，居民服务、修理和其他服务业，教育，文化、体育和娱乐业，占 GDP 比重分别为 4.8%、4.7%、4.1%、3.6% 和 2.9%。

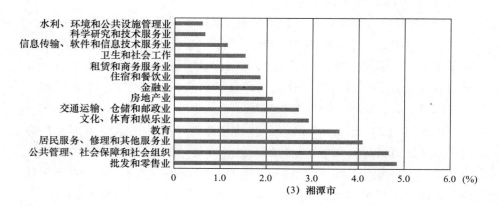

**图 6-9  2014 年长株潭三市各类服务业占 GDP 比重**

资料来源：历年《湖南统计年鉴》和中国经济与社会发展统计数据库。

## 四　提升基础设施建设水平

推进基础设施的一体化、功能化、网络化建设，长株潭综合配套改革试验区的承载力和运行效率不断提升。

### （一）综合交通体系形成

以采取"两型"技术、多种交通方式互联互通为主要特征，长株潭低碳综合交通网络建设加快推进。三市公交一体化顺利实施。连接三市的芙蓉大道、红易大道、长株高速等顺利建成，打造了长株潭半小时经济圈；环长株潭城市群城际轨道交通网规划启动实施，长株潭核心区通行时间在 30 分钟以内，长株潭至周边中心城市通行时间在 60 分钟以内，至其他中心城市通行时间在 90 分钟以内；黄花机场扩建工程竣工投入使用，客流量突破千万人次，在中部六省排名第一。突出交通运输枢纽工程，建设长沙大河西综合枢纽、武广高铁客运枢纽等。大力推动水运发展，建设湘江长沙综合枢纽、湘江株洲至城陵矶 2000 吨级航道建设工程、长沙港霞凝港区三期工程、株洲港铜塘湾港区一期工程、湘潭港易俗河港区千吨级码头工程等水运重点工程。

（二）能源基础设施不断完善

长株潭 500 千伏电网主网架、220 千伏主电网、110 千伏输变电网得到加强，农村电网得到重建和改造。三市天然气一体化建设取得重要进展，长株潭三市企业燃气管网设施逐步连成一体。桃花江和小墨山核电进入国家中长期核电布局的备选厂址。洞庭—湘中地区纳入国家页岩气开发利用规划。湖南省已投产 4 座风电场、4 座生物质发电厂、7 个太阳能发电项目，总装机 27.7 万千瓦，在建项目装机 68 万千瓦。

**五　改善生态环境**

把良好的生态、优美的环境作为"两型"社会建设最显著的标志，全面推进湘江流域重金属污染治理、氮氧化物减排、重点湖库水环境保护、长株潭大气联防联控、湘江长江综合枢纽库区清污、城镇污水生活垃圾处理设施配套、农村综合整治、环保千亿产业、长株潭新型化工循环经济产业园建设、环境监管能力建设十大环保工程。同时，通过一系列体制机制建设，提升环境质量。（1）建立资源节约的体制机制。建立价格杠杆调节机制，实行绿色电价、差别电价、可再生能源电价附加政策，试行分质供水和阶梯水价；出台民用建筑节能条例，实施大型公共建筑节能监控和改造；选择 10 个领域 30 余家单位开展节能减排全覆盖工程试点，取得明显成效；长沙市、株洲市启动国家绿色建筑、可再生能源示范城市试点；长沙市率先在宾馆酒店禁止免费提供"七小件"，并开展客房新型智能节电管理改造试点。（2）建立环境保护的体制机制。严格环评审批，出台建设项目环境管理办法、长株潭区域产业发展环境准入规定。探索环境保护市场化运作机制，开展排污权交易试点，出台主要污染物排污权有偿使用和交易管理办法，完成初始排污权分配核定，启动排污权交易、排污权抵押贷款等工作；积极参与清洁发展机制（CDM），湖南省 CDM 服务中心在联合国 CDM 执行理事会注册碳交易项目 35 个，在全国 29 个省级中心排第一；对流域内 51 个市县实行省级财政生态补偿；颁布城镇生活垃圾收费管理办法，加大污水处理费征收力度。实施环境污染责任保险试点。创新水岸联动、上下游同治、干支流同治、城乡同治的湘江流域治理机制。创造农村环保自治和垃圾"户分类、村收集、乡中转、县处理""户分类减量、村分类利用、镇中转填埋"等模式。在总体上仍处于工业化中期阶段的长株潭地区，经济总量实现了翻番，城乡生态环境明显改善。

（一）能耗水耗不断下降

在此推动下，2007 年以来，单位 GDP 能耗不断下降（见表 6 - 13）。2010 年，长沙市、株洲市和湘潭市单位 GDP 电耗为 474.0 千瓦时/万元、964.4 千瓦时/万元和 1307.1 千瓦时/万元，而湖南省的平均值为 922.1 千瓦时/万元；2014 年，长沙市、株洲市和湘潭市单位 GDP 电耗为 345.2 千瓦时/万元、568.2 千瓦时/万元和 687.5 千瓦时/万元，而湖南省的平均值为 589.8 千瓦时/万元。

表 6 - 13　　　　2010—2014 年长株潭单位 GDP 电耗　单位：千瓦时/万元

| 年份 | 长沙市 | 株洲市 | 湘潭市 | 湖南省 |
|---|---|---|---|---|
| 2010 | 474.0 | 964.4 | 1307.1 | 922.1 |
| 2011 | 383.1 | 718.6 | 1018.1 | 715.3 |
| 2012 | 377.4 | 646.3 | 862.8 | 668.6 |
| 2013 | 373.5 | 633.1 | 784.1 | 642.6 |
| 2014 | 345.2 | 568.2 | 687.5 | 589.8 |

资料来源：历年《湖南统计年鉴》和中国经济与社会发展统计数据库。

从规模以上企业用水量看，尽管长株潭三市的用水占湖南省比重总体在不断上升，但从用水量看，总体呈现不断下降趋势。图 6 - 10 显示，

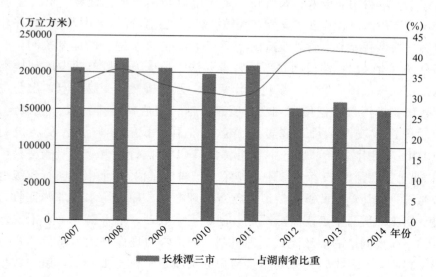

图 6 - 10　长株潭规模以上企业用水情况（2007—2014 年）

资料来源：历年《湖南统计年鉴》。

2007 年，长株潭三市的用水量为 20.58 亿立方米；2008 年，达到峰值 21.92 亿立方米，此后不断下降，到 2014 年用水量为 15.02 亿立方米。

（二）生态环境不断改善

实施湘江流域水污染综合整治三年行动计划。启动湘江国家首个重金属污染防治试点。纳入湘江流域水污染综合治理的 1377 家企业，已关闭、退出、停产 1017 家。清水塘、竹埠港等重点污染区域整治取得显著成效。根据湖南省环保厅 2016 年上半年环境质量状况报告（见表 6 – 14），2016 年上半年，湘江流域水质总体为优。干、支流 42 个省控断面中，Ⅰ 类至 Ⅲ 类水质断面 40 个，占 95.2%；Ⅴ 类水质断面 2 个，占 4.8%。干流 18 个省控断面水质均符合或优于 Ⅲ 类标准；支流 24 个省控断面中，浏阳河的黑石渡和三角洲断面氨氮、化学需氧量和总磷超标，均属 Ⅴ 类水质。与 2015 年同期相比，上半年入湘江口断面水质由 Ⅳ 类好转为 Ⅲ 类，氨氮未出现超标。

表 6 – 14　　　　　　2016 年 1—6 月地表水水质类别统计

| 水系 | | 合计（个） | Ⅰ—Ⅲ类（个） | Ⅳ类（个） | Ⅴ类（个） | 劣Ⅴ类（个） | 超标项目 |
|---|---|---|---|---|---|---|---|
| 湘江* | 干流 | 18 | 18 | 0 | 0 | 0 | — |
| | 支流 | 24 | 22 | 0 | 2 | 0 | 氨氮、化学需氧量、总磷 |

注：＊江河断面中，湘江干流黄茶岭和支流涟水的江龙滩断面在"十三五"断面设置方案中取消，6 月按新的断面设置方案开展监测，表中两个断面的数据为 1—5 月监测结果平均。

资料来源：湖南省环境保护厅。

生态绿心地区的生态环境保护治理，是长株潭试验区"两型"社会建设一个独具特色的亮点。在三市之间划定 522.87 平方千米的生态绿心地区进行保护，划分禁止开发区、限制开发区和控制建设区。其中，禁止开发区面积占生态绿心地区总面积的 50.4%，除生态建设、景观保护、土地整理和必要的公益设施建设外，严禁任何其他项目进入。

（三）生活环境得以改善

在资源节约、环境保护的同时，人民的生活环境也得到大幅改善。表 6 – 15 显示，从绿化覆盖面积看，2007 年，长株潭三市分别为 8541 公顷、3359 公顷和 4740 公顷，2014 年增长到 11813 公顷、5627 公顷和 4957 公顷。公园个数也有所增加，2007 年，长株潭三市的公园个数分别为 21 个、14 个和 7 个，2014 年增长到 26 个、19 个和 9 个。

表 6 - 16 显示，长株潭城市空气质量有所改善。与 2014 年相比，长沙市、株洲市和湘潭达标天数比例分别上升 8.1%、12.6% 和 8.2%。主要污染物中 $SO_2$、$NO_2$、PM10 和 PM2.5 年均浓度分别下降了 26.7%、9.1% 和 17.6% 和 20.3%。从饮用水看，2016 年 9 月，长株潭集中式生活饮用水水源地水质均达标，达标率为 100%（见表 6 - 17）。

**表 6 - 15　　　　　　　2007 年与 2014 年长株潭生活环境比较**

|  | 长沙市 | 株洲市 | 湘潭市 |
|---|---|---|---|
| 2007 年公园个数（个） | 21 | 14 | 7 |
| 2014 年公园个数（个） | 26 | 19 | 9 |
| 2007 年绿化覆盖面积（公顷） | 8541 | 3359 | 4740 |
| 2014 年绿化覆盖面积（公顷） | 11813 | 5627 | 4957 |

资料来源：历年《湖南统计年鉴》。

**表 6 - 16　　　　2015 年湖南省 14 个市城市环境空气质量综合指数排名**

| 排名 | 城市 | 综合指数 | 最大单项指数 | 最大单项污染物 |
|---|---|---|---|---|
| 1 | 吉首市 | 4.12 | 1.37 | PM 2.5 |
| 2 | 张家界市 | 4.70 | 1.51 | PM 2.5 |
| 3 | 郴州市 | 4.72 | 1.31 | PM 2.5 |
| 4 | 怀化市 | 4.90 | 1.49 | PM 2.5 |
| 5 | 永州市 | 4.97 | 1.51 | PM 2.5 |
| 6 | 常德市 | 5.04 | 1.49 | PM 2.5 |
| 7 | 衡阳市 | 5.13 | 1.57 | PM 2.5 |
| 8 | 株洲市 | 5.38 | 1.57 | PM 2.5 |
| 9 | 长沙市 | 5.38 | 1.74 | PM 2.5 |
| 10 | 邵阳市 | 5.39 | 1.66 | PM 2.5 |
| 11 | 益阳市 | 5.41 | 1.43 | PM 2.5 |

续表

| 排名 | 城市 | 综合指数 | 最大单项指数 | 最大单项污染物 |
|---|---|---|---|---|
| 12 | 娄底市 | 5.46 | 1.57 | PM 2.5 |
| 13 | 岳阳市 | 5.48 | 1.51 | PM 2.5 |
| 14 | 湘潭市 | 5.55 | 1.60 | PM 2.5 |

注：《环境空气质量标准》（GB3095—2012）评价项目为 PM 10、二氧化硫、二氧化氮、一氧化氮、氧气和 PM 2.5 六项。综合指数越大，表明综合污染程度越重，城市环境空气质量越差。

资料来源：湖南省环保厅，http://www.hbt.hunan.gov.cn/new/hjjce/hjzl/dqhj/content_59184.html。

表 6 – 17　　　　2016 年 9 月长株潭城市集中式饮用水水源水质状况

| 序号 | 城市名称 | 水源名称 | 水源类型 | 达标情况 | 超标指标及超标倍数 |
|---|---|---|---|---|---|
| 1 | 长沙市 | 猴子石（二水厂、三水厂、八水厂） | 地表水 | 达标 | — |
| 2 | | 桔子洲（一水厂） | 地表水 | 达标 | — |
| 3 | | 五一桥（四水厂） | 地表水 | 达标 | — |
| 4 | | 株树桥水库（五水厂、廖家祠堂水厂） | 地表水 | 达标 | — |
| 5 | 株洲市 | 株洲四水厂 | 地表水 | 达标 | — |
| 6 | | 株洲一水厂 | 地表水 | 达标 | — |
| 7 | | 株洲二（三）水厂 | 地表水 | 达标 | — |
| 8 | 湘潭市 | 湘潭三水厂 | 地表水 | 达标 | — |
| 9 | | 湘潭一水厂 | 地表水 | 达标 | — |

资料来源：湖南省环境保护厅。

（四）环保产业快速发展

在资源节约、环境保护的同时，长株潭环保产业快速发展。表 6 – 18 显示，2010 年，长株潭三市的环保产业单位数为 241 家；到 2014 年，上升为 284 家。其中，长沙市的增幅最为明显，从 2010 年的 140 家增加到 2014 年的 192 家。

环保产业收入大幅提升。表 6 – 19 显示，2010 年，长株潭三市的环保产业收入为 146.47 亿元，2014 年为 719.90 亿元，增长了 4.92 倍，远远高于全省的平均涨幅（2.86 倍）。其中，长沙市的增长最为迅速，从

2010 年的 82.18 亿元增长到 2014 年的 522.2 亿元，增长了 6.35 倍。

表 6-18　　　2010—2014 年长株潭环保产业单位个数比较　　单位：个

| 年份 | 长沙市 | 株洲市 | 湘潭市 | 长株潭 | 湖南省 |
|------|--------|--------|--------|--------|--------|
| 2010 | 140 | 74 | 27 | 241 | 876 |
| 2011 | 285 | 87 | 42 | 414 | 1120 |
| 2012 | 168 | 64 | 33 | 265 | 1043 |
| 2013 | 171 | 63 | 37 | 271 | 1078 |
| 2014 | 192 | 59 | 33 | 284 | 1101 |

资料来源：历年《湖南统计年鉴》。

表 6-19　　　　　2010—2014 年长株潭环保产业收入比较　　单位：亿元

| 年份 | 长沙市 | 株洲市 | 湘潭市 | 长株潭 | 湖南省 |
|------|--------|--------|--------|--------|--------|
| 2010 | 82.18 | 16.10 | 48.19 | 146.47 | 472.57 |
| 2011 | 223.95 | 24.44 | 64.88 | 313.27 | 656.64 |
| 2013 | 363.17 | 42.86 | 68.77 | 474.80 | 1072.59 |
| 2014 | 522.20 | 43.50 | 154.20 | 719.90 | 1351.90 |
| 2014/2010(倍) | 6.35 | 2.70 | 3.20 | 4.92 | 2.86 |

注：2012 年数据缺失。

资料来源：历年《湖南统计年鉴》。

# 第四节　长株潭"两型"社会建设的经验

2007 年 12 月，长株潭城市群获批全国综合配套改革试验区以来，湖南省紧紧围绕"率先形成有利于资源节约、环境友好的体制机制，率先积累传统工业化成功转型的新经验，率先形成城市群发展的新模式"，探索了一些改革经验。

## 一　注重思想引领与科学发展①

推动"两型"社会建设，加快转变经济发展方式，对湖南乃至对全国而言都是新生事物，思想引领至关重要。试验区成立以后，湖南省委、省政府迅速把思想统一到中央的战略决策和部署上来，切实在干部群众中开展建设"两型"社会的宣传教育工作。重点克服各级干部中最初较为普遍存在的三种片面认识：一是"限制论"，即担心试验区搞"两型"会限制发展；二是"简化论"，即把"两型社会"建设简单等同于节能减排；三是"无关论"，即认为试验区是长株潭三市的事，与其他地区关系不大。通过破除这三种片面认识，在较短时间内从根本上纠正了不想转、不敢转、不会转的错误观念，把全省干部思想逐步统一到"两型"建设的旗帜下，形成了"抓'两型'，促转变"的广泛共识。

"两型"社会建设，必须紧紧抓住转变经济发展方式这条主线，才能真正实现科学发展这个主题。湖南省通过积极推进长株潭城市群一体化建设，加大城乡统筹工作力度，加快了经济结构调整；通过积极发展新兴产业战略，推进传统产业技术改造，加速了产业结构调整；通过积极开展以湘江治理为重点的生态修复工程，加大了节能减排、污染防治工作力度；通过积极推进以改善民生为重点的社会建设，促进了经济社会协调发展。正是因为站在转变经济发展方式这个制高点上，"两型社会"建设从一开始就纳入了科学发展的轨道。

## 二　构造资源节约、环境友好的新模式②

建设"两型"社会，就要不断地创新资源节约利用和生态环境保护模式。长株潭试验区在节能、节地、节水、节材、流域治理、农村环境治理等方面取得了很多经验。

一是推进交通节能，形成了交通节能模式。

二是创新城市建设、开发园区建设、新农村建设、道路建设模式，加强了土地节约集约利用，形成了节地新模式。

三是形成节水新机制。长沙市实行了阶梯水价试点，制订了分质供水和阶梯水价具体实施办法，湘潭市于2010年3月试行非居民用水超定

---

① 中央文献研究室第一编研部课题组：《以"两型"社会建设为突破口加快经济发展方式转变》，《毛泽东邓小平理论研究》2011年第2期。

② 李忠：《长株潭试验区"两型"社会建设调研报告》，《宏观经济管理》2012年第2期。

额累进加价制度，居民生活用水价格由每吨 1.15 元调整到 1.55 元，特种行业用水价格由每吨 4.9 元调整到 6.4 元，增强了全社会节水意识。

四是形成节材新模式。长沙市、株洲市取消宾馆酒店免费提供"七小件"，2009 年，长沙市宾馆日用品消耗每月同比减少约 20 万套件，年节约资金上千万元。

五是形成湘江流域综合治理的模式。以湘江重金属治理为突破口，通过综合整治湘江流域水污染、加强污染超标企业整治退出力度、加快建设城乡垃圾收集处理体系、实施河道整治与生态修复工程等措施，大大改善了湘江流域的生态环境状况。

六是形成农村环保自治模式。推行"户分类、村收集、镇（乡）中转、县（市）处理"的一体化垃圾处置模式，农村环境得到明显改善。

### 三　人才激励与配置经验[①]

（一）激励机制

1. 股权分红

2008 年，湖南省《关于促进产学研结合　增强自主创新能力的意见》提出：对企业重要的技术创新人员，如果对企业科技成果研发和产业化有突出贡献，则其科技成果和知识产权可作价入股，占股份最高比例可达到公司注册资本的 70%，成果持有单位最高可以从技术转让（入股）所得的净收入（股权）中提取 70% 的比例奖励科技成果完成人，在全国率先制定并实行了"两个 70%"的激励政策。2012 年，对长株潭高新区创新型企业推行股权和分红激励机制，专门出台了《国家高新技术产业开发区企业股权和分红激励试点实施办法》。

2. 优惠奖励

长株潭营造良好环境，提供优厚条件，激发科技人才创新创业。如长沙高新技术开发区对节能环保产业的高端人才，给予每人 100 万元的创业启动资金，享受 5 年内免费租住 50 平方米住房的补贴，还可享受购房奖励以及 3 年的办公用房补贴。长株潭专门设立科学技术杰出贡献奖、光召科技奖、青年科技奖、潇湘友谊奖等奖项，不断加大对优秀人才的吸引力。

3. 项目留人

长株潭通过科技项目与平台建设来吸引、引进、凝聚、培养、开发、

---

① 匡跃辉：《实现技术创新的绿色化——来自长株潭"两型"社会试验区的实践与经验》，《湖南行政学院学报》2015 年第 2 期。

使用人才，并将其确立为重要考评指标，同时把用好、用活、用实科技创新人才作为搭建、实施科技项目与平台管理的关键环节。长株潭引进的"百人计划"专家中有近 2/3 是通过重大项目与创新平台引进的。因此，长株潭高端创新创业人才密集，拥有一批高层次的科技领军人物和科研团队，如袁隆平、黄伯云、刘友梅、丁荣军、廖湘科及其团队，还拥有 20 余名国家"千人计划"专家，拥有两院院士 54 名，引进海外专家和留学归国人员 1000 多名。近年来，长株潭区域科技创新能力不断增强，涌现出了一大批具有自主知识产权的原创性重大科技成果。据统计，获省科技进步一等奖以上的高端人才，全省共有 1400 余人，其中，90%聚集在长株潭。

（二）配置模式

"两型"社会建设最重要的在于使用好人才。为了最大限度地发挥人才的作用，长株潭通过促进人才流动、使用、发挥作用的体制机制，引导人才到最能发挥作用的环节去，到最需要的地方去。为推动科技产业化、产业科技化，长株潭以科研院所、高校为依托，共建企业研发中心；以项目技术为纽带，共同组建开发实体等推动高校、科研院所人才向企业聚集。国防科技大学是全国著名的军事院校，集聚了一大批科技创新人才和创新成果，通过协同创新机制，有效地推动了军工科技成果服务地方经济发展，湖南省与国防科大在长沙挂牌成立了湖南省产业技术协同创新研究院。威盛集团联合华中科技大学、长沙理工大学开展"智能电网下的新型智能电表"等关键技术研究，研发成果打破了国外技术垄断。南车时代联合清华大学等开展电动汽车关键技术研发，推动株洲市成为全国第一个电动公交城。农业急需绿色技术，是科技人才发挥才能的重要战场。长株潭引导广大科技工作者深入研究农业课题。一大批科研人员主动与农民利益共享、风险共担，与农民结成利益共同体，重点研究开发推广生态农业科技，既实现了农民增产增收，又促成了科技成果转化。

**四　绿色技术推广经验**[①]

长株潭积极采用高新技术、先进适用技术支撑引领战略性新兴产业

---

① 匡跃辉：《实现技术创新的绿色化——来自长株潭"两型"社会试验区的实践与经验》，《湖南行政学院学报》2015 年第 2 期。

和改造提升传统产业，致力于改造高消耗、高污染企业，广泛开展城市群循环经济试点。突出绿色技术成果产出、转化及产业化的最终目标，为科技成果产业化提供强大支持。湖南省组织开展"两型"技术示范推广，出台"两型"技术推广目录，组织实施一批节能减排科技专项行动。"十二五"期间，在长株潭试验区范围内，重点推广十大先进适用、具有示范带动作用的清洁低碳技术，包括重金属污染治理技术，脱硫脱硝技术，新能源发电技术工业锅（窑）炉节能技术，污泥垃圾焚烧技术，"城市矿产"再利用技术，绿色建筑技术，餐厨废弃物资源化利用和无害化处理技术，城市公共客运行业清洁能源、沼气化推动农村畜禽污染治理和资源化利用技术，节能与新能源汽车技术。

在加速绿色技术转化应用中，着力形成绿色技术研发的根本动力，扩大市场对绿色技术的需要，实现科研项目与科技需求无缝对接。长沙市连续主办八届中国科技成果转化交易会，旨在有效激活、推进高校和科研院所的科技成果资源产业化。

**五 立法、执法、监管与考核经验**[①]

**（一）立法**

围绕推进"四化'两型'""四个湖南"建设，加强了促进经济发展方式转变、推进"两型"社会和生态文明建设、保障民生和发展社会事业、加强和创新社会管理、加强科技创新等方面自主性、创制性地方立法。颁布实施《湖南省行政程序规定》《湖南规范行政裁量权办法》《湖南省政府服务规定》等行政法规，湖南省人大常委会制定《长株潭城市群区域规划条例》《湖南省人民代表大会常务委员会关于保障和促进长株潭城市群资源节约型和环境友好型社会建设综合配套改革试验区工作的决定》，使长株潭城市群"两型"社会建设上升到地方法律层面。推进《湖南省民用建筑节能条例》《长株潭生态绿心保护条例》《湘江保护条例》等专项立法，为"两型"社会建设提供具体的法制保障。

**（二）执法**

突出综合执法，加大资源环境执法力度，严格实行资源环境执行问责制，健全重大环境事件和污染事故责任追究制。改革和创新执法方式，

---

① 根据中国（海南）改革发展研究院课题组《探索实践科学发展的"两型"之路——长株潭城市群"两型"社会综合配套改革试验总体评估报告》（2012）整理。

建立区域资源环境执法联动机制，探索在资源环境领域开展相对集中行政处罚权、相对集中的许可权等工作，实现法律效果和社会效果的统一。健全完善行政裁量权基准制度，严格规范行政裁量权行使。

（三）监管

建立人大监督、行政监督、法律监督、司法监督、公众监督和舆论监督相结合的监管体系。省人大开展了为期近两年的"一条例一决定"专项执法检查。利用现代信息技术，推进节能减排在线监管、公共机构监控系统建设等。建立环境公益诉讼制度。完善资源环境信息公开和公众参与机制。

（四）考核建立

（1）评价指标体系和标准体系。推进"两型"标准化建设，编制形成"两型"社会建设的评价指标体系，出台16个"两型"标准和5项公共机构用能标准，全省相关行业和单位已制定43项"两型"地方标准，各市也出台了数十项市级"两型"标准，初步形成了"两型"社会建设标准及指标体系框架。

（2）突出政府绩效考评。探索绿色GDP评价体系，将"两型"社会建设纳入省、市绩效考评体系，实施考评数据采集和考核工作，构建对各市、各部门、各市"两型"办，以及重点工作、重点项目建设的政府绩效考评体系。

# 第五节  进一步促进长株潭"两型"社会建设的建议①

长株潭城市群"两型"社会建设正处在向纵深推进的关键时期，目前还存在一些突出矛盾和问题，有些重大领域的改革需要加大力度。根据当前的突出问题与规模目标，提出以下建议：

**一  加大改革力度，先行先试**

（一）启动绿色财税体制改革试点

根据中央关于扩大地方税权的改革精神，建议中央赋予长株潭城市

---

① 根据中国（海南）改革发展研究院课题组《探索实践科学发展的"两型"之路——长株潭城市群"两型"社会综合配套改革试验总体评估报告》（2012）整理。

群扩大地方税收管理权和税收减免权，为在营业税转增值税改革的背景下重构地方税收体系探路；建议中央授权长株潭城市群启动资源税改革试点；启动环境保护税改革试点，探索征收二氧化硫税、水污染税和固体废弃物税等。

（二）启动绿色金融改革试点

建议尽快建立健全污染责任保险体系，将湘江流域内高环境污染风险的企业全部纳入其中；尽快成立"两型"产业发展基金，对符合"两型"要求的产业加大风险投资比重；加大政策性银行对湘江治理等"两型"重点项目的支持力度；支持符合"两型"条件的企业发行企业债券。

（三）扩大排污权交易试点范围

建议以重点行业为对象，成立辐射中部的区域性碳交易中心，率先开展节能量交易、碳交易试点，并将试点对象从化学需氧量、二氧化硫扩大到其他污染物。

（四）强化生态补偿机制

建议中央将湘江流域纳入国家生态补偿试点范围；建立湘江跨市境河流生态补偿和污染损害补偿制度；加大各级财政环境保护投入力度，扩大生态补偿范围，适当提高补偿标准。

（五）启动投融资体制改革试点

建议中央支持长株潭城市群率先探索规范的地方融资平台建设和土地财政收支改革，为完善地方融资平台和土地财政收支监管制度探路。

## 二　加大要素市场改革

（一）加快资源环境产权改革

建议明确界定资源环境产权，建立合理、透明的资源产权和排污权分配制度；继续完善排污总量控制、许可、价格标准等制度，建立反映资源环境成本的绿色价格体系。

（二）深化以土地节约集约利用为重点的土地管理制度改革

建议在更大范围、更深层次上探索节约集约利用土地资源的模式；探索建立城乡统一的土地市场体系，强化统一监管；完善土地储备制度，实行差别化供地政策。

（三）加快中高级要素市场化，推进科技人才管理体制创新

建议结合新一轮事业单位改革，在科技人才要素市场化方面先行先试。

### 三　扩大对外开放

建议中央设立长株潭综合保税区，为承接产业转移创造良好环境，为外向型经济发展提供保税物流服务。

建议中央建立长沙空港保税区，发展区域性物流中心。以黄花机场为重点，申报航空保税港区，以促进航空口岸物流快速发展。

建议建立三市联合招商机制。建立长株潭统一的招商平台，制定统一政策，承接高端制造业和现代服务业的产业转移，以吸引更多符合"两型"产业要求的跨国公司落户。

### 四　加大"两型"社会重大项目建设力度

（一）支持清水塘整体搬迁及安置工作

（1）支持清水塘居民安置工程。赋予国有工矿区棚户改造的优惠政策，支持清水塘居民避险安置。对安置住房执行经济适用住房在税收等方面的优惠政策。

（2）对整体搬迁予以专项资金支持。据初步测算，清水塘整体搬迁的资金缺口在180亿元左右。建议由国家和省共同设立清水塘地区整体绿色外迁专项资金。

（二）加大湘江流域环境治理力度

（1）加快落实《湘江流域重金属污染治理实施方案》。支持发行湘江流域治理债券，用于实施重金属治理和环境综合治理重大项目，并出台重金属污染企业关停、淘汰专项补贴政策。

（2）将湘江风光带建设纳入国家重点工程。尽快统筹制定长株潭湘江风光带总体规划，确保湘江风光带的道路、堤防、滨水景观和三市交接区域的景观设计和建设标准的统一，建设进度对接。

# 第七章 江永县绿色发展的实践、经验与政策建议

绿色发展，不仅是"十三五"时期我国经济社会发展的基本发展理念之一，更是我国在经历相当长一段时期的高速增长后，在经济新常态背景下适应资源环境紧约束形势和现实发展困境，推进生态文明建设的战略选择，也是顺应国际绿色复苏、绿色增长和应对气候变化等经济社会发展大趋势的必然选择。

21 世纪以来，湖南省以长株潭城市群"两型"社会试验区改革建设为契机，从率先推进资源节约型和环境友好型社会建设，到部署"两个加快、两个率先"总任务和"四化""两型"总战略①，制定实施《绿色湖南建设纲要》，绿色湘军崛起，绿色发展水平稳步提升至中高级发展阶段，绿色发展指数总体领先于中部地区，进入中东部第一梯队，初步探索出了一条以"两型"社会为载体，推进绿色湖南和生态文明建设的新路子。

江永县位于湖南省西南边陲，与广西接壤，属于湘江上游水系和珠江水系分界地带，是湘江在湖南省境内的起点；地理上以丘陵和喀斯特地貌为主，"七山半水半分田，二分道路加庄园"，自然资源相对贫乏，经济发展先天优势不足。经济上，江永县农业占主导地位，工业化仍处于起步阶段，为湖南省贫困县之一，属于典型意义上的经济欠发达地区。尽管江永县经济总量相对较小，绿色发展似乎先天不足，但"尺有所短、寸有所长"，江永县依托自身资源禀赋，因地制宜谋布局，扬长避短做文

---

① 2011 年湖南省第十次省党代会首次提出"两个加快、两个率先"总任务和"四化""两型"总战略。其中"两个加快、两个率先"总任务是指加快建设全面小康，努力使中部地区率先实现全面小康目标；加快建设"两型"社会，再式图率先走出一条"两型"社会建设的路子。"四化""两型"总战略是指新型工业化、新型城镇化、农业现代化和信息化，与资源节约型和环境友好型社会。

章，虽然仍然面临诸多问题和挑战，但绿色发展实践有做法、有特色、有成效，不仅自身闯出了一条新路，也为湖南省乃至我国农业主导的欠发达地区探索绿色发展、推进生态文明建设做出了一个良好的表率和示范。

根据"湖南省湘江流域绿色发展现状与对策研究"课题组的总体安排，中国社会科学院数量经济与技术经济研究所与湖南省社会科学院合作，2016 年 7 月 10—15 日，由数量经济与技术经济研究所陈冬红副所长率领联合调研组在江永县开展了深入调研。在江永县期间，调研组采取座谈会的方式与江永县发改委、工信委、农委、林业局、畜牧局、水利局、国土局和财政局等相关政府部门进行了座谈，考察了江永电商街、产业园和部分企业，同时先后赴千家峒瑶族乡、上江圩镇和兰溪瑶族乡等 4 个村，考察基础设施建设、生态环境保护和农林产业发展。在千家峒瑶族乡刘家庄村，入村对村支部书记和部分村民等开展了访谈，了解农林旅游业发展、农村产业结构调整、成功人士回乡创业和生态扶贫等发展情况，获取了宝贵的第一手资料。

"麻雀虽小，五脏俱全。"江永县代表了湖南省乃至我国中部地区经济欠发达县域的一种类型。显然，通过解剖和分析江永县绿色发展的典型案例，提炼行之有效的做法和经验，梳理未来加快绿色发展面临的挑战，对于提升对绿色发展的认识，分析总结湖南绿色发展规律和典型模式，推动江永县、湖南省加快绿色发展，提高生态文明建设水平，都具有重要的理论和实践意义。

# 第一节　江永县概况和绿色发展的现实需求

## 一　江永县概况

（一）区位地理

江永县是湖南省永州市辖县之一，位于湖南省南部偏西，属于湘桂交界之地，除东南和北部与同属永州市的江华瑶族自治县和道县接壤外，南、西南和西北分别与广西壮族自治区的富川瑶族自治县、恭城县和灌阳县毗邻。全县辖 6 镇 5 乡，2 个国有农林场，1 个自然保护区，总面积 1540 平方千米，是典型的内陆小县。

　　江永县总体属于南岭山脉，都庞岭和萌渚岭环绕四周，自中部向东北、西南倾斜，中部地势平坦，山间盆地相连，境内山峰较多。

　　从地理区位上可以看出，江永县属喀斯特地貌，2012 年被纳入全国第二批石漠化综合治理重点县，生态建设和环境保护的任务较重。但是，由于纬度较低，江永县属亚热带南缘季风性湿润气候，雨量充沛，近年来，年均降水量接近 1500 毫米。境内地上河、地下河和泉井较多，加之光照充足，四季分明，无霜期长，超过 290 天，适宜农作物生长和农林业发展。

　　（二）资源禀赋

　　1. 水能资源

　　特殊的地理区位和气候资源，决定了江永县水资源极为丰富。全县密布大小河流 211 条，其中，以永明河为干流的湘江流域有支流 116 条，流域面积占全县总面积的 61.5%；以恭城河为干流的珠江流域有支流 95 条，占全县总面积的 41.9%。全县水利工程约 3000 处，基本能满足工农业和人民群众生活用水需求。加上山地丘陵地形，决定了水能资源较为丰富。全县多年平均径流总量超过 16.5 亿立方米，全县水能资源理论蕴藏量达 13.71 万千瓦，技术可开发量达 6.84 千瓦，发展清洁能源潜力较大。

　　2. 土地资源

　　江永县山地多，平地少。平原主要分布于沿河两岸，面积约 249 平方千米，占全面总面积的 15.25%。江永县山地丘陵区"七山半水二分半田"的典型特征决定了可耕地面积较少，全县耕地仅约 2.4 万公顷，其中水田和旱地分别约占 2/3 和 1/3。

　　3. 矿产资源

　　江永县属于南岭褶皱带中段，地质构造复杂，已探明矿产资源品种多，但品位低，大型矿床少，规模总量小。境内主要矿产资源为有色金属矿，主要是银铅锌矿、铅锌矿和铜、锰等内生共伴生矿。

　　4. 农林资源

　　江永县农林资源丰富。年农作物播种面积超过 75 万亩，粮食作物约占一半，以水稻为主。山地多和降水量多决定了森林资源丰富。全县林业用地面积约 170 万亩，约占全县总面积的 74%，森林覆盖率达到 68.52%，林木绿化率约达 73.9%，活立木蓄积量达 548 万立方米，是湖南省重点林区县。

（三）人文历史

江永县历史悠久。早在秦嬴政二十六年（公元前 221 年）即建县制，唐玄宗天宝元年（742）因境内永明岭定县名永明县。此后，不同朝代均有建制管辖，至 1956 年首次将永明县改为江永县。

江永县悠久的历史孕育了厚重的文化，现拥有通称"四千文化"。

（1）千古之谜——女书，以江永县上江圩乡为中心，波及城关镇、黄甲岭乡、铜山岭农场等乡镇和邻近道县、江华县等部分乡镇，仅在妇女范围内使用的一种文字，通称女字或女书，现已获批为国家级非物质文化遗产。

（2）千年古村——上甘棠，为周氏先祖唐朝天宝年间在此定居立宅，历史已超 1200 年，先后涌现周敦颐等历史文化名人。因古村民居、周氏祠堂和碑亭楼阁等众多名胜古迹保存较好，现为湖南省历史最悠久古村落。

（3）千年古寨——勾蓝瑶族古寨，位于江永县兰溪乡，拥有国内较为罕见规模的瑶族古寨群，包括上村、下村和大径三个古村落，方圆 6 千米，是历经 1000 余年保存完整民族成分的勾蓝瑶族居住地。

（4）千家峒——瑶族发源地，也是瑶族的千年古都。

（四）经济发展

"十二五"期间，江永县经济保持较快增速，综合经济实力大幅提升。据统计，"十二五"期间，江永县年均经济增长 12.2%，一般口径财政收入年均增长 18.1%。2015 年，全县完成地位生产总值 52.3 亿元，财政收入 3.9 亿元，其中，一般预算收入仅 2.9 亿元，全县财政总支出 16.6 亿元，主要依靠中央和省市各级各类转移支付。

经济发展中农业仍占主导地位。"十二五"期间，江永县三次产业结构由 2010 年的 43.6∶26.1∶30.3 调整到 35.0∶28.8∶36.2，尽管第二产业和第三产业的比重显著提高了 8.6 个百分点，但农业占比仍然高达 35%，且第二产业占比不足 30%。总体来说，江永县还是一个工业化仍处于起步阶段的农业大县。

城镇化快速发展快。"十二五"期间，江永县城镇化率由 2012 年的 21.2% 提高到 2015 年的 35.5%，年均提高约 3 个百分点，虽然总体城镇化率仍然较低，但明显快于国家和湖南省城镇化增速。与此同时，江永县获批湖南省卫生县城，大力推进城乡共建统筹，城乡面貌焕然一新。

　　总体上看，无论人口、地理还是经济总量来看，江永县都是典型的人口小县、地理小县和经济小县。从资源来看，江永县自然资源相对贫乏，是资源小县，但是，得益于独特的气候和人文历史，江永县也是农林资源和人文资源大县。经济欠发达农业县的典型特征决定了江永县面向绿色发展转型的现实迫切性和挑战。

## 二　江永县绿色转型发展的现实迫切性

### （一）江永县缺乏传统发展模式的比较优势

　　按照传统发展模式，一个地区经济发展尤其是追赶型地区经济发展，通常离不开这样几种条件：如沿海地区或大城市周边地区等类似的地缘优势或政策优势，发现新的资源可供开发利用，大的工业项目拉动和大量资本投入。但由于江永县地处内陆湘桂两省交界之处，地理上距离沿海地区和内陆大城市较远，可供开发自然资源有限。不仅与沿海开放地区相比缺乏资金、政策等比较优势，甚至与内陆其他县域相比，也因地理区位和交通等诸多因素，难以从外部引入大型工业项目。因此，沿袭传统发展模式，江永具有先天劣势。2014—2015 年，江永县三次产业结构中，第二产业比重仍然徘徊在 30% 以下，表明传统依靠资源、投资等驱动的"工业强县"发展路径和增长模式在江永县难以获得真正成功。

### （二）传统发展模式的增长动能逐渐衰弱

　　"十二五"期间，江永县地区生产总值年均增速 9.8%，三次产业增加值年均增速分别达到 3.7%、12% 和 10.8%。虽然经济总体保持了较快增长，但需要注意的是，江永县并未实现"十二五"规划目标，而且无论是 GDP 增速还是第二产业增速，与永州市整体相比，这一增速并不快。尤其是近年来，经济增速呈加速度下降态势，第二产业增速下滑较快，固定资产投资波动较大。相反，第三产业发展始终保持较快增长态势，这表明由于工业规模小，经济基础弱，在缺乏外来工业项目和大量外部资本引入的情况下，经济新常态带来的宏观经济增速下滑对江永县的影响可能超过对经济发达地区的影响，也表明对江永县这样的经济欠发达中部县域而言，依靠工业尤其是依靠投资驱动的传统经济增长动能在逐渐衰弱，需要转换发展思路，寻找新的增长动能。

### （三）区域主体功能定位制约江永县沿袭传统模式发展

按照《湖南省主体功能区规划》，江永县属于湖南省级重点生态功能区，其主体位于南岭山脉生态屏障。作为湘江上游，其主要发展方向定位于涵养水源，保持水土，维护生物多样性。只有在不损害生态功能的前提下，才允许因地制宜适度发展资源开采、农林产品生产加工等资源环境可承载的适宜产业。同时，限制进行大规模、高强度工业化、城镇化开发。

### （四）资源环境制约日趋显著

资源环境约束是地区走绿色发展道路的重要约束条件。① 江永县不仅经济欠发达，而且资源环境形势也不乐观，只是在体现形式上与其他发达县域不同。从资源角度看，制约江永县发展的主要是土地资源。这是因为，地理上，江永县是小县，更由于地质地形以土地丘陵为主和喀斯特地貌，平原、岗地和丘陵分别只占全县土地面积的 15.25%、20.68% 和 19.04%，人均平地和人均耕地均远低于全国和全省平均水平。由于山地坡度大，加之喀斯特地貌，容易导致地质灾害，不适合大规模开发，而丘岗地开发难度大、成本高，难以实现大规模的有效利用。同时作为农业大县，需要保证足够的平原农业用地。因此，江永县适合规模开发的国土空间极其有限。随着城镇化发展，可开发空间有限，人地矛盾将更加突出，土地资源制约将更加显著。

从环境角度看，制约江永县发展的不是工业废弃物或消费型废弃物污染，而是因为江永县位于湘江上游。《〈湖南省湘江污染防治第二个"三年行动计划"（2016—2018 年）〉实施方案》明确提出，要实现湘江流域水质全面好转，干流和主要支流水质要稳定在Ⅲ类标准内，其中，水质优于Ⅱ类标准的断面较 2015 年增加 30% 以上。另外，江永县虽然工业污染压力相对较小，但以农业为主的产业结构，决定了由于农村生态环境基础设施薄弱和长期过度使用农药、化肥，以及畜禽养殖和农业生活污水无序排放等对流域水环境的威胁长期存在。

### 三　向绿色转型发展的优势

作为一个欠发达县域，江永县选择绿色转型升级发展路径而非传统大工业大项目带动的路径，除自身存在传统资源和投资驱动增长模式的

---

① 徐广月：《我国欠发达地区绿色发展的宏观背景》，《现代经济信息》2013 年第 20 期。

劣势和制约外，江永县自身具有的绿色发展优势也是不可忽视的重要诱因。

（一）综合生态优势

传统发展模式导致生态严重失衡给人类自身带来生态危机和挑战，这是萌发绿色发展理念的重要背景。反过来，绿色发展首先强调的是经济与环境的协调发展，人与自然的和谐共生。① 因此，一个区域的生态优势自然而然地成为其绿色发展的基础优势。对江永县而言，特殊的地理位置造就了江永县独特的自然地理地貌，再加上近年来大力保护和发展人工生态，形成了江永县的综合生态优势。江永县处于亚热带季风性湿润气候，境内有源口水库和古宅水库等两大水库，以及永明河和恭城河（源桃段）两大湘江上游流域，水资源、水能资源丰富。南岭山脉的都庞岭和萌渚岭环绕四周，不仅森林覆盖率高达 68.52%，境内更有都庞岭国家级自然保护区、千家峒国家森林公园（风景名胜区）和源口省级自然保护区等，以及天然湿地、高山草场等多种自然生态。山水林湖一体，为清洁能源、养生休闲和旅游等基于自然生态的绿色产业发展提供了不可或缺的优势条件。

（二）特色农业优势

欠发达地区多数是以农业为主的地区，江永县也不例外。由于农业是天然的弱质性产业，生产容易受自然因素、宏观经济波动等影响。再加上个体农户为主体，生产分散，不仅产品同质性强，难以形成稳定的规模，且市场主导力量薄弱。因此，多数欠发达地区中，农业虽然占比高，但并非优势产业。江永县是山区农业县，种植业是主体，主要是粮食、蔬菜和水果三大支柱性产业，每年粮食、蔬菜和水果种植面积分别约为 46 万亩、15 万亩和 20 万亩。从湖南省甚至全国来看，由于江永县域面积和人口规模均相对较小，上述三类约 80 万亩种植面积的农业规模并不大。但江永县特殊的自然地理和种植历史，形成了一批"规模小但品质优"的特色农产品，主要包括历史上即一直享有盛名的"江永三香"：香米、香芋、香柚，以及近年着力培育发展形成的香姜和香菇。江永县是"中国香柚之乡"和"中国香芋之乡"。近年来，江永县因势利

---

① 秦绪娜、郭长玉：《绿色发展的生态意蕴及其价值诉求》，《光明日报》2016 年 8 月 28 日第 6 版。

导，加快农村土地流转服务和农业产业结构调整，推广和支持"公司＋协会＋基地＋农户"生产，大力扶持家庭农场，做大做强以香柚、香芋、香姜、香米、香菇为主的"五香"农业产业。特色农产品种植成为农业的主体，也造就了江永县独特的农业优势。

（三）人文资源优势

江永县的人文资源优势主要是以女书、上甘棠古村、勾蓝瑶族古寨和瑶族发源地千家峒等"四千文化"为代表的人文历史，不仅在湖南省，在全国县域层面也独树一帜。人文历史景观资源与山水林湖等自然生态景观资源相结合，为江永县以文化旅游带动发展全域旅游奠定了坚实的物质基础，也为进一步开发特色旅游产品、克服工业落后对县域经济发展带来的制约提供了新的选择。根据《江永县"十三五"规划纲要》，旅游总收入预期年均增长26%，远高于其他产业和地区生产总值增长，实际上，这正是看重了人文景观资源的巨大优势和发展潜力。

# 第二节　江永县探索绿色发展的主要实践和做法

**一　加强产业绿色化改造，推进产业绿色转型**

绿色经济发展是实现绿色发展的物质基础。对于江永县这样的欠发达县域，绿色经济发展的重要性不言而喻，其核心是一方面加强现有产业和企业存量的绿色化改造；另一方面则是利用自身比较优势，积极发展新的绿色产业，促进形成资源消耗少、环境污染负荷低、产业附加值高的绿色产业结构和绿色生产方式。

（一）存量工业产业的绿色化改造

江永县工业主要是矿冶建材加工和食品加工两大产业。食品加工业主要是利用江永特色农业优势，自然延伸产业链发展食品深加工，同时，规划建设江永工业园，将食品加工业集中到园区内，通过环境基础设施共享，实现小规模企业产业废弃物和污水二次集中处理。因此，存量工业产业的绿色化改造，重点是针对矿冶建材加工业。

针对矿冶建材加工业发展现状，江永县采取了以下几个方面的绿色化改造措施。

首先，实施落后产能淘汰和产能改造。即对现有矿产品采掘和粉体加工等企业，对落后产能采取关停并转、限大压小、节能环保改造等措施，将矿产品开采冶炼加工企业数目保留到江永银铅锌矿、众力矿业、潇湘化工、东宏冶炼等少数几家技术实力较强企业，小企业一律关停，形成龙头带动和先进技术驱动，实现降低高能耗、高污染和保护资源的目的。

其次，完善产业和企业布局。推动江永东宏冶炼、寿光矿业等搬迁，在工业园内形成相对集中的冶金工业区。同时，在利小路以南，以木材深加工和尾矿、矿渣利用为核心，布局发展建材产业，形成建材工业园区。① 矿产冶金建材布局集中，有利于实现集中管理和污染集中治理。

最后，发展循环经济，加强重点污染源治理，推动节能减排。对于铅锌矿开采企业，全部要求在冶炼生产环节采用循环经济生产，在废弃物利用环节，推动与水泥和建材加工业合作发展循环经济，促进尾矿和冶炼渣资源化利用。根据湘江上游环保要求，江永县主动对全县铅锌冶炼行业进行整顿，计划今后只保留少量企业开采原矿，外运到外地进行深加工利用，本地不再保留冶炼企业。

湘江上游地理位置的特殊性和绿色湖南发展需求在一定程度上制约了江永县传统工业发展。为此，江永县严格产业准入，明确提出，在招商引资过程中，坚守"冒烟的企业一律不要，影响环境的企业一律不要"的发展底线。2014 年，江永县发布《关于实行企业投资项目负面清单管理的通告》，11 个行业 104 类（限制 50 类，禁止 54 类）纳入负面清单管理，禁止新建负面清单内项目②，从源头上切断了传统污染密集型项目的进入。

（二）推进农业生态转型发展

传统农业生产方式和农业污染是制约农民增收、导致污染增加的重要因素。江永县是农业占主导的农业大县，发展生态农业，促进农业整体向绿色化发展是江永县产业绿色化改造的主要任务。针对农业现实，江永县重点采取了以下几个方面的措施：

1. 做大做强特香产业，提高优势农产品规模化水平

在推动农业生产转型发展过程中，江永县结合产业精准扶贫，促进

---

① 江永工业园区管委会：《江永工业园区"十二五"规划》。

② 江永县人民政府：《关于实行企业投资项目负面清单管理的通告》（江永政发〔2014〕54 号）。

形成"一村一产业",发展水果、蔬菜、烤烟等种植业和以秸秆氨化养牛为代表的养殖业。① 香柚、香芋、香米、香姜、香菇是江永县特色优势农业的典型代表。在推动农业产业结构调整过程中,江永县优先支持发展上述特色产品种植,并重点宣传打造形成特香产业。截至 2015 年年末,全县流转土地 30 多万亩,发展"五香"种植大户 1000 多户,家庭农场近 400 家,"五香"农产品种植面积超过 50 万亩②,占全县种植面积的一半以上。通过做大做强特香产业,提高优势农产品规模化水平,为进一步市场化发展,提高农业土地产出效益奠定了较好的基础。

2. 狠抓农产品质量安全,大力推行农业标准化生产

农产品质量安全是全社会关心的热点话题之一,也是关系农业绿色发展的焦点。江永县把农产品质量安全放在首位,县农业局制定了《江永县农产品溯源管理制度》,县里成立了由分管副县长任组长的江永县农产品质量安全工作领导小组,制订了《江永县农产品质量安全监管工作方案》。与此同时,先后设立县农产品质量安全监管站,配套监管人员、农技人员和必要的基本仪器设施,建立了例行监测与监督抽查相结合的监督检测制度。为保证工作落到实处,江永县还制订了《江永县农产品质量安全专项整治工作方案》,对生产企业、农民合作社、家庭农场、专业大户生产基地,集中整治超范围、超剂量、超次数使用农药和不遵守农药使用安全间隔期规定的违规违法行为。为建立确保农产品质量安全的长效机制,江永县还结合国家级出口食品农产品质量安全示范区建设,重点推进农业标准化生产。针对特香农产品特点,江永县先后组织编制了无公害农产品香柚、香芋、香姜、夏橙栽培技术规程,绿色食品香柚、香芋、香姜生产技术规程等标准 13 项,编印了《农业标准化生产技术手册》,发放到群众手中。在实施国家标准、地方标准和省农业技术规程的基础上,仅 2015 年就集中修制订农业技术标准 18 项。与此同时,江永县还以香柚、香芋、香姜等特色农产品为主,推广建设农业标准化示范基地。全县推广标准化生产基地 22 个,创建省级标准化示范基地 1 个,市级标准化示范基地 2 个,全县标准化生产面积达 20 多万亩。示范基地基本建立了标准化推广制度、基地清洁生产制度、农药规范使用制度、生

---

① 江永县农业委员会:《江永县产业精准扶贫规划(2016—2020 年)》,2016 年 7 月 12 日。

② 张翀:《江永"五香"产业助农增收》,《湖南日报》2014 年 12 月 25 日。

产记录档案制度、质量安全承诺制度和质量可追溯制度六项。

3. 加强农业资源和环境保护，努力提升清洁生产水平

农业清洁生产是实现农业绿色发展的重要技术保障。江永县采取的措施主要是：从农产品质量安全和化学农药减量化角度，推广病虫害绿色防控技术，建立 20 个专业化防治队伍。推广使用绿色防控辐射技术，推广杀虫灯、杀虫瓶等，有效地降低化学农药使用，减少农药污染；从提高肥料有效利用系数和肥料减量化角度，推广测土配方施肥技术。重点是以水稻、蔬菜、水果等大宗农产品为主，实施测土配方施肥项目，大面积推广测土配方肥；从提高耕地地力和化肥减量化角度，推广耕地地力提升技术，主要是利用江永县农业有机质丰富的特点，推广秸秆还田技术和绿肥种植。江永县农作物秸秆还田率达到 95% 以上，减少化肥施用量 10% 以上，土壤有机质含量稳步提高，土壤理化性状明显改善。此外，江永县还在湖南省统一部署下，组织开展了重金属污染稻田 VIP 技术修复治理试验。试验采取选种低镉累积水稻品种，改革稻田灌溉模式，施用生石灰、叶面喷施微肥、根际施用微生物菌剂等措施，为实现边生产、边修复和降低米镉含量提供技术支撑。

4. 全方位、多层次培育发展品牌农业，推动农业品牌化发展

品牌是提升农产品附加价值必不可少的手段，也是区别传统农业和现代农业的重要标志。在江永县推动传统农业向现代生态农业转变过程中，高度重视品牌化工作。这主要包括三个层次：一是江永县农业整体打造特"香"品牌农业，即在重点宣传传统"三香"的基础上，人工培育发展形成"五香"，打造以"五香"为主要内容的江永特香产业，成为江永县现代特色农业的代名词。二是大力推进"三品一标"认证工作。在农业生产规模化和标准化的基础上，重点推动无公害农产品、绿色食品、地理标志产品和国家地理标志证明商标等认证工作。目前，江永县先后通过了无公害农产品认证 15 个，产地认定面积 17.3 万亩；绿色食品认证 4 个，产地认定面积 12.1 万亩。地理标志产品 3 个，其中地理标志农产品认证位列全省前列。三是推动重点产品和重点企业（农户）产品认证，打造农产品品牌龙头。目前，江永香柚、江永香芋、江永香姜均获得"绿色食品""国家农产品地理标志"和"国家地理标志证明商标"认证，江永香姜和江永香柚入选农业部《2015 年度全国名特优新农产品目录》。"永明""千家峒""义华"等农产品商标成为"湖南省著名商

标"。农业品牌化发展帮助江永县农业整体跃上新台阶。

（三）推动工农复合发展和联动发展

江永县尚未实现工业化。矿冶建材等传统工业发展受到限制，并不意味着江永县要走一条跳过工业化的发展路径，利用特色农业优势资源，延长产业链，发展农副产品加工业，走工农复合发展道路，是江永县在推动传统农业向现代农业转型过程中的选择。

为发展食品加工业，江永县在工业园区规划了食品工业园区，集中全县各类食品加工业。在调研组走访调研过程中，工业领域的调研主要集中在食品工业园区。走访发现，一批食品加工项目都是近三年内开始规划建设的。目前，江永县 2015 年全县农产品加工业实现总产值 12.5 亿元，同比增长 24.2%，远超过全县经济平均增速和其他产业增速。

食品加工业是特色农业产业链的自然延伸。江永县食品加工业的最大特色是：多数加工业资源均来自江永县或周边地区，具有典型的地方特色。显然，在农业规模做大的基础上，延伸发展食品加工业。反过来，食品加工业又可以带动农业发展，实现了农业与工业的复合发展和联动发展，有效地弥补了矿冶建材等传统工业淘汰落后和产业转型带来的冲击。

## 二 加快发展新兴产业，培育绿色增长点

由于欠缺传统发展模式中需要的资本和资源两大比较优势，在工业化尚未完成的条件下，随着传统增长模式的动能日趋衰弱，培育新兴经济增长点对江永县具有格外重要的意义。与此同时，在矿冶建材加工业发展受限的情况下，江永县把发展绿色经济的重心放在培育发展新兴绿色产业，既是主动做加法，更是适应经济新常态，谋划江永县长远竞争力的必要举措。从调研情况来看，目前，电商、文化旅游和绿色能源三个产业呈现出蓬勃发展态势，已初步成为江永县绿色经济最重要的增长点。

（一）电商产业

江永县是国家商务部第二批全国电子商务进村综合示范县。截至 2016 年 3 月，全县共有电商企业 80 余家，开办网店 1500 多个，电商从业人员达 7000 余人，建设农村电商网点 100 个，电商产品交易总额 13.5 亿元。2015 年，湖南省电子商务进农村综合示范工作推进现场会在江永县召开，电子商务进农村"江永模式"获得国家有关部门关注和媒体广

泛报道。电商产业是 21 世纪以来江永县经济发展中的里程碑事件，俨然已成为江永县全民创新创业最重要的"新阵地"和经济社会发展的"新动力"。① 在江永县这样一个远离大城市和江浙沪等电商发展一线地区的欠发达地区，电商产业从无到有，快速发展，取得如此成就，极为不易。因此，调研组在江永县期间，听得最多、感受最深、震撼最大的就是电商。

江永县电商产业的成功密码，既有初期市场自发形成的偶然因素，更离不开政府在其形成过程中的推动。

1. 完善物流配套

物流是农村电商发展初期的"瓶颈"。江永县由湖湘商贸公司牵头，联合 7 家县城一线品牌代理批发商，整合全县批发代理商家，组建了江永县湘村快线物流股份有限公司。同时，依托阿里巴巴村淘项目，吸引菜鸟物流加盟，打通"工业品下乡、农产品进城"的双向通道。目前，国内主流物流企业均已进驻江永县。江永县初步建成县、乡、村三级现代物流体系，乡镇快递覆盖率达 100%，村级电商服务站快递投送覆盖率 100%，基本实现"足不出户，上门收货，到家送货"。

2. 规范乡村服务网点运营

引导电商平台按"一村一点、错开发展"原则，深入乡村设立电商服务网点，鼓励有条件的农村传统商业企业和网点进行电子商务功能改造，全县 112 个村共发展电商服务站 81 个点。电商网店成为新的生产消费枢纽，受到了广大农村居民的普遍欢迎。

3. 规划电商园区集群

江永县在县城中心交通便利地区，规划建设了"电商一条街"，入驻电商企业和第三方服务公司 60 多家，建有电商运营中心、电商产品展示馆、电商体验馆、电商平台汇报厅、电商服务中心和电商培训孵化基地。同时，支持规划建设"特香产品电商城"聚焦移动电商。根据江永县农产品电商需求，规划集智能物流、仓储、配送于一体的湖湘商贸电商产业园也在稳步推进。

4. 成立电商平台和电商行业组织

江永县电商产业既有工业品下乡带动农村绿色消费的作用，同时也

---

① 冯德校：《在县委经济工作会议上的讲话》，2016 年 3 月 22 日，江永县委经济工作会议材料。

具有农产品进城促进在地农业发展的目的和作用。由于不可能所有电商和网店有建设平台，江永县支持成立了"湘村购"等一批电商平台，支持组建了电商协会和电商产品开发专业合作社，进一步完善了电商发展环境，有效地促进了电商产业发展。

（二）文化旅游业

文化旅游业是江永县新兴绿色产业发展的另一个亮点，尤其是近年江永县纳入大湘西生态文化旅游开发圈后，文化旅游业成为江永县发展最快的产业。2015 年，全县共接待游客 155.74 万余人次，实现旅游综合收入 7.79 亿元，分别增长 33% 和 44%。江永县一手抓旅游景点和旅游基础设施建设，一手抓旅游创意宣传营销，同时推进"旅游搭台、经济唱戏"，文化旅游业成为提高江永县对外知名度的重要载体。

1. 全域旅游规划设计和旅游工程建设

从资源角度来看，江永县发展旅游业具有得天独厚的优势。江永县发展旅游业的思路也是充分利用区位地理气候资源优势和人文历史资源优势，发展从乡村旅游到大众休闲旅游、体验式旅游、观光旅游、休闲养生旅游、自驾旅游等全方位、多样式的旅游形态。同时，成立江永县"三千文化管理处"，健全旅游管理体制，从全域旅游角度统筹对全县所有旅游景点的包装、管理、运营等工作。在此基础上，启动实施"三个五"旅游工程，即建设江永女书院、千家峒、上甘棠古村、勾蓝瑶寨和燕子山源五大核心景区，建设香柚、香芋、香姜、香米和香菇为代表的江永县五香产业园、江永县五香村等，形成示范效应，带动江永县全域旅游发展。

2. 旅游景点和旅游基础设施建设

重点是引进有实力的企业或战略投资者，重点建设江永女书院、千家峒、上甘棠古村、勾蓝瑶寨和燕子山五大核心景区。以项目化管理方式，加大景区开发投入力度，创建和提升高等级星级景区。目前，包括勾蓝瑶特色村寨在内，全县已创建国家 3A 级景区 4 个，千家峒景区成功创建为国家级水利风景区、省级生态旅游示范区。另有湖南最美少数民族特色村寨 4 个，中国历史文化名村和中国传统村落 1 个。上江圩女书风情小镇入选湖南省 12 个文化旅游风情小镇创建试点镇。

3. 旅游配套服务和设施发展，吃住行游购娱，旅游是综合性消费活动

在重点加强旅游景点建设的同时，江永县按照旅游的要素构成和旅

游业发展规律，同步配套发展旅游要素配套设施，在县城区完善宾馆、车站、游客集散中心、大型停车场、旅游标识标志牌、公共厕所等，规划建设"五香特色餐馆"和"油茶一条街"，引资建设五星级休闲度假园林酒店等。在农村，重点扶持发展一批乡村旅游示范村，逐步完善旅游基础要素配套设施，开展农村村落修复和河道疏浚、道路提质改造等工程建设，旅游景点建设和旅游配套基础设施建设面貌得到大幅改观。

### 4. 旅游创意宣传营销

"好酒也怕巷子深"。江永县在利用中央和湖南省、广东省主流媒体、户外广告等传统方式加强对外宣传、树立江永县文化旅游品牌形象的同时，还积极实施"互联网+旅游"工程，开发利用微信、微博等新媒体渠道发展基于江永县旅游的社群经济。此外，支持谭盾《微电影交响诗·女书》纪录片创作，并在北京、长沙等 4 个城市和 6 个国家巡演。该纪录片在芝加哥国家电影节获奖后，进一步扩大了江永县文化旅游的对外知名度和美誉度。

### 5. 旅游节庆活动

旅游节庆既是为旅游搭建舞台，发挥对其他经济活动引领、带动作用的重要方式，其本身也是旅游活动的重要组成内容。江永县在这方面也不例外。近年来，为推广介绍江永县，促进文化旅游业发展，带动江永县经济社会发展，江永县先后策划、组织举办了中国（江永）香柚节、盘王节、勾蓝瑶洗泥节等系列节庆活动，举办了第二届知青文化旅游节暨长沙知青下放江永县 50 周年纪念活动。两年一度的全球瑶族大会目前也在筹划推进中。

### （三）新能源和清洁能源产业

江永县新能源和清洁能源产业目前仍处于起步阶段，虽然总体规模较小，但由于都是大体量投资，生物质能源、太阳能光伏、风力发电等一批项目快速推进，新能源和清洁能源产业呈现出良好发展态势，将成为江永县绿色经济的主体。

### 1. 风能发电

江永县风力资源丰富，风力发电是清洁能源利用的主体，目前，黄甲岭风能发电项目已建成投入运行，并已规划开始建设燕子山电和上江圩两个风力发电项目，并签约了龙田和铜山岭两个风电场建设项目，以及泰玛磁悬浮风力发电机生产基地建设项目。其中，黄甲岭风电场由国电龙源江永县风力发电有限公司投资建设，是国电公司在湖南省的第一个风力发电项目，建设后已于 2015 年顺利投入运营。截至 2016 年 4 月 31 日，已累计发电超过 4000 万千瓦时，累计利用小时数居湖南省首位。

2. 光伏发电

江永县光伏发电主要是由全球顶尖新能源公司阿特斯投资建设，投资 20 亿元，设计产能为 200 兆瓦。除此之外，江永县还支持部分家庭利用自家房顶建设太阳能分布式家用并网电站，除自用外，还可以卖给电网。以潇浦镇锦堂美村村民何起玉为例，该农户建设太阳能光伏电板面积 80 平方米，装机容量 12 千瓦，平均每天发电 45 千瓦，年发电量可达 1.4 万千瓦时。除去自家用电，"余电上网"每年可收入 5000 元以上。

3. 生物质能源利用

江永县是农业大县，种植业秸秆、香菇生产菌渣等农业废弃物资源丰富。除家庭农户等小规模利用秸秆取暖外，生物质能源化利用主要是利用生物质制取天然气。[①] 该项目由江永县绿色能源有限公司建设投资 3.86 亿元，依托农业部农村可再生能源重点实验室、河南农业大学，运用数控超音速蒸汽爆破预处理技术和数控高效两相中温厌氧发酵技术，以秸秆和菌渣为原料，分三期建设生物质天然气标准工厂，设计全年连续均衡生产提纯生物质天然气（BNG）7200 万立方米，为 2 万户农户以及 10 家工厂供气。目前，一期项目已开始建设，设计年产气 1800 万立方米，消纳处理玉米秸秆 3.2 万吨。

4. 其他绿色能源利用[②]

江永县是国家绿色能源示范县，除风能发电、光伏发电和生物质制天然气外，还有一些其他形式的绿色能源利用方式，主要包括水电、沼气和太阳能等。在水电方面，江永县主要是充分利用境内河流众多，大力发展小水电。目前，已开发建设小水电站 28 座，总装机 4.38 万千瓦，年均发电量达 1.24 亿千瓦时。在沼气利用方面，主要是结合农村改厕和养殖集中化发展，推动建设农村户用型沼气池和养殖小区沼气池，目前，已建设农村户用型"三结合"沼气池 1.26 万口，联户沼气工程 400 多

---

① 谭宏福：《江永县入列国家绿色能源示范县建设》，《永州日报》2014 年 12 月 29 日第 1 版。

② 任泽旺：《江永县绿色能源开发利用风生水起》，http://hn.rednet.cn/c/2011/11/30/ 2447594.htm，数据截至 2011 年年底。

处，养殖小区沼气集中供气 32 处，解决生活用能 1.58 万户，沼气入户率达 22.3%。同时，为促进沼气推广应用，江永县还建立了乡村沼气服务网点 20 个。在太阳能利用方面，主要是在家庭和小型商业单位推广利用太阳能热水器，目前已推广太阳能热水器 1.5 万余台。多种形式的清洁能源和新能源利用，不仅丰富了江永县绿色能源利用形态，也对推动农业循环经济发展，建设美丽乡村发挥了重要作用。

**三　持续加强污染治理，维护天蓝地绿水秀**

美好环境，既是绿色发展的目标和结果，也是实现绿色发展的重要内容，因此，加强生态保护和环境治理，促进建设宜居江永、生态江永，始终是江永县实现绿色发展的重要一环。

**（一）加强水污染治理和水生态建设**

江永县地处湘江上游，因此，湘江流域污染防治是环境保护工作的重中之重。"十二五"期间，江永县出台了《江永县湘江污染防治第一个"三年行动计划"实施方案》，先后开展了湘江流域银锌铅矿重金属污染治理，水库和重点水功能区污染治理，以及流域尾砂库、渣场环境专项整治工作。在制度建设和实施方面，出台了《江永县江河水库水资源保护办法》，严格取水许可和水资源论证，落实最严格水资源制度，全面落实排污许可证制度和企业环境行为信用登记评价管理制度。以实施潇水河城区开展河道保洁工程为契机，江永县出台了《江永县 2015 年河道保洁工作方案》，全面探索属地管理和"谁使用、谁负责"制度，将河道保洁按流域划分为四个区域，由沿河乡镇人民政府负责组织实施，初步形成了行之有效的河道保洁长效机制。

针对农业和生活水污染问题，出台了《江永县畜禽养殖区划分方案》，划定了湘江流域规模化养殖禁养区、限养区和适养区，并完成对存栏超 2000 头以上生猪养殖畜禽养殖场的污染治理；对 1000 人以上的城镇集中式饮用水水源地保护区划定工作，并全面取缔环境敏感水域的水上餐饮，农业养殖和生活餐饮造成的水环境污染大大降低。

制度建设与持续不断地保持高强度水污染防治和水生态建设相结合，湘江流域江永境内水生态环境大大改善。2015 年，江永县跨县（跨广西壮族自治区）河流交接断面水质达标率达 95%，全县两个水质断面均达到Ⅲ类水体标准，维持在较高水平。与此同时，加强水源地保护，重点开展农村饮用水安全工程建设，仅 2015 年就完成了 3 个乡镇 5 个行政村集中供水工程新建续建工作。江永县不仅有力地保障了湘江流域水环境质量，饮用水水质稳定达标和水质安全得到有力保障，江永县居民也直接从水污染治理和水生态环境建设中得到好处。

（二）稳步推进农村人居环境建设

城乡二元结构导致的城乡发展失衡是目前我国经济社会发展的重大问题之一。对欠发达地区而言，农村地区日趋空心化，县城区与农村发展差距持续拉大，已成为制约农业和农村发展的突出问题。稳步推进农村环境建设，改善农村人居环境，有效地探索城乡环境一体化，成为江永县探索城乡协调发展的重要突破口。

"十二五"期间，江永县将农村环境建设投入列为政府预算刚性支出，并保持逐年增加，初步探索了财政投入、部门支持、乡镇配套、村社自筹和社会捐助相结合的多元化投入保障机制，并结合国土开发整理、农业综合开发、县乡公路改造、能源沼气建设等民生工程建设，结合美丽乡村和生态村镇建设，以及农村品牌旅游、生态旅游建设，建立农村环境建设标准，加大污水、垃圾、公厕、城乡道路、绿化、管网配套等基础设施建设，推广普及沼气和太阳能等绿色能源，基本消除了农村露天粪坑，农村生产生活环境大大改善。

（三）加强固体废弃物和生活垃圾集中处理

由于江永县域地理范围相对较小，工业主要集中在工业园区和少数保留矿区，有实施固体废弃物和生活垃圾集中处理的便利条件。对于工业固体废弃物部分，金属冶炼废渣是工业固体废弃物的主体，江永县实施了铅锌重金属废渣治理工程，限定金属冶炼废渣在企业内部集中处理。"十二五"和"十三五"期间，处理重点是在潇浦镇圳景村对原江永县银铅锌冶炼厂遗留铅锌冶炼废渣进行集中处理。对于工业固体废弃物中的工业危险废弃物，江永县指定集中处理，目前已实现集中处理率100%。对于生活垃圾部分，江永县建设了生活垃圾处理厂，结合江永县乡镇分布，初步构建了"户分类、组保洁、村收集、镇或县处理"的生活垃圾收运处置体系。对于离县城距离较远的乡镇或村，江永县重点推动建立镇或村集中填埋。2014年，江永县在兰溪瑶族乡建设了首个村级标准化垃圾焚烧炉，采用先进循环焚烧技术，最大限度地实现了垃圾减量处理。

**四　加强生态林业建设，厚植生态优势**

林业是自然生态系统最重要的基础构成。江永县是湖南省重点林区县和国家森林城市，林木绿化率高达 73.9%。生态林业建设不仅是江永县的重要名片和建设绿色江永的重要抓手，而且由于地处湘江上游，生态林业建设直接关系下游水土流失和湖南省整体的绿色发展，江永县始终把生态林业建设作为头等大事来抓。

（一）实施营林造林工程

结合江永县地质地理状况，"十二五"期间，以荒山、迹地、石漠地和县城郊区为重点，江永县先后实施了"三边绿化"、"裸露山地"复绿、珠江防护林、退耕还林、巩固退耕还林项目、石漠化综合治理等林业重点工程建设，全县共完成造林 26.43 万亩（其中，防护林建设 3 万亩，石漠化综合治理 5.3 万亩），封山育林 12 万亩，累计完成义务植树 300 万株，生态建设基础进一步得到强化。

（二）加强森林资源保护

江永县以都庞岭国家级自然保护区、千家峒国家森林公园和源口省级自然保护区为重点，全面实施生态公益林管理保护，全县共实施界定省级以上生态公益林保护面积超过 73 万亩，占林地面积的 43.4%。与此同时，以都庞岭国家级自然保护区外围小古源双河口护林站设立为契机，推进依法治林和林木减伐。根据水土保持需要，对源口水库、古宅水库和大坪坳水库等主要水库周边直线 50 米范围内的人工用材林实施了全面禁伐。制订了《江永县森林禁伐减伐三年行动实施方案》，进一步加大减伐禁伐力度，湘江上游生态屏障建设得到有力推进。

（三）全面实施湿地保护管理

江永县湿地总面积超过 2000 公顷。"十二五"期间，江永县先后划定永明河等湿地保护小区和源口水库、古宅水库、大坪坳水库等水源保护地 1265.7 公顷，占全县湿地总面积的 62%。为加大湿地保护管理力度，江永县正稳步推进永明河国家湿地公园试点建设工作。

（四）开展重点生态功能区块和重点区域林业建设

主要是针对都庞岭国家级自然保护区、千家峒国家森林公园、源口省级自然保护区等生态极敏感和高度敏感度地区，加强天然林、湿地、草场和生物多样性保护；针对火车站至县城、道贺高速（江永段）、S325线、千灌公路"四线"沿线绿带实施通道绿化，打造绿色长廊；针对凤凰公园、市民广场和永明河沿江风光带等县城主要节点景观，推进绿化建设；针对重点乡村，推进乡村绿化和美丽乡村建设，促进植绿美乡和建绿兴乡。

# 第三节　江永县绿色发展模式的主要特点和经验

　　最早提出"范式"概念和理论的库恩①认为，科学范式是一个共同体成员所共享的信仰、价值、技术等的集合，是从事某一科学的研究者群体所共同遵从的世界观和行为方式。开创技术创新经济学的多西延伸提出技术范式概念，并将其定义为解决所选择的技术经济问题的一种模式。由于范式也是一种公认的模型或模式，在我国，范式或技术范式、技术经济范式被更多地理解为模式。从经济发展角度来说，通常更多的表述是经济发展模式，指国民经济发展战略及其生产力要素增长机制和运行原则，其核心包括经济发展的推动力、发展目标和选择的发展路径等基本要素。

　　严格来说，江永县的绿色发展还处于起步、探索阶段，但这种探索不仅初步体现了较好成效和良好发展态势，更重要的是，这种探索已具有鲜明的江永烙印。因此，我们也可以将这种探索和实践称为江永县绿色发展模式。为了更好地分析和总结江永县推动绿色发展的特点和经验，供其他类似欠发达地区参考和借鉴，这里按照范式或经济发展模式的分析逻辑，从动力机制、核心诉求和基本原则三个角度剖析江永县绿色发展模式。

## 一　政府主动引领是绿色发展的重要推动力

### （一）关于绿色发展动力机制的一般讨论

　　绿色发展是我国"十三五"发展的基本理念。传统发展模式转型如何过渡到绿色发展模式，其背后的推动力或动力机制是什么？显然，弄清楚这一点对于加快传统经济发展模式的转型具有重要意义。对于早期的发达国家，随着工业化和城镇化的推进，经济发展模式转型过程是一个知识密集型和服务型经济逐步代替资源密集型和污染密集型产业成为主导产业的自然过程。对于后发国家，在追赶和快速工业化过程中，压缩型的工业化模式决定了无法忍受自然转型的较长时间，必须借助外力

---

　　①　托马斯·库恩：《科学革命的结构》，金吾伦、胡新和译，北京大学出版社2003年版。

来推动和加速转型过程。

但是，理论界对经济发展模式转型的研究并不充分。多西在讨论技术范式演进的动力因素时，将其归结为市场需求和产业技术竞争。王宜虎和陈雯①在分析产业绿色发展的动力机制时认为，来自政府、市场与社会等的外部环境压力和来自企业内部的绿色价值驱动力与环境保护的经济利益驱动力，是工业绿色化的基本动力。环保部夏光②认为，绿色经济发展是绿色发展的主要路径，主要有三大驱动力，实行从严从紧的环境管制是推动力，促进绿色经济发展的激励政策是拉动力，鼓励企业和社会绿色创新是行动力，三者合一，构成总驱动力。

事实上，绿色发展动力机制问题极其复杂，学术界并未达成共识。这是因为，对企业、产业、区域和国家而言，绿色发展的推动力既有共性，也存在差别。此外，经济发展阶段和经济发展水平，以及当时国际经济环境甚至是氛围等，都对不同企业、区域和国家选择何种绿色发展道路有一定影响。温室气体减排国际博弈就是这方面的典型例子。如果要寻找共识，综合不同研究，资源环境约束无疑是具有共性的推动力之一。

（二）政府在江永县绿色发展初期发挥主导作用

江永县为什么要选择绿色发展道路？正如此前第一节所分析，资源环境约束毫无疑问是一个重要推动力，但显然并非主要因素。这是因为，对于江永县这样的欠发达地区而言，工业化和城镇化都尚未完成，现代大工业生产污染和现代消费型生活污染规模都不大，自身具有综合生态优势，生态环境质量都处于较好水平，居民环境意识较为薄弱，环境约束对区域经济增长的制约虽然存在，但并不突出。

从江永县发展实践来看，其选择绿色发展道路的最大推动力，正是因为地方政府主动推动，从而引领走上绿色发展道路。一方面，在 GDP崇拜和政绩驱动下，地方政府普遍有动力牺牲生态环境，选择引进发展大工业，增加地方财政收入，但江永县却主动通过严格产业准入和产业政策，限制污染型工业引进，甚至将原有矿业加工冶炼生产转移到县境外。另一方面，江永县政府在选择有所不为的同时，积极有所为，引领

---

① 王宜虎、陈雯：《工业绿色化发展的动力机制分析》，《华中师范大学学报》（自然科学版）2007 年第 1 期。

② 夏光：《绿色发展的三大动力》，《上海证券报》2016 年 1 月 21 日。

绿色发展。从以下几个方面可管窥一斑。

1. 江永县政府对绿色发展的顶层设计

江永县较早确立了生态立县战略，明确了发展生态工业发展思路。与此同时，江永县出台了《江永县绿色发展规划》，并与《江永县国民经济和社会发展第十三个五年规划纲要》紧密衔接，从落实国家重点生态功能区和保护湘江上游生态环境角度出发，实现了对产业绿色发展、生态建设和环境保护的统筹考虑、发展思路和发展重点。

2. 江永县政府从无到有规划推动发展电商产业

江永县电商产业发展迅速，并非完全是自发形成，而主要是借助电子商务进农村综合示范、新农村建设、美丽乡村建设等多种政策机会，地方政府主动规划、支持发展起来的。首先，江永县主动开展对电商创业人员的免费培训、免担保贴息贷款等政策，主动引入物流企业，并对物流快递按照快递物品重量给予补贴，完善了电商发展的政策环境，对电商创新创业给予明确的政策导向和物质、智力支持。其次，江永县委、县政府把电商工作纳入目标考核管理，实行一把手负责、部门协调联动机制，从而推动从县城到乡村电商的大发展和普及。

最后，县委、县政府还以电商专题会、现场办公会等形式召开会议30多次，重点解决电商发展中出现的难题和重大问题。

3. 江永县政府推动"特香产业"做大做强

香米、香柚和香芋"三香"是最负盛名的江永特产。为做大农产品规模，扩大影响，江永县把香姜和香菇规划为特色产品，形成新的"江永五香"，重点宣传，扩大知名度，形成江永县特香产业。与此同时，由于农业分散生产特性，推行标准化生产、推进"三品一标"认证和强化农产品质量安全等行为，如果没有地方政府的主导或引导，这些工作很难开展，更难以形成具有统一品牌和具有较高美誉度的特香产业。

**二　提高经济自生能力是绿色发展的核心诉求**

（一）绿色经济发展是绿色发展的前提和首要目标

无论从什么角度理解绿色发展，绿色发展的内涵都是多维度的。例如，对发达地区而言，绿色发展除产业绿色转型外，还需要兼顾考虑绿色科技创新体系建设、绿色城镇化、绿色市场和绿色消费、绿色文化等。江永县是欠发达地区，其绿色发展道路的核心诉求与东部和大中城市等发达地区存在显著差异。由于江永县自身具有综合生态优势，环境约束虽然存在但并不显著，综合因素决定了其绿色发展的首要目标是发展绿色经济，缩小与发达地区之间的经济差距。这是因为，欠发达地区与发达地区之间的地区发展不平衡主要是由于经济发展不平衡导致的，经济层面的欠发达在很大程度上也影响甚至决定了社会等其他层面的发展。在此意义上说，欠发达地区发展面临的经济层面的制约因素和挑战无疑是最重要的。绿色经济是绿色发展的前提，没有产业支撑的经济增长，经济发展很可能会成为空话，更遑论绿色发展。

（二）产业选择体现提升区域经济自生能力

不仅是江永县这类欠发达地区，发展绿色经济也是多数地区绿色发展的基本和首要诉求。借用林毅夫教授提出的企业自生能力①概念，如果将区域自生能力理解为一个区域从自身禀赋出发，选择合适的产业和生产方式，实现经济可持续发展的能力。从江永县对产业发展的选择上可以发现，江永县绿色发展模式的一大特色就是在发展绿色经济时把提高经济自生能力放在首位。

以对工业的选择为例，欠发达地区与发达地区的经济发展差距主要是由于工业经济发展差距过大造成的。加快工业发展，实现工业化是绝大多数欠发达地区提升经济实力、缩小与发达地区差距的主要途径之一，这也是当前多数欠发达地区努力的方向。近年来，少数欠发达地区尤其是欠发达县域借助东部发达地区产业转移，引进若干所谓的大项目，甚至是污染转移的重化工项目，"成功"实现了经济快速增长和财政收入大幅增加。这似乎已成为很多地方上大项目的理由和追赶捷径。江永县工业基础薄弱，虽然强调发展工业，但并未选择这条道路，其选择重点支持发展的食品加工业、新能源和清洁能源等产业，不仅是绿色产业，更重要的是可以发挥其自身的资源禀赋，而不需要依赖从外部嫁接的新产业。这种依托自生能力的经济发展道路虽然增长速度可能不快，但在产业真正发展起来后，可以保证持续稳定增长，符合当前我国经济新常态的特殊国情，也避免了少数地区在几年前成功引进大项目但近年却再度陷入发展困境的问题。

---

① 林毅夫认为，如果一个企业通过正常的经营管理预期能够在自由、开放和竞争的市场中赚取社会可接受的正常利润，那么这个企业就是有自生能力的。参见林毅夫《发展战略、自生能力和经济收敛》，《经济学》（季刊）2002 年第 2 期。

（三）与扶贫结合提升经济自生能力

除产业选择外，江永县提升经济自生能力的另一个重要体现是与扶贫结合。经济学基本理论认为，劳动、资本、土地的数量决定一国或地区的总产出。重要生产要素短缺的硬约束是欠发达地区发展滞后的重要原因。在我国，欠发达地区自然资源的拥有量并不低于甚至有些还高于发达地区，发展的初始约束主要来自资本和人才两个方面。江永县在发展绿色经济时与扶贫结合，不仅降低了农户和小微企业初始发展资本不足的障碍，客观上也是对人力资本的培育。这从江永县对生态农业发展和电商发展的支持中体现得尤为明显。

江永县在支持生态农业发展时，首先是引导农户按照"一村一品"模式优先发展香柚、香芋、香姜、香米等特香农业，或玉米、畜禽等乡村特色产业。据统计，目前，江永县60%以上的村基本形成了"一村一品"的生态农业格局。其次是引导和支持发展"公司＋合作社＋基地＋贫困户"的经营模式。同时，开展扶贫科技和实用技术培训，为合作社、基地和贫苦户提供农业现代种养殖技术支持。通过产业选择引导和支持农业产业化运作方式，培养有一定生态农业技术的现代农民，较好地解决了农业产业化的初始资金不足、劳动力不足、劳动力专业水平不高等问题，形成了富有特色的江永产业扶贫模式。

资本对欠发达地区加快发展的重要性毋庸置疑，但人才对欠发达地区提升自生能力的重要性尚未得到足够重视。事实上，经济社会发展离不开人，一定数量的劳动力资源是社会生产的必要先决条件，人力资源成为一切资源中最主要的资源，并往往决定一个区域经济社会发展的方向和特征。在经济增长理论中，人力资本的作用大于物质资本的作用。对欠发达地区而言，增加可供利用的人力资源存量，提高人口素质，增加专业技术人才，增加人力资本投资，对提升自我发展能力至关重要。在当前条件下，农业以家庭为单位的分散生产，无论是对农业产业技术进步，还是农民自身进步都有诸多不利影响。江永县将发展绿色经济与扶贫相结合，将农民逐步纳入公司、合作社或基地等不同形态的组织中，既是农业生产组织的创新，也是提升农村和农业人力资本的重要措施，蕴藏了农业和农村未来发展的巨大潜力。另外，对贫困户来说，借助外部支持和引导，投身生态农业生产实现脱贫，共享绿色经济发展红利，本来也是绿色经济的题中应有之义。

有研究①认为，落后国家或地区实现跨越追赶有两条路径：一是通过经济技术水平的提升；二是通过社会能力的提升。在推动绿色转型、绿色发展中，提升经济技术水平具有重要支撑作用；提升社会能力对于欠发达地区增创绿色发展新优势、实现跨越追赶具有重要保障作用。实现绿色发展，必须使经济技术与社会能力协同推进、相互促进，实现"双提升"。江永县在推动绿色发展过程中与扶贫结合，不是简单地扶持农业产业化龙头企业或支持贫困户发展特色种养殖，而是与农业生产组织再造和包括贫困户在内的农民培训结合起来，实际上是农业生产技术水平提升与农民社会能力提升的有效结合，因而成为提升区域经济自生能力的有效措施。

### 三　因地制宜和扬长避短是绿色发展的基本原则

（一）坚持因地制宜，突出特色

江永县绿色发展模式中，地方政府扮演的角色和发挥的作用留下了鲜明的烙印。但是，为了避免转型从上到下产生的弊端，调研中通过座谈和实地考察发现，关键在于坚持因地制宜，尊重每个地方特殊的地理地貌、产业基础、风土人情、历史文化等，在因地制宜的基础上体现个体特色，进而体现江永县绿色发展特色。

江永县绿色发展坚持的因地制宜原则，概括起来，就是"宜林则林、宜种则种、宜养则养、宜游则游、宜电则电"。在江永县绿色发展实践中，生态建设和植树造林，"一村一品"和养殖集中小区化，都是典型的因地制宜。调研中考察的千家峒瑶族乡、上江圩镇和兰溪瑶族乡等4个村，利用历史文化和绿色生态资源优势发展旅游，以及发展生态种植和小水电等都是典型的例子。从生产空间和生活空间的角度看，江永县在"十三五"规划中明确国土空间开发保护制度，并提出重点开发区、限制开发区和禁止开发区三类主体功能区及其开发建设重点，提出"一主一副、两轴两区"②的城镇空间开发格局，也是因地制宜在空间开发上的体现。

坚持因地制宜原则的出发点，实则是在江永县国土范围内全面落实

<hr />

① 李裴：《以生态文明理念引领绿色发展》，《人民日报》2015年6月9日第7版。

② 即江永县要形打造成以县城潇浦中心为主核，以桃川为县域副中心，以S325省道发展轴和道贺高速提升轴为两翼，包括南北两个片区的城镇空间开发格局。

主体功能区战略，促进优化国土开发空间。由于湘西南生态脆弱，江永县境内山地多、平地少，不同地理地貌条件下经济开发的生产力要素存在较大空间差异，因地制宜，突出特色的发展显得尤为必要。优化国土开发空间格局，就是以生态适宜为标准，按照各地的特点，配置各种生产要素，通过优化区域经济结构来实现优化国土空间结构。一方面，以生态适宜为标准，按照不同区域特点，配置生产要素资源，规划区域功能及其布局，通过优化区域经济结构来实现国土空间结构优化。另一方面，可以更好地控制开发强度，调整空间结构，既可以促进生产空间的集约高效、生活空间的宜居适度和生态空间的山清水秀，同时也可以避免高强度开发和产业布局不合理，或超过资源环境承载力开发，预先降低土地退化、生物多样性下降、生态系统服务功能降低、污染排放高度集中等风险。

（二）坚持扬长避短，发挥优势

改革开放以来，虽然技术进步、对外贸易和消费对促进经济增长发挥了不可或缺的重要作用，但总体而言，我国是典型的投资驱动型经济，资本投入对各地区经济增长的拉动作用最为显著和关键。作为欠发达县域，江永县最大的短板是经济基础薄弱，经济规模小，财政收入规模小，居民储蓄规模小，企业经济效益低，经济社会发展严重依赖资本投入与资本积累，与其再投资能力弱之间存在难以调和的矛盾。其次是人才短缺，地理交通又进一步制约了外来资本和外来人才的流入。但如前文所述，江永县绿色转型发展的优势包括综合生态优势、特色农业优势和人文资源优势三个方面。实践中，江永县绿色转型能取得当前的显著成就，在很大程度上是因为江永县坚持扬长避短，发挥优势。主要体现在以下三个方面：

1. 发挥资源优势，规划选择合适的产业加以支持和培育

例如，利用综合生态优势，培育发展清洁能源和新能源产业，规划特香产业，并支持将特香产业做大做强；利用特色农产品资源优势，培育发展"互联网＋农产品"的电商产业；利用人文资源优势和综合生态优势，培育发展人文旅游业。从避短的角度来看，特香产业和电商产业发展与扶贫结合，对资本初始投资和资本积累的要求不高，农民培训和电商人才培训也较好地克服了人才不足的制约。

2. 延长产业链，促进产业复合发展，形成三产联动发展格局

重点支持发展农产品加工业和农产品电商是典型例子。江永县在做大以"江永五香"为代表的特色农业规模的基础上，延长产业链，发展农产品加工业，进而以特色农产品（农业加工品）为原料，发展"互联网＋农产品"的电商产业。农产品加工业发展反过来又可以带动特色农业发展，电商产业发展又反过来带动特色农业和农产品加工业发展。在由于缺乏资源、资本、人力和市场等要素而难以发展现代大工业的情况下，江永县以延长产业链为契机，促进农业种植业、农产品加工业和电商等第三产业深度融合发展，不仅极大地提高了农业资源附加值，发挥出综合效益，更促进形成了以农促工、以工带农、工农促商、商带工农，三产复合、联动发展格局。

3. 招商引资以本地资源为突破口

江永县地处湘桂交界之地，由于远离大城市，产业基础薄弱，难以吸引到外来资本和外来人才进入本地。在这种情况下，江永县招商引资除了继续以优势资源吸引外地人来，如风能发电和太阳能光伏发电等，更多的是吸引江永县在外经商办企业的成功人士回乡创业。例如，调研组在千家峒瑶族乡刘家庄村访谈的两位企业家都是本乡人士。一位是家族在外承包工程，经江永县招商回乡承包开发千家峒大泊水瀑布，发展旅游业；另一位是部队转业后外出经商，后回乡流转、承包土地发展金橘苗木。创业失败后，再次外出创业承包工程，然后再次回乡流转、承包土地发展特色种植业，同时开发旅游项目。统计和研究①发现，20 世纪90 年代至 21 世纪初，海外华人对我国尤其是华南地区直接投资（FDI）占我国吸收境外直接投资的一半以上，对我国经济发展发挥了举足轻重的作用。江永县把本地外出成功人士作为招商引资突破口，具有类似的缘由和作用。

# 第四节　江永县绿色发展面临的挑战和政策建议

作为欠发达县域，江永县为实现绿色转型发展开展的实践，取得的

---

① 傅利平：《华人直接投资与中国经济增长的效应分析》，《社会科学战线》2001 年第3 期。

经验和成效有目共睹，值得肯定。但是，由于总体上江永县绿色发展还处于起步、探索阶段，也存在一些问题，面临很多挑战。这些问题有些是江永县自身存在的，有些则是受外部大环境影响面临的挑战。同样，这些问题和挑战有些是江永县自身能克服或解决的，有些则需要湖南省甚至是国家层面的政策调整。本节分析江永县这个案例的目的不仅是总结其做法、特色和经验，同时也是要探寻其自身难以克服的问题和挑战，提出在国家和省市层面的政策建议，促进包括江永县在内的欠发达县域加快绿色发展。

**一　面临的问题和主要挑战**

（一）绿色发展理念和意识有待进一步提升

江永县绿色转型发展的成功与其政府主导的绿色发展意识密不可分，但通过调研也可以发现，江永县的绿色发展理念和意识仍有待提高。例如，绿色发展理念是顺应从工业文明到生态文明演进的国际发展大势，根据我国当前经济社会发展阶段性特征，对我国推进生态文明建设做出系统的顶层设计和具体部署，是新时期党和国家的重要发展战略。显然，无论是《江永县绿色发展规划》还是具体实践中，江永县绿色发展更多强调以污染防治和生态建设为核心，对绿色消费、绿色城镇化和绿色文化等方面涉及相对较少，不同层面和不同领域的绿色发展不平衡，绿色发展理念的战略性和纲领性不够，对经济社会发展的引领作用尚未得到体现，绿色发展的理念还有待深化。在产业发展中，食品加工业与农业的关联更多地体现在产业链上，在产业发展的组织机制、工农业复合水平上还有较大发展空间，产业绿色化转型步伐不够快；江永县通过限制矿业深加工发展，而非通过循环经济模式改造走绿色循环低碳发展之路。即使是在江永县重视的生态建设和污染治理方面，调研组发现，紧邻千年古村上甘棠的河流水质明显不佳，生活污水缺乏集中收集和处理，其他几个调研古村也都存在村容环境整洁度有待提高等问题。这些问题都表明，绿色发展意识还需要通过宣传进一步推广普及。

（二）交通基础设施滞后影响经济社会发展

江永县明确要把文化旅游作为重要的绿色产业，实施旅游活县战略，打造全域旅游示范县，并通过"旅游产业化带动新型工业化、农业现代化、新型城镇化"，因此，江永县发展高度依赖对外交通。但江永县位于湘西南与广西接壤，地理位置相对偏僻。目前，江永县境内对外快速交通系统中只有一座四等火车站，一条龙永高速公路于 2016 年年底通车，内外交通极为不便。交通基础设施滞后，不仅严重制约江永县文化旅游业发展，也制约了江永县经济社会整体发展。

（三）增长冲动与环境约束的矛盾始终存在

江永县最大困难是经济欠发达，这也是其发展面临的最大问题和最严峻挑战（见表 7-1）。虽然江永县经济近年保持较快发展速度，其人均GDP 仅为湖南省的 51% 左右。2014 年，江永县城镇人均可支配收入和农村人均纯收入分别仅为全国的 59.5% 和 65.7%，约为湖南省的 64.6% 和68.5%，经济发展差距和人民生活水平差距显然较大。从发展来看，这一差距并未缩小，反而有加大趋势。例如，与湖南省比较，2014 年，江永县城镇人均可支配收入和农村人均纯收入与湖南全省相比差距大约分别加大 3.2 个百分点和 6.1 个百分点。2014 年，全县共有 4919 个城镇居民和 17560 个农村居民享受最低生活保障，约占全县户籍人口的 8.2%。

表 7-1 江永县居民收入状况比较

| 年份 | 人均 GDP | | 城镇人均可支配收入 | | | 农村人均纯收入 | | |
|---|---|---|---|---|---|---|---|---|
| | 湖南省 | 江永县 | 全国 | 湖南省 | 江永县 | 全国 | 湖南省 | 江永县 |
| 2013 | 36763 | 18912 | 26955 | 23414 | 15873 | 8896 | 8372 | 6252 |
| 2014 | 40287 | 20620 | 28844 | 26570 | 17177 | 10489 | 10060 | 6895 |

由于经济欠发达，居民收入低，地方政府无疑有加快发展的"增长冲动"。例如，工业强县仍然是江永县"十三五"六大战略之一，虽然没有开展全民招商，但全县经济工作的重点仍然是大力招商引资，并实行招商引资重奖。在产业选择上，除本地有资源依托的矿业、新能源、食品加工业和电商产业外，还规划了本地缺乏资源和人力、产业基础较弱的五金电子产业等，以及与现有产业关联度较弱的电子信息产业。很难说这些产业规划缺乏科学性，但由于江永县地处湘江上游，湖南省《生态功能区规划》对其产业发展尤其是工业发展有较大制约，满足脱贫愿望，真正找到一条适合江永县的产业发展道路，平衡"增长冲动"和生态环境约束的矛盾，将始终是江永县经济社会发展的一大挑战。

（四）融资难问题难以有效破解

经济社会发展离不开资金。从调研情况来看，不仅江永县产业园区、基础设施、生态建设和农村环境治理等存在资金短缺问题，由于融资难导致的民间投资不够踊跃问题同样存在。例如，在食品加工园区，调研组考察的祥瑞生物科技有限公司和义华花生厂都存在资金制约问题，其中祥瑞公司最为典型。据该公司负责人介绍，祥瑞公司是湖南省农业产业化龙头企业，利用农业循环经济模式生产食用菌，年产值超10亿元。目前公司生产的食用菌在市场上供不应求，并规划了深加工食用菌原汁酱等项目。该公司同时在产业园投资建设江永香姜等深加工项目，企业资金需求大，但由于是农业加工项目且是民间资本投资，难以从银行获得贷款，导致无法扩大食用菌生产规模和开展深加工项目。此外，在千家峒瑶族乡刘家庄村，先后投资金橘种植和农家旅游项目的刘姓村民，先后两次投资都是利用自己在外做工程项目和贸易挣钱返乡投资，因无法从银行等正规金融机构或地方政府获得贷款等资金支持，两次投资不得不间隔数年。

上述这种草根返乡创业遭遇资金难的典型并非个例。由于江永县经济相对欠发达，地方一般预算收入不足3亿元，其中地方税收收入不足1.8亿元，属于典型的"吃饭财政"，不仅难以缓解基础设施建设等需要公共投资的资金饥渴症问题，更难以给予民间社会投资适当的引导资金。资金短缺和融资难问题将是江永县经济社会发展的重大制约。

（五）招大引强与培育草根创业之间的关系需要处理好

除新能源和矿业等少数项目外，江永县多数产业项目都是在本地逐步发展起来的。但江永县工业产出和财政收入主要是依靠矿业、建材和加工业等少数大企业贡献。目前江永县确立了依托优势资源，招大资金、大企业和大项目的招大引强策略，希望能引进一批大项目。但由于资源有限，这种策略很可能导致对具有草根创业特征的民间投资和中小企业投资的"挤出效应"。以调研组考察的千家峒瑶族乡大泊水瀑布风景名胜区为例，现投资者为江永县招商返乡成功人士。经过数年投资经营，目前景区获得了一定知名度，并已获批国家AAA级景区。但是，因江永县希望吸引具有大资金背景的知名企业提升该景区开发水平，进行重点打造，一直不批准现投资者在景区周边建设餐饮住宿等配套设施。同时，为优化江永县整体文化旅游环境，江永县决定全县类似景区一律停售门票，而由县旅游局给予适当补偿。由于门票是投资者的唯一收益来源，投资者认为，江永县有关部门给予的补偿标准过低而产生较多怨言。虽然江永县有关部门的决定均未违反与现投资者签署的协议，但客观上对草根创业者的积极性很可能造成了一定影响。

作为欠发达地区，大项目和骨干企业落户对地区经济社会发展具有显著的带动作用。由于经济规模小，通常很可能只需要几个大项目和骨干企业，即能迅速实现欠发达县域地区经济产出和财政收入产生巨大增幅，对促进资源高效高值开发，改变和提升产业技术水平等，也都具有不可忽视的重要作用。因此，多数欠发达县域在产业发展时都不可避免地把工作重心放在吸引大资金、大项目和大企业上。另外，我国东部浙江省、福建省等地方经济崛起主要是依赖以大批个体和私营企业为代表的中小企业发展壮大，提供了另一条不同的发展路径，其经验也表明，活跃的民间投资和中小企业对地方经济发展同样具有不可替代的作用。但培育草根创业，促进中小企业发挥本地资源、人才、文化、地域等优势，培养自生能力，与大项目和龙头骨干企业带动作用相比，显然难以在短期内迅速见到成效。因此，如何平衡和协调好招大引强与激发民间投资、培育中小企业的关系，始终是包括江永县在内的欠发达地区需要平衡和处理的一道难题。

## 二 加快江永县绿色发展的政策建议

### （一）对江永县域层面的建议

**1. 加强宣传教育，提升绿色发展理念和意识**

针对绿色发展理念和意识等领域存在的问题，充分利用江永县委党校干部培训渠道，针对全县各级领导干部、各行政村支部书记和村委会主任，强化开展绿色发展知识培训；充分利用县电视台、政府信息网、微信新媒体和标语、广告牌等，加强对绿色发展理念的宣传，使全县各级干部和广大群众真正意识到江永县绿色发展转型的决心，体会到绿色发展的重要性。通过新闻宣传和教育培训，提升各级领导干部对绿色发展理念的认识，掌握推动绿色发展路径的技能，引导全社会从资源节约、垃圾分类和环境保护等身边小事做起，从改变生活方式和农业生产方式做起，自觉参与绿色发展的行动。同时，通过宣传教育，营造绿色发展氛围，逐步形成具有江永特色的绿色文化。

**2. 加强产业绿色化改造，促进产业复合联动发展**

从绿色经济和产业发展的角度看，绿色发展的关键不是取决于发展什么产业，而是采用什么样的生产方式。针对矿业和建材等资源消耗高和污染排放重的存量产业，建议江永县在整合现有生产能力、淘汰落后的基础上，采用循环经济模式加强绿色化改造，提升资源利用效率和资源产出率，降低污染排放水平。针对产业园区，建议加快建设污水集中处理和中水利用设施，通过环境基础设施共享，降低单个企业污水处理环保成本。针对农产品加工业和电商产业，建议通过加强农业土地流转，在进一步提升农业规模化、设施化、标准化、品牌化和循环化基础上，构建农业种植养殖与加工业和电商销售的工农联合体，实现利益共享、风险分担，进一步完善形成三产复合、工农联动发展格局。

3. 加强农村环境综合整治，探索城乡环境一体化管理

与经济发达地区环境问题主要是工业污染和生产型污染不同，江永县环境问题更多地表现为农业生产污染和消费型污染。建议以农村种养殖业循环经济发展、农村生活垃圾回收集中处理、污水集中处理、农村道路基础设施建设和美丽农村建设等为抓手，加强农村环境综合整治，带动农村生产、生活和生态环境改善。在县级层面上，以致力于城乡环境一体化为目标，整合农委、商务局、城管局和环保局等相关部门职能，探索体制机制创新，建立促进生产空间、生活空间和生态空间环境有机协调发展的集中管理机构。

4. 创新投融资管理，引导促进草根创业

针对绿色发展资金不足、融资难等现实问题，短期内江永县自身难以增加财政投入，除了利用好国家和湖南省相关政策，争取上级专项资金和转移支付资金支持外，建议江永县结合自身特点，进一步完善投融资管理，包括深化投融资改革，成立县统一的投融资平台；将生活垃圾回收、污水处理、排污权交易、矿业权开发、文化旅游资源开发等，以政府购买服务、商业拍卖等形式，引入公私合作模式，推进环保项目和资源开发项目市场化，扩大投融资渠道。同时，针对江永县在外经商务工人员，加大招商力度，在保护投资创业积极性的基础上，有序引导在外成功人士回乡创业，促进电商、旅游资源开发、旅游服务、规模化特色农业种植、农产品加工等草根创业。

（二）对湖南省层面的建议

1. 完善绿色发展目标考核机制

地方工作和干部政绩考核评价是"指挥棒"和"风向标"，往往决定着地方政府工作重点。在欠发达县域绿色发展的起步和探索阶段，由于

政府推动是引领绿色发展的主要力量，上级政府建立的绿色发展目标考核机制是否科学完善，对地方绿色转型发展无疑有着重要影响。在一个省域范围内，不同县域差异较大，湖南省在建立绿色发展目标考核机制时，应基于《湖南省主体功能区规划》确定城市化地区（重点开发区域）、农产品主产区和重点生态功能区三类空间单元，结合不同县域经济发展水平和绿色发展基础，完善形成差别化的绩效评价和考核办法，引导不同县域发挥自身优势，探索各具特色的绿色发展模式。

2. 财政投入和转移支付适当向欠发达地区倾斜

针对江永县等欠发达县域经济弱，财政收入低，绿色发展资金短缺等问题，省级政府在实施公共财政向基础设施建设、资源环境、生态建设等领域投入，以及制订预算内资金年度投资计划时，加大对欠发达地区均衡性转移支付力度，并取消县级及集中连片特殊困难地区县级配套资金，以减轻县级政府财政负担，改善欠发达地区城乡居民生产生活条件，促进县域经济持续健康发展。

（三）对国家层面的建议

1. 开展实施生态补偿机制试点

由于地处湘江上游和南岭山脉中部，江永县绿色发展为湘江水资源和水环境保护、南岭生态建设做出巨大贡献。在经济社会发展受限、发展资金短缺的情况下，实施生态补偿机制是缓解江永县发展困难的必要措施。国务院已出台《关于健全生态保护补偿机制的意见》（国办发〔2016〕31号），应尽快开展实施生态补偿机制试点工作，研究出台江河流域生态效益补偿和重点生态功能区（敏感区）生态效益补偿具体标准、实施办法。完善与实施生态补偿机制相关联的中央和省转移支付制度。督促对纳入试点的省建立省级生态保护补偿资金投入机制，促进欠发达县域从实施生态补偿机制中获取较为稳定的投入机制。

2. 加大对欠发达地区基础设施投资

包括交通在内的基础设施薄弱是制约欠发达地区经济社会发展的重要因素。中央层面应整合农业综合开发、土地整治、扶贫、以工代赈等项目资金，加强对类似于江永县等以农业为主导的欠发达地区农田水利基础设施建设投资，取消贫困县农田水利建设地方配套；将县级以下农村地区生活垃圾回收集中处理和污水处理纳入中央预算内投资，采取打包下达各省支持省级以下贫困县，并将中部省级和国家贫困县单个项目中央预算内投资补助比例分别提高至不低于50%和60%，西部投资补助比例分别提高至不低于55%和70%；增加欠发达地区高等级公路投资，完善农村路网结构，提升农村村村通标准。对类似与国际旅游城市桂林接壤的欠发达地区，应结合开展全域旅游示范县建设，加强跨区域高速公路或高铁建设，将欠发达地区纳入大城市或具有较高知名度的重点旅游城市4小时交通圈，带动欠发达地区文化旅游业发展。

3. 加强支持传统文化保护性开发利用

包括江永县在内，多数欠发达地区都具有较为悠久的人文历史，具有开发传统文化资源发展文化旅游业的比较优势。同时，加强传统文化保护和开发利用，也是全面建设小康社会，增强凝聚力和向心力，培育绿色文化的重要举措。国家文化部门应加强传统文化保护工作，包括加强民间传统文化资源普查、征集和整理工作，建立和完善民间传统文化保护名录，加强民间传统文化传承人队伍建设，开展民间文化生态保护区建设，支持地方加强传统文化资源保护性开发利用。

# 第八章 临湘市县域经济绿色发展的机遇与挑战

临湘市隶属湘江流域末端的岳阳市，是湖南省的北大门，该市区位优势独特，交通便捷，自然资源和人力资源都很丰富。近年来，临湘市在城市基础设施建设、产业结构转型、农田水利建设、生态环境保护等方面开展了大量工作，有力地促进了当地的绿色发展。临湘市被评为湖南省文明城市和卫生城市。临湘市下辖的羊楼司镇被评为全国重点镇、湖南省新型城镇化试点镇，桃林镇被评为全国重点镇，江南镇被评为全国文明乡镇，聂市镇被评为全省历史文化名镇，忠防镇被评为全省旅游强镇，黄盖镇、定湖镇被评为岳阳市秀美乡镇。

2016 年 7 月，课题组通过与临湘市相关政府部门座谈以及对该市相关工业园区、村镇的考察，对该市的绿色发展经验和成效做了调研。课题组与政府职能部门进行座谈，包括市政府办公室、发改局、林业局、农业局、水务局、工科局、工业园区、环保局等；实地调研了临湘滨江工业园、临湘海螺水泥厂、湖南德泽环保科技有限公司、岳阳北控制水有限公司、湖南永巨茶业有限公司、湖南省十三村食品有限公司；入村调研了聂市镇三和村、羊楼司镇新屋村及绿野星辰和食用菌农业合作社。

## 第一节 临湘市自然资源和经济社会概况

### 一 临湘市自然资源丰富

临湘市位于湖南省东北部，市域总面积 1760 平方千米。西北滨长江水道与湖北省监利、洪湖隔江相望；东南依幕阜山与本省岳阳县和湖北省通城、崇阳、赤壁毗连；东、西、北三面嵌入湖北省境。临湘市境内地势东南高、西北低，东南群峰起伏，中部丘岗连绵，西北平湖广阔，大体格局为"五山一水两分田，二分道路和庄园"。年平均气温 16.4℃，无霜期 259 天，日照率 41%，降水量 1469.1 毫米。雨量充沛，气候温和，土壤肥沃，物产丰富。①

（一）矿产资源

临湘市地下矿藏初探有 30 余种，萤石储量居全国之首，铅、锌、金、锰、钽铌铁、绿柱石等藏量可观，特别是白云石、钾长石、石灰石、高岭土、云母、水晶等藏量尤丰，且品位高，易开采。特别是在儒溪虎形山，仅探明的钨储量就在 21 万吨以上，潜在经济价值达 1000 多亿元。②

（二）水资源

临湘市水资源充足，境内有黄盖湖、冶湖等 16 个大小湖泊。北有源潭河，流经长安街道办事处、五里牌街道办事处和聂市镇三个镇（街道办事处），汇入黄盖湖出长江，全长 48 千米，流域面积 3890 公顷；南有桃林河，流经忠防镇、五里牌街道办事处、桃林镇、长塘镇等，汇入新墙河出洞庭湖，全长 74 千米，流域面积 7382 公顷；东有新店河，与湖北省赤壁市交界，流经羊楼司和坦渡镇两个镇，汇入黄盖湖出长江，全长 63 千米，流域面积 1495 公顷。全市拥有水域面积 39.06 万亩，拥有大中型天然湖泊 25 个，其中，黄盖湖 12.6 万亩，冶湖 1.3 万亩等，水质优良、无任何污染。③

（三）土地资源

临湘市土地总面积为 171860.78 公顷，其中，农用地 145318.91 公顷，建设用地 12733.85 公顷，未利用土地 13808.02 公顷，分别占土地总面积的 84.56%、7.41%、8.03%。土地利用区域分布不平衡。临湘市地势西北低、东南高，耕地主要分布在中部和北部地区，东北为平原地区；中部主要为城镇及工矿区，包括中心城区、羊楼司镇等重要的小城镇；西南主要为园地区，是茶果经作区；东南部山地多，以林业为主。

1. 农用地

农用地面积 145318.91 公顷，占土地总面积的 84.56%。其中，耕地面积 38288.59 公顷，占农用地总面积的 26.35%；园地面积 9502.25 公

---

① 《走进临湘——自然地理》，http：//www.linxiang.gov.cn/Item/25505.aspx。
② 《走进临湘——基本概况》，http：//www.linxiang.gov.cn/Item/25502.aspx。
③ 《临湘市土地利用规划（2006—2020 年）》（2015 年修订版），http：//lxgt.yygt.gov.cn/gtzyyw/ghjh/tdlygh/201605/t20160525_985069.html。

顷，占农用地总面积的 6.54%；林地面积 86249.56 公顷，占农用地总面积的 59.35%；牧草地面积 60.19 公顷，占农用地总面积的 0.04%；其他农用地面积 11218.32 公顷，占农用地总面积的 7.72%。

2. 建设用地

建设用地面积 12733.85 公顷，占土地总面积的 7.41%。其中，城市用地面积 993.21 公顷，占建设用地面积的 7.80%；建制镇用地面积 943.82 公顷，占建设用地面积的 7.41%；农村居民点用地面积 6044.48 公顷，占建设用地面积的 47.47%；采矿及其他独立建设用地面积 705.35 公顷，占建设用地面积的 5.54%；交通水利用地面积 3942.84 公顷，占建设用地面积的 30.96%；其他建设用地面积 104.15 公顷，占建设用地面积的 0.82%。

3. 其他土地

其他土地面积 13808.02 公顷，占土地总面积的 8.03%。其中，水域面积 12399.78 公顷，占其他土地面积的 89.80%；自然保留地面积 1408.24 公顷，占其他土地面积的 10.20%。

总体来看，临湘市土地利用程度较高，2014 年全市已开发利用土地面积 158052.76 公顷，土地利用率为 91.97%。[①]

（四）林业资源

2015 年，临湘市森林覆盖率达 56.79%，较上年略有增长；森林蓄积量达 251.29 万立方米，增长 4.02%；林地面积保有率为 100%。[②]

临湘境内林业用地达 156.88 万亩，楠竹蓄积量 1023 万株，茶园 11.2 万亩。羊楼司是我国有名的"竹器之乡"，是国内规模最大的竹器专营市场。羊楼司所产的竹器品种达 280 个，产品不仅销往湖北、江西等边境县市，还畅销全国 16 个省市及日本、俄罗斯、中国香港、中国台湾等地。

山丘林海苍莽，有近百万亩松、杉、竹、茶、果、药，尤以茶叶享誉中外。清康熙年间，临湘贸易开始活跃。输出商品以茶叶、竹木为主，土布、药材为大宗。年销往湖北、江西、山西、新疆及俄罗斯、英国、

---

① 《临湘市土地利用规划（2006—2020 年）》（2015 年修订版），http://lxgt. yygt. gov. cn/gtzyyw/ghjh/tdlygh/201605/t20160525_ 985069. html。

② 《临湘市林业局 2015 年工作总结 2016 年工作计划》，http：//www. linxiang. gov. cn/Government/PublicInfoShow. aspx? ID = 16741。

日本、美国等国的红茶、砖茶达数万担。光绪二十七年（1901），经汉口外销的红茶 67632 箱（每箱约 60 公斤）。随着贸易规模的扩大，聂家市、羊楼司、桃林、江南、詹桥一批集镇相继出现，并日趋繁荣。①

## 二　临湘市经济发展处于工业化中期阶段

2015 年，临湘市地区生产总值达到 213.57 亿元，比上年增长 8.2%。这在全国来看属于较高的水平。分产业看，第一产业增加值 26.2 亿元，增长 4.6%；第二产业增加值 113.48 亿元，增长 11.1%；第三产业增加值 59.83 亿元，增长 11.7%。全市三次产业结构由上年的 13.3∶56.9∶29.8 转变为 13.1∶56.9∶30，其中，第三产业比上年提高 0.2 个百分点。

### （一）第一产业以传统农业和畜牧业为主

表 8-1 显示，临湘市实现农林牧渔业总产值 42.68 亿元，增长 10.6%。其中，农业产值 19.11 亿元，占 45%；林业产值 2.07 亿元；牧业 14.34 亿元，占 33.76%；渔业产值 6.54 亿元，服务业产值 0.41 亿元。在农业产业结构中，农业和畜牧业在临湘市第一产业中占有主导地位。

表 8-1　　　　　　　　临湘市农业总产值和增加值

| 指标名称 | 农业 | 林业 | 畜牧业 | 渔业 | 农林牧渔服务业 | 合计 |
|---|---|---|---|---|---|---|
| 总产值（万元） | 191078 | 20681 | 143353 | 65405 | 4132 | 426763 |
| 所占比重（%） | 45.00 | 4.87 | 33.76 | 15.40 | 0.97 | 100.00 |
| 增加值（万元） | 136288 | 13197 | 97661 | 31270 | 2446 | 280862 |
| 所占比重（%） | 48.52 | 4.70 | 34.77 | 11.13 | 0.87 | 100.00 |

资料来源：临湘市统计局编：《临湘市统计年鉴》（2015）和《2015 年临湘市国民经济和社会发展统计公报》。

全市农作物播种面积 140.69 万亩，其中，粮食种植面积 87.86 万亩，薯类播种面积 2.09 万亩，蔬菜种植面积 14.70 万亩，油料 20.90 万亩。

全年粮食总产量 31.26 万吨，单产达到 370 公斤/亩。出产茶叶 5399 吨，水果 9.76 万吨。荒山荒地造林面积 7.43 万亩，有林地造林面积 4.27 万亩。全年生猪存栏 35.19 万头，存笼活鸡 135 万只。水产品总产量达到 3.97 万吨。

---

① 《走进临湘—自然地理》，http：//www.linxiang.gov.cn/Item/25505.aspx。

从农业投入来看，农业从业人员有 10.21 万人，农作物播种面积 140.69 万亩，化肥施用量折纯为 19868 吨，农用塑料薄膜使用量 890 吨，农用柴油使用量 12465 吨，农药使用量 735 吨。

### （二）工业偏重矿产资源和农产品加工业

临湘市规模以上工业企业达到 117 家，完成规模以上工业总产值 367.32 亿元，同比增长 8.1%；完成规模以上工业增加值 81.8 亿元，同比增长 8.3%；规模以上工业增加值占地区生产总值的 38.3%；园区规模以上工业增加值占全市规模以上工业增加值的比重达到 57.9%。表 8-2 显示，2015 年，规模以上工业生产铅金属含铅量 5118 吨，锌精矿含锌量 4894 吨，水泥 226 万吨，精制茶 5.6 万吨。

表 8-2　　　　　　　　　2015 年临湘市规模以上工业主要产品产量

| 指标名称 | 单位 | 产量 | 比上年 ±% |
|---|---|---|---|
| 铅金属含铅量 | 吨 | 5118.79 | −28.8 |
| 锌精矿含锌量 | 吨 | 4893.61 | −25.7 |
| 精制茶 | 吨 | 55958 | 24.2 |
| 水泥 | 吨 | 2256207 | −3.1 |

资料来源：《2015 年临湘市国民经济和社会发展统计公报》。

按照行业在整个工业总量中的相对比重，临湘市行业分布不均匀，某几个行业非常突出。表 8-3 显示，化学原料和化学制品制造业，酒、饮料和精制茶制造业，医药制造业等行业在临湘市工业销售收入中的比重为 67.75%，每个行业都超过了 10%，尤其是化学原料和化学制品制造业的销售收入占临湘市工业销售收入的 38.02%，从全国来看，化学原料和化学制品制造业所占比重仅有 7.42%，临湘市比全国平均水平高 30 多个百分点。另外，有色金属矿采选业、非金属矿采选业和农副食品加工业在工业结构中的比重较高。与之对应的是，纺织服装、电子计算机、汽车制造等机械设备行业规模以上企业几乎空白。

目前来看，临湘市依据自身优势的加工产业主要是茶叶，而以楠竹为加工对象的行业尚有较大的发展空间。工业以矿产资源开发和初加工为主，目前尚无下游行业。化学原料及化学制品行业比重过大。

表 8 - 3　　　　　按行业分临湘市规模以上工业指标与全国的比较

| 行业 | 临湘市规模以上企业销售产值（万元） | 行业所占比重（%） | 全国规模以上企业主营业务收入（亿元） | 所占比重（%） | 与全国比重差异（百分点） |
|---|---|---|---|---|---|
| 总计 | 3494092 | 100.00 | 1029149.76 | 100.00 | 0.00 |
| 煤炭开采和洗选业 | | | 32404.73 | 3.15 | -3.15 |
| 石油和天然气开采业 | | | 11691.11 | 1.14 | -1.14 |
| 黑色金属矿采选业 | | | 9828.34 | 0.95 | -0.95 |
| 有色金属矿采选业 | 142471 | 4.08 | 6158.86 | 0.60 | 3.48 |
| 非金属矿采选业 | 83914 | 2.40 | 4829.87 | 0.47 | 1.93 |
| 开采辅助活动 | | | 1860.24 | 0.18 | -0.18 |
| 其他采矿业 | 11380 | 0.33 | 21.84 | 0.00 | 0.32 |
| 农副食品加工业 | 242275 | 6.93 | 59497.12 | 5.78 | 1.15 |
| 食品制造业 | 5220 | 0.15 | 18164.99 | 1.77 | -1.62 |
| 酒、饮料和精制茶制造业 | 516838 | 14.79 | 15185.20 | 1.48 | 13.32 |
| 烟草制品业 | | | 8292.67 | 0.81 | -0.81 |
| 纺织业 | 5283 | 0.15 | 36160.60 | 3.51 | -3.36 |
| 纺织服装、服饰业 | | | 19250.91 | 1.87 | -1.87 |
| 皮革、毛皮、羽毛及其制品和 | | | 12493.09 | 1.21 | -1.21 |
| 木材加工和木、竹、藤、棕、草制品业 | 21720 | 0.62 | 12021.90 | 1.17 | -0.55 |
| 家具制造业 | 52635 | 1.51 | 6462.75 | 0.63 | 0.88 |
| 造纸和纸制品业 | 53467 | 1.53 | 13471.58 | 1.31 | 0.22 |
| 印刷和记录媒介复制业 | | | 5291.30 | 0.51 | -0.51 |
| 文教、工美、体育和娱乐用品 | 35171 | 1.01 | 12037.80 | 1.17 | -0.16 |
| 石油加工、炼焦和核燃料加工业 | | 0.00 | 40679.77 | 3.95 | -3.95 |
| 化学原料和化学制品制造业 | 1328334 | 38.02 | 76329.77 | 7.42 | 30.60 |
| 医药制造业 | 522133 | 14.94 | 20592.93 | 2.00 | 12.94 |

续表

| 行业 | 临湘市规模以上企业销售产值（万元） | 行业所占比重（%） | 全国规模以上企业主营业务收入（亿元） | 所占比重（%） | 与全国比重差异（百分点） |
|---|---|---|---|---|---|
| 化学纤维制造业 | | | 7281.76 | 0.71 | -0.71 |
| 橡胶和塑料制品业 | 49949 | 1.43 | 27310.62 | 2.65 | -1.22 |
| 非金属矿物制品业 | 173952 | 4.98 | 51284.28 | 4.98 | 0.00 |
| 黑色金属冶炼和压延加工业 | | | 76316.93 | 7.42 | -7.42 |
| 有色金属冶炼和压延加工业 | | | 46536.30 | 4.52 | -4.52 |
| 金属制品业 | 19089 | 0.55 | 32842.94 | 3.19 | -2.64 |
| 通用设备制造业 | | | 42789.01 | 4.16 | -4.16 |
| 专用设备制造业 | 137050 | 3.92 | 32057.48 | 3.11 | 0.81 |
| 汽车制造业 | | | 60540.00 | 5.88 | -5.88 |
| 铁路、船舶、航空航天和其他运输设备制造业 | | | 16545.12 | 1.61 | -1.61 |
| 电气机械和器材制造业 | | | 61018.14 | 5.93 | -5.93 |
| 计算机、通信和其他电子设备 | | | 77226.31 | 7.50 | -7.50 |
| 仪器仪表制造业 | 73711 | 2.11 | 7681.88 | 0.75 | 1.36 |
| 其他制造业 | | | 2307.84 | 0.22 | -0.22 |
| 废弃资源综合利用业 | | | 3340.04 | 0.32 | -0.32 |
| 金属制品、机械和设备修理业 | | | 930.48 | 0.09 | -0.09 |
| 电力、热力生产和供应业 | | | 54825.04 | 5.33 | -5.33 |
| 燃气生产和供应业 | 10018 | 0.29 | 4136.80 | 0.40 | -0.12 |
| 水的生产和供应业 | 9483 | 0.27 | 1451.44 | 0.14 | 0.13 |

资料来源：临湘市统计局编：《临湘市统计年鉴》（2015）。

（三）服务业发展势头较好

2015 年，临湘市全年实现社会消费品零售总额 72.58 亿元，增长 12.8%。分行业看，批发业零售额 8.66 亿元，增长 7.3%；零售业零售额 4.56 亿元，增长 6.9%；住宿业零售额 0.8 亿元，增长 8.5%；餐饮业零售额 2.77 亿元，增长 9.5%。

旅游业蓬勃发展。2015 年，临湘全市共接待国内外游客 266.46 万人次，同比增长 18.48%，实现旅游收入 9.29 亿元，同比增长 21.62%。天池山庄、金沙山庄、黄盖浒生态休闲旅游区被评为中国乡村旅游金牌农家乐；"十三村"酱菜被评为湖南省第六届休闲旅游博览会特色旅游商品"金奖"。

2015 年年末，全市拥有客车 403 辆，货车 1568 辆，行政村客运班线通达率 99%，农村客运通畅率 100%。全年完成邮电业务总量 7860 万元，其中，邮政业务总量 3560 万元，电信业务总量 4300 万元。2015 年年末，全市固定电话用户 18000 户，移动电话用户 25000 户，宽带互联网用户 28026 户。2015 年年末，全市拥有普通小学学校总数 71 所，在校小学生 34774 人，教职工 1582 人，其中，专任老师 1573 人。全市拥有中学 29 所，在校初、高中生 22865 人。其中，初中在校生 14744 人，高中在校生 8121 人。全市普通初中和高中拥有教职工 2184 人，其中专任教师 1972 人。全市平均受教育年限 10.1 年，高中阶段毛入学率 95.2%。

2015 年年末，全市拥有电视台、有线电视台和广播电视台 3 个，全市广播电视事业经费达到 3315.65 万元。电视人口覆盖率达到 99.3%，广播人口覆盖率达到 99.3%，有线电视入户数达到 99790 户。全市拥有市文化馆、乡镇文化场所 22 个，博物馆、公共图书馆 2 个，公共图书馆藏书册数达到 15.8 万册。

2015 年年末，医院共拥有床位数 1993 张，其中，市以上医院床位 951 张，乡镇卫生院床位 1042 张，每千人拥有床位数达到 4.7 张。全市拥有卫生工作人员 1843 人，其中，主治医生以上人员 373 人，卫生技术人员 1545 人。全市 5 岁以下儿童死亡率 7.7‰。

2015 年年末，全市共有体育馆 1 座，体育场地 1446 个。2015 年，成功举办市以上运动会 14 次，参加人数达 1.2 万人次。全年获省级以上运动会金牌数 85 枚，银牌数 21 枚，铜牌数 13 枚。

### 三　城镇化水平偏低

截至 2013 年 12 月 31 日，临湘市辖 2 个街道办事处、18 个乡镇。2015 年，根据临湘市乡镇区划调整方案，调整后下辖 10 镇 3 街道：横铺乡、桃林镇成建制合并设立桃林镇；定湖镇、坦渡乡成建制合并设立坦渡镇；儒溪镇、江南镇成建制合并设立江南镇；乘风乡、源潭镇、聂市镇成建制合并设立聂市镇；白云镇、城南乡、长安街道成建制合并设立长安街道；五里牌乡、桥东街道成建制合并设立五里牌街道。乡镇区划调整后，临湘市共减少 8 个乡级建制，现辖江南、聂市、黄盖、坦渡、羊楼司、忠防、桃林、詹桥、长塘和白羊田 10 个镇，长安、五里牌和桃矿 3 个街道。①

表 8－4 显示，2015 年，临湘市年末总人口 53.75 万，其中，非农业人口 12.17 万，农业人口 41.58 万，户籍人口城镇化率达到 22.65%。2014 年，按常住人口统计的城镇化率为 45.9%。总体来看，无论是以城镇常住人口还是户籍人口口径统计的城镇化率，临湘市都显著低于全国平均水平。

分乡镇来看，临湘市城镇户籍人口集中在城东、城西和渔潭（桃矿）等派出所辖区，城镇化率达到 80% 以上。羊楼司镇和忠防镇户籍城镇化率仅有 16.09% 和 14.84%，在各乡镇中位于前列。大部分乡镇的户籍城镇化率都在 10% 以下。

表 8－4　　　　　　　　2015 年临湘市户籍城镇化率情况

| 派出所名称 | 总人口 | 城镇户籍人口 | 户籍城镇化率（%） | 乡村人口转城镇人口 | 原因投靠亲属 | 购房 | 城镇人口迁出 |
|---|---|---|---|---|---|---|---|
| 总计 | 537510 | 121721 | 22.65 | 267 | 206 | 54 | 466 |
| 城东 | 45150 | 39829 | 88.21 | 78 | 53 | 24 | 116 |
| 城西 | 50777 | 44996 | 88.61 | 84 | 61 | 18 | 167 |
| 白云 | 16630 | 977 | 5.87 | 1 | 1 | | 1 |
| 桃林 | 38847 | 2612 | 6.72 | 3 | 1 | 2 | 7 |
| 长塘 | 28520 | 885 | 3.10 | 1 | 1 | | 1 |
| 白羊田 | 23334 | 903 | 3.87 | 6 | 3 | 3 | 3 |

① 《临湘市乡镇区划调整方案：调整后下辖 10 镇 3 街道》红网，2015 年 12 月 4 日。

续表

| 派出所名称 | 总人口 | 城镇户籍人口 | 户籍城镇化率（%） | 乡村人口转城镇人口 | 原因投靠亲属 | 购房 | 城镇人口迁出 |
|---|---|---|---|---|---|---|---|
| 詹桥 | 40681 | 1150 | 2.83 | 2 | 2 | | 20 |
| 忠防 | 32808 | 4868 | 14.84 | 15 | 15 | | 16 |
| 横铺 | 19423 | 599 | 3.08 | | | | 2 |
| 羊楼司 | 49680 | 7992 | 16.09 | 20 | 17 | 3 | 36 |
| 坦渡 | 17885 | 722 | 4.04 | 3 | 3 | | 2 |
| 聂市 | 26122 | 1527 | 5.85 | 1 | 1 | | 11 |
| 源潭 | 16872 | 1121 | 6.64 | 4 | 4 | | 3 |
| 乘风 | 11477 | 1156 | 10.07 | 8 | 7 | | 3 |
| 江南 | 29220 | 1127 | 3.86 | 6 | 6 | | 6 |
| 儒溪 | 12624 | 520 | 4.12 | 3 | 3 | | |
| 团山 | 10872 | 1129 | 10.38 | 20 | 16 | 4 | 16 |
| 五里 | 26334 | 1596 | 6.06 | | | | |
| 城南 | 14669 | 137 | 0.93 | 5 | 5 | | |
| 定湖 | 17753 | 1431 | 8.06 | 4 | 4 | | 8 |
| 渔潭（桃矿） | 7832 | 6444 | 82.28 | 3 | 3 | | 48 |

资料来源：临湘市统计局编：《临湘市统计年鉴》（2015）。

# 第二节　临湘市实施绿色发展的主要措施

党的十八大后，生态文明建设提到了前所未有的高度，生态环境保护面临"青山绿水"与"金山银山"战略抉择的"两难"期，也是发展转型、污染防治的攻坚相持期，还是环境质量改善速度和老百姓需求差距最大、资源环境评价约束和发展矛盾最尖锐的困难期。临湘市工业化、城镇化将处于快速发展阶段，同时也面临着长株潭"两型"社会建设对湖南省工业企业布局产生重要影响的机遇。

## 一　积极拓展农业的绿色发展途径

（一）积极发展生态农业

近年来，临湘市着力推进生态农业发展，加快农产品开发步伐，倡导品牌农业，全市已建有无公害农产基地12个，普及蔬菜、茶叶、粮食、油料、生猪等多个项目，有18个农产品加工企业的20多个产品获得无公害农产品认证。湖南龙窑山生态农业有限公司"湘北"牌大米获得绿色认证。创建农产品优质品牌15个，先后有20多个农产品获中国农交会湖南省国际农博会金奖。发展生态农业，提高了绿色农产品的市场竞争力和知名度。有效地带动了绿色农业向高效化、生态化发展。

### 调研案例1：临湘市聂市镇茶产业发展——"茶叶育苗基地+农户+龙头企业"

聂市镇地处湖南黑茶两大核心产区之一的临湘，尤以砖茶闻名，是茶马古道的南方起点。聂市因茶而兴，素有"茶砖换来的小汉口"之称。聂市产茶至清末享誉八方，茶农云集，茶商辐辏，人来人往，水泄难通。年产黑茶六万余箱。新中国成立后，临湘市系全国十大产茶县之一，聂市镇系全国十大产茶乡之一，而且茶质很好，其绿茶从20世纪50年代初至1976年一直是毛泽东和国宾所饮之茶。在国家计划经济控制下，从1952年起，临湘只许生产绿茶，其老茶叶则全部调至湖北羊楼洞和湖南益阳压制黑茶砖。20世纪80年代，乡镇企业兴起，聂市镇又恢复了茶叶生产。现在，聂市镇茶叶产业形成了"茶叶育苗基地+农户+龙头企业"的模式。

### 茶叶育苗基地：聂市镇三和村

三和村由三个自然村合并而成，现有村民3100人，43个村民小组，115名党员。山地1.2亩，人均水田1.4亩，可种双季稻。村里主要经济来源是茶苗、食用菌、水产和楠竹。主要有四大绿色产业：一是茶厂，即种茶业。二是楠竹产业，共有284平方千米的面积生产楠竹，主要聚集在山区丘陵地带。目前三河村有两个较大的企业生产楠竹，也有生产楠竹竹席的企业。三是湖区的水产养殖业。四是食用菌基地。目前三和村的新鲜茶叶是2元/斤，有专门的发酵厂，比较有名的是"洞庭炒青"。

在村内从事生产的村民，人均年收入为1.1万元，种植双季稻，可以获得175元/亩的补贴费用。一户一般为2—3个孩子。在外面打工的村民，人均年收入为3万—4万元，村干部的人均年收入为3万元。支出方面，村民的蔬菜和粮食大多数是自己种植供给的，不需要购买，只购买一些肉类。最大的开支是人情费，比如结婚、生子、生日、考学、搬迁等支出，一年需要 600—700 元。

目前，村集体经济无收入来源，以前有林场和茶场，但现在都已经承包到户。此外，在环保建设方面，三和村设有专门的垃圾焚烧基地，将几个村的垃圾集中在一起焚烧，每年运行费用是 6 万元。

2014 年，农业部茶树优质种苗繁育基地建设项目落户三和村，该项目总投资 1155.03 万元，其中，中央投资 575 万元。基地建设茶树良种繁育基地 800 亩。建设内容包括种苗检测及业务用房、生产资料库、冷藏室等建安工程，大棚设施苗圃、维修山塘、蓄水池、基地主干道等田间工程，搅拌机、采茶器等仪器设备购置。一期工程已于 2015 年 6 月竣工。整个项目建成后，该基地将成为国家长期稳定的茶树种苗繁育基地，也是湖南省最大茶树优质种苗繁育基地，每年可向社会提供优质扦插苗 5040 万株。

临湘市曾经是全国十大产茶县之一，茶产业一度是支柱产业，但 20 世纪 90 年代后，茶园面积曾一度锐减。三和村国家茶树优质茶苗繁育基地的建成，为茶园扩面积提供了充足的优质种苗支撑。三和村国家茶树优质种苗繁育基地的建成不仅满足了临湘市茶园扩面积的种苗需要，同时也给聂市镇三和村带来了新的发展机遇，采茶和扦插的时候，平均每天可以安排 100 多个本地剩余劳动力就业。

### 龙头企业：聂市镇永巨茶业

20 世纪 80 年代，聂市镇党委、政府决定大力发展乡镇企业，于 1984 年 8 月以老商号"永巨茶庄"为基础成立茶厂。1988 年，应内蒙古自治区民委、供销社之需，由湖南省定为边销茶定点生产企业，至今仍是湖南省唯一紧压青砖茶的生产企业。2002 年，乡镇企业改制为民营股份制企业，更名为"湖南省临湘永巨茶业有限公司"。2011 年 8 月，为打造中国青砖第一品牌，湖南省茶业有限公司斥资加盟公司。

目前，该公司是湖南省茶业有限公司旗下集产学研、贸工农于一体的农业产业化龙头企业，是湖南黑茶产品唯一定点生产企业，公司注册商标"洞庭"牌是中国黑茶标志性品牌、湖南省著名商标，公司荣获了中国茶叶百强企业、国家边销茶民贸用品定点生产企业、广州军区给养应急保障动员企业等荣誉称号。

（二）稳步推进绿色防控

推动农业可持续发展，必须发展绿色农业产业。加快形成资源利用高效、生态系统稳定、产地环境良好、产品质量安全的农业发展新格局。一是每年完成测土配方施肥技术推广 75 万亩；地力提升秸秆还田技术 15 万亩。二是推广水稻病虫害专业化统防统治面积 20 万亩、绿色茶叶生物防控面积 6000 亩、绿色无公害蔬菜面积 3.5 万亩、油菜 30 万亩、西甜瓜 1.8 万亩。三是连续五年完成每年 100 亩以上的重金属污染耕地 VIP 技术修复试验项目。大力推进绿色防控和科学用药，完成农作物绿色防控覆盖率达到 30% 以上。

（三）支持大学生创业、互联网技术升级，改造农业专业合作社

互联网技术改造了传统商业模式，农业也应当利用现代网络技术改造农产品销售模式，而农村最稀缺的就是掌握现代技术的人才。临湘市在吸引大学生到农村创业方面，已经出现了以绿野星辰山野菜专业合作社为代表的成功案例。

**调研案例 2：羊楼司镇以大学生为核心的农业专业合作社**

羊楼司镇位于湖南省临湘市北部，地处湘鄂边界，是沿 107 国道由北进入湖南的第一镇，扼三湘咽喉，守湘北门户，是湖南省四大边境重镇之一。1990 年 3 月，临湘市委、市政府批准羊楼司创办综合改革试验区。1995 年 5 月，湖南省委、省政府批准设立湖南省羊楼司综合改革试验区，同年 12 月，被建设部定为全国小镇建设示范镇。1997 年，被国家计委、建设部等 11 部委列为全国小城镇综合改革试点镇。1999 年，被财政部定为全国小城镇财源建设试点镇，并先后被列为全国、省小城镇建设重点镇和岳阳市 10 个重点中心镇之一。2002 年 9 月，被联合国开发计划署、国家计委联合定为全国 4 个"中国小城镇政策改革规划与经济发展项目试点镇"之一。2007 年，原来的羊楼司镇与文白乡、龙源乡合并为羊楼司镇，合并后的羊楼司镇面积 253.8 平方千米，辖 41 个村（居委会），393 个（居）民小组，5 万人。合并后，山林面积 35.1 万亩（其中竹林 15 万亩），水田 25811 亩，旱地 12457 亩，茶园 6730 亩，集镇面积 4.31 平方千米。

新屋村由三个村合并，31 个组，3227 人。主要加工楠竹、造房子用的基建石，还有野菜基地，用竹子搭种棚，产业园做深加工。60 个棚子，2003 年搞的。村目前三个产业：楠竹、矿山、野菜基地。第四步将饮水

设施到位。现在党员有 70—80 名。村里有 2 个垃圾中转站，一个星期运三次，村里安排了 3 个清洁工，拉到县里处理。垃圾处理是个很大的问题。填埋达不到指标，要转到市里处理，经费是镇里拨付一部分，2 万—3 万元，但不够。省里需要国家加大投入。污水处理厂成本很高，需要 1000 多万元。村集体收入一年 30 万元左右。村里的经济收入不多，需要从上面拨付。垃圾处理 2014 年用了 13 万元。

湖南省绿野星辰山野菜专业合作社（简称"绿野星辰"）由临湘市羊楼司镇新屋村大学生"村官"李黎和周顺共同发起，成立于 2011 年 8 月，注册资金 200 万元，占地面积 800 亩，现拥有社员 133 名。至今，年产值超过 500 万元，盈利 90 余万元，直接带动农民年人均增收 8000 余元。

绿野星辰的宗旨是保护生态环境，增加饮食元素，创造保健饮食。发起人毕业于中国中医药大学，在大学生下乡做"村官"过程中，发现本地多种野菜具有药用价值，而周围环境优美，气候温和、土地肥沃、依山傍水，因而萌生了种植山野菜的想法。合作社成立伊始，仅有少数村民参加，村委会干部给予了支持，在偏僻的山脚下开辟了一隅作为试点。随着效益逐渐显现，越来越多的农户加入合作社，种植品种和面积逐步扩大。种植的特色山野菜郁郁葱葱，清甜可口，品质优良。

合作社主要从事山野菜开发、销售、加工及山野菜食疗保健方面的研究推广。目前，已开发野蜀葵、黄精、香椿、苦菜、苦菊、黄秋葵、紫背天葵等 20 多个品种。合作社采取"合作社＋基地＋农户＋直营店＋B2B 互联网"的经营模式。在种植环节，合作社严格执行绿色无公害生产标准，制定了内部绿色无公害蔬菜安全生产的相关制度，严密监督，毫不动摇。生产中施用的肥料全都是发酵后的农家肥，杀虫剂用高浓度的辣椒水代替，通过摸索引进了森林系统中的保温保湿层技术，用木屑和农家肥发酵后铺上厚厚的一层，这样，既为野菜的生长提供了丰富的有机质，也减少了除草的环节。通过这种模式，种出来的野菜不仅保证了品质安全，也为保留了野菜的独特口感。基地还实行基地准出制度，建立检测室，每批次产品进行检测合格后，才进入市场，较大程度上保证了消费者舌尖上的安全。

### 二　稳步实施工业绿色发展战略

（一）加大产业结构调整力度，推进落后产能淘汰工作

加大淘汰落后产能力度，完成了电力、石化、建材、造纸、水泥等重点行业"十二五"淘汰落后产能任务。全市"十五小"企业基本关闭，并新上了窑坡山风力发电、光伏发电、九亮光电等一批节能、绿色产业。

（二）重点开展工业园区绿色建设

2003 年，临湘市开始建设三湾工业园区；2007 年，创办滨江产业示范区，并于 2013 年两园合并，目前形成了以化工、建材、矿产、农副产品加工业为主导的滨江产业园区、三湾工业园区、白云和桃矿工业区、羊楼司农产品加工区一园五区格局。临湘市工业园被纳入了湖南岳阳绿色化工产业园规划，列为岳阳市沿江经济带、全省 36 个重点产业基地之一，滨江产业区被评为湖南省新型工业化示范基地、特色县域经济建设（制造业）重点县（市）。园区呈现出集聚、集约的发展形势，到 2016 年 6 月底，入园企业达到 57 家，规模企业达 37 家，园区规模工业增加值占全市规模工业增加值的 53%。园区坚持走"绿色、环保、科技"的转型发展路线，朝着建设宜居城镇目标发展。基础设施建设不断完善，科技投入不断加大，学校、医院、市场等社会服务设施、文化休闲设施即将配套齐全。

---

## 专栏 8 - 1：临湘工业园

湖南临湘工业园区是经国务院备案的省级开发区，下辖两个产业区，形成"一园二区"的格局，其中，三湾工业园区于 2003 年 8 月开园，实际开发面积 3.2 平方千米；滨江产业园区于 2007 年 8 月开园，远景规划面积 20 平方千米，近期规划面积 7.1 平方千米，目前已开发 1.5 平方千米。该产业园区已被纳入了湖南岳阳绿色化工产业园规划，列为岳阳市沿江经济带、全省 36 个重点产业基地之一，滨江产业园区被评为湖南省新型工业化示范基地、特色县域经济建设（制造业）重点县（市）。

---

开园至今，园区累计完成土地平整、道路修筑、管网铺设等基础设施投入4.4亿元。其中，三湾园区"七通一平"全面入园，绿化、亮化、美化基本到位。进入园区，有连接京港澳高速公路的专用快速通道、11万伏专用变电站以及相应的物流配套企业。滨江产业园区除一般性基础设施较完善外，还建设有为园区企业生产、生活配套服务的自来水厂、污水处理厂、危废焚烧厂以及3000吨级长江专用码头，11万伏专用变电站、集中供热、特勤消防站等设施也在建设中。

建园至今，园区共引进项目57个，协议总投资69.74亿元，到位资金38.1亿元。其中，投资过亿元项目23个，超5亿元项目3个，超10亿元特大项目1个；建成投产项目31个，在建项目15个。园区充分利用资源优势，基本形成了以兆邦陶瓷、鲁湘酒精等企业为龙头的以建材、医药、机械制造为主导产业的三湾产业片区；以海螺水泥、金叶众望等企业为龙头的白云产业片区；以国发精细、北控水务等企业为龙头的滨江化工新材料产业片区三大板块。2015年，市工业园主动适应新常态，迎接新挑战，谋求新跨越，经济运行呈现出稳中有进、进中显优、优中求强的大好形势，全年完成工业总产值214.7亿元，就业人数约8000人。园区被列为化工新材料特色县域经济重点县、清水塘老工业基地产业转移承接地。在2016年3月7日召开的工业园经济工作会议上，园区管委会主任谢继川明确提出了2016年完成工业总产值250亿元、实现规模工业增加值60亿元的奋斗目标。

（三）推进新型工业化

坚持创新、协调、开放、绿色、共享的发展理念，全面加快新型工业化进程。即着力提升建材加工业；承接和聚集现代冶炼和绿色化工业；转型烟花鞭炮业、传统矿产业和石材加工业，做大钓具（浮标）、茶叶、楠竹和食品加工等传统特色产业。严格实施项目能评，强化项目节能审查，新建高耗能、高排放项目能效水平必须达到国内先进水平，对建材、石油石化、化工等高耗能行业新增产能，实行能耗等量或减量置换。对未完成节能目标的企业，暂停新建高耗能项目的能评审查。严格控制高耗能、高污染企业，对达不到能耗准入条件的高耗能企业，一律不予备案。

### 三　以节能减排为绿色发展的重要抓手

临湘市坚持狠抓节能工作不动摇，采取有力措施，调结构促发展，保增长降消耗，节能降耗工作取得显著成效。2015 年，临湘市单位 GDP 能耗 0.71 吨标准煤/万元，下降 5.1%。同时，临湘市是全省第一个采取合同能源管理模式进行路灯改造的县级城市，主次街道、背街小巷 LED 节能路灯改造共 4000 余盏，每年可节约电费和维护费 60 万元，率先进入全国路灯节能减排项目试点县级城市行列，亮化覆盖率和社会好评率大大提升。

（一）制定节能减排目标

强化政府责任，严格控制全市能源消费增长，严格实施单位 GDP 能耗降低目标责任考核。要求各单位在市下达年度节能任务的基础上，必须完成"十二五"时期的目标任务。对未完成年度目标任务的各乡镇、部门、企业，必要时市政府领导同志约谈主要责任人，有关部门按规定进行问责，相关负责人在考核结果公布后一年内不得评优。对超额完成"十二五"目标任务的各乡镇、部门、企业，按照国家有关规定，根据贡献大小给予适当奖励。

（二）通过产业结构和用能结构调整提高能效

一是加大淘汰落后产能。如前所述，通过淘汰电力、石化、建材、造纸、水泥等重点行业落后产能，提高能源利用效率。

二是调整用能结构。大力推动天然气使用，积极发展生物质能、风能、太阳能等可再生能源。积极推进风电等重点项目工作。加快发展农村沼气，进一步提高非化石类能源消费比重。

（三）狠抓重点领域节能

一是加强工业节能，实施工业能效提升计划。在重点耗能行业，全面推行能效对标，开展工业绿色发展专项行动，实施低碳工业园区试点，持续开展万家企业节能低碳行动，推动建立能源管理体系。

二是推进建筑节能，深入开展绿色建筑行动。政府投资的公益性建筑、大型公共建筑以及保障性住房，全面执行绿色建筑标准。

三是强化交通运输节能，加快推进综合交通运输体系建设。开展绿色循环低碳交通运输体系建设试点，深化"车船路港"千家企业低碳交通运输专项行动。

四是抓好公共机构节能，完善公共机构能源审计及考核办法。推进公共机构实施合同能源管理项目，将公共机构合同能源管理服务纳入政府采购范围，开展市本级节约型办公区示范活动。

# 第三节　临湘市绿色发展面临的困难和挑战

## 一　林业绿色发展基础好但须突破"瓶颈"

按照绿色发展理念，临湘市大力推进生态林业建设。到 2015 年，林业用地面积达到 143.43 万亩，森林面积 100.04 万亩，活立木蓄积 251.26 万立方米，楠竹立竹株数 1.28 亿株，森林覆盖率 47.6%。湿地面积 23 万亩，现有一个黄盖湖省级自然保护区，保护区面积 9170 公顷。系湖南省重点林区县之一，是湖南省政府 4 个楠竹示范基地县之一。

（一）临湘市生态林业发展的现状与问题

1. 森林营造成绩突出，但国家项目难以落实

2011—2015 年，全市完成造林面积 19.86 万亩，封山育林 3.55 万亩，完成楠竹低改 16.17 万亩，调配各类苗木 3915 万株，建立 1000 亩以上基地 15 个，100 亩以上基地 191 个。通过荒山育林、退耕还林、血防林、防护林带、四旁植树、绿色通道、风景林培育、石漠化造林和秀美村庄建设等方式，大力营造绿色临湘，为临湘市生态建设作出了重要贡献。营林项目的实施理应能调动群众造林积极性，加快生态建设步伐，但在实施过程中造林成本太高，大多项目要求地方财政配套和农户自筹，而且配套和自筹比例较大，国家项目资金太少，难以落实，且项目造林都是按照标准化操作，一旦配套资金不能到位，严重影响实施效果。

2. 湿地保护成效显著，但面临自然和人为因素威胁

2011 年，临湘市成立黄盖湖省级湿地保护区。通过组建湿地保护队伍、建设湿地保护观测站、种植候鸟可食植物（500 公顷）等方式，有力地提高了湿地及栖息地质量，改善了生态环境，保障了生物多样性。目前，保护区建设主要存在以下问题：一是自然因素对湿地保护区破坏较大，特别是洪水泥石流造成泥沙淤积，严重影响保护区建设。二是人为因素对保护区的影响较大，保护区野生动物（鸟类）破坏农作物，引发人畜矛盾，农民没有得到补偿，保护区由于人员、经费、巡护装备等客观条件影响，猎杀、毒杀野生动物时有发生。

### 3. 森林资源保护受资金影响严重

生态公益林和天然林保护对国土生态安全、生物多样性保护和经济社会可持续发展具有重要作用。临湘市公益林53.35万亩,天然林93.72万亩,蓄积138.35万立方米。目前,纳入补偿的国家级公益林38.03万亩,主要分布于江河两岸、国家级森林公园、荒漠化水土流失严重岩石裸露地区;省级公益林15.13万亩,主要分布在道路干线两侧的第一层山脊、城区周边和市区重要保护地。公益林和天然林对临湘市的防止水土流失、保护生物多样性、改善城市及风景区的自然环境、提供管护就业岗位、促进临湘可持续发展做出了重大贡献。但在实施过程中存在几个问题:一是补偿标准太低。每亩每年17元,还没有砍一棵树的收入多,林农没有保护的积极性。二是补偿结构不合理,实施效果不够明显。现行的补偿政策是平均化补偿,不分林种、地类、等级、区位,全部按面积执行一个标准,没能体现优质优价、保护等级的差异。三是公共管护费用比重偏低,加大了基层管理单位的管理费用负担,导致管理部门的积极性受到影响。

### 4. 竹木产业基础好,但难以做大做强

临湘市共有楠竹面积58.5万亩,立竹1.28亿株,年产楠竹约2000万根,是湖南省四个楠竹丰产示范基地市(县)之一,境内羊楼司镇被评为"中国竹器之乡"。全市现有楠竹加工企业1200多家,2015年,全市竹产业总产值16亿元。但是,楠竹产业化建设问题很多。一是低产林面积大,没有得到有效抚育管理及低产林改造,成林缓慢;二是基础设施落后,运输困难;三是加工水平落后,大部分加工企业是小作坊式,产品单一,主要生产竹床、竹椅、竹筷等低附加值产品,缺少高科技的竹纺、竹化妆品、竹配方饮料等竞争力强的产品,利润低下;四是缺少融资渠道平台;五是没有自己的特色品牌。

### 5. 林下经济前景良好,但制约因素多

临湘市林下经济面积12.3万亩,种养户数3.6余户,年产值4.3亿元,林农人均增收800余元。目前,林下经济发展形势较好,成立了一批专业合作社,特别是以九丰、正盛等为龙头的油茶公司,建设油茶林3万亩,带动产业良性发展。尽管临湘市林下经济发展前景看好,但总体上还处于探索起步阶段,存在一些不足之处。一是缺乏整体规划;二是缺乏技术支持;三是规模较小;四是缺乏发展资金。国家和省财政基本

上没有补助，靠林农自行发展。

6. 国有林场改革取得进展，但遗留问题多

临湘市共有五尖山、荆竹山、白石园和药菇山 4 个国有林场，总经营面积 8.2 万亩，4 个林场均成立于 1958 年，建场 50 多年来，通过几代人的艰苦创业和辛勤劳动，为临湘市培育、保护和发展森林资源方面作出了重要贡献，是临湘市生态修复和建设的重要力量。经过国有林场改革，国有林场全部定性为公益性事业单位，转型为生态公益林场，形成了以五尖山国家森林公园为龙头的生态旅游景区，带动了临湘旅游产业发展。但是，由于林场改革前人员较多，债务沉重，基础设施不完善，大多数部门支持国有林场改革的政策没有兑现，缺少生态旅游开发资金，目前，各个林场发展生态旅游都还处于初级阶段，发展缓慢。

7. 生态保护投入人力多、物力少

一直以来，临湘市都把生态保护工作作为重点来抓，严防死守，由于临湘市有初一、十五、清明等时节上坟烧纸等陋习，整个林业系统在加强宣传教育的同时，节令时期 24 小时堵关设卡，杜绝火源进山，但是，防不胜防。近年来，虽然没有形成大的火灾，但隐患不断，由于临湘市缺少专业应急队伍，生物防火林带建设滞后，且防火设备不足，一旦发生火情，后果不堪设想。在病虫害防治方面，由于临湘市交通区位影响，京珠、杭瑞、随岳、107 国道、长江水道等多条全国交通大动脉贯穿整个临湘，物流发展的崛起导致外来有害生物入侵蔓延迅速。特别是近年来临湘市遭受松材线虫病灾害，在省林业厅和市政府的大力支持下，疫情得到了一定程度的控制，但是，临湘市松材线虫病发生区集中在边界山区，交通不便，松树主要呈散生分布，只能采用人工拔除的方式，除治难度巨大。仅 2015 年，临湘市就投入资金近 400 万元，组织除治人员 208 人，拔除枯死松树 14871 株，人工除治和药物防治共耗费 353 万元，而国家投入仅 30 万元，杯水车薪，由于资金缺口大，加大了疫点拔除难度。

（二）造成临湘市生态林业发展"瓶颈"的原因

1. 绿色发展理念还未深入人心

很多领导干部没有完全树立绿色发展理念，只重经济发展，不重生态环境保护，有的只重视节能减排治污，根本不重视生态建设和生态保护。绝大多数市长对生态环境保护的重要性认识不清，对生态保护工作

无所谓。

### 2. 对地方的考核不重生态

对地方的考核只重经济民生，不重生态，每年岳阳市对县市的综合考核指标很多，而涉及生态的只有 1 项，总分 1000 分中，生态记分只有 5 分，可谓微不足道。

### 3. 管理体制不顺

国家取消育林基金等收费项目后，中央及省级财政没有给予地方财政补贴，下面乡镇站所人员没有得到妥善安置，人员及公用经费没有着落，严重影响了广大干部职工的积极性。

### 4. 国家政策与地方生态建设不相适应

国家制定整体政策，与地方实际情况大不一样，操作起来困难重重。例如，公益林补偿，按照全国统一标准，东北林区，一个护林点可以管护几千亩山林，而南方人口密集，多为"帽子"林场（山上为国有、集体林场，山下为村民自有山林），路口多，管护压力巨大，一个护林点只能管护 500—1000 亩山林。按统一面积核算公益林补偿标准，十分不合理，且补偿标准过低，无法满足封育后，农户的基本生活需要，影响林农生态保护积极性。在下达造林计划中，时间仓促，无法科学合理地安排苗木。检查验收和补助不十分合理，现在物价、劳力成本大幅度提高，造林地点越来越远，造林立地条件越来越差，国家补助标准明显偏低，很难按操作要求完成，且验收名目繁多，达不到理想的效果。林业项目实际上不能称之为项目，应定性为补助资金，既没有水利、发改部门实施项目所需间接费用，也没有按工程预算标准进行足额预算，造林项目劳务为社会劳动力或职工生产，要求招投标与现实不符。

### 5. 生态林业建设缺乏国家项目支撑

生态林业建设是国家生态文明建设的重要组成部分，承载了森林生态景观建设、森林生态保护建设、森林生态修复建设、森林文化发展建设等项目，但是，这些项目国家投资的比例不大，要求地方配套比例较大，一旦地方财政困难，许多项目难以落地。

### 6. 林业生态建设中缺少法律法规和政策依据

在林业生态建设中，缺少有效的法律法规依据，导致建设难度加大，执行力度不足。例如，在古树名木和湿地保护等方面，缺乏统一的、强有力的法律依据，造成各地在依法管养与打击破坏古树名木中难以做到有法可依，只能依靠地方法规，难以起到震慑和保护作用。另外，还存在古树名木的评定标准不一、古树名木保护资金缺乏等问题。

7. 林业产业缺乏政府引领

临湘市在发展楠竹产业、油茶产业、生态旅游产业以及林下经济等方面具有较好的资源优势，但是，基础条件落后，缺乏政府引领，大部分是小作坊模式，科技含量低，产品附加值小，竞争力不强，缺少融资渠道平台，难以形成品牌、规模优势。楠竹新造、油茶新造都需要每亩投入 2000 元以上，国家按用材林标准列入项目造林，只有 300 元/亩，投入严重不足。

8. 缺乏专业技术人才

临湘市林业系统队伍较大，但是，很多是 20 世纪为植树造林、管护森林而聘用的员工，这些员工缺乏专业技术，且老龄化严重，大多安于现状，缺少学习精神，加之林业系统待遇不高，造成"高素质人才引不进、低素质人员请不出"等问题，而生态林业发展转型，需要大量的森林培育、产品深加工、科学管理等方面人才，与现代生态林业建设不相适应。

**二　水务与水资源保护有所加强但问题严重**

（一）水务与水资源保护现状

1. 编制规划科学保护

受资金、技术等因素的影响，近年来，临湘市重点加强了龙源水库的保护，市水务局先后投资 3 万多元编制了《龙源水库水资源保护规划》，依法对水库及水工程的保护范围、管理范围和水源地保护范围进行了划定，规定水源地保护范围不得从事影响水土涵养功能和水源污染的活动、不得破坏水库工程设施等。市政府以临政通告〔2005〕10 号在库区进行张贴、宣传。

2. 定期宣传，推进保护

在每年一度的"世界水日""中国水周"和"12·4 法制宣传日"等重大活动中，市水务局结合纪念日主题，积极开展水环境保护宣传教育活动，使市民对水源地环境保护有了更深的了解。

3. 专项治理强化保护

2013 年，为落实人大 1 号议案，临湘市成立了龙源水库水源地保护综合治理领导小组。各职能部门筹措整治资金120 多万元、市财政专项拨款 50 万元，2013 年关停 11 家直排生猪养殖场，2014 年关停了 12 家直排生猪养殖场，并与养殖场签订了转产关停协议。财政拨专款对库区 6 个行政村和五里乡千针村农村生活环境进行了综合治理，并对龙源村 20 多户直排生活污水进行了重点整治。各村组建立焚烧池，并派专人收集生活垃圾，进行无害化处理，取得了较好的效果。

## 专栏 8 - 2

龙源水库位于湖南省临湘市羊楼司镇，水库大坝下面是羊楼司镇文白村，拦截游港河北支上游。1970 年破土动工，1975 年投入运行，发电供水。水库控制流域面积 80 平方千米，总库容 9549 万立方米，电站装机 4800 千瓦，兴利库容 7734 万立方米，无防洪库容，正常蓄水位 174.25 米，设计洪水位 176.91 米。为临湘城区及岳化长岭炼油厂提供生活用水，灌溉定湖、坦渡、五里、长安等乡镇农田 17 万亩。

### （二）存在问题

**1. 直排生猪养殖场关停不彻底**

龙源库区直排生猪养殖场共 34 家，目前关停了 23 家，但仍有 11 家大型直排生猪养殖场未关闭，其中，幸福村 3 家，四合村 1 家，梅池等其余村 7 家；团湾库区有 500 头规模以上的生猪养殖场有 2 家，其中，壁山村 1 家（千头以上），黄泥村 1 家。上述 13 家生猪养殖场，养殖规模大，关停难度大，转产难度更大，其养殖废水基本上都是直排进入库区，废渣没有进行深埋处理或是处理技术不到位，大量的污染物直流进入整个水系，或是从地下最后渗入水系，对水源水质破坏相当大。

**2. 矿产企业对水系破坏严重**

龙源、团湾、忠防三大库区，目前有新屋采石场、力拓矿业、富安矿业、利宇矿业等 28 家矿产企业，其中，龙源库区 4 家，团湾、忠防库区 24 家。这些企业的存在，对库区植被的破坏程度相当大。特别是临湘市矿企大多露天开采，矿山占用了大面积的森林、草地等，破坏了天然植被。当植被遭到破坏后，由于未及时对破坏的植被区域进行恢复保护，使植被破坏面积进一步扩大，在具有一定坡度的地区，开矿后，由于未及时采取保护措施，还会导致水土流失，严重威胁生态系统平衡。加之矿山开采和选矿过程中，产生大量废水、废气和废渣，对于大多数小型矿企而言，"三废"处理技术水平较低或是没有采取相关处理，对周边的水质、土壤、大气等造成严重污染，对周围环境、水资源、人畜生存安全等均造成了严重危害。

3. 河道沟港大多淤塞不畅

临湘市三大库区内的河道沟港大多是自然形成，历经多年自然灾害及工矿生产影响，河床淤积严重，河岸千疮百孔。特别是2015年"6·1"特大山洪地质灾害，给全线水系带来了毁灭性破坏，原本不畅的沟港更是水泄不通。其中，龙源库区的马坳、黄金、白里等村，团湾库区的长浩、壁山等村，忠防库区的小港河等，淤塞尤为严重。位于小港河上游的忠防镇中心小学，学校地势低，小港河淤塞不畅，加之下游陈家组行洪通道不是建的桥梁而是涵洞，一遇强降雨，小港河因泄洪不及时，河床洪水从学校排洪沟倒灌进中心小学，造成学校严重积水，危及校内580余名师生及校舍的安全，成为忠防库区最大的安全隐患。

### 三　环境污染治理成效显著但形势依然严峻

（一）污染治理成效显著

1. 生态环境质量总体保持稳定

（1）水环境质量保持稳定。全市水环境质量整体状况以Ⅱ类、Ⅲ类水质为主，分别占25%和50%，Ⅳ类、Ⅴ类水质各占12.5%。

（2）环境空气质量稳中趋好。2014年，临湘市城区环境空气质量整体属良，全市各监测点二氧化硫、氮氧化物日均值均未出现超标现象，$PM_{10}$全市日均值有超标现象，属轻微污染。

（3）声环境质量有所提高。城区各功能区噪声均无超标现象，道路交通干线噪声平均等效声级符合要求。

（4）土壤环境有所改善。全市加大对土壤环境保护力度，从矿区土壤修复、基本农田、耕地、绿色农业基地及饮用水源土壤保护、重金属土壤治理着手，积极组织落实优先修复污染土壤项目6个。

（5）生态保护统筹推进。生态空间管制不断强化，初步划分了《临湘市环境功能区划》和《生态保护红线》，构建支撑可持续发展的生态安全屏障体系，全面实施分区管控和负面清单制度。全市森林覆盖率稳定在50.19%以上，城镇建成区绿化覆盖率16%；建立省（市、县）级生态乡镇（村）12 个，绿色学校 15 个。

2. 污染物总量减排效果明显

临湘市坚持综合整治，紧紧围绕重点区域、重点项目、重点环节落实任务减排。"十二五"期间，完成节能减排项目 26 个，削减化学需氧量 964.01 吨、氨氮 696.65 吨、二氧化硫 770.41 吨、氮氧化物 697.32 吨。2015 年，全市单位 GDP 能耗 0.71 吨标煤/万元，下降 5.1%。

（1）水环境主要治理工程和污染物减排方面。加快推进产业结构调整，进一步实施结构减排，完成钟杨选厂等重金属企业废水治理工程；对桃林兴达再生纸厂等 7 家纸厂进行了技术改造，淘汰用造纸生产线 22 条 6.6 万吨；推动了规模化畜禽养殖污染防治，对湖南天种兴农养殖有限公司等养殖废水进行了综合治理；对白云湖、长安河雨污分流和排污系统进行了进一步修缮，新增污水管网 25.5 千米，污水处理率达 87.40%，新建羊楼司镇污水处理厂，建设规模为每天 0.25 万吨。

（2）大气主要污染物减排方面。通过严格准入、加快淘汰落后产能等手段，否决大气污染严重项目 20 余个，淘汰落后产能水泥 10 万吨（2 家水泥厂关闭）、一段式煤气发生炉 1 座；兆邦陶瓷等企业安装了双塔脱硫设施，海螺水泥安装了 1 套脱硝设施；造纸企业全部改烧生物燃料，城区内 10 吨以下锅炉全部淘汰或改烧清洁能源；各矿山开采企业增加了喷淋降尘设施和覆盖防尘措施；启动了机动车尾气污染防治工作，完成了 1 个机动车尾气检测站建设，淘汰黄标车 1251 余台。

3. 重点领域污染防治成效明显

近年来，共争取环保专项治理项目 12 个，专项资金 1.8 亿元。已完成重金属治理项目 6 个，对 2 家涉重企业实施了关闭、淘汰；投资约 1 亿元建成城镇垃圾无害化处理场 1 个；推进农村环境污染综合治理，新增农村安全饮水 28.8 万人，生活污水、垃圾处理设施建设齐步推进；整治集中式饮用水源 3 处，规模畜禽养殖场 2 家，农村环境综合整治项目 3 个；推进危险废弃物污染治理，建成危险废弃物焚烧炉 1 座；推进辐射与固体废弃物污染防治，6 枚废弃放射源被安全处置，废放射源收贮率达100%，15 家放射性同位素和射线装置使用单位核发了《辐射安全许可证》，持证率达 88%。

4. 重点区域污染防治不断加强

开展畜禽养殖、河道采砂、矿山开采、农业面源污染等全方位污染整治；深入推进重点区域、工业企业、道路及建筑工地等重点领域大气污染防治；完成 22 家企业清洁生产审核，完成 6 台燃煤锅炉清洁能源改造，查清整治各类污染源 342 个。工业园区实行"一企一管"排污重点监控，并采用集中供热方式，逐步淘汰其他燃煤锅炉。

5. 执法监管力度不断加强

采用专项行动、明察暗访、"零点行动"等多种形式开展执法检查，对违法企业、违规项目，按照"严格处理一批、搬迁关闭一批、限期整改一批、备案管理一批"的思路分类处理。共立案 67 起，罚款 151 万多元，关闭非法洗砂洗矿等违法生产企业 54 家。全市开通了"12369"和"12345"受理热线以及信箱，近三年来，信访 740 件，其中，人大政协 17 件，所有来访投诉、电话投诉案件办结率 100%，答复率 100%。

6. 环境保护体制机制不断创新

近几年来，不断改进和加强环境管理及环境执法的改革创新，重点构建生态环境保护责任体系建设，主要部门和乡镇向市政府签订《环境保护目标责任状》，形成党委政府统一领导下各级各部门和社会各方面齐抓共管的工作格局；在工业园区设立环保工作站；对龙源水库等饮用水源重点区域，实行定期排查和专项整治制度；进一步深化行政审批制度改革，强化公众参与，建设项目审批、验收均全部公示。数字环保建设取得重大进展，重点污染源在线监控体系基本建成，城区大气环境质量自动监测站已建成运行。

（二）污染治理面临的挑战

1. 环境质量与公众期望差距较大

临湘市虽然环境质量总体稳定，局部有所改善，但仍不容乐观。江河水系水质未全面达到优良水平，湖泊水质普遍存在富营养化现象，水污染形势依然严峻，部分城区黑臭水体依然存在，污水处理基础设施建设缺口仍然较大，城区大气环境中 $PM_{10}$ 有超标情况，局部地区土壤污染治理任务繁重，公众对生态环境的满意度仍偏低，环境质量改善速度与公众期望差距仍然较大。

2. 环境污染空间结构转移问题凸显

随着《湖南省主体功能区划》和《湖南省环境功能区划》的调整与实施，临湘市成为承接长株潭产业转移、促进"两型"发展的重要区域和支撑全省经济发展的新型工业化基地；随着"长江经济带"发展战略实施、岳阳打造"一极三宜"江湖名城和临湘的"精彩北大门、品质新临湘"战略发展定位，使区域产业发展方向及空间布局发生了根本性改变，发展格局的变化带来了资源消耗、环境污染空间结构变化，污染排放转移问题凸显。在全市环境压力总体舒缓的同时，承接产业转移地区的污染特征发生改变，部分环境压力也将进一步增大。

3. 重点领域污染防治任务仍然艰巨

临湘市是重要的化工、造纸、农药、陶瓷、矿产品开采与加工基地，但现代化程度不高，生产力水平相对低下，升级改造压力大，同时，随着省内化工产业、铅锌冶炼产业逐步向临湘市布局与转移，临湘市主要污染物减排将面临更大压力，经济发展与污染防治矛盾进一步加剧。老旧企业的提质改造、重金属污染防治、土壤污染治理任重道远，桃矿有色金属基地、原农药基地、部分老工矿区的场地及周边土壤、河道底泥、城市污水管网建设等历史遗留环境污染风险问题亟待解决，在重点区域和领域的治理方面，临湘市面临资金缺口大、技术力量缺、政策支持不够等诸多因素。

4. 农村环境污染问题突出

临湘市是传统的畜禽养殖和种植大县，畜禽污染严重。据统计，环境污染突出表现在农业源和生活源污染，这两个方面大约占60%的污染负荷，其中，农业源的污染尤为突出；农膜、秸秆等农业废弃物未得到有效处置，农药和化肥的不当使用，农村生活污水、生活垃圾尚未得到妥善处理。同时，农村环保基础设施建设滞后、环境监管能力不足等诸多原因，致使农村环境保护面临着饮水安全难以保障、生态环境破坏严重、土壤污染问题突出等问题。

5. 生态环境保护与建设工作亟须加强

随着经济和社会的发展，临湘市区域发展不平衡，城乡之间、山区丘陵与平原地带反差大，受资源环境约束压力持续增大，存在局部生态系统退化，生态环境问题呈现复杂趋势。重要、特有生物栖息地未能得到有效保护，生态景观破碎程度增加，自然湿地存在萎缩现象，洪水调蓄功能削弱，重要生态功能区、自然保护区等生态保护与修复力度不够，涵养水源、水土保持等生态调节服务功能下降，山洪、泥石流、旱涝等自然灾害时有发生。多元化生态环境保护投入机制尚未形成，生态建设投入不足。

6. 环保能力建设相对滞后

新《环境保护法》赋予环保部门更高的管理目标与要求，环保监管任务日益繁重，环境监管力量薄弱与执法任务繁重之间的矛盾日益突出。临湘市环境执法监督体系不尽完善，环境管理受体制、机制制约加剧，环保系统承受的管理要求与支撑能力、管理手段存在较大差距，现有体制下监管能力较难得到快速提升；基层环保监管力量薄弱，乡镇（街道）均未设立环保机构；环境信息化水平不高，环境空气预报预警能力尚不能满足公众需求。

# 第四节　临湘市实施绿色发展战略的经验

## 一　合理制定绿色发展总体规划及政策

"十三五"期间，临湘市坚持将生态文明和绿色发展的理念贯穿于发展的全过程、全领域，把资源和环境价值放在更加突出的位置，确保发展质量、效益和可持续性。重点在城乡发展、产业塑造、生态建设等方面形成绿色、低碳、集约、高效的发展模式。特别注重保护市域范围内的江、湖、湿地、山体资源，建设天蓝、水净、山青、地绿的秀丽临湘。具体来说，要做好以下几个方面的工作：

（一）合理规划生态空间布局

强化生态、资源、环境保护，以最小的资源环境代价实现可持续发展，突出主体功能定位和自然地域特色，把生态环境保护的任务落实到具体空间。一是生态功能分区。划定临湘市生态红线范围，生态保护红线总面积638.5平方千米，占全市国土面积的37.15%。生态红线范围划分为一类区和二类区两级管控区，生态保护红线一类区以生态保护为主导，严禁一切与保护主导生态功能无关的开发建设活动；生态保护红线二类区，严禁有损主导生态功能的开发建设活动，到2020年全面完成红线区内的生态修复。二是环境功能分区。将临湘市全域划分为自然生态红线区、生态功能保障区、农产品环境保障区、人居环境保障区、环境优化准入区和环境重点准入区六大区域。三是空间管制分区。通过对规划范围内的地貌、地形、地质灾害、基本农田等情况的综合分析，将用地划分为适宜建设用地、不宜建设用地、可建设用地和不可建设用地四类。

（二）确定绿色发展新模式

坚持绿色发展、循环发展、低碳发展，把生态文明建设融入经济社会发展全过程，着力推进生态建设、资源节约和环境保护，打造生态文明，形成绿色、低碳、集约、高效的发展模式。一是保护森林资源，推进森林公园建设。完善生态补偿机制，以保护生态环境和生态修复为主，做好生态保护敏感区的森林保护工作。到2020年，全市森林覆盖率达到56.79%。二是提高水源质量，保障生态安全。加强水源涵养区和湿地等区域的生态保护，对龙源水库、忠防水库、团湾水库等饮用水源地及其上游地区等重要水体与水源涵养地，全面实行生态环境综合治理。三是促进生态良性循环，建设宜居优美临湘。以环境承载为基础，以可持续发展为目标，有度有序利用自然，对经济和建设活动进行选择，安排进入与退出，进行资源的合理利用与开发，做到生态良性循环，推进临湘可持续发展。

（三）强化污染控制与环境治理

坚持预防为主、综合治理的方针，强化从源头防治污染，严格控制企业排放，着力削减污染物排放总量，确保环境功能全面达标。一是加强工业污染防治。优化产业结构调整，分期分批关停不符合产业政策的重污染工业企业。大力引进和发展低碳技术，引导开发低碳新产品，推动循环经济和清洁生产。强化源头控制，淘汰环境污染和生态破坏严重、原材料和能源消耗高的落后生产能力、工艺和产品。二是加强农村面源污染治理。加强农业环境污染控制，积极开展畜禽养殖场粪污的治理工作，科学指导农户合理使用化肥、农药、农膜，净化农产品产地和农村居民生活环境，加强农村垃圾无害化处理，提高农业环境保护水平。三是建设花园城镇。加大环境基础设施建设力度，完善城市排污管网系统、城市污水处理厂、垃圾处理场及有关市政工程建设，提高污水、垃圾处理设施利用效能，加强饮食服务业污染治理，推行机动车环保标志管理，提高城市环境质量。四是改善农村生态环境。抓好美丽乡村建设，推进乡村规划管理，科学编制村庄规划，深入开展村庄环境整治，解决村庄环境"脏、乱、差"问题，统筹农村饮水安全、改水改厕、垃圾处理。

加强环境保护能力建设。加强环境综合管理，形成政府、企业、公众共治的环境治理体系，推进精细化、法制化、信息化管理，提高环境保护能力。一是构建环境安全保障体系。严格执行规划和建设项目的环境影响评价制度，完善环境信息化能力建设，建立健全环境风险管控体系，建设工业园区、市级等多级环境应急处理中心，搭建环境应急预警系统。二是提高应急监测、监管、处理的实战能力。加强环境风险应急监测、监管队伍建设，更新适应新的监测要求的环境监测设备，整体提升环境监测能力。三是提高环境基本公共服务水平。积极倡导、主动参与区域性的生态环境合作或协作机制，推进信息共享、决策共商、环境共治、生态共保，形成有序的环境空间管控格局，实现环境质量和生态安全全面协调可持续发展。

### 二　加大农业污染治理力度

进一步加强农作物测土施肥技术和新型病虫害防控技术推广。建议扩大区域内测土配方施肥技术应用面积和病虫害生物防治面积，未来五年，力争使测土配方施肥技术应用面积达到 130 万亩，肥料利用率提高 5 个百分点以上，农作物病虫害防治面积超过 100 万亩。

大力发展节水、净水农业。未来五年，农田灌溉水有效利用系数达到 0.55；规模畜禽养殖场配套建设废弃物处理设施比例达 75% 以上，秸秆综合利用率达 85% 以上，农膜回收率达 80% 以上。着力推进农业环境监测与保护工作。土壤重金属污染试验修复综合治理。利用"VIP"试验成果，开展污染稻田"VIP"及"VIP + N"控镉技术体系的县域全面推广。进一步加大资金投入，确保生态农业和绿色防控工作的顺利开展。

### 三　加快推进工业绿色转型

加强基础设施建设和共享、节能减排、环境管理，通过产业结构优化，加快推进产业园区转型提质发展，实现工业园区资源能源利用的最大化和污染物排放的最小化，建设绿色生态工业园。

一是加强"一园五区"环境监管与配套服务。建立包括园区企业环境信息登记申报系统、污染物排放监管系统、环境质量监测系统在内的园区环境全过程监管系统，逐步实现对工业园区环境污染排放的实时监管。

二是推进生态园区建设。推进绿色工业园建设，扩大企业绿化面积，力争到 2020 年园区绿化覆盖率达到 35%，逐步成为"生态工业园"，实现"一园五区"经济效益与生态环保的协调健康发展。

### 四 夯实林业发展保障机制

#### （一）加强宣传教育

要利用党校培训中心组学习、远程教育等手段，加大对干部队伍的生态教育力度，利用电视、手机报、报刊、宣传栏等手段，加大对市民的生态教育力度，利用生态教育进课堂，从小学生抓起，加强对学生的生态教育。通过生态教育，切实增强社会各界的生态理念，增强参与和支持生态建设的自觉性。

#### （二）完善各级年度考核方案

在湖南省对岳阳市、岳阳市对各县（市、区）的年度考核中，涉及生态考核的指标至少要达到 5 项以上，记分至少 100 分以上或占 10%以上。

#### （三）深化林业系统体制改革

国家取消育林基金等项目后，尽快出台后续政策，将因取消育林基金减收部分纳入中央和省财政转移支付，确保林业机构正常运行，对人员进行培训转岗就业，重新投入到森林培育、生态保护等生态林业建设中来。

#### （四）加大对林业生态建设项目的资金投入

资金投入是实现林业生态建设项目的物质基础和前提条件，由于林业生态建设项目带有很强的社会公益性，虽然临湘市自然资源极其丰富，但是，各项生态林业建设缺少资金投入，所以，林业生态建设项目的开展自然离不开国家对林业发展的资金和政策支持。国家要制定出对林业生态建设项目的投资机制，提高生态公益林补偿标准，按工程项目标准规划分造林类型，分别设计营造林项目，增加生态保护经费，促进生态林业可持续发展。同时，监督各项经费都落实到位，对林业生态建设项目专项资金，做出细致的支出计划，确保资金应用到实处。

#### （五）增加生态保护补偿机制

生态补偿是一种生态环境保护性措施，目前只有国家级的保护区有补偿，省级保护区和地方生态保护区均没有纳入补偿范围，因此需要将省级生态保护区纳入补偿范围，实行同等对待，确保国民待遇公平化，并常态化补偿。启动退耕还湿、退田还湖等补助项目，以此解决人畜矛盾，进而保护生物多样性不受破坏。同时，加大保护投入，增加保护监测设施设备、巡护交通工具和人员培训、工作经费。

（六）健全生态保护的法律法规和政策依据

制定和出台国家生态保护相关的法律法规，理顺由林业部门统一归口管理的体制，使地方在湿地保护、古树名木保护以及其他生态保护中，做到有法可依，进而做到执法必严、违法必究，为保护林业生态保驾护航。

（七）加强政府引领，打造优势品牌

针对临湘市楠竹、油茶、生态旅游等资源优势明显，发展空间巨大的产业，国家需要从上至下在产业发展导向、招商引资、品牌建设、重点园区建设、投资融资平台、网络信息平台等产业政策方面引领，要建立健全中小企业投资融资系列支持鼓励政策，出台优惠政策，做好各项服务，简化融资贷款手续，建设具有临湘特色的重点生态林业产品链，将临湘市生态林业做大做强。

（八）加强人力资源队伍建设

随着生态林业的不断深入发展，人才在林业发展中具有决定性意义，人力资源是第一资源，人才优势是最大优势，人才队伍成为林业发展的重要推动力量。鉴于临湘市林区老龄化严重，管理、技术人才匮乏的实际，建议临湘市全面启动"人才兴林、科教强林"计划。一是引进人才。林业系统与高等院校、科研院所携手合作，加快引进和开发智力资源，实施"走出去、请进来"策略。即拿出高薪到高校招聘高素质人才，用优厚条件吸引顶级精英加盟。二是培养人才。对于现有人员要强化培训、提高素质，聘请高等院校和科研院所专家、教授来林业系统进行培训讲座、开办技能培训班和交流跟班学习。培养一批专业人才，使临湘市生态林业发展更具后劲。

**五 强化水资源保护**

（一）深入开展生态环境知识和相关法律法规的宣传教育

可以利用每年"3·22世界水日""4·22地球日""6·5世界环境日""节水宣传周"和"法制宣传月"等，开展全方位、多层次的宣传方式，努力将保护水环境、实现可持续发展理念渗透到生产、生活各个层面，形成"人人爱生态环境、个个自觉保护水资源"的良好氛围。在水源地重点地区，采取进村入户宣传方式，并在饮用水源流域内各行政村开辟宣传专栏，建立水源地保护区界牌及保护标志，设立水源地保护的永久性公益宣传广告及相关法律警句、警示标志牌等。同时，要在保护区内的道路两旁设立警示标志牌，提示人们进入保护区后，就必须做好生态环境保护工作，形成浓厚的水源地保护氛围。积极推进水源地保护诚信体系建设。对涉及水源地保护的发展规划、建设项目和重大决策等，要通过听证会、论证会，广泛听取社会各方面的意见，引导并动员各方面力量，为加强饮用水源保护献计出力，形成水源地保护的公众参与机制。通过有奖举报、水源地环保监督员等形式，鼓励检举、揭发各种污染、破坏水源地环境的违法行为，强制公开环保违法企业单位的信息，接受社会监督，并将其纳入企业诚信评定的内容，以促进企业环保诚信体系建设。

（二）突出生态，优化源头环境

发展生态公益林，提高森林植被覆盖率，进一步优化饮水源地的自然生态环境，提高源头的水质，是实现科学保护的重要前提。一要突出重点，强力推进退耕还林工程。对临湘市现已划定的饮水水源地保护区内的林地，进行全面的规划，分类指导、分期实施退耕还林工程，建成生态公益林。二要持之以恒地植树造林，提高饮水水源地森林植被覆盖率。优化生态环境，提高森林对水源的涵养能力，提高源头的水质。三要推进矿山生态环境恢复建设。坚持"谁开发、谁恢复，谁受益、谁治理"的原则，调整提高矿山环境治理和生态恢复保证金的收取标准，以保证矿山生态环境恢复建设有序有效推进。杜绝因矿山开发造成新的水土流失。

（三）突出整治，改善农村环境

一是加大投入，切实加强生活污染源的整治力度。建议市政府组建联合工作组，预算一定的经费，财政、水利、环保、林业、国土、农业、畜牧等相关单位参加，对污染源进行综合治理，彻底关停库区生猪养殖户。

二是突出重点，在不断完善环卫基础设施上下功夫。根据镇村发展需要，千方百计、多渠道筹集资金，配备好必需的垃圾箱、垃圾收集池、转运站、清扫车、清运车等环卫设施建设，确保生活垃圾日产日清。重点改造一批农村简易垃圾池，提升垃圾池标准化建设。同时，对于建筑垃圾处理，应出台相应的方案。

三是加强农村保洁员队伍建设。招聘新的年轻人参与农村环卫保洁工作，进一步改善农村保洁员队伍的人员结构，要提高工资标准，加大市、镇财政的补助力度，稳定农村保洁队伍，保证垃圾有人清扫，有人清运。

四是加强巡查，确保水源地保护区内畜禽养殖污染不反弹。把巡查工作落实到村、落实到人，一经发现违反规定的畜禽养殖行为，必须毫不留情地、不折不扣地责令其自行拆除，自行整治，直至依法强制拆除，绝不留死角，对畜禽养殖污染实行"零容忍"。

### 六　兼顾城乡环境保护

#### （一）加快建立健全生态补偿机制

中央对生态文明建设领域改革进行了顶层设计和部署，体现了建设美丽中国的坚定决心和信心。在围绕"绿色发展"、主动探索"绿水青山"与"金山银山"融合协调、实行最严格的环保制度、树立红线意识、确保生态保护红线"划得出、落得地"的同时，国家应加快建立健全生态补偿机制，对生态保护区域开展生态补偿，坚持"受益者付费"原则，以确保生态保护红线"守得住"。因此，就临湘市而言，属资源性地区，矿产、森林、旅游区域、重点湖泊水域划定红线区域多，经济发展受一定限制影响，更迫切需要国家政策的大力支持和生态补偿，加快生态修复步伐；同时，国家应出台有利于红线保护区的相应政策，鼓励引导被保护区的经济发展。

#### （二）加大城市基础设施建设投资力度

临湘市属历史老城和湖南边贸城市，基础设施建设很薄弱，老城改造任务重，雨污分流系统极不完善，城区黑臭水体相对较多，城市生活污水对周边水体污染严重，环保欠账较多。因此，省、国家在大力推进旧城改造时，应对历史老城和边贸城市给予政策上的支持和资金上的扶持，加大投入，加快旧城改造和基础设施建设，确保区域环境质量不断改善；同时，我国在城镇化迅速发展时期，国家和相关单位要加快对海绵城市建设、城市矿产资源开发与利用的课题研究，出台相应的政策和技术支撑，加大资金投入，创建海绵城市排污防洪效应，建立城市矿产示范基地，以废弃的资源替代部分原生资源，做到节约资源，减轻环境污染。

#### （三）加快老工业基地等历史遗留问题的治理步伐和生态恢复建设

桃矿有色金属基地和儒溪农药基地等重金属污染、土壤污染、河道底泥污染历史遗留问题还未得到根治，在"长江经济带"大发展必须大保护的前提下，国家应加大政策支持和资金投入，加快历史遗留问题的治理步伐，加快老旧企业的淘汰或升级改造，为融入"长江经济带"发展奠定基础。同时，临湘市过去资源性开发发展较突出，矿山植被破坏，重点湖泊水体污染较严重，生态环境相对脆弱，必须加大投入，开展生态修复整治，加快生态恢复建设。

（四）尽快建立健全基层环保监管机制，强化基层环保能力建设

目前，临湘市环境监管能力和力量薄弱，执法任务繁重，大部分乡镇（街道）未设环保机构，因此，政府要加大改革力度，理顺监管机制，加大投入，夯实基层环保能力建设，建立有效的环境监管机构，做到农村的环境监管执法下沉，不留监管死角和执法盲区。

（五）加快推进农村环境综合整治，建立健全综合整治长效机制

农村环境综合整治要建立目标责任制，制订实施农业面源污染综合防治方案，划定禁养区、限养区并依法关闭或搬迁禁养区内的畜禽养殖场，规范水体养殖，提高农作物秸秆综合利用率，合理使用化肥和农药，逐步推进污水处理设施的统一规划、统一建设、统一管理；建立农村生活污水、生活垃圾污染治理设施长效运行机制，保障设施长期、稳定运行，建设农村安全饮水工程，保障饮用水安全。实现"清洁水源、清洁家园、清洁田园、清洁能源"的农村环境保护目标。

# 结束语　湘江流域绿色发展的启示

　　绿色发展，对全球各国而言，都是一种新的发展理念或发展道路，各国都没有现成的经验。即便有些国家或地区较早开始探索绿色发展道路，但其相关政策和措施也仍需实践的检验。特别是不同国家由于国情不同，不可能采取完全相同的政策和措施；任何国家的绿色发展都不能照搬而只能借鉴他国的经验，同时应积极探索本国的绿色发展道路。同样，一个国家内部各地区之间也千差万别，不可能照搬一个绿色发展模式。决策者必须从先行先试地区的实践中认真总结带有普遍意义的经验和教训，继而将相关经验推广到其他地区，并尽量避免相关教训在其他地区再次发生。

　　通过本次湘江流域绿色发展状况的调研，课题组对湘江流域绿色发展取得的成就、经验和教训以及进一步绿色发展面临的挑战和困难有了一定的认识，这些内容在本书前面各章节中已经作了充分阐述。本次调研的地点虽然是湘江流域，但我们希望能提炼一些对全国绿色发展有价值的做法或启示。当然，其中既要有成功的经验，也要有值得注意的问题。经过认真总结和思考，课题组认为，湘江流域的绿色发展有如下五个方面的启示，现将其归纳如下，并作为本书的结束语。

## 一　主动以制度创新引领绿色发展

　　相对于以往的发展道路，绿色发展的最大变革就是将生态环境及其与人类社会的关系纳入了决策范畴。之所以要提出绿色发展理念，就是因为以往的发展道路"不绿色"，而造成以往发展道路"不绿色"的一个重要原因就在于各类经济主体的决策中，生态环境没有或者没有充分得到考虑。有很多经济学理论对这一现象进行了解释，如"外部性"理论、

"公共产品"理论、"信息不对称"理论等。这些理论的实质可理解如下：由于市场不能自动将生态环境纳入其运行体系，如果政府也无所作为，那么经济发展活动对生态环境破坏将在所难免。政府可以通过法律、经济和行政等多种手段，使生态环境的破坏者付出必要的成本，同时使生态环境保护行为获得相应的报酬，从而将生态环境纳入各类经济主体的决策范畴，继而将经济发展导入绿色轨道。通过对湘江流域绿色发展的调研，本课题组也发现，政府对绿色发展具有巨大的推动作用。具体来说，政府在湘江流域的绿色发展中起到的重要作用可总结为如下三个方面。

**（一）党委和政府的顶层设计与科学规划为绿色发展提供第一推动力**

对于正处在社会主义初级阶段的中国来说，经济发展仍然离不开政府对各种经济资源的组织和配置，经济发展方式的转变更离不开政府的主导。同样，政府就绿色发展做出的科学规划往往也是一个地区，特别是经济欠发达地区绿色发展的第一推动力，或者说最重要的原动力。而这一动力的直接体现就是政府科学制定的绿色发展规划和布局，湖南省湘江流域的绿色发展就充分发挥了这一推动力。

1. 高起点编制总体规划

长株潭城市群绿色发展的正式启动就得力于 2007 年湖南省委、省政府提出"长株潭城市群'两型'社会建设综合配套改革试验区"设想，继而制定了《长株潭"两型"社会建设综合配套改革试验总体方案》和《长株潭城市群区域规划（2008—2020 年)》，并上报国务院获得批准。随后，湖南省人民政府精心组织设计了相关的总体方案和分阶段规划。总体方案确立了在全国率先建成"两型"社会示范区的目标，明确了2008—2020 年分"三个阶段"推进的步骤，提出了实行"十大体制机制创新"和探索"六条新路子"的任务，为长株潭"两型"社会建设提供了行动纲领。区域规划紧扣"两型"社会建设主题，在试验区的核心区，划定46%的禁止开发面积；秉持区域一体化发展理念，深入推进"通信同号、金融同城、交通同网、能源同体、环境同治"，对长株潭城市群绿色发展中的区域功能、产业、交通等一系列环节进行了合理布局，着力打造多中心、组团式、内在联系紧密的绿色城市群，为长株潭城市群成功跻身全国十大城市群奠定了良好基础。

江永县和临湘市的绿色发展也是如此。在江永县缺乏传统发展模式比较优势且资源环境约束日益趋紧的情况下，正是江永县委、县政府的积极探索和引导，才使江永县逐步从传统发展模式向绿色发展模式转型。在市场力量薄弱的临湘市，绿色发展的各环节也无不由政府主导推进。特别是其中一些制约绿色发展的重大问题，都是通过政府的积极努力，才得以妥善解决。

2. 精心制定专项规划

围绕总体规划目标，湖南省委、省政府制定专项规划和片区规划，形成了以总体规划为龙头，由 10 个专项改革方案、18 个专项规划、18 个示范片区规划和 87 个市域规划组成的规划体系，有效地管控了生态空间，强化了生态环境保护，其中，《长株潭绿心总体规划》将长株潭三市接合部区域划定为生态绿心，不仅明确了责任主体，还划定了管控红线，禁止和限制开发区面积高达 89%，为生态文明建设改革，铺下了一块厚重的"基石"。

3. 从全局出发，围绕地区战略定位制定和实施绿色发展规划

一方面，绿色发展规划应与上级政府的相关发展战略协同。湘江流域地方政府在制定本地绿色规划过程中都把国家的"长江经济带"发展战略作为一个积极因素考虑在内，增强了当地的绿色发展规划与国家重大区域发展战略的协同效应。例如，湖南省政府制定的环长株潭城市群绿色发展规划中，就明确提出，要将环长株潭城市群建设成为长江经济带重要支撑。

另一方面，地方绿色发展规划应与本地其他战略规划协同。例如，随着《湖南省主体功能区划》以及《湖南省环境功能区划》的调整和实施，临湘市成为承接长株潭产业转移、促进"两型"发展的重要区域和支持全省经济发展的新型工业化基地。因此，临湘市在制定其绿色发展规划时，就没有脱离这一战略定位，而是围绕这一战略定位精心设计。

（二）积极探索和构建绿色发展的长效激励机制

如果说绿色发展的第一推动力来自政府的绿色发展规划，那么由政府建立和完善的激励机制体系就是长期内维系绿色发展运行的内在动力。湘江流域所探索和建立的绿色发展长效机制大体可分为如下三类：

1. 积极探索经济激励机制，为绿色发展注入经济原动力

为推动绿色发展，湖南省在全国率先启动了一系列相关的经济手段，如全省按分档电量电价实行居民阶梯电价，长株潭三市居民生活用天然

气试行阶梯气价、长沙市的阶梯水价试点、出台主要污染物排污权有偿使用和交易管理办法；对长株潭高新区创新型企业推行股权和分红激励机制、对有助于绿色发展的人才实施优惠奖励机制；制定《湖南省"两型社会"建设专项资金管理办法》和《湖南省"两型社会"建设专项资金项目管理暂行办法》；出台《湖南省政府采购支持"两型"产品办法》和《湖南省"两型"产品政府采购认定管理办法》。

2. 建立行政激励机制，用看得见的手牵引绿色发展

为了落实省委、省政府关于长株潭城市群"两型"社会建设的重大决策，湖南省委、省政府专门成立了长株潭"两型"社会试验区工委、管委会，使之成为推进长株潭试验区绿色发展的重要行政制度保障。与此同时，一系列旨在推动绿色发展的行政措施也相继得以实施，如实施落后产能淘汰和产能改造，广泛开展城市群循环经济试点，编制"两型"社会建设评价指标体系，将"两型"社会建设纳入省、市绩效考评体系，制定了一系列"两型"社会（企业、园区、产业、社会机构、城镇）建设标准，主要部门和下级政府签订《环境保护目标责任状》，全面探索河道的属地管理和"谁使用、谁负责"制度（江永县）等。

3. 全面落实依法治国思想，以法律约束机制为绿色发展保驾护航

如颁布《湖南省人民代表大会常务委员会关于保障和促进长株潭城市群资源节约型和环境友好型社会建设综合配套改革试验区工作的决定》等地方法律，出台《长株潭生态绿心保护条例》《湘江保护条例》等专项立法。

此外，政府还采取了与上述三大类机制配套的一系列措施，包括宣传、教育、监管等。例如，长株潭"两型"社会试验区工委、管委会在宣传方面，依托《湖南日报》，绿网，省、市电视台等媒体资源，加大典型案例的宣传，在黄金时段播出精心制作"两型"公益广告；在教育方面率先编制实施《湖南省中小学"两型"教育指导纲要》，对于培养下一代的绿色发展理念具有重大意义；在监管方面，利用现代信息技术，推进节能减排在线监管、公共机构监控系统建设等。

**（三）顺民心、重民生，启动绿色治理"攻坚战"**

在大力实施绿色发展过程中，湖南省委、省政府始终坚持以人为本，心系民心、民生，围绕解决影响人民群众健康的突出环境问题，实施湘江重金属污染治理、农村环境综合治理等 10 大环保工程，努力为人民群

众创造宜居的环境。

1. 围绕水更清，打好水污染治理战

针对人民群众十分关心、社会极其关注的湘江流域污染问题，大力实施湘江保护与治理省政府"一号重点工程"，"湘江流域综合治理机制改革"入选国家发改委向全国推广的八大改革试点经验，创造了大江大河治理新模式。

（1）强化重点流域综合整治。专门制订了《〈湖南省湘江保护条例〉实施方案》，成立由省长挂帅的湘江保护协调委员会、湘江重金属污染治理委员会，将湘江污染防治工作逐年逐级分解下达到湘江流域各县市区政府和省直相关部门，湘江流域8个地市市长向省长递交责任状，推行流域治理市县政府一把手负责的"河长制"，实行"黄牌警告"和"一票否决"制度。开展湘江两岸工业污染场地、遗留废渣、企业环保设施改造、城镇污水截流和规模畜禽养殖退出等重点污染治理，累计实施重点治理项目1422个，淘汰关闭涉重金属污染企业1018家。郴州三十六湾、衡阳水口山、株洲清水塘、湘潭竹埠港、娄底锡矿山五大重点区域实行"一区一策"，综合整治取得重大进展。湘江流域规模养殖退出顺利推进，湘江干流500米以内年出栏300头以上规模养殖和4558口养殖网箱全部退出，17个县市区明确规模养殖"三区"划定方案，衡东、衡山和祁东三县率先全面退出。

（2）加强湖泊和重点水源保护。继续推进洞庭湖综合治理和保护。加强对重要水源涵养区、饮用水源区和水土流失重点预防保护区的保护，东江湖、水府庙、西毛里湖、大通湖、铁山水库等纳入国家重点湖库保护。通过治理，长株潭水环境功能区水质达标率100%，湘江流域重金属平均浓度逐年下降，湘江干流水质连续达到或优于Ⅲ类标准。全省主要江河Ⅲ类以上水质达到96.9%。

2. 围绕天更蓝，打好大气污染防治战

为了让老百姓呼吸到新鲜空气，湖南省大力实施大气污染防治工程，加强长株潭绿心保护与全省林地建设，科学治霾，空气质量明显改善。

（1）构建联防联控机制。出台大气污染防治实施细则，加强大气环境监测网络和预警能力建设，制定长株潭城市群大气污染特护期联动响应工作机制。实施重污染天气应急管理、重污染天气预警预报，PM2.5实时监测和数据覆盖全省14个市州。

（2）强化排放源头治理。深入推进火电、钢铁、水泥等重点行业企业脱硫脱硝设施建设。开展城市建筑和道路扬尘治理及燃煤锅炉、餐饮油烟整治。推进机动车排气污染防治工作，仅 2014 年就淘汰黄标车及老旧车 17.1 万台；开辟交通绿道，推行公交出行，大幅提升新能源汽车及自行车在居民出行中的比例。

（3）大力加强护绿增绿。在长株潭三市接合部创新性地设立绿心地区，保护城市群生态基底，提升其生态服务功能；围绕湘江两岸的绿化和美化，建成长约 130 千米的湘江风光带；持续不断地加强全省林业建设，森林覆盖率提高到 59.7%，比全国平均水平高出 30 多个百分点。

通过多措并举，长株潭三市及全省空气质量良好以上天数比例大幅提升。2015 年，全省无严重污染天气，14 个城市空气质量平均达标天数为 284.3 天，占 77.9%，与 2014 年相比，长株潭及岳阳市、常德市、张家界市等 6 个环保重点城市空气质量平均达标天数比例增加 8.1%。

3. 围绕地更净，打好土壤污染整治战

加快推进土壤重金属污染治理修复，出台《湖南省耕地重金属污染调查与综合防治总体方案》，编制实施全省重金属污染耕地防治行动计划，耕地治理、矿山修复，土壤环境逐步改善。

（1）推进污染耕地治理。完成洞庭湖区、衡阳盆地、湘江流域南部等地区调查采样，继 2014 年在长株潭重点区域开展 170 万亩重金属污染耕地的治理和种植结构调整试点的基础上，2015 年将试点区域周边 43.15 万亩插花丘块和湘江流域 60.86 万亩耕地纳入试点范围。

（2）加大矿山修复力度。加强矿山地质环境恢复治理，大力推进郴州苏仙区金属矿区与湘潭锰矿区矿山地质环境示范工程。衡阳市、湘潭市、郴州市等城市以地方政府投融资公司为平台，2013 年以来，在全国率先发行 67 亿元重金属污染治理专项债券，带动近 200 亿元投资。

# 二　坚持以科技创新支撑绿色发展

无论是产业的绿色转型升级还是资源、环境问题的最终解决都离不开科学技术的支撑。长株潭试验区获批以来，湖南省一方面加强科技攻关，开发出一大批具有国际先进水平的原创性科技成果；另一方面完善清洁低碳技术推广机制，在全国首创政府"两型"采购，部署推广十大清洁低碳技术，集中组织实施 800 多个重点项目，取得了 900 多项清洁低碳技术成果。双管齐下，有力地推进了生产与生活方式的绿色转型。

**（一）开发推广"两型"先进技术，推动产业绿色转型**

依靠科技进步，推动产业绿色转型是"两型"社会建设的重要任务。湖南省在推进"两型"社会建设中，自觉加强产业科技创新和成果推广应用，产业绿色化程度不断提高。

1. 加强自主创新，培育壮大新兴产业

全面加强创新平台、基地、人才、项目建设，加大对国家级企业技术中心、工程技术中心、重点实验室、产业技术联盟的支持力度，致力于提升原始创新、集成创新和引进消化吸收再创新能力。近年来，世界上运行速度最快的天河二号超级计算机、跑得最快的高速动车和亩产最高的超级杂交稻育种等重大科技创新成果都出自长株潭。科技创新让企业和产业发展插上了"腾飞的翅膀"，长沙工程机械、株洲轨道交通、湘潭矿山装备等产业集群依托核心关键技术，成为国内乃至全球同行业的佼佼者。新能源汽车、节能环保、光伏装备、风电装备等战略性新兴产业集群规模不断壮大，其中，环保产业产值达 1600 亿元，位列湖南省战略新兴产业前三位。高新技术产业产值年均增长率连续多年位居全国前列。

2. 推广节能减排技术，改造提升传统产业

重点推广高低混合流速循环流化床锅炉、火电机组热电联供等技术，工业企业能源利用率大幅提高。通过推广减排技术和设备，企业清洁生产水平明显提升。"十二五"期间，全省单位工业增加值能耗、用电量分别下降 15.4% 和 21.9%，单位工业增加值用水量下降 12.6%。

**（二）开发推广循环利用技术，提升资源利用效率**

1. 开发推广循环利用技术

充分利用再生资源，使"物尽其用"，既可替代部分原生矿产资源，减少大量矿产资源进口，又能形成"资源—产品—废弃物—再生资源"的循环经济发展模式。

2. 推广垃圾资源化处理技术

长沙市通过采用餐厨垃圾生物处理技术，目前日均收集处理餐厨废弃物 330 吨，从中提炼生物柴油，大中型餐馆餐厨废弃物有效收集率超过

90%。株洲市采用先进的机械炉排炉焚烧技术工艺，日处理生活垃圾1500吨，年可节约标准煤30多万吨。

　　3. 推广工业废弃物循环利用技术

　　通过产学研结合，研发推广生物制剂处理重金属废水技术，仅株洲冶炼厂每年就可回收25吨重金属。固体废弃物梯级利用产业链关键技术的研发推广，使株洲清水塘几十年积累的巨量废渣有望在五年内全部利用。再制造技术的研发推广使湖南省再制造产业不断发展壮大，长沙市获批国家再制造产业示范基地。

　　**（三）开发推广综合治污技术，美化城乡环境**

　　针对影响人居环境的大气、水、土壤污染等问题，湖南省加大科技治污力度，积极开发推广与现代化进程相适应的环境科技，使生态修复和污染治理的进程更快、效果更好。

　　*1. 推广大气污染治理技术*

　　针对火电、钢铁、水泥等重点排放行业，启动大气治理重点项目，全面推广普及先进脱硫除尘技术。针对公共交通大气污染问题，推广绿色公共交通技术，长沙地铁2号线成为全国首个绿色地铁样板，长株潭城区出租车已全部置换为天然气或油气双燃料车。

　　*2. 推广畜禽养殖污染治理技术*

　　重点推广大中型沼气利用工程、沼液沼渣利用处置、有机肥生产等技术，实施400个规模养殖场粪污治理，建设100个农牧一体化养殖场，新建大型沼气工程55个，年产沼气9.2亿立方米，可节约标准煤66万吨，节约薪柴330多万吨，相当于封山育林800多万亩。

　　*3. 推广重金属和土壤污染治理技术*

　　重点推广有色金属冶炼废水分质回用集成、电化学深度处理、重金属废渣资源化再利用等技术，工矿区废水治理得到强化，土壤修复全面推开，环境质量得到明显改善。


# 三　突破县域发展"瓶颈"，夯实绿色发展


　　这次调研，本课题组重点调查了湘江流域两个县级地区的绿色发展。县域是我国的基本行政单元和经济单元，是城市与农村的结合点，是人

类社会与自然环境的密集交会处。县域绿色发展是整个国民经济绿色发展的重要组成部分和战略基石，是绿色发展的主战场。只有县域绿色发展取得突破，国家绿色发展的目标才能真正实现。

县域一方面承载着辖区内社会民生改善的重任，另一方面又肩负着生态文明建设的神圣使命，只有通过绿色发展，才能平衡好这两大发展目标。随着经济新常态的到来，我国经济社会发展的内外部支撑条件都发生了重大变化，这为县域绿色发展带来了机遇。然而，我国大部分地区特别是中西部一些地区县域的绿色发展还面临着资金不足、技术落后、产业升级乏力、政策支撑体系不完善等各方面的现实困难和挑战。如何克服这些困难和挑战，是亟待深入思考的问题。

**（一）中西部地区县域绿色发展面临诸多困境**

1. 经济增长模式单一、粗放，对生态环境冲击大

中国大多数县域特别是中西部地区的县域普遍处在工业化和城镇化的中期阶段，加速工业化和城镇化仍然是其经济增长的首选道路，且以发展工业园区和房地产为主要手段。这样的经济增长方式极易突破土地、生态环保等规划，并造成环境污染。因而快速工业化和城镇化与中西部地区县域生态环境保护的矛盾比较突出。

2. 产业转型升级难度大，绿色发展先天不足

中西部地区的县域支柱产业基本上都是传统农业或工业产业，总体呈现出产业链不长、精深加工度不高、产业科技含量低、附加值低、产品相似度高、名牌产品少、市场竞争力不强且生态环境影响大的特征。高新技术产业、第三产业中的金融、现代物流、科技服务等现代服务业在县域生产总值中的比重低，缺少龙头企业，这些产业成长为县域支柱产业还需要较长时间。

3. 承接发达地区产业转移的同时往往也承接了污染转移

由于中西部地区县域经济规模相对较小、财力不足、金融环境不成熟、建设资金紧张、技术储备不足且创新能力不强、人才流失严重，自发的工业化能力普遍有限，因而这些地区通常都愿意承接发达地区转移来的工业企业。然而，这些转移来的工业企业往往都具有资源密集型和污染密集型特征，这些企业的落户很有可能进一步加剧中西部地区县域的生态环境压力。

4. 生态环境投入的财力保障不足

由于财力有限、融资渠道窄，中西部地区县域生态环境治理资金通常比较匮乏，导致一些污染治理项目难以上马、生态补偿项目难以实施。这些县域的农村地区尤其缺乏相应的生态环境保护资金，农村地区的生态环境问题往往比城镇地区严重。在这些地区，公众总体上对生态环境的满意度仍偏低，环境质量改善速度与公众期望差距仍然较大。

5. 绿色发展体制机制亟待加强

（1）由于思想观念转变不及时，加上考核监督机制不健全，中西部地区县域领导干部大多仍以经济增长为核心政绩观，忽视生态环保。

（2）促进绿色发展的经济手段缺乏力度和多样性，环境成本内部化程度偏低，生态补偿机制不健全，政府资金投入有限且对社会资金的引导作用有待加强，绿色发展项目的金融扶持力度不足。

（3）基层环保监管力量薄弱，生态环境监测体系、信息化水平不高，相关法律法规的执行力不足，绿色发展政策难以贯彻落实或落实不到位现象严重。

**（二）湘江流域的县域绿色发展思路值得其他中西部地区借鉴**

通过本次调研，课题组认为，湖南省湘江流域的县域绿色发展思路对其他中西部地区县域的绿色发展有重要启示意义。这一基本思路就是根据党的十八大以来中央提出的将生态文明建设融入经济建设的要求，确立"生态立县，绿色崛起"发展战略。湘江流域的具体做法可归结为：在尊重自然规律的前提下，通过"调结构、转方式"探索绿色发展新路径，为绿色发展提供外部新动力；通过绿色技术创新，为绿色发展提供新的技术支撑；通过体制机制改革，提升绿色发展的内在驱动力。

1. 牢固树立绿色发展理念，坚持规划引领，为绿色发展划定基线

（1）合理规划生态空间布局，做好生态功能分区、环境功能分区以及土地利用的空间管制分区，突出主体功能定位和自然地域特色，把生态环境保护的任务落实到具体空间。

（2）大力打造生态文明，包括保护森林资源、推进森林公园建设，提高水源质量，保障生态安全，以环境承载力为基础安排经济活动等。

（3）通过加强园区环境监管与配套服务，推进园区绿化，加大工业园区生态建设。

（4）城乡并进，强化生态环境治理。在加强工业污染防治、建设花

园城镇的同时，加强农村面源污染治理，改善农村生态环境。

（5）加强环境综合管理，形成政府、企业、公众共治的环境治理体系，推进精细化、法制化、信息化管理，提高环境保护能力。

2. 力促产业转型升级，实现经济发展由要素驱动为主转向创新驱动为主，为绿色发展提供新动力

（1）依托良好的生态环境优势，大力扶持发展具有地方特色的高效生态农业发展模式，优化农业产业结构，推进农业向精深加工和产业化方向发展。

（2）优化政策环境，积极构建特色产业体系，推进新型工业化。包括通过"技术引进—消化—吸收—再创造"模式，促进传统产业升级；加快培育特色产业集群，促进工业园区产业升级；有计划地吸引新兴产业龙头企业落户，逐步推进新兴产业发展。

（3）突出本地的特色资源优势，充分发挥后发优势，积极挖掘现代服务业发展潜力，促进产业结构的整体优化升级。

3. 将绿色发展融入区域协同发展战略

一方面，中西部地区县域绿色发展要全面融入周边中心城市的都市区战略规划，在重大基础设施建设等方面与其无缝对接，积极接受中心城市的经济辐射，承担与分解中心城市部分重要功能，力争成为其城市副中心，实现与中心城市的协同发展。

另一方面，要按生态经济规律，加快县域内城乡之间、城镇之间的统筹协调，实现城乡一体、城镇互补，以城带乡、以工补农、以强扶弱的新型城镇化发展。同时，稳步实施产城融合战略，实现新型工业化与新型城镇化的协同发展，但也要谨防产城融合战略的泛化和异化及其带来的生态环境破坏。

4. 大力发展绿色技术，为绿色发展提供技术支撑和物质基础

绿色技术是经济发展与生态环境保护能否协调的决定因素，发展和推广绿色技术是实现绿色发展的重要途径。绿色技术既包括能源综合利用技术、清洁生产技术、废弃物回收和再循环技术、资源重复利用和替代技术、污染治理技术、环境监测技术以及预防污染的工艺技术等硬技术，也包括绿色项目管理、技术经济分析、决策、规划、咨询等软技术。提升绿色技术水平，一方面，需要国家对绿色技术的自主研发加大资金投入，建立绿色技术创新机制，加强绿色技术人才队伍建设。另一方面，

也需要加强国际交流合作，积极引进、消化、吸收国外先进绿色技术，提高我国的绿色技术创新能力。

5. 加快完善绿色发展体制机制

（1）进一步完善绿色发展的绩效考核体制和执法监管体制，坚持城镇村三级发力，政府各部门齐心协力，确保绿色发展相关政策得以贯彻落实。

（2）加大中西部地区县域绿色发展项目财政支持力度。中央专项资金应该多向中西部地区县域的绿色发展项目倾斜，将绿色发展与扶贫政策相融合。

（3）加强和创新绿色金融政策，为绿色发展拓宽融资渠道。应当鼓励银行向绿色发展项目提供信贷支持；鼓励社会资金参与绿色发展项目；鼓励有条件的绿色发展项目发行债券。

（4）进一步拓展促进绿色发展的市场机制。加快推进排污权交易、碳排放交易、用能权交易等环保市场创建机制；探索实施环境税、资源税等环境成本内部化机制；倡导绿色消费，大力推行环境标识制度和能效制度。

（5）加快建立健全生态补偿机制，在生态保护区开展生态补偿，确保生态保护红线不被突破。

# 四　加强农村环保，全面推进绿色发展

我国的环境保护长期存在"重城镇轻农村"的问题，然而，农村环境污染问题并不亚于城镇，并直接威胁着我国的食品安全和城乡居民的身心健康，是我国生态文明建设和绿色发展面临的重大挑战。加强农村环保能力建设，着力解决农村环境污染问题已经到了刻不容缓的地步。湖南省湘江流域在农村环保能力建设方面迈出了可喜的一步，走在国家前列。

## （一）当前我国农村环境污染形势极其严峻，亟待解决

我国农村的环境污染有隐蔽性、广泛性、滞后性、风险性、难监测性等特点，由于长期得不到重视，农村的环境污染形势已极其严峻，其危害性也已全面显现出来。相关数据表明，我国农村地区的水污染直接导致我国3.6亿多农村人口的饮用水水质不达标。同时，低劣水质还会影响农业生产，污染农作物，甚至可能导致多种疾病大规模爆发，造成生

态灾难。例如，我国由水污染引起的"癌症村"数量已经超过 247 个，涵盖了 27 个省份。农村土壤污染也日益加剧。目前，我国有 1/4 的土壤处于污染警戒状态之中，污染相对比较严重的占 5％。有 3 亿亩耕地受到重金属污染，占全国农田总数的 1/6。全国每年因为土壤污染造成的农作物减产达 1000 万吨以上；每年被重金属污染粮食达 1200 万吨；造成直接经济损失超过 200 亿元。农村的大气环境虽然总体良好，但局部地区受周边污染源以及秸秆焚烧的影响，大气污染严重。而且近年来农村环境污染引发群体性事件不断增加，已成为引发社会矛盾、影响经济和制约社会发展的重大问题。

**（二）造成我国农村环境污染的原因**

1. 造成我国农村环境污染的直接原因是农村地区的生产、生活方式不利于生态环境保护

我国农村地区人口基数大，近年来，经济增长快速，但大部分地区生产方式粗放、生活方式不环保，这是导致农村地区生态环境迅速恶化的直接原因。

（1）农药、化肥、农膜过量施用且利用率低。我国农业生产仍未摆脱"大水、大肥、多农药"的粗放模式，每亩地的农药、化肥施用量分别相当于世界平均水平的 2.5 倍和 2.7 倍。1978 年以来，全国化肥施用量增长了近 6 倍，但同期粮食产量仅增长 1 倍；而喷洒的农药只有 10％—30％附着于农作物上。相当部分的农药、化肥都渗入水体、土壤和空气，对农村生态环境形成立体污染。同时，我国农膜产量和覆盖面积均居世界首位，使用面积已突破亿亩，不易降解的农膜残留物会严重破坏土壤生态环境，并直接危害农作物和牲畜。

（2）秸秆焚烧和畜禽粪便的随意排放。据统计，我国每年产出的作物秸秆数量达 4900 万吨以上，由于种种原因，其中被焚烧的量约占总量的 60％以上，从而形成严重的大气污染。同时，人民生活水平提高所带来的肉、蛋、奶及其制品需求激增，导致我国农村畜禽养殖业规模增长迅速，每年产生的畜禽粪便约 27 亿吨，而养殖业又多为无序分散状态，随意排放的畜禽粪便造成的水体污染和空气污染也日益严重。

（3）工业污染向农村转移。随着我国城乡一体化进程的加快，不少工厂、企业特别是污染企业从城镇地区转移到农村地区，随之而来的是严重的工业污染，其中，除常规的废水、废气、废渣、噪声外，还有大

量的重金属、化学品等危险废弃物。同时，城镇工业污染物也大量进入农村地区，严重威胁农村生态环境安全。

（4）生活垃圾、污水的不当处置。随着农村消费水平的不断提高，农村居民生活形成的垃圾和污水也快速增长，而且城市居民产生生活垃圾也大规模地转运到农村，这些生活垃圾、污水的不当处理所产生的农村环境污染已不可忽视。

**2. 深层原因是农村环保能力建设严重滞后**

良好的生态环境具有公共产品属性，而长期以来，我国环保的重点都在城市，对农村地区则重视不够，以至于农村环保能力严重不足，这就是我国农村环境污染日趋严重的深层原因。

（1）绿色绩效考核体系不完备，地方政府对农村环保不重视。当前我国地方政府对干部的考核指标中，绿色绩效指标很少且权重很低，特别是关于农村环保绩效考核的指标几乎没有，与绿色发展的要求相去甚远。这使不少地方政府领导仍然以经济增长、财政收入为主要发展目标，对生态环保重视不足，更轻视农村生态环保。

（2）环保教育、宣传不到位。由于农村生产技术落后，信息资源匮乏，科学文化素质相对较低，加之政府不重视农村环保，相关环保教育、宣传不到位，农村居民在生产、生活方式上长期得不到科学的指导和引导，因而环保意识淡薄，普遍存在滥用化肥、农药，随意处置农膜、畜禽粪便、生活垃圾、污水的不良生产、生活习惯。

（3）资金投入不足，农村环保基础设施建设严重不足。目前，发达国家环保投入占 GDP 的 2%—3%，而我国环保投入占 GDP 比重仍不足1.5%，且有限的环保投入主要用于维护城市环保体系和设施建设，农村地区的环保投入严重不足。这使农村地区环保体系和环保基础设施缺口巨大，普遍缺乏诸如生活垃圾、生活污水、畜禽粪便的无害化处理设施。这也是导致农村居民环保意识淡薄的客观原因。

（4）农村环保机构不健全，环境监管不力。我国大部分地区尚未建立乡镇一级的环保机构，一些地方虽然建立了乡镇环境保护机构，设立分管领导，但普遍存在人员配备不足、业务知识贫乏、工作定位不准、监测手段落后、缺乏有效的环境污染问题解决手段等问题，对辖区内的环境污染监管十分不力，许多改善环境质量的措施也得不到落实，基本没有认真履行环境保护职责。

### （三）加强农村环保能力建设，大力推进农村地区的绿色发展

扭转我国农村环境污染形势的当务之急和根本途径，是加强农村环保能力建设，从而促进农村地区生产、生活方式的转变。这涉及方方面面的问题，必须采取综合策略予以解决。从湘江流域的绿色发展经验来看，湖南省探索出了"分户减量、分散处理"和"以县为主、市级补贴、镇村分担、农民自治"的农村环保模式，被誉为"农村生活方式的一次深刻变革"，攸县、长沙县的经验在全国推广。2015 年，湖南被确定为全国农村环境综合整治全省域覆盖唯一试点省份。

1. 将农村生态环境绩效纳入地方政府考核指标体系

"正确的路线确定以后，干部就是决定的因素。"加强农村环保能力建设，必须充分发挥地方政府的积极性，而其中的关键举措就是将农村生态环境绩效作为地方政府的重要考核指标，使地方政府对当地农村生态环境真正重视起来，负起责任来。2015 年 7 月，湖南省出台了《湖南省开展农村环境综合整治全省域全覆盖工作方案》，要求县、乡人民政府报送相关方案，并实施中期考核和终期验收，这是加强农村环保能力建设十分重要且有效的制度保障。

2. 加强农村环境监管和执法力度

新《环境保护法》规定了县、乡级人民政府的保护农村生态环境的法律责任。与之相应的是，湖南省将"以加强基层能力建设为重点，提升环境监管水平"作为农村环境综合整治的主要任务之一，并作出具体要求。这有利于政府部门依据法律加强对农村地区环保的监管和执法力度，有利于对破坏农村生态环境的行为形成高压态势，从根源上防止农村环境问题的产生。

3. 增加农村环保资金投入

针对农村环保投入不足的问题，湖南省要求各级政府部门加大对农村的环保资金投入力度。一是加强农村环保基础设施建设，强化污染末端治理，包括建立适合农村的污染监测系统，建立和完善农村垃圾处理及清运系统，集中建设一批固体废弃物及垃圾填埋场、污水处理厂、噪声隔离带、畜禽粪便无害化处理设备、秸秆综合利用（肥料化、饲料化、能源化）示范工程等。二是奖励或补贴农业生产中的生态环保行为，如利用农家肥替代化肥、开展农业清洁生产、发展农业循环经济等。三是加大生态补偿力度，主要是补偿农户因参与生态环保而形成的损失，如

对退耕还林、停止在水源地的畜禽养殖等形成的损失。

### 4. 加强环保宣传、教育及培训力度

湖南省要求下辖各地通过电台、周刊、手机报、门户网站等各种渠道，出动宣传车、发放公开信、倡议书、设立标牌、悬挂横幅等多层次、多形式地向辖区农村居民宣传省、市农村环境综合整治工作精神和政策。利用村民委员会、小组会、妇女会等深入宣传农村环境综合整治的好处和垃圾分类等知识，鼓励农户主动出资、投工投劳，在全县营造人人支持、个个参与的浓厚氛围。发动农村居民参与生态环境治理，举报破坏生态环境的各种不法行为。

### 5. 优化农村产业结构

优化农村产业结构是改善我国农村生态环境、推动我国农村地区绿色发展的长远之策。湖南省制定的《绿色湖南建设纲要》提出，要有选择地发展适合资源优势和环境容量的本地特色产业，以促进农村环境治理。推进农产品精深加工，培育一批"两型"农业龙头企业。扶持发展农产品加工园区，推动农产品加工走园区化、集群化发展路子，打造一批绿色知名品牌和驰名商标。这些措施得到了下辖地区的积极响应。例如，江永县绿色发展的重要措施之一，就是积极引导和帮助辖区农户大力发展高产、优质、附加值高、有利于生态环保的特色农业，大力兴办农副产品精深加工项目。

## 五　积极化解绿色冲突，完善绿色发展

### （一）区域绿色发展中普遍存在绿色冲突问题

绿色冲突是近年来逐步形成的概念，与人们环境意识增强密切相关。广义而言，绿色冲突是指由于对于生态环境问题的看法和认识不同而形成的各种对抗和纷争，包括政治、外交、贸易、技术等多种表现形式，既包括部门之间的争论，又包括国家层面的冲突。广义层面的绿色冲突出现，一方面体现了人类绿色意识的觉醒，生态环境观念的增强；另一方面也反映了不同国家和不同群体在绿色发展中的利益冲突。

狭义而言，绿色冲突特指"绿色发展项目"所带来的环境问题，最为典型的例子是可再生能源。可再生能源大多属于清洁能源，是人类能

源发展的重要方向，世界各国均积极采取各种措施，推动可再生能源发展。但是，在具体实践中，如果规划利用不当，可再生能源项目可能会对土壤、水资源、大气、生物多样性以及自然环境等造成直接或间接影响。以生物质能为例，生物质能所需占地是作为传统化石能源的煤炭所需用地的50多倍，是石油的12倍。同时，生物质能产品的生产过程中不但要消耗大量的水资源，还会产生大量废气、废渣和废液，如果直接排放，不仅会对环境造成极大的污染，同时也会造成资源上的极大浪费。

目前，我国面临相当严峻资源环境压力，绿色发展是"十三五"期间经济社会发展的核心理念，绿色发展理念已经成为社会的广泛共识，各部门和各地区都在采取多种措施，积极推进绿色发展。与此同时，绿色冲突问题也有所显现，部分绿色发展项目效果受到了制约，甚至对区域绿色发展造成了一定的负面影响。通过本次调研，我们发现，在区域绿色发展中，项目绿色冲突主要表现为：

（1）项目规划不合理，只关注项目自身目标，缺乏整体意识，忽略对周边环境的影响。由于选址不当和设计欠佳，部分风电项目对原有自然生态环境造成了较强烈的视觉冲击，特别是对于旅游景区的影响更为突出。

（2）项目施工过程粗放，不注重过程管理，对区域植被、水资源、土壤造成了破坏，项目结束后并未及时修复，对生态环境产生了较大影响。

（3）项目环境意识淡薄，部分项目施工过程中形成的垃圾任意堆放，施工完成后，垃圾没有得到妥善处理。

**（二）协调机制缺失、环境监管不到位是绿色冲突的根本原因**

1. 对绿色发展的认识模糊

绿色发展目标是"形成人与自然和谐发展现代化建设新格局"，绿色发展本质是经济社会发展与自然生态的协调融合。绿色发展需要项目支撑，相关项目是绿色发展目标实现的必然条件，但项目是为绿色发展目标服务的，并非绿色发展的目标。如果混淆了目标和方法，单纯或过于追求方法，忽视了目标，将会对绿色发展造成不利影响。在现实中，部分地方、部门和国有企业确实存在过于关注项目本身而忽略绿色发展本质目标的现象，造成这种现象既有对绿色发展理念认识不清的因素，又受"面子工程""形象工程"等政绩思想的影响。

2. 缺乏协调机制

生态文明建设需要融入经济建设、政治建设、文化建设、社会建设各方面和全过程，作为生态文明具体实现形式，绿色发展将贯穿于经济社会发展各个方面，具有很强的系统性，需要各个领域、各个部门的通力协作和相互协调，这也是创新、协调、绿色、开放、共享理念"五位一体"的重要内涵之一。协调是绿色发展的基本要求，如果缺乏相互协调，单一部门或领域过快发展，不仅不能发挥应有的效果，而且极有可能对其他部门、领域，甚至绿色发展整体造成不利影响。在前例中，相关风电项目在立项、规划和评审过程中缺乏与生态保护部门的沟通协调，造成相关项目之间的不衔接和相互矛盾，使项目的整体效果受到了影响。

3. 对大型项目环境监管薄弱

虽然近年来我国环保监管力度不断加大，但基层环保部门对省级和国家级项目、中央企业项目监管仍存在较大难度，大型项目环保监管存在盲区。在缺乏应有监督的情况下，部分项目为了降低成本或寻求便利违规、违章操作，施工过程中不注重环境保护，施工结束后未妥善处理垃圾和及时进行环境修复，对生态环境造成了破坏，使绿色发展项目反而造成了"绿色污染"。究其深层次原因，大型项目环保监管薄弱主要是"行政级别"意识在现实中的反映，部分项目主体由于具有较高"行政级别"而对于基层环保部门执法拒不配合甚至抵触。同样，由于"行政级别"问题，基层环保部门的诉求往往也得不到合理的答复，致使不能对"高级别"项目行使监督职能。

**（三）湖南省缓解区域发展中绿色冲突的经验**

综上所述，造成部分绿色发展项目与绿色发展目标脱节的原因是多层次的，坚持统筹协调，完善相关政策和制度是进一步推动绿色发展的重要保障。湖南省在坚持绿色发展的过程中，针对绿色冲突问题也积累了不少有价值的经验。

1. 充分发挥"绿色发展"对于区域发展的引领作用

绿色发展是经济转型的重要方向，是经济发展方式转变的根本要求。湖南省充分重视绿色发展在区域发展中的作用，以《绿色湖南建设纲要》为标志，科学编制了省、市、县三级区域绿色发展规划，对区域绿色发展进行整体谋划和统一要求，作为统领区域发展的基础规划。进一步明确区域绿色发展的目标，绿色发展目标主要采用"效果性"目标，即以区域经济、社会、生态环境所达到效果描述为主体，注重对绿色发展项目效果的引领和约束，如以森林覆盖率为代表的绿色环境指标、以能耗总量控制标准为代表的绿色生产指标、以"三品一标"（无公害农产品、绿色食品、有机食品，地理标识产品）认证比例为代表的绿色消费指标、以在校学生生态文明教育普及率为代表的绿色文化指标等。

2. 进一步强化规划的协调机制

湖南省把建设绿色湖南作为抢占新一轮发展制高点、争创科学发展新优势的重大战略部署。要求各级建立党委统一领导，人大、政府、政协各司其职、各负其责，人民群众广泛参与的绿色湖南建设推进机制。省成立由省长任组长，省委、省政府分管领导任副组长，省直有关部门主要负责人为成员的绿色湖南建设领导小组，加强对绿色湖南建设的领导。领导小组负责制定实施意见，定期研究解决绿色湖南建设中的重大问题。这一做法充分重视了各部门协调对绿色发展的重要意义，加强各部门规划、项目的衔接和协调，是化解绿色冲突的重要途径。

3. 进一步完善环保监管体制机制

湖南省在绿色发展中强化法律意识，突出抓好林区、矿区、库区等社会治安综合防控体系建设，积极调处矛盾纠纷，严厉查处破坏资源和环境的重大案件，对拒不配合环保部门监督检测工作的典型案例进行坚决查处，提高法律的震慑力。把绿色湖南建设重点任务和部门重点工作紧密结合起来，层层分解目标和任务，落实责任，分工合作，确保责任、措施、投入"三到位"。定期对重点地区、重点行业、重点企业、重点项目执行情况，开展专项检查和跟踪督查，发布绿色湖南建设指标、公报，对作出突出贡献的单位和个人进行表彰奖励，并将考核情况作为干部选拔任用和奖惩的重要依据。

# 后　记

　　本书由李平、刘建武主持撰写，各章节初稿写作分工如下：第一章：蒋金荷、刘建翠、盛如旭；第二章：李晖、丁爱群、肖欣、李詹、周小燕；第三章：陈金晓、张友国；第四章：刘险峰、陈文峰、陆源辉、刘雯、吴志国；第五章：罗黎平、杨顺顺、刘敏、高立龙、曲婷；第六章：吴滨、胡安俊；第七章：彭绪庶；第八章：李玉红、张友国；结束语：张友国、吴滨。本课题组通过此次调研撰写的多篇对策信息已经被中国社会科学院《要报》采用。

　　课题组特别感谢中国社会科学院国情调研湖南省基地办公室的组织协调；感谢临湘市委、市政府及相关部门领导、江永县委县政府及相关部门领导、湖南省长株潭"两型"试验区工委、管委会及湖南省"两型"社会规划展示中心为此次国情调研活动提供的大力帮助。感谢中国社会科学院数量经济与技术经济研究所副所长陈冬红，中共临湘市委常委、副市长周少华对此次调研的大力支持以及顾领、王淑芳的热心帮助。我们还要感谢五位评审专家（排名不分先后）：中国人民大学孙久文教授、北京工业大学李双杰教授、北方工业大学王建稳教授、国务院发展研究中心邓郁松研究员和首都经济贸易大学廖明球教授，他们对本书提出了宝贵的修改建议。

李　平　刘建武

2017 年 3 月